CB081076

Problemas e Soluções de Direito dos Seguros

Problemas e Soluções de Direito dos Seguros

2019

Luís Poças

ALMEDINA

PROBLEMAS E SOLUÇÕES DE DIREITO DOS SEGUROS

AUTOR
Luís Poças

EDITOR
EDIÇÕES ALMEDINA, S.A.
Rua Fernandes Tomás, nºs 76, 78 e 80
3000-167 Coimbra
Tel.: 239 851 904 · Fax: 239 851 901
www.almedina.net · editora@almedina.net

DESIGN DE CAPA
FBA.

PRÉ-IMPRESSÃO
EDIÇÕES ALMEDINA, S.A.

IMPRESSÃO E ACABAMENTO

Outubro, 2019

DEPÓSITO LEGAL
....

ALMEDINA | GRUPOALMEDINA

BIBLIOTECA NACIONAL DE PORTUGAL – CATALOGAÇÃO NA PUBLICAÇÃO

POÇAS. Luís

Problemas e soluções de direito dos seguros. – (Monografias)
ISBN 978-972-40-8210-3

CDU 347

NOTA PRÉVIA

O presente livro reúne alguns dos artigos mais relevantes que publiquei desde 2013, ano em que concluí o doutoramento. Após o esforço dispensado à investigação de fundo que se consubstanciou na respetiva tese e que consumiu vários anos de dedicação em torno de um tema central, foi tempo de me empenhar em estudos de menor dimensão e com maior variedade temática. Em cada um deles, o âmbito mais circunscrito do objeto de investigação permitiu desenvolver trabalhos de pesquisa que, sem prejuízo da tendencial exaustividade do tratamento dado a cada tema, beneficiaram de um ritmo próprio, mais dinâmico, e que proporcionou a abordagem de uma ampla paleta de matérias, sempre, porém, na órbita do Direito dos Seguros.

Cada um dos textos resultou do emprego das ferramentas metodológicas e da experiência de sistematização, organização e disciplina de trabalho adquiridas, consolidadas e maturadas ao longo do doutoramento, apostando sempre numa abordagem problematizante. Delimitado conceptualmente um tema, a pesquisa partiu da identificação de questões – consubstanciando problemas científicos – carecidas de resposta normativa por apelo ao método jurídico (o – *quid iuris?* – que deve nortear a investigação em Direito). Para a referida inventariação dos (numerosos) problemas a que o texto da lei não dá resposta direta e literal – em grande parte invisíveis a quem tenha dos seguros uma visão teórica e distanciada –, muito contribuiu o meu percurso profissional de mais de 25 anos de atividade seguradora, primeiro como técnico comercial, depois como responsável de departamento (sinistros e produção), e, atualmente, como diretor jurídico e de *compliance* de uma empresa de seguros.

Os textos que ora se publicam não correspondem a uma recolha exaustiva de todos os estudos que produzi desde 2013, mas contemplam os trabalhos que considero mais importantes. A coletânea privilegiou a diversidade temática, mas também a multiplicidade das fontes (revistas científicas) onde os mesmos foram inicialmente dados à estampa.

Na origem – e como mote – de cada um dos textos esteve, em regra, o convite para participação, como orador, em alguma conferência, palestra ou aula pós-graduada. Destaco, neste contexto, o primeiro artigo, produzido na sequência da minha intervenção, a convite da confederação de seguradores brasileiros (CNseg) e da Ordem dos Advogados do Brasil, no *I Ciclo de Palestras de Direito do Seguro*, ocorrido na Bolsa de Valores do Rio de Janeiro, em 2015.

Quanto aos critérios de seleção dos artigos ora publicados, os mesmos assentaram na atualidade e relevância, bem como na variedade dos respetivos conteúdos. A multiplicidade e dispersão das revistas onde foram originariamente publicados, associada a uma insuficiente divulgação (nalguns casos, justificada pelo facto de aquela publicação ter ocorrido no Brasil), justificou, como argumento adicional de oportunidade, esta coletânea.

Quanto à organização do livro, ela parte do geral para o especial, iniciando-se com estudos que versam transversalmente sobre o contrato de seguro e focando-se depois em temas respeitantes a alguns ramos ou modalidades deste contrato. Assim, o primeiro texto constitui uma versão muito condensada – e, nessa medida, de leitura mais acessível – de alguns dos aspetos mais significativos da minha tese de doutoramento. O segundo escrito, por seu turno, consiste numa abordagem à declaração do risco a partir de uma vertente económica (perspetiva da *law and economics*), tendo por base partes da referida tese que propositadamente não incluí na versão em livro publicada pela Almedina, visando a sua sistematização posterior neste texto. Quanto ao terceiro estudo, o mesmo centra-se na atuação fraudulenta do tomador do seguro ou segurado, não já em sede de formação do contrato, mas na da respetiva execução (por ocasião do sinistro), e no discreto sancionamento que o Direito lhe dispensa. O quarto texto tem por objeto os modos de cessação do contrato de seguro, incidindo especialmente sobre a denúncia por iniciativa do segurador e analisando os termos e limitações em que esta é legalmente admissível.

No que respeita à parte especial do presente livro, o quinto escrito versa sobre os seguros de crédito e de caução, detendo-se nas respetivas noções e critérios de distinção, na sua caracterização, regime e natureza. O sexto artigo, por sua vez, versa sobre os (à partida, insuspeitos) problemas – e inerentes soluções jurídicas – que rodeiam a prática de homicídio sobre a pessoa segura em seguros de vida. O sétimo texto tem por tema uma problemática específica do seguro automóvel: a da (in)oponibilidade da resolução do contrato aos terceiros lesados quando o segurador haja emitido comprovativos de seguro automóvel em vigor. Por fim, o oitavo e último estudo assume por objeto uma matéria de grande atualidade face à recente e plena vigência do RGPD – a da (i)licitude do tratamento de dados de saúde, pela empresa seguradora, nas modalidades de seguro em que esse tratamento é indispensável (mormente, os seguros de pessoas) – problema que tanto tem vindo a consternar, pela gravidade das suas potenciais consequências, o setor segurador.

É devido um agradecimento a todos os que, de algum modo, contribuíram para a realização dos textos reunidos neste livro. Para além de uma justa referência à simpatia e eficiência das equipas das várias bibliotecas a que recorri – a da Autoridade de Supervisão de Seguros e Fundos de Pensões, a da Procuradoria Geral da República, a da Faculdade de Direito da Universidade de Lisboa e a da Ordem dos Advogados – o meu incontornável e perene agradecimento dirige-se à minha mulher e ao meu filho, sobre quem pesou, no fundamental, a minha dedicação aos estudos que agora se publicam.

Santa Cruz, 7 de setembro de 2019

Luís Poças

I
O dever de descrição exata e completa do risco a segurar[1]

> [...] Para tornar inocente uma mentira, não basta que a intenção de prejudicar não seja expressa, é necessário também ter a certeza de que o erro em que se induz aqueles a quem se fala não poderá prejudicá-los a eles nem a ninguém, seja de que maneira for. É raro e difícil ter-se essa certeza e, por isso, é difícil e raro que uma mentira seja perfeitamente inocente.
>
> JEAN-JACQUES ROUSSEAU, *Les Rêveries du Promeneur Solitaire*, Paris, Librairie des Bibliophiles, 1882, pp. 61-62 (trad. livre)

1. Introdução

O presente texto corresponde à palestra apresentada pelo autor por ocasião do *I Ciclo de Palestras de Direito do Seguro*, organizado pela Confederação Nacional das Empresas de Seguros Gerais, Previdência Privada e Vida, Saúde Suplementar e Capitalização (CNseg), e pela Ordem dos Advogados do Brasil – Secção do Rio de Janeiro, e que

[1] O presente texto foi publicado na *Revista Jurídica de Seguros*, n.º 2 (maio 2015), pp. 162-187.

decorreu no Auditório da Bolsa de Valores do Rio de Janeiro, no dia 5 de março de 2015[2].

A temática proposta para a palestra é de indiscutível relevância no domínio do Direito dos seguros e tem sido referenciada como uma das mais controversas e fecundas entre a jurisprudência e a doutrina desta área do Direito. Essa relevância é tanto maior quanto são recentes os regimes legais brasileiro (Código Civil de 2002)[3] e português (Lei do Contrato de Seguro, de 2008) que disciplinam a matéria, suscitando ainda dúvidas e apreensões no intérprete e no julgador.

Em causa está a vinculação do proponente do contrato de seguro a informar o segurador, de forma completa e exata, antes da conclusão do contrato, sobre as características do risco proposto, de modo a que o segurador possa determinar a sua vontade negocial e estabelecer as condições contratuais – mormente, tarifárias – equivalentes à probabilidade e intensidade desse risco.

O presente texto assentará em três capítulos. O primeiro, de caráter essencialmente introdutório, delimitará o tema e referenciará os fundamentos – materiais e normativos – da disciplina legal da declaração pré-contratual do risco. O segundo capítulo descreverá sumariamente a experiência portuguesa de regulação da matéria, detendo-se na análise do regime atualmente vigente. Por fim, o terceiro capítulo incidirá, já numa perspetiva de direito comparado, nos grandes modelos de regulação legal do dever de declaração do risco, no quadro dos ordenamentos jurídicos contemporâneos, apresentando uma tipologia de quatro modelos. O texto terminará com a identificação das principais conclusões.

2. Aspetos gerais

2.1. Delimitação do tema

De modo a clarificarmos e demarcarmos o âmbito do tema que ora nos ocupa – o dever pré-contratual de o proponente descrever, de forma exata

[2] Aproveitamos para saudar as entidades organizadoras pela realização do evento e manifestar o nosso agradecimento pelo honroso convite que nos foi dirigido e que aceitámos com grande satisfação.

[3] Relativamente ao ordenamento brasileiro, a obra de referência nesta matéria é a monografia de Carlos Harten, *El Deber de Declaración del Riesgo en el Contrato de Seguro – Exposición y Crítica del Modelo Brasileño y Estudio del Derecho Comparado*, Salamanca, Ratio Legis, 2007.

e completa, as características do risco que conheça e que sejam relevantes para a respetiva apreciação pelo segurador – passaremos a decompô-lo nos seus principais elementos, tal como os mesmos se apresentam na generalidade dos ordenamentos jurídicos.

Desde logo, está em causa, do nosso ponto de vista, um verdadeiro *dever* jurídico, e não um ónus, carga ou *Obliegenheit*. De relevante para a distinção, sublinhe-se a normatividade da vinculação, estabelecida para tutela da posição do segurador, e cujo incumprimento é, consequentemente, merecedor de um juízo de censura e de uma sanção legal[4].

O cumprimento do referido dever suscita-se antes da conclusão do contrato, tendo em vista a formação da vontade negocial livre e esclarecida do segurador. A vinculação consubstancia, portanto, um dever pré-contratual de fonte legal, distinguindo-se, nessa medida, do dever de participação do agravamento do risco ou do ónus de comunicação da diminuição do risco. De facto, todos estes institutos se reportam à temática abrangente da *declaração do risco*, embora, nos dois últimos casos, esteja em causa a *declaração da alteração do risco* em sede de execução do contrato, tendo por base uma alteração das circunstâncias do negócio que afeta o equilíbrio entre o risco e o prémio.

O dever incide sobre o proponente (mais concretamente, sobre o candidato a tomador do seguro ou, na terminologia brasileira, estipulante), contraparte do segurador no processo negocial. Não obstante, o dever é extensível ao segurado, quando não coincida com o tomador do seguro, ou ao representante de qualquer deles (incluindo o mediador de seguros, quando dotado de poderes de representação do proponente).

Por outro lado, a conduta prescrita ao proponente tem por objeto a descrição, de forma exata e completa, das características do risco proposto. Trata-se, portanto, de um dever de informação. Se a descrição não for feita de maneira exata, estaremos perante inexatidões ou falsidades. Se não for efetuada de forma completa, haverá omissões ou, na terminologia mais tradicional, reticências. Qualquer que seja, de entre as referidas, a modalidade de incumprimento, é, em regra (pelo menos, nos sistemas

[4] Cfr., desenvolvidamente, Luís Poças, *O Dever de Declaração Inicial do Risco no Contrato de Seguro*, Coimbra, Almedina, 2013, pp. 643-671. Em sentido diverso, António Menezes Cordeiro, *Direito dos Seguros*, Coimbra, Almedina, 2013, pp. 560-561; e 580-581.

jurídicos da família romano-germânica), atualmente idêntico o respetivo regime e a sanção do seu incumprimento.

O dever incide sobre factos do conhecimento do proponente (ou segurado), havendo que precisar o sentido deste requisito. Neste quadro, enquanto alguns regimes se reportam ao conhecimento *efetivo* (por referência à boa fé subjetiva em sentido psicológico), outros remetem para a esfera de *cognoscibilidade* do obrigado (apelando à boa fé subjetiva em sentido ético). Nesta última perspetiva, visa-se, por uma questão de justiça, equiparar o conhecimento efetivo ao desconhecimento culposo (mormente, ao intencional), bem como superar a dificuldade probatória que incide sobre um estado subjetivo (o conhecimento)[5].

Visando o dever informar o segurador sobre as circunstâncias que lhe permitam avaliar de forma esclarecida o risco e vincular-se contratualmente, só está o proponente vinculado a informar sobre factos *relevantes* para aquele efeito. Porém este requisito de relevância pode ser aferido, quer na esfera do segurador (cuja autonomia da vontade se visa salvaguardar), quer na do proponente (para quem a imputação de um incumprimento deverá pressupor a censurabilidade da conduta e, logo, a consciência de que o facto em causa era relevante), podendo ser ainda aferido em abstrato (modelo de segurador "prudente" ou de proponente "razoável") ou em concreto, atendendo às peculiaridades da parte em questão[6].

Sendo estes elementos necessários à delimitação do dever de declaração do risco, os vários regimes legais que o estabelecem explicitam, em regra, os requisitos e critérios em causa[7]. Na falta de tal explicitação, cabe à doutrina e à jurisprudência determiná-los com base nas regras gerais de interpretação e aplicação do Direito.

[5] Cfr. Luís Poças, *O Dever de Declaração Inicial do Risco no Contrato de Seguro*, *cit.*, pp. 338-344. Sobre a diferença entre a boa fé subjetiva em sentido psicológico e em sentido ético, cfr. António Menezes Cordeiro, *Da Boa Fé no Direito Civil*, Coimbra, Almedina, 1984 (Reimpr., 2007), pp. 510 ss. Cfr. também Raúl Guichard Alves, *Da Relevância Jurídica do Conhecimento no Direito Civil*, Porto, UCP, 1996.

[6] Cfr. Luís Poças, *O Dever de Declaração Inicial do Risco no Contrato de Seguro*, *cit.*, pp. 345-356.

[7] Cfr. *infra*, 3.2.1, as particularidades do regime português.

2.2. Os fundamentos materiais

2.2.1. A assimetria informativa

O dever de declaração inicial do risco assenta em determinados pressupostos de facto – ou fundamentos materiais – de que importa dar conta[8].

Desde logo, só se impõe um dever de informação ao proponente na medida em que – como dono ou gestor do risco extracontratual sobre o qual incidirá o contrato de seguro – ele possui um conhecimento privilegiado sobre os factos caracterizadores desse risco. Em contrapartida, o conhecimento direto (ou seja, independente de qualquer informação prestada pelo proponente) desses factos é total ou, pelo menos, parcialmente inacessível ao segurador. Esse conhecimento (ou acessibilidade) desigual à informação relevante constitui o que tem sido designado por *assimetria informativa*, pressuposto sem o qual seria desnecessário o dever de declaração do risco.

Ora, para o segurador a inacessibilidade do conhecimento do risco suscita-se em várias vertentes. Desde logo, poderá ocorrer uma inacessibilidade material, já que muitas dessas características encontram-se num espaço de acesso reservado ao proponente, ou são conhecimentos ou estados subjetivos de que não existe evidência física (intenções futuras do proponente, por exemplo). Por outro lado, verifica-se uma inacessibilidade legal quanto a factos respeitantes à reserva da vida privada do proponente, em especial quando incidam sobre dados pessoais. Por fim, há uma inacessibilidade económica quanto a factos materialmente acessíveis ao segurador, mas cuja investigação seria de tal forma onerosa ou demorada que se revelaria incompatível com as atuais exigências de mercado.

2.2.2. A relação de confiança

A incontornável assimetria informativa coloca o segurador na contingência de ter de confiar na verdade e completude da descrição do risco que lhe é apresentada pelo proponente. Reflexamente, perante o pagamento antecipado do prémio, também o segurado cumpridor se vê forçado a

[8] Desenvolvidamente, Luís Poças, *O Dever de Declaração Inicial do Risco no Contrato de Seguro*, *cit.*, pp. 115-122. Cfr. também, por exemplo, Eva Moreira da Silva, *As Relações Entre a Responsabilidade Pré-Contratual por Informações e os Vícios da Vontade (Erro e Dolo): O Caso da Indução Negligente em Erro*, Coimbra, Almedina, 2010, pp. 30-39.

confiar que, ocorrido o sinistro, o segurador não se furtará ao cumprimento da sua prestação indemnizatória (invocando, designadamente, o incumprimento do dever de declaração do risco).

Como decorre da forma como acabamos de configurar a perspetiva das partes, não podemos falar aqui de uma confiança espontânea e sem reservas na probidade da contraparte, mas antes num constrangimento, numa necessidade ou inevitabilidade de entrega à parte contrária. As partes ficam, portanto, à mercê uma da outra, no que pode ser designado por uma relação de *confiança forçada*, correspondente a um estado subjetivo de reserva e desconfiança no quadro de uma situação objetiva de vulnerabilidade perante o comportamento alheio.

É esta vulnerabilidade objetiva, mais do que a crença subjetiva na boa fé e lealdade do outro contraente, que é merecedora da tutela do Direito e constitui um imperativo lógico de cooperação entre as partes. A relação de confiança assume, deste modo, um caráter objetivo e normativo: enquanto, em abstrato, uma das partes *deve* poder confiar na outra, esta *deve* merecer a confiança daquela. Essa relação, assim configurada, é fonte de expectativas (para a parte tutelada) e de deveres (para a contraparte).

São, em suma, estes – assimetria informativa e relação de confiança – os fundamentos materiais (ou pressupostos) do dever de declaração do risco. Vejamos agora em que fundamentos normativos assenta aquele dever.

2.3. Os fundamentos normativos

Para além dos pressupostos de facto referenciados atrás, o dever de declaração do risco encontra o seu fundamento, enquanto norma de conduta prescrita, em três fundamentos normativos: a *alea* contratual; a autonomia da vontade (refletida no instituto do erro-vício do consentimento); e a boa fé objetiva.

Embora cada um destes fundamentos encontre expressão, em maior ou menor medida, nos vários regimes legais que disciplinam a declaração do risco, a verdade é que, em cada um destes regimes, um dos três fundamentos assume caráter dominante, vincando os traços caracterizadores desse regime. Neste contexto, a arquitetura concreta que assume a disciplina da declaração do risco em cada ordenamento jurídico reflete a relevância que cada um dos fundamentos enunciados assume no respetivo contexto histórico e cultural e a preponderância relativa desse fundamento face aos demais.

2.3.1. A *alea* contratual

Um contrato diz-se aleatório quando, no momento da sua conclusão, a vantagem patrimonial que do mesmo resultará para cada uma das partes é incerta. Neste quadro conceptual, a *alea* constitui uma característica tendencial do contrato de seguro, sendo certo que o dever de declaração do risco só se verifica quando o seguro assuma caráter aleatório[9].

A aletoriedade do seguro é a base do sinalagma entre uma prestação certa (o prémio) e outra eventual (prestação indemnizatória do segurador), traduzindo igualmente o equilíbrio de tais prestações. Nesta medida, a *alea* constitui um fundamento objetivo do dever de declaração do risco, atenta a necessidade de estabelecer a paridade informativa entre as partes e de, assim, evitar a viciação especulativa daquela *alea* e da justiça comutativa inerente à proporcionalidade entre o prémio e o risco.

Essa viciação potencia, aliás, uma espiral de seleção adversa – processo através do qual o desajustamento entre o prémio pago pelo estipulante e o risco incorrido pelo segurador leva a uma necessária e progressiva elevação do valor dos prémios (de modo a compensar os sinistros), conduzindo ao gradual afastamento dos melhores riscos (os de menor probabilidade, que conseguem prémios mais baixos noutros seguradores) e à concentração dos piores riscos (para os quais o prémio será ainda compensador) – que poderá originar o próprio colapso da atividade do segurador[10].

[9] Sobre a problemática, cfr. Luís Poças, *Estudos de Direito dos Seguros*, Porto, Almeida & Leitão, 2008, pp. 83-92. Quanto aos argumentos – e contra-argumentos – das perspetivas que criticam o caráter aleatório do seguro, cfr. Luís Poças, *O Dever de Declaração Inicial do Risco no Contrato de Seguro, cit.*, pp. 126 ss.

[10] Este efeito é, não obstante, mitigado pelo concurso de três fatores que obstam ao afastamento dos "bons riscos". Desde logo, a *alea* caracterizadora do contrato, no sentido em que, quanto maior a *alea* contratual, menor o risco de seleção adversa. Por outro lado, a falta de transparência no cômputo do prémio, no sentido em que, quanto menor for o conhecimento do tomador quanto aos critérios de determinação do prémio, menor o risco de seleção adversa. Finalmente, o perfil psicológico de aversão ao risco que caracteriza os consumidores de seguros, no sentido em que, quanto maior esta aversão, menor o risco de seleção adversa.

Quando o principal fundamento do regime da declaração do risco reside na *alea* contratual, a cominação do incumprimento do dever informativo corresponderá, em regra, a uma sanção invalidante do contrato ou, pelo menos, à resolubilidade deste pela falta de equilíbrio – ainda que originária – entre o risco e o prémio.

2.3.2. Autonomia da vontade e erro

Para que possam vincular-se contratualmente, as partes necessitam de formar a sua vontade de forma livre e esclarecida, no que constitui um dos corolários do princípio da autonomia privada. Ora, independentemente de qual seja o estado subjetivo do proponente ou, por outras palavras, a censurabilidade da sua conduta, a transmissão de informações inexatas, ou o silenciar de dados relevantes quanto ao risco proposto, vicia a vontade contratual do segurador. Desconhecedor das características reais desse risco, o segurador assumirá uma representação falsa do mesmo, formando a sua vontade contratual com base num erro. Essa apreciação errónea determinará, por seu turno, a aceitação do risco proposto e as condições contratuais – mormente, as tarifárias – aplicáveis.

É neste quadro que o regime da declaração do risco é frequentemente contextualizado no âmbito da doutrina dos vícios da vontade, assumindo-se a mesma como um dos seus mais relevantes fundamentos. Quando este fundamento normativo surge como dominante num dado regime, transparece o enfoque, não na conduta do proponente (e no seu estado subjetivo) mas no resultado determinado pela mesma: o vício do consentimento. Por outro lado, como é típico do regime dos vícios da vontade, o remédio proporcionado pelo Direito consiste na anulabilidade do contrato. Está em causa, assim, uma solução de "tudo ou nada": ou o segurador está em erro (tendo ou não sido censurável a conduta do proponente), caso em que o contrato é anulável e o segurado perde o direito à indemnização no caso de ter ocorrido o sinistro, ou o erro não se verificou, caso em que o contrato produz todos os seus efeitos.

2.3.3. A máxima boa fé

I – Diversamente do que sucede quando os vícios da vontade assumem primazia, o enfoque pode surgir colocado, não no resultado produzido (o erro do segurador), mas no dever a que o proponente está adstrito e no grau de reprovação da conduta do mesmo quando incumpra tal dever.

Neste caso – porque o referido dever assenta no princípio geral da boa fé (objetiva) – é esse princípio que se destaca como fundamento dominante do regime da declaração do risco.

O seguro é, aliás, normalmente classificado como contrato *uberrima fides* ou *de máxima boa fé*, o que decorre de a respetiva natureza implicar uma tendencial aleatoriedade, da existência de uma assimetria informativa e de uma especial relação de confiança entre as partes como elemento inerente ao tipo, requerendo um regime específico que confira uma especial tutela ao confiante e traduzido, nomeadamente, no reconhecimento de um amplo dever de informação sobre as circunstâncias relevantes para a formação da vontade negocial do mesmo.

Tomando a relação obrigacional de seguro numa perspetiva ampla e complexa, o dever pré-contratual de declaração do risco constitui um dever lateral ou acessório de informação, fundado na boa fé e com fonte numa norma legal especial. Esta consubstancia um regime especial face ao da *culpa in contrahendo* – como concretização da máxima boa fé que caracteriza o contrato de seguro – domínio onde o dever de informação adquire uma configuração mais intensa. Por outro lado, historicamente, o regime da declaração do risco constitui uma manifestação precoce do que viria a ser o instituto da *culpa in contrahendo*[11].

À semelhança do que igualmente sucede na disciplina da responsabilidade pré-contratual, nos regimes da declaração do risco em que a boa fé assume predomínio como fundamento normativo, a aferição do estado subjetivo do proponente passa a reclamar particular relevância. Neste quadro, as cominações dispensadas pela lei são adequadas à censurabilidade daquela conduta. Em vez da rigidez da solução anulatória, estamos, em regra, perante remédios flexíveis que procuram preservar a conservação do contrato e adaptar-se àquela censurabilidade, sancionando de

[11] Rudolf Von Jhering, "Culpa in contrahendo oder Schadensersatz bei nichtigen oder nicht zur Perfektion gelangten Verträgen", in *Jharbücher für die Dogmatik des heutigen römischen und deutschen Privatrechts*, Vol. IV, 1861, pp. 1-112 – trad. port., *Culpa in Contrahendo ou Indemnização em Contratos Nulos ou Não Chegados à Perfeição*, Coimbra, Almedina, 2008. Sobre o instituto, cfr., por exemplo, Francesco Benatti, *La Responsabilità Precontrattuale*, Milano, Giuffrè Editore, 1963 – trad. port., *A Responsabilidade Pré-Contratual*, Coimbra, Almedina, 1970; e Ana Prata, *Notas Sobre Responsabilidade Pré-Contratual*, Lisboa, 1991 – 2ª Reimpr., Coimbra, Almedina, 2005.

forma mais dura os comportamentos mais reprováveis e de forma branda os menos graves.

II – Como vimos de referir, ao nível dos seus fundamentos o instituto da declaração do risco situa-se na interseção, por um lado, das regras pré-contratuais de conduta decorrentes do princípio da boa fé; por outro, das regras de validade inerentes à teoria dos vícios do consentimento e assentes no princípio da autonomia da vontade; e, por fim, das regras inerentes à natureza dos contratos aleatórios. É a posição relativa de cada um destes fundamentos normativos, e a maior ou menor relevância que assume, que moldam a arquitetura das soluções consagradas em cada regime da declaração do risco.

Em qualquer caso, o instituto da declaração do risco constitui um fenómeno de superação da autonomia verificada em Direito civil entre as regras de validade e de comportamento[12].

3. A regulação legal na experiência portuguesa

3.1. Perspetiva histórica

Desde o período das codificações – que teve por modelo pioneiro, no plano internacional, o *Code de Commerce*, de Napoleão, de 1807 – a experiência portuguesa de regulação do contrato de seguro foi marcada por três referências legislativas da maior relevância.

A primeira foi o Código Comercial de 1833, de Ferreira Borges, que consagrou soluções próximas das do *Code* francês, contendo, porém, aspetos inovadores – como a aferição pericial da relevância dos factos omitidos ou inexatamente declarados – que então influenciaram algumas legislações da América do Sul e que prevalecem ainda nalguns ordenamentos, designadamente o argentino e o uruguaio[13].

Seguiu-se-lhe, meio século depois, o Código Comercial de 1888, de Veiga Beirão, cujo artigo 429.º disciplinava a declaração do risco ainda por aproximação ao referido modelo francês. Acolhia-se ali um dever espontâneo de declaração, de acordo com um critério de relevância

[12] Sobre os fundamentos normativos do dever de declaração do risco, cfr., desenvolvidamente, Luís Poças, *O Dever de Declaração Inicial do Risco no Contrato de Seguro*, *cit.*, pp. 123-229.

[13] Luís Poças, *O Dever de Declaração Inicial do Risco no Contrato de Seguro*, *cit.*, p. 298, n. 1107.

objetivo (segundo um padrão de segurador abstrato) e cominando o incumprimento com a anulabilidade.

Este código veio a vigorar por um período de 120 anos, lapso de tempo durante o qual veio a acusar uma desatualização ideológica (atento o seu compromisso com o ideário liberal novecentista), normativa e técnica (domínio onde a insuficiência do regime deu origem a uma proliferação de legislação avulsa que o complementava). Embora tendo resistido ao decurso do tempo, o Código continha soluções limitadas e datadas. Ao abster-se de revogar o dito regime, o legislador abriu caminho a uma jurisprudência criativa, que procurou superar as limitações da disciplina legal com recurso a soluções *praeter legem* e mesmo *contra legem*, desafiando o princípio da separação de poderes e afetando, de algum modo, a certeza e segurança do tráfico jurídico[14].

Em boa hora foi constituída, em 2006, uma Comissão para a reforma do direito material dos seguros, coordenada por Pedro Romano Martinez, a qual veio a produzir um anteprojeto que, por seu turno, deu origem à Lei do Contrato de Seguro (LCS), aprovada pelo Decreto-Lei n.º 72/2008, de 16 de abril. Trata-se de um diploma que contém uma disciplina alinhada com as modernas legislações de referência no plano internacional – quer na vertente técnica, quer na normativa – e que veio pôr fim à dispersão de diplomas avulsos e reconduzir a jurisprudência à sua vocação constitucional de realização da justiça mediante a interpretação e aplicação do Direito.

3.2. O regime da Lei do Contrato de Seguro

3.2.1. A delimitação do dever de declaração do risco

I – A declaração do risco no contrato de seguro surge disciplinada em três artigos da LCS, respetivamente, delimitando o dever de declaração do proponente (artigo 24.º), regulando o incumprimento doloso de tal dever (artigo 25.º) e disciplinando o incumprimento negligente do mesmo (artigo 26.º).

[14] A título de exemplo, o artigo 429.º não comportava qualquer requisito de causalidade entre o facto não declarado e o sinistro, o que não impediu uma corrente jurisprudencial de sustentar o contrário.

II – Começando pela circunscrição do dever, dispõe o artigo 24.º, no seu n.º 1, que o tomador do seguro ou o segurado está obrigado, antes da celebração do contrato, a declarar com exatidão todas as circunstâncias que conheça e razoavelmente deva ter por significativas para a apreciação do risco pelo segurador.

Quanto aos sujeitos vinculados pelo referido dever, o preceito identifica o tomador do seguro e o segurado (pessoa segura, nos seguros de pessoas)[15], sendo de considerar abrangido o aderente nos seguros de grupo, mas não já o beneficiário designado (nos seguros de vida ou de acidentes pessoais) nem o credor interessado (em seguro de incêndio, por exemplo)[16]. Neste quadro, tomador do seguro e segurado estão autonomamente obrigados, pelo que relevam, para efeitos de incumprimento, as omissões ou inexatidões, bem como o estado subjetivo, de qualquer deles[17].

Do mesmo modo, sendo a declaração do risco efetuada através de representante, relevarão, nos termos do n.º 1 do artigo 17.º da LCS, para efeito do regime do incumprimento do dever de declaração do risco, quer os conhecimentos do representante e do representado, quer, por interpretação extensiva do preceito, o grau de culpabilidade mais grave que se verificar entre ambos.

[15] Nos seguros de danos, o segurado é a pessoa por conta de quem o seguro é celebrado, ou seja, é quem surge identificado na apólice como titular do interesse segurável, detendo uma pretensão à prestação indemnizatória do segurador. Já nos seguros de vida, entendemos que não existem critérios objetivos, rigorosos e inequívocos de autonomização da figura de *segurado* relativamente à posição de tomador, de pessoa segura ou de beneficiário. Não obstante, no ordenamento português e em matéria de seguros de vida, será de considerar a expressão *segurado* como sinónima da de *pessoa segura*. Sobre a problemática, cfr. Luís Poças, *O Dever de Declaração Inicial do Risco no Contrato de Seguro*, *cit.*, pp. 539-553. Em sentido diverso, Margarida Lima Rego, *Contrato de Seguro e Terceiros*, Coimbra, Coimbra Editora, 2010, pp. 599 ss.

[16] Será de entender-se que a cessão da posição contratual do tomador do seguro não afeta o direito de impugnação do contrato, pelo segurador, por omissões ou inexatidões do tomador ou segurado inicial.

[17] Se uma apólice individual tiver mais do que um tomador ou segurado e um deles incumprir o dever de declaração do risco, poderá aplicar-se o regime da redução caso o contrato seja divisível; no caso contrário, o contrato será impugnável na sua totalidade.

III – Relativamente à intervenção do mediador de seguros[18], atendendo à natureza da atividade prospetiva do mesmo, é este que assume a iniciativa comercial, gerando uma relação obrigacional que visa, não o cumprimento de um pré-existente dever do segurador, mas a formação de uma nova relação contratual. Assim, porque, em regra, o segurador desconhece o concreto processo negociatório em curso e, consequentemente, a existência de deveres que do mesmo resultem – caso em que o segurador não *incumbiu* o mediador do cumprimento de tais deveres, não influenciou nem controlou a atuação do mesmo, não teve *conhecimento* ou *vontade* dirigidos a essa atuação nem manteve com o potencial tomador qualquer relação de confiança – o mediador sem poderes de representação não deverá ser qualificado, na sua intervenção pré-contratual conexa com a declaração inicial do risco, como um auxiliar do segurador *in contrahendo* nem este deverá ser objetivamente responsabilizado (n.º 1 do artigo 800.º do Código Civil) pelo incumprimento, por aquele, de deveres pré-contratuais na relação negociatória em que o mediador intervém. Tanto mais que, ao ser conivente com omissões ou inexatidões, o mediador age por sua própria conta (ou por conta do tomador), mas não do segurador.

Em qualquer caso, e sem prejuízo da valoração da culpabilidade do proponente, a intervenção do mediador na produção de omissões ou inexatidões em sede de descrição do risco só é imputável ao segurador se aquele *tiver poderes de representação* para celebrar contratos em nome deste, bem como quando se verifiquem situações: de representação sem poderes seguidas de ratificação do contrato; de abuso de representação; ou de representação aparente.

De resto, sendo a declaração do risco preenchida por outrem (designadamente, o mediador) e assinada pelo proponente, este assume a autoria da mesma, verificando-se, pelo menos, negligência grave na respetiva subscrição quando o proponente não se haja inteirado da exatidão e completude do seu conteúdo.

[18] Sobre o papel do mediador de seguros na declaração inicial do risco, cfr., desenvolvidamente, Luís Poças, *O Dever de Declaração Inicial do Risco no Contrato de Seguro, cit.*, pp. 415-429 e 561-600. Em sentido divergente, José Carlos Moitinho de Almeida, *Contrato de Seguro – Estudos*, Coimbra, Coimbra Editora, 2009, pp. 153-189.

IV – Para além dos sujeitos vinculados, outros traços caracterizadores do regime relevam do preceito citado. Desde logo, tratando-se de um dever pré-contratual, o mesmo não se renova em caso de sucessivas prorrogações do prazo contratual (diversamente do que sucede, por exemplo, no Reino Unido). Em contrapartida, o regime da declaração inicial do risco é analogicamente aplicável a algumas vicissitudes suscetíveis de afetar o seguro em sede de execução do contrato, como a reposição em vigor ou o alargamento do objeto, dos capitais, do prazo ou das garantias seguras.

Na LCS o (in)cumprimento do dever de declaração do risco afere-se pelas circunstâncias que, no quadro do princípio da materialidade subjacente – incluindo factos materiais ou mentais, inferências, rumores e indicadores de risco moral – forem ou deverem ser conhecidas do proponente até à conclusão do contrato. Será, assim, de considerar, numa interpretação declarativa lata do n.º 1 do artigo 24.º, a noção de boa fé subjetiva em sentido ético, equiparando-se o desconhecimento culposo ao conhecimento efetivo (e superando-se também a dificuldade probatória do conhecimento).

Quanto ao critério de relevância requerido pelo citado preceito (*circunstâncias que razoavelmente deva ter por significativas para a apreciação do risco pelo segurador*), o mesmo assenta nas representações subjetivas do proponente concreto, ainda que mitigadas por um elemento de objetividade (razoabilidade)[19]. Embora tal não decorra da letra do n.º 1 do artigo 24.º, será de considerar-se ainda, para efeito de delimitação negativa do requisito de relevância, a exigência implícita de uma influência efetiva (*actual inducement*) do segurador, no sentido de que, apesar de o critério de relevância se ter verificado, não haverá incumprimento se o facto em causa for indiferente para o segurador[20].

Finalmente, a descrição do risco constitui uma declaração recipienda de ciência, qualificável como um *ato jurídico simples* (*ato declarativo*).

[19] Neste quadro, deve presumir-se a relevância de matérias incluídas no questionário apresentado pelo segurador, na medida em que, em virtude dessa inclusão, o proponente não poderá razoavelmente deixar de tê-las por significativas.

[20] Por exemplo, se o proponente intencionalmente omitir que a sua carta astrológica prevê o óbito para breve, não haverá incumprimento do dever de declaração do risco na medida em que o facto omitido não será relevante para o segurador.

V – Nos termos do n.º 2 do artigo 24.º, o disposto no número anterior é igualmente aplicável a circunstâncias cuja menção não seja solicitada em questionário eventualmente fornecido pelo segurador para o efeito.

Esta disposição remete-nos, desde logo, para a distinção entre dois sistemas de declaração do risco: o de dever de *informação espontânea*, onde o proponente assume o papel ativo de revelar de forma completa e exata todos os factos relevantes, mesmo que o segurador se remeta a um papel inteiramente passivo e nada questione; e o de dever de *resposta*, onde o papel ativo é sobretudo assumido pelo segurador, no sentido de fornecer um questionário sobre todas as matérias que considera relevantes, remetendo o proponente para a posição passiva de responder de forma exata e completa às questões colocadas, âmbito a que fica confinado o dever de informação.

Embora alguma doutrina entenda que o n.º 2 do artigo 24.º acolhe um sistema de *questionário aberto*[21], a admissibilidade deste *tertium genus* deixa-nos sérias reservas[22]. No essencial, ou o dever de informação está limitado à resposta a um questionário (caso em que este é o meio obrigatório de obtenção da informação), ou não (caso em que há um sistema de declaração espontânea). E esta última foi claramente a opção da LCS, onde o recurso a um questionário (aliás, prática frequente na atividade seguradora) é meramente facultativo e não tolhe o dever de informação quanto às matérias não questionadas.

VI – Quanto ao n.º 3 do artigo 24.º, estabelece o mesmo que o segurador que tenha aceitado o contrato, salvo havendo dolo do tomador do seguro ou do segurado com o propósito de obter uma vantagem, não pode prevalecer-se: (*a*) da omissão de resposta a pergunta do questionário; (*b*) de resposta imprecisa a questão formulada em termos demasiado genéricos; (*c*) de incoerência ou contradição evidentes nas respostas ao

[21] Júlio Gomes, "O dever de informação do (candidato a) tomador do seguro na fase pré-contratual, à luz do Decreto-Lei n.º 72/2008 de 16 de Abril", *in* José Lebre de Freitas, Rui Pinto Duarte, Assunção Cristas, Vítor Pereira Neves, e Marta Tavares Almeida (Coords.), *Estudos em Homenagem ao Professor Doutor Carlos Ferreira de Almeida*, Vol. II, Coimbra, Almedina, 2011, p. 408; e António Dâmaso Bentinho, *Os Deveres de Informação do Tomador do Seguro*, Relatório de Mestrado, Lisboa, FDL, 2009, pp. 38 e 47.

[22] Desenvolvidamente, Luís Poças, *O Dever de Declaração Inicial do Risco no Contrato de Seguro*, *cit.*, pp. 360-373.

questionário; (*d*) de facto que o seu representante, aquando da celebração do contrato, saiba ser inexato ou, tendo sido omitido, conheça; (*e*) de circunstâncias conhecidas do segurador, em especial quando são públicas e notórias.

Começando pela referência ao dolo *com o propósito de obter uma vantagem*, a mesma designa um *elemento subjetivo especial da culpa* – um *dolo específico* (por oposição ao dolo genérico) – *qualificante da mesma* ou, por outras palavras, um dolo agravado. Porém, porque não são configuráveis situações em que o proponente aja com dolo de mentir ou de omitir factos mas *sem* o propósito de obter uma vantagem, aquele grau de culpabilidade assume-se como a situação-regra.

Quanto ao sentido global do preceito, o mesmo tem por pressuposto um verdadeiro dever de cooperação e controlo, pelo segurador, da declaração do risco, cominando o incumprimento negligente de tal dever com a inimpugnabilidade do contrato.

Por um lado, as alíneas a) a c) do n.º 3 do artigo 24.º referem-se a *falhas manifestas* na declaração do risco (e não apenas na resposta ao eventual questionário), incluindo, por interpretação extensiva, designadamente: incoerências; contradições; referências ilegíveis ou incompreensíveis; informações imprecisas; omissões de resposta; respostas manifestamente incompletas ou evasivas; ou a própria falta de assinatura. No que respeita concretamente à alínea b), o que releva é a falta de diligência no controlo sobre o caráter impreciso da resposta (independentemente do grau de precisão da pergunta), e não a falta de diligência na elaboração de uma questão genérica.

Por seu turno, as alíneas d) e e) do n.º 3 do artigo 24.º, em parcial sobreposição, abrangem factos culposamente desconhecidos (ou não atualmente representados)[23] pelo segurador ou pelo seu representante, sendo de considerar, entre os representantes do segurador, os trabalhadores dependentes que desempenhem funções de aceitação ou recusa de propostas contratuais de seguro (representação implícita); e os media-

[23] Suscitam-se dificuldades quanto à delimitação do que seja a esfera de conhecimento das pessoas coletivas, devendo relevar apenas a esfera de conhecimento de quem vincula o segurador na aceitação do negócio (*mens*) e de quem, complementarmente, promove a emissão da apólice e o seu tratamento administrativo (*manus*), segundo um critério de razoabilidade.

dores de seguros com procuração expressa para a aceitação de riscos e a celebração de contratos de seguro em nome e por conta do segurador.

Embora a heterogeneidade de situações abrangidas pela enumeração do n.º 3 do artigo 24.º da LCS obscureça a sua *ratio*, este preceito terá por fundamento unitário o abuso do direito e, em particular, o *venire contra factum proprium* (e não uma presunção de irrelevância dos factos). A solução acolhida, porém, merece alguns reparos. Desde logo, por aparentemente prescindir dos requisitos da tutela da confiança (inerentes ao *venire*)[24]. Por outro lado, por proteger o dolo simples do tomador contra a mera negligência do segurador. E, finalmente, por adotar uma dupla bitola valorativa da negligência, muito mais severa do que a refletida no artigo 26.º.

O n.º 3 do artigo 24.º contempla uma enumeração enunciativa, albergando situações nele não expressamente referidas. Desde logo, a renúncia, expressa ou tácita, do segurador ao direito de ser informado sobre as circunstâncias do risco (por exemplo, a dispensa da declaração do risco, frequente nos casos de seguro de vida transferido de outro contrato anterior; a impossibilidade material de informação, como no caso da contratação automática; ou o recorte temporal de uma pergunta do questionário). Por outro lado, as deficiências na construção do questionário (por exemplo, o pouco espaço deixado para a resposta, ou a indução da resposta num dado sentido). Por fim, a confirmação expressa ou tácita do contrato, posterior ao conhecimento do vício[25].

O potencial regulatório do n.º 3 do artigo 24.º da LCS fornece ainda critérios sólidos em matéria de interpretação da declaração do risco, no sentido de que, sendo a declaração objetivamente clara e unívoca, as consequências da desconformidade entre o que o proponente sabia

[24] Com efeito, ao excecionar apenas os casos de dolo do tomador ou do segurado com o propósito de obter uma vantagem (dolo agravado), consagra-se a inimpugnabilidade havendo dolo simples de qualquer deles. Ora, quem cometeu uma falta (mormente dolosa) não deverá ter uma legítima confiança na invulnerabilidade do contrato, pelo que não se divisa, nesses casos, uma legítima confiança a carecer de tutela.

[25] Outras situações poderiam ainda ser referidas. Assim, por exemplo – considerando que a declaração do risco pode ser feita através de representante – na falta de poderes, as inexatidões prestadas por um auxiliar não habilitado do proponente, ou por um *falsus procurator*, sendo aceites por ação negligente do segurador, não poderão ser por este opostas ao tomador, nos termos do n.º 3 do artigo 24.º da LCS.

e aquilo que declarou correm por conta deste. Sendo, porém, a mesma dúbia, obscura, contraditória ou manifestamente lacunar, as consequências de uma interpretação transviada ou negligente correm por conta do segurador[26].

VII – Nos termos do n.º 4 do artigo 24.º, o segurador, antes da celebração do contrato, deve esclarecer o eventual tomador do seguro ou o segurado acerca do dever referido no n.º 1, bem como do regime do seu incumprimento, sob pena de incorrer em responsabilidade civil, nos termos gerais.

O preceito introduz, assim, um dever de esclarecimento a cargo do segurador, constituindo uma exceção ao princípio *ignorantia iuris non excusat*, segundo o qual o desconhecimento da lei não aproveita a ninguém (artigo 6.º do Código Civil).

A disposição suscita dificuldades quanto à verificação de alguns requisitos da responsabilidade civil, designadamente ao nível da quantificação do dano e da determinação do nexo de causalidade (entre o incumprimento do dever de esclarecimento e as omissões / inexatidões). Quanto a este último aspeto, várias perplexidades se colocam. Desde logo, há que considerar que o dever de declaração do risco é intuitivo e consabido, sobretudo havendo questionário. Por outro lado, o critério de relevância estabelecido no n.º 1 do artigo 24.º pressupõe a consciência do dever de declaração do risco. Por fim, a falta de esclarecimento quanto às consequências das omissões / inexatidões não poderá servir de justificação à prática destas.

Mas o preceito suscita ainda outras apreensões. Na verdade, sendo irrelevante, à luz dos artigos 25.º e 26.º da LCS, o incumprimento sem culpa (ou de boa fé) do dever de declaração do risco, o n.º 4 do artigo 24.º pressupõe a existência de culpa do lesado (neste caso, o proponente), situação em que, das duas uma: ou este age com dolo, o que, implicando a consciência da ilicitude, infirma a existência de nexo causal; ou o mesmo age com negligência, o que conduzirá à ponderação das culpas e à exclusão da indemnização a cargo do segurador. De resto, e em regra, sempre configurará abuso do direito a invocação do n.º 4 do artigo 24.º por quem

[26] Sobre o complexo regime do n.º 3 do artigo 24.º, cfr., desenvolvidamente, Luís Poças, *O Dever de Declaração Inicial do Risco no Contrato de Seguro*, *cit.*, pp. 383-450.

haja culposamente mentido ou omitido factos que razoavelmente devesse ter por significativos para a apreciação do risco pelo segurador[27].

3.2.2. O incumprimento doloso

I – Como acima referimos, o incumprimento doloso do dever de declaração do risco encontra regulação no artigo 25.º da LCS. O n.º 1 deste artigo estabelece que, em caso de incumprimento doloso do referido dever, o contrato é anulável mediante declaração enviada pelo segurador ao tomador do seguro. O n.º 2, por seu turno, determina que, não tendo ocorrido sinistro, a declaração referida no número anterior deve ser enviada no prazo de três meses a contar do conhecimento daquele incumprimento[28]. De resto, o n.º 3 acrescenta que o segurador não está obrigado a cobrir o sinistro que ocorra antes de ter tido conhecimento do incumprimento doloso referido no n.º 1 ou no decurso do prazo previsto no número anterior, seguindo-se o regime geral da anulabilidade[29].

Assim, dos n.ºs 1 a 3 do artigo 25.º resulta uma cominação de *anulabilidade* do contrato, a qual constitui uma sanção jurídica pelo incumprimento doloso de um dever legal, decorrente do desvalor da conduta do proponente. Ora, o regime de anulabilidade previsto na LCS apresenta três diferenças significativas face ao regime geral estabelecido no Código Civil. Em primeiro lugar, a anulação produz-se por declaração escrita dirigida ao tomador, e não mediante invocação judicial. Por outro lado, a mesma está sujeita a um prazo de caducidade de três meses, e

[27] Sobre a disciplina do preceito, cfr., com maior detalhe, Luís Poças, *O Dever de Declaração Inicial do Risco no Contrato de Seguro*, *cit.*, pp. 450-464.

[28] A redação do n.º 2 é equívoca, como resulta do n.º 3. Com efeito, o prazo de três meses aplica-se tanto aos casos em que tenha ocorrido o sinistro como àqueles em que o mesmo não se tenha produzido. Em qualquer dos casos, o segurador dispõe de três meses a contar do conhecimento do incumprimento para enviar a declaração anulatória.

[29] A expressão "seguindo-se o regime geral da anulabilidade" presta-se a controvérsia e equívocos – cfr. Arnaldo Oliveira, "Artigo 25.º – Anotação", *in* Pedro Romano Martinez *et al.*, *Lei do Contrato de Seguro Anotada*, 2ª Ed., Coimbra, Almedina, 2011, p. 158. Do nosso ponto de vista, a referência apenas visa reforçar a ideia da retroatividade que já decorre do n.º 1 e do n.º 2 do artigo 25.º, por oposição à solução que resulta da alínea b) do n.º 4 do artigo 26.º da LCS. Neste sentido, Pedro Romano Martinez, "Artigo 25.º – Comentários complementares", *idem*, p. 168.

não um ano[30]. Finalmente, o efeito retroativo da anulabilidade na LCS é mitigado, já que não é devida a indemnização por eventual sinistro[31], sem prejuízo de, como veremos de seguida, o segurador conservar o direito aos prémios vencidos.

II – Os n.ºs 4 e 5 do artigo 25.º, por seu turno, dispõem sobre o destino dos prémios. Assim, estabelece o n.º 4 que o segurador tem direito ao prémio devido até ao final do prazo referido no n.º 2, salvo se tiver concorrido dolo ou negligência grosseira do segurador ou do seu representante. Por seu turno, nos termos do n.º 5 do mesmo artigo, em caso de dolo do tomador do seguro ou do segurado com o propósito de obter uma vantagem, o prémio é devido até ao termo do contrato.

Desta forma, constatamos o estabelecimento de uma exceção, já acima referida, ao regime do efeito retroativo da anulabilidade, contrastando com a obrigação do segurado de devolução das indemnizações recebidas. O remédio de perda do prémio a favor do segurador assume, assim, uma função eminentemente punitiva e preventiva.

Neste quadro, em caso de dolo simples do tomador (n.º 4), o segurador terá direito ao prémio *que venha a vencer-se* até ao final do prazo de três meses[32], ainda que o referido prémio se reporte a um período em que o contrato não esteja já em vigor. Por outro lado, face ao teor do n.º 3 do artigo 24.º e à difícil configuração de hipóteses de dolo por parte do segurador (já que este assume a situação de lesado no âmbito da declaração do risco), não se anteveem situações em que haja margem de aplicação útil para a parte final do n.º 4 do artigo 25.º da LCS[33].

30 Assim, o não exercício do direito potestativo à anulação no prazo de três meses a contar do conhecimento do facto, tem por efeito a sanação do vício (convalidação por convalescença).

31 Se o segurador só tiver conhecimento do vício após a cessação do contrato, e caso já tenha efetuado a sua prestação por sinistro, poderá exigir a devolução da mesma ao segurado (nos casos que não configurem contratos a favor de terceiro) ou a este (nos demais casos).

32 Ou até à data da anulação efetiva, momento em que deixarão de vencer-se novos prémios.

33 Com efeito, questiona-se que situações terá o legislador tido em vista. Caso visasse o conhecimento *ab initio* do incumprimento por parte do segurador, não haveria aí sequer um incumprimento do n.º 1 do artigo 24.º, por ausência de erro do segurador. Ainda que assim não fosse, sempre o contrato seria inimpugnável, atento o disposto nas alíneas d) e e) do n.º 3 do artigo 24.º, bem como o prazo estabelecido no n.º 2 do artigo 25.º. Poder-se-ia, em qualquer caso, falar de consentimento do lesado, mas não de *dolo*.

Já em caso de dolo do tomador do seguro ou do segurado com o propósito de obter uma vantagem – situação-regra de dolo agravado a que já acima nos referimos – o prémio é devido até à data de termo contratualmente estipulada. Esta solução, se tomada literalmente, coloca problemas de inadmissibilidade valorativa. Com efeito, conduziria, nos seguros de vida (tendencialmente de muito longo prazo), a resultados que colidem com os valores em que assenta o ordenamento[34]. Porém, a interpretação restritiva do preceito – no sentido de ser devido apenas o prémio da anuidade em curso (prémio vencido e frações vincendas) – poderá implicar uma cominação mais branda do que a do n.º 4, que visa situações menos censuráveis[35].

3.2.3. O incumprimento negligente

I – Conforme mencionado, o incumprimento negligente do dever de declaração do risco é regulado pelo artigo 26.º da LCS. A arquitetura do regime é estruturada em função de duas questões: (1) a ocorrência ou não do sinistro; e (2) tendo ocorrido o sinistro, a existência ou não de causalidade entre a inexatidão / omissão e o sinistro. Vejamos, desde já, o regime para os casos em que o sinistro não haja ocorrido.

Nestes casos, dispõe o n.º 1 do artigo 26.º que o segurador pode, mediante declaração a enviar ao tomador do seguro, no prazo de três meses a contar do seu conhecimento: (*a*) propor uma alteração do contrato, fixando um prazo, não inferior a 14 dias, para o envio da aceitação ou, caso a admita, da contraproposta; (*b*) fazer cessar[36] o contrato, demonstrando[37] que, em caso algum, celebra contratos para a cobertura de riscos relacionados com o facto omitido ou declarado inexatamente.

[34] Atente-se, desde logo, à dificuldade operacional de emissão do prémio após a anulação do contrato. Por outro lado, perante o não pagamento de cada prémio, suscitar-se-ia a dificuldade de cobrança coerciva. Finalmente – e mais importante no plano normativo – a sanção seria proporcional ao prazo do contrato e não à culpabilidade do proponente.

[35] Sobre o regime do incumprimento doloso, cfr., desenvolvidamente, Luís Poças, *O Dever de Declaração Inicial do Risco no Contrato de Seguro*, *cit.*, pp. 480-506.

[36] A cessação do contrato por efeito deste direito potestativo é qualificável como *resolução*.

[37] No caso, bastará a invocação, exceto se se verificar um litígio judicial. Nesta situação, em virtude de a decisão do segurador poder ser discricionária (embora não arbitrária), poderão suscitar-se dificuldades de prova em tribunal.

Por seu turno, acrescenta o n.º 2 do mesmo artigo que o contrato cessa os seus efeitos 30 dias após o envio da declaração de cessação ou 20 dias após a receção pelo tomador do seguro da proposta de alteração, caso este nada responda ou a rejeite. O estabelecimento deste prazo visa dar ao tomador do seguro tempo para colocar o risco em outro segurador, mantendo-se a cobertura até ao respetivo termo[38]. Por seu turno, a cessação, prevista na segunda parte do n.º 2 do artigo 26.º da LCS, resultante do silêncio do tomador ou da rejeição da proposta de alteração do contrato, tem a natureza de *resolução-modificação*, traduzindo-se numa declaração de resolução sujeita à condição suspensiva da não aceitação da proposta de modificação[39].

De resto, esclarece o n.º 3 do mesmo artigo que, no caso referido no número anterior, o prémio é devolvido *pro rata temporis* atendendo à cobertura havida. Desta forma, o regime dos n.ºs 1 a 3 do artigo 26.º visa, em primeira linha, o (re)equilíbrio das prestações das partes e a conservação do contrato. Neste quadro, as alterações a introduzir ao contrato produzem efeitos apenas para o futuro. Do mesmo modo, a cessação do contrato não assume efeito retroativo.

II – Nos casos em que se tenha verificado o sinistro antes da cessação ou da alteração do contrato decorrente do disposto nos n.ºs 1 a 3 do artigo 26.º, coloca-se a segunda questão estruturante a que fizemos referência: a da causalidade entre a inexatidão / omissão e o sinistro. Ora, desde logo, como resulta, *a contrario*, do n.º 4 do artigo 26.º, se não se verificar essa causalidade (por exemplo, se num seguro de vida o proponente omitiu uma doença grave de que padecia e veio a morrer atropelado) o segurador fica obrigado a cumprir a sua prestação.

Diversamente, nos termos do n.º 4 do artigo 26.º, se, antes da cessação ou da alteração do contrato, ocorrer um sinistro cuja verificação ou consequências tenham sido influenciadas por facto relativamente ao qual tenha havido omissões ou inexatidões negligentes: (*a*) o segurador

[38] Em rigor, como veremos abaixo, atendendo ao disposto no n.º 4 do artigo 26.º, não há, no caso da alínea b) do n.º 1 do artigo 26.º, cobertura em caso de sinistro (exceto se faltar a causalidade).

[39] Cfr. João Baptista Machado, "'Denúncia-Modificação' de um contrato de agência", *Revista de Legislação e de Jurisprudência*, Ano 120.º (1987-1988), n.º 3759, pp. 187-192.

cobre o sinistro na proporção da diferença entre o prémio pago e o prémio que seria devido, caso, aquando da celebração do contrato, tivesse conhecido o facto omitido ou declarado inexatamente[40]; (*b*) o segurador, demonstrando que, em caso algum, teria celebrado o contrato se tivesse conhecido o facto omitido ou declarado inexatamente, não cobre o sinistro e fica apenas vinculado à devolução do prémio[41].

Desta forma, a causalidade constitui o elemento-chave que determina a cominação aplicável. A solução presta-se a controvérsia, já que não pondera o nexo causal entre as omissões / inexatidões e o vício da vontade do segurador, mas entre aquelas e o sinistro. Ora, em alguns casos, este nexo causal é insuscetível de ser demonstrado[42]. Por outro lado, a solução é injusta para com o proponente cumpridor (que teria visto o prémio agravado ou o risco recusado). Noutra perspetiva, permite ao segurado interromper o nexo causal que levaria ao sinistro (por exemplo, o segurado de um seguro de vida afetado por uma doença fatal poderá provocar um "acidente" suicida). Mais relevantemente, trata-se de uma solução axiologicamente neutra, que não censura a negligência e que, não tendo eficácia preventiva, poderá até fomentá-la. Atendendo às dificuldades de prova do dolo (autêntica prova diabólica a cargo do

[40] Acolhe-se aqui a regra proporcional (do prémio), solução equitativa que evita o "tudo ou nada" que resulta do artigo 25.º. Esta solução implica dificuldades práticas de aplicação, quer no que respeita à prova, quer na aplicabilidade aos casos em que o segurador, se tivesse tido conhecimento do risco real, teria aplicado, não um sobreprémio, mas outra medida (franquia, exclusão parcial de cobertura, etc.). Cumpre notar que, na generalidade dos ordenamentos, a solução de causalidade e a solução de proporcionalidade surgem como alternativas e não, como no caso português, como soluções cumulativas.

[41] Diversamente da solução do artigo 25.º, onde a parcial retroatividade não abrange o prémio (perdido a favor do segurador) e da dos n.ºs 1 a 3 do artigo 26.º, onde a retroatividade não se verifica, a alínea b) do n.º 4 do artigo 26.º estabelece uma solução plenamente retroativa.

[42] Vários exemplos poderiam ser dados. Assim, é sabido que, num seguro automóvel, a idade do condutor habitual é um elemento relevante para a apreciação do risco. Mas como estabelecer o nexo causal entre um acidente de viação e a idade do condutor? Do mesmo modo, num seguro de vida, algumas doenças são relevantes para o segurador (por exemplo, a diabetes), mas em si mesmas poderão constituir apenas potenciadoras de outras patologias que serão, elas próprias, causa da morte.

segurador) a solução do incumprimento negligente pode mesmo tornar-se a situação-regra[43].

3.2.4. Balanço

Como vimos, a cominação do incumprimento do dever de declaração do risco é graduada em função da culpabilidade do proponente, sendo definidos três graus de culpa: o dolo com o propósito de obter uma vantagem; o dolo simples; e a negligência. Não se verificando, pelo menos, a negligência do proponente (casos de "incumprimento de boa fé"), nenhuma consequência é aplicável. Assim, ao sancionar apenas as situações de dolo simples ou agravado (com uma "cominação dura") e de negligência (com uma "cominação branda"), a LCS é bastante mais tolerante para com o proponente do que outros ordenamentos[44], favorecendo a atuação negligente.

Importa referir que quem afere, em primeira instância, do grau de culpabilidade é o segurador, já que as cominações operam extrajudicialmente (só dependendo de decisão judicial caso o proponente não se conforme com as mesmas). Neste último caso, cabe ao segurador o problemático ónus da prova do grau de culpabilidade do proponente, cuja dificuldade poderá transformar o incumprimento negligente em situação-regra.

Finalmente, enquanto as cominações para o incumprimento doloso do dever de declaração do risco constituem autênticas sanções legais, exprimindo o desvalor jurídico da conduta do proponente no desrespeito por um dever legal, as soluções associadas ao incumprimento negligente apenas visam o reequilíbrio das posições das partes, sem compensar o segurador e sem sancionar ou prevenir a negligência do proponente.

4. Direito comparado: modelos de regulação

4.1. Eixos estruturantes

I – Analisado o regime vigente em Portugal, importa enquadrá-lo entre os modelos ou padrões de regulação que identificamos nos principais

[43] Sobre o regime do incumprimento negligente, cfr., desenvolvidamente, Luís Poças, *O Dever de Declaração Inicial do Risco no Contrato de Seguro, cit.*, pp. 506-535.

[44] Por exemplo, o ordenamento italiano atribui a "cominação dura" ao dolo e à culpa grave e a "cominação branda" à culpa leve, à levíssima e à ausência de culpa.

ordenamentos contemporâneos. Para tanto, daremos conta do trabalho de Direito comparado desenvolvido noutro texto[45], tomando por referência os sistemas jurídicos de Portugal, Brasil, Alemanha, Bélgica, Espanha, França, Itália, Reino Unido e Suíça. A análise desenvolvida assentou numa grelha comparativa, que permitiu relacionar e confrontar o tratamento dado nos vários ordenamentos considerados a um leque de variáveis relevantes.

A identificação dos modelos ou padrões de regulação – conjuntos de regimes legais que apresentam entre si afinidades relevantes – será feita a partir do cruzamento de dois eixos (tendo, cada um deles, por polos duas variáveis de grande significância) que consideramos sistematizadores e estruturantes das principais clivagens regulatórias.

II – O primeiro desses eixos refere-se ao *âmbito do dever* de declaração do risco, isto é, à delimitação do que deve ser declarado e em que termos. Numa das extremidades desse eixo temos os *sistemas de dever espontâneo* (ou de declaração). Com origem nos primórdios do contrato de seguro, estes sistemas assentam no pressuposto de que é o proponente quem detém o melhor conhecimento do risco, pelo que lhe cabe informar todos os aspetos relevantes. Enquanto o segurador é remetido para um papel predominantemente passivo, aguardando que o informem dos factos significativos, o papel ativo é assumido pelo proponente, vinculado por um dever de indagação e de declaração exata e completa. Por seu turno, neste sistema os factos objeto do dever de declaração são potencialmente ilimitados. Por fim, na dicotomia segurador / tomador do seguro, aquele surge como a parte do contrato mais tutelada por este sistema.

Na extremidade oposta do referido eixo situam-se os *sistemas de dever de resposta* (ou de questionário fechado). Com origem no início do séc. XX, estes sistemas baseiam-se no pressuposto de que é o segurador quem possui os conhecimentos técnicos que lhe permitem definir que matérias considera relevantes para a apreciação do risco. Neste quadro, o papel ativo no processo de declaração do risco incide sobre o segurador, a quem cabe o ónus, quer da construção do questionário a que ficará

[45] Luís Poças, *O Dever de Declaração Inicial do Risco no Contrato de Seguro, cit.*, pp. 233-283 e 881-898.

circunscrito o dever de declaração do risco, quer da análise das respostas do proponente. Este, por seu turno, assume um papel em grande parte passivo, limitando-se a responder de forma completa e exata ao que lhe é perguntado. Neste quadro, os factos a declarar são limitados ao questionário. Trata-se de um sistema que, na dicotomia segurador / tomador do seguro, tende a proteger mais este último.

III – O segundo eixo não se reporta já ao âmbito do dever, mas antes à *regulação do respetivo incumprimento* – definindo os pressupostos deste e as cominações aplicáveis – e opõe dois paradigmas regulatórios distintos: o *paradigma da ilicitude* e o *paradigma da culpa*. Numa das extremidades deste eixo encontra-se, assim, o paradigma da ilicitude, cuja origem acompanha a do próprio instituto da declaração do risco. Este paradigma tem por principal fundamento a autonomia da vontade e a doutrina dos vícios do consentimento (erro). Assenta, assim, numa perspetiva objetiva, que coloca o enfoque na divergência entre o risco real e o declarado pelo proponente, abstraindo do estado subjetivo e da censurabilidade da atuação deste. Consequentemente, a cominação acolhida reside na anulabilidade do contrato, numa opção rígida de "tudo ou nada". Desta forma, trata-se de um paradigma que tende a tutelar predominantemente a posição do segurador.

Na extremidade oposta do eixo em análise encontra-se o paradigma da culpa, que tem origem no início do séc. XX. O seu principal fundamento é o princípio da boa fé, deslocando o enfoque do resultado produzido (o erro do segurador) para o dever que incide sobre o proponente e para o (in)cumprimento desse dever. Adota, assim, uma perspetiva subjetiva, orientada para a avaliação do desvalor da conduta do proponente. Nesta linha, estabelece uma gradação de cominações, em função do nível de reprovação daquela conduta. Deste modo, tende a dispensar uma maior tutela à posição do proponente.

4.2. Tipologia

O cruzamento dos dois eixos classificatórios, pode ser representado pelo seguinte diagrama (plano cartesiano):

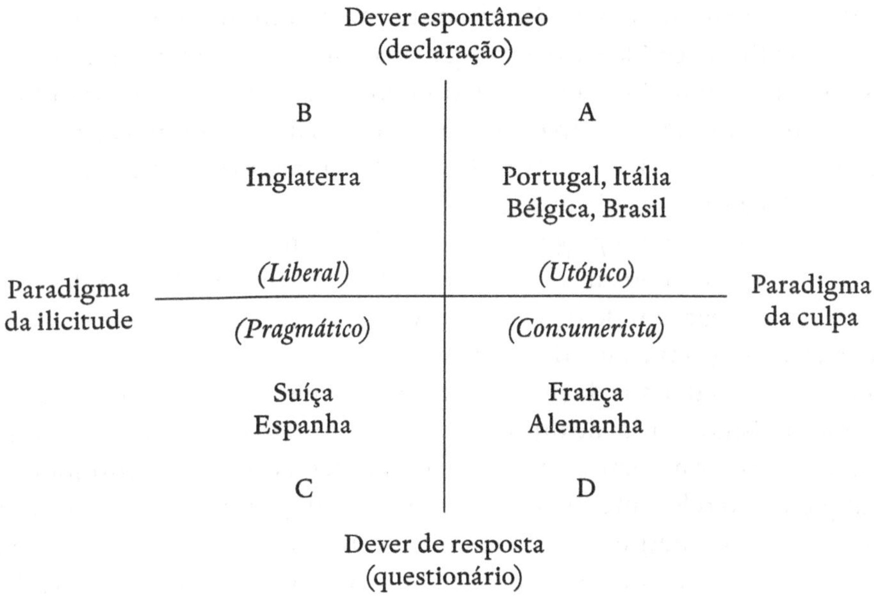

Fig. 1. Modelos de regulação da declaração do risco

O diagrama representado está na base da tipologia proposta, que identifica quatro tipos caracterizadores dos modelos de regulação: o *modelo utópico*; o *modelo liberal*; o *modelo pragmático*; e o *modelo consumerista*. Passaremos a analisá-los sumariamente.

O modelo *utópico* – a que se reconduzem regimes como o de Portugal, do Brasil, da Bélgica ou de Itália – tem origem na primeira metade do séc. XX e assume como fundamento dominante a boa fé, conjugando o dever espontâneo de declaração com a diferenciação das cominações em função do grau de culpabilidade do proponente. O regime substantivo visa o equilíbrio das tutelas, mas descura a sua efetivação na distribuição do ónus da prova. A utopia resulta de duas dificuldades: a de que o proponente saiba exatamente o que deve declarar; e a de que o segurador conheça (e consiga provar) o grau de culpabilidade do proponente. Trata-se de um modelo que potencia alguma incerteza e tende a promover a litigância judicial, conferindo ao juiz uma margem de discricionariedade significativa na decisão do caso.

Por seu turno, o modelo *liberal* – que tem atualmente por referência o regime do Reino Unido – é o de origem mais antiga. Tem por fundamento dominante a doutrina dos vícios do consentimento, apresentando-se comprometido com princípios liberais como os da autonomia da vontade e da igualdade formal das partes. Tende a favorer a proteção da parte cuja vontade haja sido viciada (o segurador).

Quanto ao modelo *pragmático* – espelhado nos regimes espanhol e suíço – o mesmo consubstancia um padrão de regulação simples, que deixa pouca margem de discricionariedade ao julgador e que promove a certeza e segurança jurídicas, garantindo, tanto no plano substantivo como processual (ónus da prova), o equilíbrio na distribuição de tutelas. O pragmatismo resulta de duas certezas: o segurador sabe o que é para si relevante; e o proponente não pode ocultar nada do que o segurador lhe indique como relevante. Às partes impõe-se diligência e cooperação: se o segurador não perguntou, não pode prevalecer-se do facto; se o proponente não respondeu, deve sofrer a cominação. O questionário permite, pois, prescindir da aferição do estado subjetivo do proponente faltoso, superando-se a apontada dificuldade probatória. Este tipo regulatório, embora combinando elementos de boa fé e autonomia da vontade como fundamentos, coloca em destaque a *alea* como *fundamento objetivo*.

Finalmente, o modelo *consumerista* – que caracteriza regimes como o da França e o da Alemanha – é o de origem mais recente (final do séc. XX), revelando-se imbuído de preocupações de tutela do consumidor. Reagindo contra o que é percecionado como excessiva proteção do segurador, concede – tanto no plano material como na distribuição do ónus da prova – uma especial tutela ao proponente como parte mais débil na relação contratual. Fundamenta-se, sobretudo, na boa fé exigível ao segurador (abuso do direito) e na tutela da confiança do tomador.

O diagrama reproduzido permite ainda apreender dois eixos relativos à distribuição das tutelas (considerando, não só a justiça ou equidade das soluções materiais, mas igualmente a distribuição do ónus da prova). Por um lado, um eixo onde se visa o equilíbrio na distribuição dessas tutelas, que apresenta por extremos o *modelo pragmático* e o *modelo utópico*. Por outro lado, um eixo mais comprometido ideologicamente e que denota um desequilíbrio na distribuição dessas tutelas, num caso favorecendo o segurador (*modelo liberal*) e no outro o tomador do seguro ou segurado (*modelo consumerista*).

5. Conclusões

Do que acima fica dito podemos extrair algumas breves conclusões. Desde logo, sobre a experiência de regulação portuguesa, a de que a progressiva desatualização da lei (no caso, o Código Comercial de 1888) – tanto perante os princípios e valores dominantes no sistema social como face à crescente complexidade do tráfico jurídico e às soluções técnicas proporcionadas por outros ordenamentos – bem como a respetiva incompletude ou falta de clareza, convida a jurisprudência a assumir o papel do legislador, estimulando o desenvolvimento de correntes jurisprudenciais *criativas*, nem sempre coerentes, passíveis de afetar a certeza e a segurança jurídicas.

Sobre o regime atualmente vigente em Portugal, de indiscutível atualidade técnica e valorativa, o mesmo caracteriza-se por uma construção bastante complexa, suscitando, a par de dificuldades probatórias, pontuais dúvidas interpretativas potenciadoras de alguma incerteza.

Numa perspetiva *de iure condendo*, defendemos – no quadro da tipologia apresentada – o modelo que designámos por *pragmático*, caracterizando um regime de arquitetura simples, que consagra um sistema de dever de resposta (questionário) e que, consequentemente, dispensa a diferenciação de cominações em função do grau de culpabilidade do proponente. Com efeito, consideramos que o sistema de questionário fechado se revela mais justo e eficaz, na medida em que: garante maior tecnicidade e uniformidade de informação ao segurador; envolve cooperativamente o segurador no cumprimento do dever de declaração; promove maior certeza e segurança no comércio jurídico; assegura maior tutela da confiança do proponente; reduz a incidência de omissões ou inexatidões negligentes; supera dificuldades de prova quanto à relevância das matérias e quanto à censurabilidade da conduta (e ao grau de culpabilidade) do proponente faltoso; e diminui a litigância e os custos de transação.

II
Aproximação económica à declaração do risco no contrato de seguro[46]

Uma declaração falsa vicia o contrato, porquanto doutro modo os contraentes não [o] fariam.

Pedro de Santarém, *Tractatus*, 1552[47]

E tudo, sem mentir, puras verdades.

Luís de Camões, *Os Lusíadas*, V, 23, 8

1. O dever pré-contratual de declaração do risco
1.1. Situando o objeto

Um dos temas mais relevantes e controvertidos no domínio do Direito material dos seguros consiste no *dever de declaração inicial do risco*, isto é, o dever de o proponente (candidato a tomador do seguro) informar o segurador, de forma completa e exata, antes da conclusão do contrato,

[46] O presente texto foi publicado na *Revista de Direito e de Estudos Sociais*, Ano LVII, n.º 1-4 (jan.-dez. 2016), pp. 279-325.

[47] Pedro de Santarém, *Tractatus de Assecurationibus et Sponsionibus, Nunc Primùm Luce Donatus*, 1552, *in* Moses Amzalak, *O Tratado de Seguros de Pedro de Santarém*, Lisboa, s.n., 1958, p. 63.

sobre as características do risco por si proposto, de modo a que o segurador possa determinar a sua vontade negocial e estabelecer as condições contratuais – mormente, tarifárias – equivalentes à probabilidade e intensidade desse risco.

Trata-se, como melhor veremos, de um dever pré-contratual, de fonte legal, cujo incumprimento pode assumir duas modalidades objetivas: se a descrição não for feita de forma exata, estaremos perante inexatidões; se não for efetuada de forma completa, haverá omissões.

O instituto da declaração inicial do risco tem sido um fértil objeto de análise da *law and economics*, na medida em que o mesmo assume várias vertentes passíveis de serem equacionadas como problemáticas económicas. Com efeito, são múltiplos os tópicos em torno do referido instituto que, não só convocam uma análise de um prisma económico, mas cuja plena compreensão não prescinde dessa leitura.

O presente texto resulta precisamente de um esforço de síntese relativamente ao estudo que a teoria económica dos contratos tem consagrado ao tema. Antes, porém, de nos focarmos nessa análise, importa fazer uma breve incursão na disciplina legal vigente entre nós.

1.2. Breve nota do regime legal

I – Atualmente, em Portugal, o instituto da declaração inicial do risco é regulado em três artigos do Regime Jurídico do Contrato de Seguro, aprovado pelo Decreto-Lei n.º 72/2008, de 16 de abril (Lei do Contrato de Seguro – doravante, LCS), a saber: o artigo 24.º, que circunscreve o dever de declaração do proponente; o artigo 25.º, que disciplina o incumprimento doloso de tal dever; e o artigo 26.º, que rege o incumprimento negligente do mesmo[48].

Quanto à delimitação do dever, dispõe o n.º 1 do artigo 24.º que o tomador do seguro ou o segurado está obrigado, antes da celebração do contrato, a declarar com exatidão todas as circunstâncias que conheça e

[48] Seguiremos, *en vol d'oiseau*, os entendimentos extensamente desenvolvidos no nosso *O Dever de Declaração Inicial do Risco no Contrato de Seguro*, Coimbra, Almedina, 2013, especialmente pp. 323 ss. Remetemos o leitor para esse texto relativamente à análise das densas problemáticas que o tema e o regime legal suscitam. Numa perspetiva de síntese, cfr. também Luís Poças, "O dever de descrição exata e completa do risco a segurar", *supra*, pp. 9-37.

razoavelmente deva ter por significativas para a apreciação do risco pelo segurador[49]. Assim, e desde logo, o tomador do seguro e o segurado (pessoa segura, nos seguros de pessoas[50]) estão autonomamente obrigados, relevando, para efeitos de incumprimento, as omissões ou inexatidões, bem como o estado subjetivo, de qualquer deles.

Por seu turno, nos termos do n.º 2 do artigo 24.º, o dever de informação é igualmente aplicável a circunstâncias cuja menção não seja solicitada em questionário eventualmente fornecido pelo segurador para o efeito. Assim, o recurso a um questionário pelo segurador é meramente facultativo e não tolhe o dever de informação quanto às matérias não questionadas.

Quanto ao n.º 3 do artigo 24.º, estabelece o mesmo que o segurador que tenha aceitado o contrato, salvo havendo dolo do tomador do seguro ou do segurado com o propósito de obter uma vantagem[51], não pode prevalecer-se: (*a*) da omissão de resposta a pergunta do questionário; (*b*) de resposta imprecisa a questão formulada em termos demasiado genéricos; (*c*) de incoerência ou contradição evidentes nas respostas ao questionário; (*d*) de facto que o seu representante, aquando da celebração do contrato, saiba ser inexato ou, tendo sido omitido, conheça; ou (*e*) de circunstâncias conhecidas do segurador, em especial quando são públicas e notórias. Quanto ao sentido global do preceito, o mesmo tem por pressuposto um verdadeiro dever de cooperação e controlo, pelo segurador, da declaração do risco, cominando o incumprimento negligente de tal dever com a inimpugnabilidade do contrato. Enquanto as alíneas a) a c) se referem a *falhas manifestas* na declaração do risco (e não apenas na resposta ao eventual questionário), as alíneas d) e e), em parcial sobreposição, abrangem factos culposamente desconhecidos (ou não atualmente representados)

[49] Este critério de relevância assenta nas representações subjetivas do proponente concreto, ainda que mitigadas por um elemento de objetividade (razoabilidade). Neste quadro, deve presumir-se a relevância de matérias incluídas no questionário apresentado pelo segurador, na medida em que, em virtude dessa inclusão, o proponente não poderá razoavelmente deixar de tê-las por significativas.

[50] Sobre a problemática, cfr. Luís Poças, *O Dever de Declaração Inicial do Risco no Contrato de Seguro, cit.*, pp. 539-553. Em sentido diverso, Margarida Lima Rego, *Contrato de Seguro e Terceiros*, Coimbra, Coimbra Editora, 2010, pp. 599 ss.

[51] Esta referência designa um *elemento subjetivo especial da culpa* – um *dolo específico* (por oposição ao dolo genérico) – *qualificante da mesma* ou, por outras palavras, um dolo agravado.

pelo segurador ou pelo seu representante. O n.º 3 do artigo 24.º tem, assim, por fundamento unitário o abuso do direito e, em particular, o *venire contra factum proprium* (e não uma presunção de irrelevância, para o segurador, dos factos omitidos ou inexatamente declarados).

Finalmente, dispõe o n.º 4 do artigo 24.º que o segurador, antes da celebração do contrato, deve esclarecer o eventual tomador do seguro ou o segurado acerca do dever referido no n.º 1, bem como do regime do seu incumprimento, sob pena de incorrer em responsabilidade civil, nos termos gerais. Introduz-se, assim, um dever de esclarecimento a cargo do segurador, autêntica exceção ao princípio *ignorantia iuris non excusat* (artigo 6.º do Código Civil), suscitando a remissão para as regras da responsabilidade civil um amplo leque de dificuldades[52].

II – Relativamente ao incumprimento doloso do dever de declaração do risco, o mesmo encontra regulação no artigo 25.º da LCS. Dos respetivos n.ºs 1 a 3 resulta uma cominação de *anulabilidade* do contrato, autêntica sanção – decorrente do desvalor da conduta do proponente – pelo incumprimento *doloso* de um dever legal. Este regime de anulabilidade apresenta três diferenças significativas face ao regime geral estabelecido no Código Civil: (i) a anulação produz-se por declaração escrita dirigida ao tomador, e não mediante invocação judicial; (ii) a mesma está sujeita a um prazo de caducidade de três meses a contar do conhecimento daquele incumprimento[53], e não de um ano; e (iii) o efeito retroativo da anulabilidade na LCS é mitigado, já que não é devida a indemnização por eventual sinistro, sem prejuízo de o segurador conservar o direito aos prémios vencidos e mesmo a alguns vincendos[54].

[52] Sobre a disciplina do preceito, cfr., com maior detalhe, Luís Poças, *O Dever de Declaração Inicial do Risco no Contrato de Seguro, cit.*, pp. 450-464.

[53] O não exercício do direito potestativo à anulação no prazo de três meses a contar do conhecimento do facto tem por efeito a sanação do vício (convalidação por convalescença).

[54] Com efeito, estabelece o n.º 4 que o segurador tem direito ao prémio que venha a vencer-se até ao final do prazo de exercício do direito à anulação (três meses), salvo se tiver concorrido dolo ou negligência grosseira do segurador ou do seu representante. Por seu turno, nos termos do n.º 5 do mesmo artigo, em caso de dolo do tomador do seguro ou do segurado com o propósito de obter uma vantagem, o prémio é devido até ao termo do contrato. A perda do prémio a favor do segurador assume, assim, uma função eminentemente punitiva e

III – Quanto ao incumprimento negligente do dever de declaração do risco, a disciplina do mesmo, estabelecida no artigo 26.º da LCS, estrutura-se em função de dois parâmetros: (i) a ocorrência ou não do sinistro; e, tendo ocorrido este, (ii) a existência ou não de causalidade entre a inexatidão ou omissão e o sinistro.

Para as situações em que o sinistro não haja ocorrido, estabelece o n.º 1 do artigo 26.º que o segurador pode, mediante declaração a enviar ao tomador do seguro no prazo de três meses a contar do seu conhecimento: (*a*) propor uma alteração do contrato, fixando um prazo, não inferior a 14 dias, para o envio da aceitação ou, caso a admita, da contraproposta; (*b*) fazer cessar (*rectius*, resolver) o contrato, demonstrando que, em caso algum, celebra contratos para a cobertura de riscos relacionados com o facto omitido ou declarado inexatamente. Esclarece o n.º 2 do mesmo artigo que o contrato cessa os seus efeitos 30 dias após o envio da declaração de cessação ou 20 dias após a receção pelo tomador do seguro da proposta de alteração, caso este nada responda ou a rejeite[55]. Por seu turno, acrescenta o n.º 3 que, no caso referido no número anterior, o prémio é devolvido *pro rata temporis* atendendo à cobertura havida. Neste quadro, a disciplina dos n.ºs 1 a 3 do artigo 26.º visa, em primeira linha, o (re)equilíbrio das prestações das partes e a conservação do contrato. Se as alterações a introduzir ao contrato produzem efeitos apenas para o futuro, também a cessação do contrato não assume efeito retroativo.

Relativamente às situações em que se tenha verificado o sinistro antes da cessação ou da alteração do contrato decorrente do disposto nos n.ºs 1 a 3 do artigo 26.º, é convocado o segundo parâmetro mencionado: o da causalidade entre a inexatidão ou omissão e o sinistro. Ora, como decorre, *a contrario*, do n.º 4 do artigo 26.º, se *não* se verificar a causalidade (por exemplo, se num seguro multirriscos o proponente omitiu a proximidade do local de risco a uma fábrica de pirotecnia e veio a ocorrer uma inundação) o segurador fica obrigado a indemnizar o dano sofrido.

Por seu turno, nos termos do n.º 4 do artigo 26.º, se, antes da cessação ou da alteração do contrato, ocorrer um sinistro e se verificar a

preventiva. Sobre o regime do incumprimento doloso, cfr., desenvolvidamente, Luís Poças, *O Dever de Declaração Inicial do Risco no Contrato de Seguro*, *cit.*, pp. 480-506.

[55] Este prazo visa dar ao tomador do seguro tempo para transferir o risco para outro segurador, mantendo-se a cobertura até ao termo do prazo.

mencionada causalidade, então: (*a*) o segurador cobre o sinistro na proporção da diferença entre o prémio pago e o prémio que seria devido, caso, aquando da celebração do contrato, tivesse conhecido o facto omitido ou declarado inexatamente[56]; (*b*) o segurador, demonstrando que, em caso algum, teria celebrado o contrato se tivesse conhecido o facto omitido ou declarado inexatamente, não cobre o sinistro e fica apenas vinculado à devolução do prémio[57].

Traçado, em pinceladas largas e sucintas, o regime vigente entre nós, está cumprido o pressuposto metodológico que nos permite passar ao tema central deste texto: as vertentes de leitura económica que o instituto jurídico em causa suscita. Para tanto, começaremos pelo *risco*, objeto material do dever de declaração.

2. O risco, objeto do dever de declaração

I – Como resulta do artigo 1.º da LCS e é unanimemente admitido pela doutrina[58], o risco é um elemento fundamental caracterizador do tipo contratual *seguro*. A noção de risco, porém, está longe de reunir consenso entre os vários ramos do conhecimento, que operam com definições distintas[59]. Em economia, a noção de risco assume relevância em várias

[56] É expressamente consagrada a *regra proporcional do prémio*, solução equitativa que evita o "tudo ou nada" do artigo 25.º, embora suscitando dificuldades práticas de aplicação. Na generalidade dos ordenamentos, a solução de causalidade e a de proporcionalidade surgem como alternativas e não, como no caso português, como soluções cumulativas.

[57] Estabelece-se aqui, portanto, uma solução plenamente retroativa. Sobre o regime do incumprimento negligente, cfr., mais aprofundadamente, Luís Poças, *O Dever de Declaração Inicial do Risco no Contrato de Seguro, cit.*, pp. 506-535.

[58] A título exemplificativo, cfr. Virginia Bado Cardozo, *El Riesgo y la Reticencia en el Contrato de Seguro*, Montevideo, La Ley Uruguay, 2009, p. 6; Domenico Chindemi, "Il rischio assicurativo e le sue modificazioni", *Diritto ed Economia dell'Assicurazione*, Ano XXXVI (1994), n.º 2, p. 441; Joaquín Garrigues, *Contrato de Seguro Terrestre*, 2ª Ed., Madrid, s. n., 1983, p. 113; Pedro Romano Martinez, *Direito dos Seguros – Apontamentos*, Cascais, Principia, 2006, p. 57; Maurice Picard e André Besson, *Les Assurances Terrestres en Droit Français*, Tomo I, 3ª Ed., Paris, LGDJ, 1970, pp. 33 ss.; Sergio Sotgia, "Considerazioni sulla 'descrizione del rischio' nel contratto di assicurazione", *Assicurazioni*, Ano XXXVI (1969), Parte I, p. 93; Rodrigo Uría, *Derecho Mercantil*, 13ª Ed., Madrid, Marcial Pons, 1986, p. 584; José Vasques, *Contrato de Seguro – Notas Para Uma Teoria Geral*, Coimbra, Coimbra Ed., 1999, pp. 127 ss.

[59] Niklas Luhmann, *Risk: A Sociological Theory*, Berlin, Walter de Gruyter, 1993, p. 6. Não obstante, como sublinha Gambino, evidencia-se uma nota comum aos vários sentidos de

vertentes, surgindo associada ao sentido de *incerteza* e, neste contexto, a problemáticas como a justificação do lucro, os comportamentos motivados pela aversão ao risco, ou o desenvolvimento de mecanismos de mitigação e transferência de riscos.

Neste quadro, a utilidade social e económica do seguro consiste precisamente em dar resposta a uma natural *aversão ao risco* comum entre os indivíduos, que os faz procurar a segurança e eliminar ou reduzir a incerteza mediante a transferência contratual, para um segurador, de um risco (mais rigorosamente, a transferência dos efeitos económicos da ocorrência de um evento danoso e incerto)[60]. De tal forma a *aversão ao risco* constitui uma característica do perfil psicológico do consumidor de seguros, que a mesma se traduz numa disposição para o tomador do seguro suportar um prémio superior ao que resulta do valor esperado do dano[61].

Será, assim, incontroverso que na base da vontade de contratar se encontra a *aversão ao risco* – ou seja, o temor dos efeitos patrimoniais da realização de um determinado risco – a qual tende mesmo a aumentar na proporção do potencial dano[62]. É essa a necessidade que o seguro visa tipicamente satisfazer, de tal modo que os motivos para a conclusão do contrato assentam num propósito de eliminação daqueles efeitos[63]. Desta forma, no contrato de seguro, a *causa típica* (quer enquanto função

risco: a atribuição de relevância a um acontecimento de verificação incerta – Agostino Gambino, *L'Assicurazione nella Teoria dei Contratti Aleatori*, Milano, Giuffrè Ed., 1964, p. 63.

60 Na verdade, como refere Garrigues, «é a incerteza, convertida em insegurança, que induz a contratar um seguro. O seguro é o remédio jurídico do inseguro» – Joaquín Garrigues, *Contrato de Seguro Terrestre, cit.*, p. 113 (trad. nossa).

61 Thomas R. Foley, "Insurers' misrepresentation defence: The need for a knowledge element", *Southern California Law Review*, Vol. 67 (Mar. 1994), p. 674. O indicador *valor esperado do dano* traduz a quantificação conjunta das variáveis *probabilidade do sinistro* e *intensidade do sinistro*, quando reportadas a um dano patrimonial, encontrando expressão na fórmula: *probabilidade* x *valor do potencial dano*. Cfr. Emmett J. Vaughan, *Fundamentals of Risk and Insurance*, 6ª Ed., New York, John Wiley & Sons, 1992, p. 6.

62 Robert H. Jerry II, *Understanding Insurance Law*, 2ª Ed., New York, Matthew Bender, 1996, p. 13.

63 Véronique Nicolas, *Essai d'une Nouvelle Analyse du Contrat d'Assurance*, Paris, LGDJ, 1996, p. 93. A autora sublinha, assim, a existência de uma íntima relação entre o risco e a causa do contrato – *idem*, p. 98.

económica e social, quer enquanto motivação típica[64]), consistirá na *segurança patrimonial*, entendida como neutralização, ou amortecimento, dos efeitos resultantes da ocorrência de um risco sobre um determinado património[65].

II – A noção de risco é reconduzível à de *probabilidade* de produção de um determinado efeito. Neste sentido, é frequente distinguir-se a probabilidade clássica ou *a priori* – baseada nas características intrínsecas dos acontecimentos, sendo os acontecimentos possíveis igualmente prováveis (conceito associado aos jogos de azar) – da probabilidade empírica, frequencista ou *a posteriori* – a que se baseia numa quantidade razoável de evidência objetiva (conceito na base da lei dos grandes números e normalmente associado aos seguros)[66].

De um outro prisma, é possível distinguir o *risco especulativo* do *risco puro*. Enquanto naquele se verifica (por exemplo, numa atividade económica) a possibilidade de ocorrência de um proveito ou de uma perda, no risco puro verifica-se apenas a possibilidade de ocorrer um evento (ex: sinistro), razão porque só o risco puro é objeto do contrato de seguro[67].

Uma perspetiva de referência em economia é a conceção clássica de *risco* estabelecida por Frank Knight, onde o autor traça uma distinção fundamental entre *risco* (entendido como uma incerteza mensurável, probabilizável) e *incerteza* (reportada a situações insuscetíveis de mensuração

[64] Como nota Inocêncio Galvão Telles, *Manual dos Contratos em Geral*, 3ª Ed., Lisboa, s.n., 1965 (reimpr., Lisboa, Lex, 1995), p. 258, o motivo típico (fim normal ou típico do contrato) reconduz-se à função económica e social típica.

[65] Segundo Carlos Ferreira de Almeida, o risco, «além de designar uma função contratual global, pertence ao domínio das circunstâncias da função económico-social» – *Contratos III – Contratos de Liberalidade, de Cooperação e de Risco*, 2ª Ed., Coimbra, Almedina, 2013, p. 224.

[66] Cfr. Frank H. Knight, *Risk, Uncertainty and Profit*, Boston, 1921 (Reimpr., Chicago, University of Chicago Press, 1971), pp. 216-217 e 224-225, que aos dois tipos de probabilidade acrescenta a *estimativa* (juízo subjetivo). Cfr. também, p. ex., Elizabeth Reis *et al.*, *Estatística Aplicada*, Vol. I, Lisboa, Ed. Sílabo, 1997, p. 45.

[67] Mark R. Greene, *Risk and Insurance*, 3ª Ed., Cincinnati, South-Western Publishing, 1973 – trad. espanhola, *Riesgo y Seguro*, 2ª Ed., Madrid, MAPFRE, 1976, pp. 13-14; Armandino Rocha e F. Henriques Oliveira, *Princípios do Seguro*, Porto, Figueirinhas, 1980, p. 11.

probabilística)[68]. Assim, deste prisma, o risco define a esfera de eventos incertos suscetível de cobertura por contrato de seguro, porquanto passível de avaliação estatística e de cálculo atuarial[69].

Importa ainda mencionar, pela sua relevância, a classificação que distingue o *risco objetivo*, passível de cálculo probabilístico, do *risco subjetivo*, assente numa mera convicção psicológica[70]. Esta distinção reflete, afinal, a dupla perspetiva em que o risco é assumido pelos dois contratantes. Para o segurado, é encarado sob o prisma da incerteza em sentido estrito (na noção de Knight), isto é, da possibilidade subjetivamente *estimada* de ocorrência de um evento cujos efeitos patrimonialmente adversos o mesmo visa neutralizar por via do próprio contrato de seguro[71]. Já para o segurador, é perspetivado como uma incerteza estatisticamente mensurável e economicamente neutralizada por efeito da compensação inerente à mutualização dos riscos[72].

III – Quanto à vertente do *risco objetivo* que acabamos de referir, é assinalável o contributo de Pascal nas pesquisas relativas à teoria das probabilidades ou, como o próprio lhe chamou, geometria do acaso (*aleae geometria*), no sentido de superar, através de bases estatísticas

[68] Cfr. Frank H. Knight, *Risk, Uncertainty and Profit, cit.*, pp. 197 ss., e 233. Maria Inês de Oliveira Martins coloca em evidência, relativamente a Knight, uma gradação de situações de incerteza em sentido lato: as probabilidades *a priori*; as probabilidades estatísticas; e as meras estimativas – Maria Inês de Oliveira Martins, "Da incerteza ao risco: As técnicas seguradoras e o seu referente, num diálogo com Knight", *Boletim de Ciências Económicas*, Vol. LVII, T. II (2014), pp. 2159-2160. Por seu turno, Christian Schmidt propõe uma (re)interpretação da obra de Frank Knight, à luz da generalização das probabilidades subjetivas nas recentes teorias da decisão – Christian Schmidt, "Risque et incertitude: une nouvelle interprétation", *Risques*, n.º 25 (jan.-mar. 1996), pp. 163-174.

[69] Fernando Araújo, *Introdução à Economia*, 3ª Ed., Coimbra, Almedina, 2005, p. 302; Robert H. Jerry II, *Understanding Insurance Law, cit.*, p. 11.

[70] Mark R. Greene, *Risk and Insurance, cit.*, pp. 2 ss.

[71] Pierre Picard, "Un objectif majeur pour l'assurance et la prévention des risques", *Risques*, n.º 39 (set. 1999), pp. 65-66; Christian Schmidt, "Psychologie des risques et activités d'assurance", *Risques*, n.º 39 (set. 1999), pp. 67 ss.

[72] Desta dupla perspetiva do risco decorre a função previdencial do contrato de seguro – Agostino Gambino, "La neutralizzazione dei rischi nella struttura e nella funzione giuridica unitaria del contratto di assicurazione", *Rivista del Diritto Commerciale e del Diritto Generale delle Obbligazioni*, Ano LXXXIII (1985), Parte I, pp. 220-221.

sólidas, a incerteza quanto à probabilidade de ocorrência futura dos eventos seguráveis[73]. Neste sentido, o Teorema de Bernoulli – ou, na formulação de Poisson, a lei dos grandes números – garante, através do progressivo aumento do número de observações estatísticas, um gradual aumento da margem de confiança, que tenderá a reproduzir a própria realidade[74].

Ora, a técnica inerente à atividade seguradora, ao reunir numa mutualidade riscos de muitas pessoas, permite a cada uma delas beneficiar das vantagens da lei dos grandes números[75]. Na verdade, a mutualização traduz-se num efeito de dispersão do risco, distribuindo por um grande número de indivíduos um custo pequeno e certo (prémio), em vez de concentrar num só um custo elevado, ainda que incerto (dano decorrente do eventual sinistro)[76].

Assim, a organização empresarial da atividade seguradora, com as bases técnicas e atuariais que envolve (assentes no princípio da lei dos grandes números), e a gestão de uma massa de riscos pelo segurador, garantem, numa lógica de mutualidade, que a ocorrência de um sinistro seja compensada pelas reservas constituídas a partir do agrupamento das

[73] Albert Chaufton, *Les Assurances – Leur Passé, Leur Présent, Leur Avenir*, Paris, A. Marescq Ainé, 1884, p. 9.

[74] De acordo com a lei dos grandes números, a diferença entre os valores observados numa amostra e a realidade diminui à medida que aumenta o número de observações na amostra. Logo, o que é imprevisível e aleatório ao nível do contrato individual tende a tornar-se determinístico e previsível relativamente a grandes grupos de contratos – Julie-Anne Tarr, *Disclosure and Concealment in Consumer Insurance Contracts*, London, Cavendish Publishing Limited, 2002, p. 21.

[75] Peter L. Bernstein, *Against the Gods – The Remarkable Story of Risk*, New York, John Wiley & Sons, 1996, p. 204; Mark R. Greene, *Risk and Insurance, cit.*, p. 6. Neste sentido, Vivante evidenciou, como elemento essencial do seguro, o fator *empresa*, considerando a multiplicidade de contratos celebrados (que conduz à dispersão e anulação do risco individual e à compensação, pelo volume de prémios cobrados, dos efeitos dos sinistros individuais) e o caráter matematicamente rigoroso das bases estatísticas de aferição das probabilidades de ocorrência de sinistros – Cesare Vivante, *Istituzioni di Diritto Commerciale*, Milano, Ulrico Hoepli, 1929, pp. 45 ss.

[76] Paul Samuelson e William Nordhaus, *Economics*, 16ª Ed., New York, McGraw-Hill, 1998 – trad. port., *Economia*, Lisboa, McGraw-Hill, 1999, p. 193. Como se dizia no *Elizabethan Statute of 1601* (43 Eliz C 12), «[...] *that the loss falls rather easily upon many, as opposed to heavily upon few* [...]» – *apud* Julie-Anne Tarr, *Disclosure and Concealment in Consumer Insurance Contracts, cit.*, p. 7.

contribuições ou prémios individuais[77]. Esta compensação – envolvendo uma correspondência global entre a totalidade dos prémios cobrados e a totalidade dos sinistros ocorridos, garantida pelas leis de mercado e da plena concorrência, moderadoras das práticas tarifárias – afasta, em grande medida, o espetro da incerteza sobre a atividade do segurador.

Poder-se-á, em suma, afirmar que, numa dupla perspetiva, a atividade seguradora tem uma função global de supressão do risco. Por um lado, através de técnicas atuariais rigorosas os seguradores transformam o risco de ocorrência de eventos danosos num *risco económico* inerente a toda e qualquer atividade económica. Por outro lado, o segurado garante, através do contrato de seguro, a manutenção da integridade do seu património, eliminando, portanto, os efeitos da ocorrência de eventos que possam ameaçá-lo[78].

3. A problemática da assimetria informativa

I – Sendo a transferência do risco para a esfera do segurador um mecanismo económico de resposta ao perfil psicológico de *aversão ao risco*, essa transferência só pode operar-se na medida em que seja quebrada a assimetria informativa, entre segurador e segurado, relativamente às características desse risco. Vejamos porquê.

No âmbito de uma relação contratual, a assimetria informativa consiste numa desigualdade das partes no acesso a informação relevante. Neste contexto, o *deficit* informativo de uma das partes gera uma situação de dependência da mesma relativamente à contraparte, a qual apenas pode ser corrigida com a prestação dos esclarecimentos ou informações.

Ora, no caso do seguro, o segurado, como dono ou gestor do risco extracontratual sobre o qual incidirá o contrato, possui um conhecimento privilegiado ou exclusivo sobre os factos caracterizadores desse risco, isto é, sobre as circunstâncias concretas que influenciam a probabilidade e a

[77] J. Lefort, *Nouveau Traité de L'Assurance sur la Vie*, Paris, Librairie des Sciences Politiques et Sociales, 1920, p. 167; Álvaro Machado Villela, *Seguro de Vidas – Esboço Histórico, Económico e Jurídico*, Coimbra, Imprensa da Universidade, 1898, p. 138; Cesare Vivante, *Trattato di Diritto Commerciale*, Vol. IV (Le Obbligazioni), Milano, Casa Editrice Dottor Francesco Vallardi, 1926, p. 357.

[78] Pedro Romano Martinez, *Direito dos Seguros – Apontamentos, cit.*, p. 56; e Álvaro Machado Villela, *Seguro de Vidas, cit.*, p. 142.

potencial intensidade do sinistro[79]. Em contrapartida, o conhecimento direto (ou seja, independente de qualquer informação prestada pelo proponente) desses factos é total ou, pelo menos, parcialmente inacessível ao segurador.

II – A inacessibilidade do segurador ao conhecimento direto das características do risco suscita-se em várias vertentes. Desde logo, poderá ocorrer uma inacessibilidade material, já que muitas dessas características encontram-se num domínio de acesso reservado ou exclusivo do proponente, ou são conhecimentos ou estados subjetivos de que não existe evidência física (intenções futuras do proponente, por exemplo).

Por outro lado, verifica-se uma inacessibilidade legal quanto a factos respeitantes à reserva da vida privada do proponente, em especial quando incidam sobre dados pessoais (mormente, dados clínicos ou outros considerados sensíveis pela legislação relativa à proteção de dados pessoais), beneficiando mesmo de tutela constitucional.

Por fim, há uma autêntica inacessibilidade económica quanto a factos materialmente acessíveis ao segurador, mas cuja investigação seria de tal forma onerosa ou demorada que se revelaria inviável perante as atuais exigências ou constrangimentos de mercado[80].

III – Para o segurador, se a cognoscibilidade direta das características do risco é nula ou, pelo menos, limitada, esse conhecimento é-lhe, não obstante, vital. Com efeito, no contrato de seguro, a prestação do segurador caracterizadora do tipo corresponde a uma prestação *de dare* ou *de facere*, sujeita à condição suspensiva da verificação do risco contratualmente recortado (ocorrência do sinistro). Por seu turno, essa condição suspensiva determina o caráter aleatório do contrato e tem por efeito uma imaterial "cobertura" ou "suportação do risco". Esta não corresponde, portanto, a uma prestação em sentido técnico, mas a um *efeito*, o qual

[79] Exemplificando, num seguro de vida é claramente mais elevado o risco de morte relativamente a pessoas seguras que têm hábitos de consumo elevado de tabaco ou álcool, ou que praticam desportos radicais, ou que estão já afetadas de patologias graves, ou que pretendem deslocar-se para regiões do mundo particularmente insalubres ou inseguras. Qualquer uma destas circunstâncias caracterizadoras do risco, estará, no entanto, apenas na esfera de conhecimento da pessoa segura ou do seu círculo próximo de relações sociais e familiares.

[80] Sobre esta matéria, cfr., mais desenvolvidamente, *infra*, 6.1.III, pp. 64 ss.

traduz, no plano *funcional*, a utilidade socioeconómica do negócio, apta a satisfazer o interesse contratual típico do tomador do seguro e, portanto, consubstanciadora de um valor patrimonial intrínseco (correspetivo do prémio).

Esse valor patrimonial tem por base um indicador que já referimos: o *valor esperado do dano*, que expressa o produto da *probabilidade de ocorrência do sinistro* pela *intensidade do mesmo* (valor do potencial dano). O carácter aleatório do contrato é a base do sinalagma entre uma prestação certa (o prémio) e outra eventual (prestação do segurador), traduzindo igualmente o equilíbrio de tais prestações. Em suma, para que haja um equilíbrio entre o risco incorrido pelo segurador e o prémio pago pelo tomador do seguro, o segurador deverá ser informado das características desse risco, podendo então estimar a probabilidade de ocorrência do sinistro, decidir se aceita o risco proposto e calcular o montante do prémio correspondente (ou definir outras condições aplicáveis ao contrato, designadamente, limitações de capital, aplicação de franquias ou de exclusões de cobertura, etc.).

Assim, a assimetria informativa sobre as características do risco a segurar constitui, para alguma doutrina, mais do que um pressuposto lógico, um verdadeiro fundamento material do dever de declaração do risco[81], na medida em que só essa declaração, feita de forma exata e

[81] A título de exemplo, Begoña Arquillo Colet, "Declaración del riesgo y enfermedades anteriores a la contratación de un seguro", *Indret – Revista para el Análisis del Derecho*, nº 1/2005 (fev. 2005), p. 3 – www.indret.com/pdf/263_es.pdf (consult. 05/11/2016); Muriel Fabre-Magnan, "Duties of disclosure and French contract law: Contribution to an economic analysis", *in* Jack Beatson e Daniel Friedmann (Eds.), *Good Faith and Fault in Contract Law*, Oxford, Clarendon Press, 1995, p. 104; Manuel Carneiro da Frada, *Teoria da Confiança e Responsabilidade Civil*, Coimbra, Almedina, 2004, pp. 487 ss.; Patrice Jourdain, "Le devoir de 'se' renseigner (contribution à l'étude de l'obligation de renseignement)", *Recueil Le Dalloz Sirey*, Chronique XXV, 1983, n.º 23, p. 139; C. Lucas de Leyssac, "L'obligation de renseignements dans les contrats", *in* Yvon Loussouarn e Paul Lagarde (Dir.), *L'Information en Droit Privé*, Paris, LGDJ, 1978, p. 322; Jorge Sinde Monteiro, *Responsabilidade por Conselhos, Recomendações ou Informações*, Coimbra, Almedina, 1989, pp. 157 e 360; Rubén Stiglitz e Gabriel Stiglitz, *Responsabilidad Precontractual – Incumplimiento del Deber de Información*, Buenos Aires, Abeledo-Perrot, 1992, pp. 68 e 72; Anthony A. Tarr e Julie-Anne Tarr, "The insured's non-disclosure in the formation of insurance contracts: a comparative perspective", *International and Comparative Law Quarterly*, Vol. 50, III (jul. 2001), p. 577; Rita Lopes

completa, estabelece a efetiva paridade dos contraentes relativamente ao conhecimento do risco[82].

A alternativa de o segurador ser obrigado a aceitar o risco proposto sem um conhecimento exato e sem uma avaliação das características do mesmo – isto é, sem poder ajustar o prémio à probabilidade de ocorrência do sinistro – comportaria uma ameaça de seleção adversa passível de implicar o colapso do mercado segurador.

4. A seleção adversa

I – Constatámos de que forma a transferência do risco para o segurador constitui uma resposta ao perfil psicológico de aversão ao risco e equacionámos o problema da assimetria informativa como fundamento material do dever de declaração do risco. Vejamos agora como, no plano económico, a necessária a quebra da assimetria informativa radica na problemática – também económica – da seleção adversa.

A seleção adversa, tal como resulta da perspetiva da *law and economics*, é uma decorrência da assimetria informativa no âmbito dos chamados "bens de experiência" (*experience goods*). Esta expressão caracteriza o objeto de um contrato[83] quando as qualidades daquele se revestem, para uma das partes, de uma relativa margem de incerteza, a qual só vem a dissipar-se *a posteriori*, após a conclusão do contrato[84].

O *risco* proposto ao segurador é precisamente um *bem de experiência*. Ora, se o segurador desconhecer as características concretas dos riscos que lhe são propostos, ficará impedido de os diferenciar, segundo classes

Tavares, *Breves Notas Sobre o Dever de Esclarecimento do Segurador na Nova Lei do Contrato de Seguro*, Relatório de Mestrado, Lisboa, Faculdade de Direito de Lisboa, 2010, pp. 7 ss.

[82] Luca Buttaro, "In tema di dolo e di colpa grave nella descrizione precontrattuale del rischio assicurato", *Rivista Trimestrale di Diritto e Procedura Civile*, Ano XVI (1962), p. 745.

[83] O *objeto* do negócio jurídico, também designado por *objeto material*, objeto *stricto sensu* (ou, na terminologia mais tradicional, *objeto mediato*), constitui o *quid* sobre que recai a disciplina do negócio, ou seja, uma ou várias coisas, corpóreas ou incorpóreas, prestações ou pessoas. No caso, embora, em rigor, o risco não constitua, em si, o objeto do contrato de seguro, a sua relevância, como elemento fundamental deste contrato, reflete-se no objeto do mesmo.

[84] Cfr. Fernando Araújo, *Teoria Económica do Contrato*, Coimbra, Almedina, 2007, p. 285. Os "bens de experiência" (*experience goods*) reclamam, para o seu conhecimento em sede pré-contratual, uma experiência que não é compatível com os termos contratuais. Desta forma, o seu conhecimento pela parte sobre a qual pesa o *deficit* informativo só é possível após a celebração do contrato.

homogéneas de risco, em função da respetiva probabilidade de ocorrência. Esta circunstância implicará, consequentemente, que todos os riscos seguros tenham as mesmas condições contratuais, isto é, que lhes seja aplicado um prémio tarifário normal, ajustado a condições médias de risco[85]. Neste quadro, o custo de um seguro (prémio) será idêntico, quer se trate de "maus riscos" (os de elevada probabilidade de ocorrência) ou de "bons riscos" (os de baixa probabilidade).

Este nivelamento dos prémios dará então lugar a um fenómeno de "subsidiarização cruzada" ou *cross-subsidization*. Com efeito, os seguros dos "bons riscos" implicarão prémios superiores às respetivas probabilidades de ocorrência do sinistro, enquanto os "maus riscos" ficarão seguros por prémios inferiores às correspondentes probabilidades de produção do sinistro. Logo, os "bons riscos" subsidiarizarão os "maus riscos"[86].

O efeito seguinte será o progressivo afastamento dos "bons riscos", que procurarão soluções economicamente mais racionais, optando por outros seguradores ou pelo autosseguro. Neste contexto, a concentração de "maus riscos" e a subtarifação dos mesmos tornarão a massa de prémios insuficiente para cobrir os sinistros. Logo, o segurador será obrigado a agravar uniformemente a sua tarifa, ajustando-a à sinistralidade. Ora, cada ajustamento tarifário tenderá a afastar progressivamente os "melhores riscos" (aqueles a que passará a corresponder um prémio superior à probabilidade de sinistro por si representada) e a concentrar os "piores riscos" (para os quais o novo prémio ficará ainda aquém da probabilidade de sinistro em questão).

Este processo de seleção adversa culminaria, em tese, com o colapso da atividade do segurador comprometendo a solvência deste e a segurança da massa de riscos seguros (entretanto muito degradada pelo próprio efeito da anti-seleção)[87]. Da seleção adversa decorreria também a progressiva

[85] Cfr. Fernando Araújo, *Introdução à Economia, cit.*, pp. 304 ss.

[86] Thomas R. Foley, "Insurers' misrepresentation defence: The need for a knowledge element", *cit.*, pp. 665 ss.; Julie-Anne Tarr, "Disclosure in insurance law: Contemporary and historical economic considerations", *International Trade and Business Law Annual*, 6, 2000, p. 211.

[87] Cfr. Pierre-André Chiappori, "Tests génétiques et assurance: une analyse économique", *Risques*, n.º 40 (dez. 1999), p. 109; Robert E. Keeton e Alan I. Widiss, *Insurance Law – A Guide to Fundamental Principles, Legal Doctrines and Commercial Practices*, St. Paul (Minn.),

redução do volume de transações, até à exclusão do mercado[88]. Por seu turno, a falta de regulação da declaração do risco poderia igualmente levar à "supressão da oferta" de seguros, em virtude de os custos de informação e seleção do risco serem demasiado elevados para compensar essa oferta[89]. No limite, a ineficiência do mercado de seguros poderia degenerar na própria extinção deste[90].

II – Embora a seleção adversa tenha por base um modelo teórico, pensado por Akerlof, em 1970, para o mercado de automóveis usados[91], a verdade é que o mercado segurador está familiarizado com o fenómeno desde há longa data. A título de exemplo, cite-se o caso dos *Hull Clubs*, associações de base mutualista de proprietários de navios, que visaram, no final do séc. XVIII, superar as deficiências de funcionamento do mercado segurador inglês, repartindo entre si os danos que afetassem os cascos (*hulls*) dos respetivos navios. O subfinanciamento e a cobrança de contribuições (*calls*) niveladas, ditou precisamente a generalização de espirais de seleção adversa e o rápido declínio dos *Clubs*. Transformados em "*rust-bucket clubs*", grande parte deles tinha já desaparecido em meados do séc. XIX[92].

West Publishing, 1988, p. 15. Sobre o modo como se produz o processo de seleção adversa, cfr. Fernando Araújo, *Teoria Económica do Contrato, cit.*, p. 285; Fernando Araújo, "Uma nota sobre carros usados", *in* AAVV, *Estudos Jurídicos e Económicos em Homenagem ao Professor João Lumbrales*, Lisboa, Faculdade de Direito de Lisboa, 2000, pp. 186-187; Thomas R. Foley, "Insurers' misrepresentation defence: The need for a knowledge element", *cit.*, pp. 666 ss.; Robert Kast e André Lapied, *Economics and Finance of Risk*, West Sussex, John Wiley & Sons, 2006, pp. 114-115; Paul Samuelson e William Nordhaus, *Economics*, *cit.*, pp. 195-196 e 361-362.

88 Paolo Gallo, "Asimmetrie informative e doveri di informazione", *Rivista di Diritto Civile*, Ano LIII, n.º 5 (set.-out. 2007), Parte I, p. 650.

89 Julie-Anne Tarr, *Disclosure and Concealment in Consumer Insurance Contracts*, *cit.*, p. 24.

90 Georges Dionne *et al.*, "Adverse selection in insurance markets", *in* Georges Dionne (Ed.), *Handbook of Insurance*, Boston, Kluwer Academic Publishers, 2000, p. 188.

91 O texto pioneiro é de George A. Akerlof, "The market for 'lemons': Qualitative uncertainty and the market mechanism", *Quarterly Journal of Economics*, 84, 1970, pp. 488-500. Cfr., desenvolvidamente, Fernando Araújo, "Uma nota sobre carros usados", *cit.*, pp. 181 ss.

92 Sobre o contexto do surgimento e declínio dos *Hull Clubs*, cfr. Daniele Casciano, *L'Assicurazione P. & I.*, Milano, Giuffrè Editore, 2013, pp. 8 ss.; Steven J. Hazelwood, "The history, character, constitution, and functioning of shipowners' protection and indemnity association", *in* Ignacio Arroyo (Ed.), *Yearbook Maritime Law*, Vol. III (1986-1987), Deventer, Kluwer Law, 1988, pp. 80 ss.; Steven J. Hazelwood e David Semark, *P&I Clubs – Law and*

Relativamente ao contexto segurador, e considerando que o prémio corresponde a uma classe (tendencialmente homogénea) de risco, a seleção adversa será especialmente propiciada em duas situações. Desde logo, quando a classe de risco a que corresponde um mesmo prémio é ampla (heterogénea)[93] e a decisão do tomador de contratar (ou não) o seguro resulta de uma *estimativa* de que o risco concreto por si representado está, respetivamente, subtarifado ou sobretarifado. É certo que o tomador do seguro, sendo leigo na técnica seguradora, não terá conhecimentos para estimar uma probabilidade, por exemplo, de ocorrência de um sinistro de incêndio. Porém, no caso da cobertura de assistência médica ambulatória em seguro de doença, por exemplo, já se trata de uma estimativa passível de ser efetuada[94]. A seleção adversa resulta, aqui, de uma estimativa informada da relação benefício/custo (no caso, risco/prémio) feita pelo segurado.

O segundo contexto que potencia a seleção adversa verifica-se quando o segurado *sabe* que o risco concreto por si representado é superior àquele que o segurador conhece e com base no qual este define o prémio. Este contexto poderá englobar várias situações. Desde logo, aquelas em que o processo de contratação não contempla a declaração do risco (situações de contratação massificada, com aceitação automática do risco e aplicação de um prémio uniforme[95]), verificando-se então a circunstância de

Practice, Oxon / New York, Informa Law from Routledge, 2010, pp. 1 ss.; e María Concepción Hill Prados, *Los Clubs de Protección e Indemnización en el Campo del Seguro Marítimo*, Barcelona, Bosch, 1992, pp. 52 ss. Cfr. também Luís Poças, "Cobertura da responsabilidade civil do transportador marítimo e P&I Clubs – Entre o contrato de sociedade e o de seguro", *in* M. Januário da Costa Gomes (Coord.), *Temas de Direito dos Transportes*, vol. IV, Coimbra, Almedina, 2019, pp. 390 ss.

[93] Quanto mais fina e estreita for a construção de classes homogéneas de risco, menor a divergência entre o prémio pago e o valor do risco transferido. Assim, quanto maior o equilíbrio entre o prémio e o risco, menor a margem para fenómenos de seleção adversa.

[94] Robert H. Jerry II, *Understanding Insurance Law*, *cit.*, p. 16. Correspondendo o prémio ao risco médio da classe de risco em causa (Agostino Gambino, "La neutralizzazione dei rischi nella struttura e nella funzione giuridica unitaria del contratto di assicurazione", *cit.*, p. 215), essa estimativa compara um concreto risco – subjetivamente avaliado pelo segurado – com um prémio médio.

[95] Por exemplo, seguros de vida de crédito ao consumo (adquiridos com a concessão do crédito); seguros de danos em eletrodomésticos (subscritos com a aquisição destes); seguros de viagem (adquiridos com o pacote de viagem turística); etc.

que terão maior propensão para segurar-se os indivíduos que considerarem incorrer numa maior probabilidade de sinistro[96]. Por outro lado, as situações em que o segurado beneficia – em prejuízo do segurador – da assimetria informativa, ocultando censuravelmente informações que levariam o segurador a recusar o risco proposto ou a aplicar-lhe um prémio agravado. Em qualquer dos casos, a seleção adversa funciona como consequência da assimetria informativa, mas só neste último está associada a uma atuação reprovada pelo Direito.

III – Sem prejuízo das considerações que acabamos de tecer, a aplicação da problemática da seleção adversa ao mercado de seguros não pode ser feita sem algumas reservas. É que, como referimos, o exemplo pioneiro de aplicação da referida problemática reportou-se ao mercado de carros usados. Ora, os contratos de compra e venda assumem, diversamente dos seguros, carácter *não aleatório*, ou *comutativo*. Por outro lado, a aplicação ao contexto segurador assenta, em regra, no exemplo académico do seguro de doença[97], que envolve uma *alea* reduzida, por comparação com a de outras modalidades de seguro. Ora – abstraindo, quer dos modernos seguros de doença, que essencialmente envolvem a prestação de um serviço (o acesso, contra o pagamento de um "prémio", a uma rede de serviços médicos a preços reduzidos), quer da cobertura base de internamento hospitalar, essencialmente aleatória –, nos seguros de doença tradicionais, de reembolso de despesas, a admissibilidade da medicina preventiva e a regularidade dos cuidados médicos requeridos por cada segurado (traduzindo-se em custos médios previsíveis com cuidados de estomatologia, assistência médica ambulatória, substituição de ortóteses oculares, etc.), tornam possível para este avaliar, com uma margem de incerteza reduzida, se as vantagens económicas que terá com a subscrição do seguro compensam os inerentes custos.

Desta forma, a aplicação da problemática da seleção adversa ao seguro, enquanto paradigma do contrato aleatório, suscita-nos três ressalvas.

[96] Claude Devoet, *Les Assurances de Personnes*, Louvain-la-Neuve, Anthemis, 2006, p. 157; Maurice Picard e André Besson, *Les Assurances Terrestres en Droit Français, cit.*, p. 710; Pedro Rubio Vicente, *El Deber Precontractual de Declaración del Riesgo en el Contrato de Seguro*, Madrid, Editorial MAPFRE, 2003, p. 156, n. 137.

[97] Cfr., p. ex., Fernando Araújo, *Introdução à Economia, cit.*, pp. 305 ss.

Desde logo, a de que, em contexto de uma plena aleatoriedade, a probabilidade de ocorrência do sinistro não é previsível para o segurado. Por outro lado, a de que, embora pertença ao segurado o conhecimento das características do risco transferido, quem domina o cálculo do custo desse risco (o prémio) é o segurador, pelo que não é possível ao segurado – senão em termos comparativos, num contexto de plena concorrência, em função das práticas de outros seguradores[98] – aferir se o prémio que lhe é proposto é proporcional ou não ao risco assumido. Por fim, a de que, atento o perfil psicológico de aversão ao risco, a que já aludimos, a predisposição dos indivíduos para contratarem seguros não é um indicador certo de que estejam cientes de representarem um "mau risco" (e de que, portanto, numa avaliação racional benefício/custo, pretendam tirar proveito da assimetria informativa que os favorece), mas antes um indicador do perfil psicológico de elevada prudência que os caracteriza[99].

Uma articulação das ressalvas enunciadas permite-nos formular uma regra, segundo a qual, quanto maior a margem de aleatoriedade do contrato (ou, no contrato de seguro, quanto maior a imprevisibilidade, para o segurado, da ocorrência do sinistro) menor o efeito de seleção adversa. Ora, a redução da margem de incerteza ocorrerá tendencialmente em relação aos "maus riscos" (quando, num seguro de vida, o segurado *sabe* que padece de uma doença fatal e que, portanto, a sua morte ocorrerá no curto prazo), mas raramente em relação aos "bons riscos", que são plenamente aleatórios (o segurado pode acreditar que tem uma saúde de ferro, mas *não pode saber* que terá uma longa vida à sua frente). Assim, e no âmbito do contrato de seguro, a seleção adversa atrairá os "maus riscos", mas será menos tendente a afastar os "bons riscos". Esta tendência, por si só, será suficiente para amortecer o efeito de espiral evidenciado pela *law and economics*, pelo que deveremos preferencialmente falar, quanto

[98] Mesmo assim, o facto de cada contrato ter o seu recorte de coberturas, exclusões, franquias e limites de capital, torna muito difícil – senão mesmo impraticável – uma rigorosa comparação de diferentes contratos de seguro numa ótica benefício/custo.

[99] Daí que uma das medidas preventivas da seleção adversa – a disponibilização pelo segurador de diferentes níveis de cobertura a prémios progressivamente mais elevados – que tenderia a levar o proponente a denunciar a qualidade do risco proposto (caso em que os maus riscos optariam por coberturas mais completas, ainda que mediante um prémio mais elevado, adequado ao grau de risco incorrido pelo segurador), pode apenas revelar, na verdade, o grau de aversão ao risco do proponente.

ao contrato de seguro (e a outros contratos aleatórios), de *fenómenos* de seleção adversa (sempre que se verifique a viciação da *alea* contratual), mais do que de um verdadeiro *processo* de seleção adversa.

Em qualquer caso, os referidos fenómenos seriam suscetíveis de conduzir ao colapso da atividade seguradora. No exemplo do seguro de vida, a desproporção entre a massa de prémios cobrados e o valor dos capitais seguros é tal que, na eventualidade da ocorrência de um volume elevado de sinistros prematuros com capitais significativos, poderá ficar em causa a solvabilidade do segurador sem sequer passar por uma espiral de seleção adversa.

IV – Decorrendo a seleção adversa, como vimos, da assimetria informativa, a paridade da informação sobre o risco conduziria a uma adequação entre o prémio e o risco e, logo, ao equilíbrio das prestações das partes, evitando a seleção adversa[100]. Logo, no plano normativo, a solução que garante a paridade informativa traduz-se na consagração de um dever legal de declaração do risco pelo proponente de um contrato de seguro e na sanção do respetivo incumprimento. Este sistema, (complementado, aquando da participação do sinistro, com a investigação da veracidade das declarações prestadas), é, precisamente, no plano económico, *o mais eficiente* – e de menor custo social – mecanismo de prevenção da seleção adversa[101].

5. O risco moral

I – O instituto da declaração do risco suscita ainda uma outra problemática económica: a do risco moral (*moral hazard*). Abstraindo de uma distinção traçada por alguma doutrina entre *risco moral* ou *ético* (*moral hazard*) e *risco psicológico* ou *motivacional* (*morale hazard*)[102], o fenómeno

[100] Georges Dionne *et al.*, "Adverse selection in insurance markets", *cit.*, p. 187.

[101] Georges Dionne *et al.*, *idem*, p. 237; Paolo Gallo, "Asimmetrie informative e doveri di informazione", *cit.*, p. 651; Julie-Anne Tarr, "Disclosure in insurance law: Contemporary and historical economic considerations", *cit.*, pp. 217 ss. e 222 ss.

[102] A distinção é claramente traçada em Emmett J. Vaughan, *Fundamentals of Risk and Insurance*, *cit.*, p. 7. Cfr., entre nós, Maria Inês Oliveira Martins, *O Seguro de Vida Enquanto Tipo Contratual Legal*, Coimbra, Coimbra Ed., 2010, p. 206. Alguns autores, porém, utilizam a expressão *moral hazard* indistintamente no duplo sentido traçado – p. ex., Julie-Anne Tarr, "Disclosure in insurance law: Contemporary and historical economic considerations", *cit.*, p. 221.

que em economia geralmente se designa por risco moral (*moral hazard*) prende-se com a transferência de um risco para o segurador (que, como vimos, é inerente a um perfil de aversão ao risco) e, em consequência dessa transferência, com a perda de incentivo, por parte do segurado, para prevenir a ocorrência e minorar os efeitos do sinistro ou até, no limite, com a existência de um incentivo para facilitar ou provocar o sinistro. Na verdade, na medida em que o dano resultante do sinistro seja integralmente indemnizado pelo segurador, a ocorrência do sinistro torna-se indiferente, de um prisma económico, para o segurado. Logo, este deixará de ter incentivo económico para atuar diligentemente no sentido de evitar o sinistro ou de tentar reduzir os seus efeitos, o que tende a agravar a probabilidade e a gravidade do dano[103].

Em suma, a existência de seguro gera o efeito perverso de aumentar a probabilidade (e a intensidade) do dano[104]. Por exemplo, quem tenha contratado um seguro de roubo tenderá a ser menos diligente no sentido de evitar que o mesmo ocorra do que quem não esteja seguro. Assim, entre as medidas destinadas a reduzir o risco moral encontra-se a estipulação de *franquias* (valor que, em caso de sinistro, será deduzido à prestação do segurador, sendo diretamente suportado pelo segurado) ou de *coberturas parciais* (estipulação de uma percentagem do dano que será sempre suportada pelo segurado em caso de sinistro)[105]. Por via da redução, quer do risco moral, quer da responsabilidade do segurador, estas medidas refletem-se numa significativa diminuição do prémio.

[103] Cfr. Fernando Araújo, *Introdução à Economia, cit.*, p. 309; Fernando Araújo, "Uma nota sobre carros usados", *cit.*, pp. 187-188; Thomas R. Foley, "Insurers' misrepresentation defence: The need for a knowledge element", *cit.*, pp. 671 ss.; Robert Kast e André Lapied, *Economics and Finance of Risk, cit.*, pp. 115-116; Maria Inês de Oliveira Martins, "Risco moral e contrato de seguro", *in* António José Avelãs Nunes, Luís Pedro Cunha, Maria Inês de Oliveira Martins (Orgs.), *Estudos em Homenagem ao Prof. Doutor Aníbal de Almeida*, Coimbra, Coimbra Editora, 2012, pp. 644 ss.; Pierre Picard, "Un objectif majeur pour l'assurance et la prévention des risques", *cit.*, p. 65; Paul Samuelson e William Nordhaus, *Economics, cit.*, pp. 195 e 362.

[104] Robert H. Jerry II, *Understanding Insurance Law, cit.*, p. 15.

[105] É uma evidente preocupação de mitigação do risco moral que está na base da regra legal do *descoberto obrigatório*, aplicável ao seguro de crédito nos termos do n.º 1 do artigo 5.º do Decreto-Lei n.º 183/88, de 24 de maio, isto é, de uma percentagem do interesse seguro cuja cobertura contratual não é garantida pelo segurador. Cfr. Luís Poças, "A natureza jurídica do seguro-caução", *Revista de Direito e de Estudos Sociais*, Ano LVI, n.º 1-3 (jan.-set. 2015), p. 109.

II – A relevância do risco moral para o instituto da declaração do risco coloca-se ao nível do objeto do dever de declaração. Com efeito, relativamente ao leque de informações que o tomador do seguro ou segurado está obrigado a prestar, alguma doutrina distingue o *risco material* do *risco moral*[106]. Assim, o *risco material* ou *físico* reporta-se às circunstâncias que traduzem os elementos e características objetivos e materiais do interesse seguro, como sejam, por exemplo, nos seguros de danos, a descrição do bem seguro, a sua localização, exposição a eventos adversos, adoção de medidas preventivas, etc. Já o *risco moral* (*moral hazard*), abrange as características que permitem avaliar o caráter, a integridade, a reputação e a personalidade do segurado, bem como as suas motivações quanto à subscrição do seguro[107], recorrendo a indicadores sobre o seu grau de diligência, de moralidade, de solvência e de prudência, como sejam: o pagamento pontual de prémios em contratos anteriores; a existência de sinistros anteriores, a sua quantidade e dimensão; o cadastro criminal ou contraordenacional; ou a anterior recusa do risco por outros seguradores[108].

[106] Cfr., p. ex., Pedro Rubio Vicente, Vicente, *El Deber Precontractual de Declaración del Riesgo en el Contrato de Seguro, cit.*, p. 87. A distinção é, porém, mais corrente na doutrina anglo-saxónica, onde os riscos morais assumem particular relevância. Alguns autores distinguem, no mesmo sentido, os *elementos objetivos* do risco dos *elementos subjetivos* – cfr., p. ex., Claude J. Berr, "La déclaration des risques en droit français", *in* AAVV, *L'Harmonisation du Droit du Contrat d'Assurance dans la C.E.E.*, Bruxelles, Bruylant, 1981, p. 327.

[107] Como refere Julie-Anne Tarr, «o termo "risco moral" refere-se a um caráter moral do segurado – ou a esse aspeto do caráter/comportamento do segurado – que poderia potencialmente aumentar tanto a probabilidade como a dimensão do dano» – Julie-Anne Tarr, *Disclosure and Concealment in Consumer Insurance Contracts, cit.*, p. 32 (trad. nossa).

[108] Na tradição da *common law* há abundantes exemplos de indicadores de risco moral. Cfr. muitos desses exemplos em Nicholas Legh-Jones *et al.* (Eds.), *MacGillivray on Insurance Law, cit.*, pp. 433 ss. Há algumas décadas, esses indicadores incluíam situações de origem racial ou de nacionalidade do segurado. *Idem*, p. 437. O "risco moral" poderá estender-se à própria probabilidade de ocorrer a participação fraudulenta de sinistros, quer se traduzam num dano intencionalmente provocado, quer na sua encenação ou empolamento – Peter MacDonald Eggers *et al.*, *Good Faith and Insurance Contracts*, 2ª Ed., London, Lloyd's of London Press, 2004, p. 394. Cfr. também Richard V. Ericson e Aaron Doyle, "The moral risks of private justice: the case of insurance fraud", *in* Richard V. Ericson e Aaron Doyle (Eds.), *Risk and Morality*, Toronto, University of Toronto Press, 2003, p. 319; Mark R. Greene, *Risk and Insurance, cit.*, p. 12; Franz Haymann, "Le disposizioni generali sui vizi di volontà in rapporto all'obbligo di denuncia precontrattuale da parte dell'assicurando", *Assicurazioni*,

Ainda que o segurador possa ter uma pretensão de informação relativamente aos dois tipos de risco referidos e seja admissível, em abstrato, que ambos integram o dever de declaração do proponente, esta perspetiva nem sempre será pacífica. Com efeito, o chamado risco moral nem sempre está associado à probabilidade estatística de verificação do sinistro, decorrendo, por vezes, de fatores que apenas indiciarão que o tomador do seguro poderá não cumprir com a sua prestação (pagamento do prémio). Assim – sobretudo quando, no caso português, o não pagamento do prémio gera a resolução automática do contrato – não se verificando qualquer relação objetiva entre o risco moral e a probabilidade (aleatória) de ocorrência do sinistro, é de recusar que o dever de declaração do risco abranja indicadores de risco moral[109].

6. Outras vertentes com relevância económica

6.1. Prémio, risco e dever de informação

I – Como vimos, a declaração do risco suscita, de um prisma económico, problemáticas de grande relevância: tal é o caso das questões do risco e incerteza, da assimetria informativa, da seleção adversa e do risco moral. A importância económica da declaração do risco não se esgota, porém, nestes domínios, importando referenciar, ainda que sem aprofundamento, alguns outros aspetos.

Neste contexto, são assumidos determinados pressupostos de abordagem. Desde logo, o de que as opções dos agentes se orientam por critérios de racionalidade económica, numa avaliação benefício/custo. Por outro lado, o de que a atividade seguradora funciona como um sistema que gere o seu próprio equilíbrio. Assim – considerando que, numa economia de mercado e de plena concorrência, o *preço* é um reflexo do *custo* de um bem ou serviço – numa perspetiva global e simplificadora, atentas as bases estatísticas da atividade seguradora, verifica-se uma equivalência tendencial entre a massa dos sinistros que o segurador suporta (principal *custo*) e a massa dos prémios por si cobrados no mesmo período de tempo

Ano I (1934), Parte I, p. 355; e Emmett J. Vaughan, *Fundamentals of Risk and Insurance, cit.*, p. 7. Sobre a fraude em sede de execução do contrato, cfr. Luís Poças, "A cominação civil da fraude na execução do contrato de seguro", *infra*, pp. 81-128.

109 Luís Poças, *O Dever de Declaração Inicial do Risco no Contrato de Seguro, cit.*, pp. 337-338.

(principal *proveito*)[110]. Desta forma, a variação estável de um dos fatores implica o reajustamento do outro, de modo a repor o equilíbrio (redistribuição dos custos através de um aumento proporcional dos preços)[111]. Assim, no caso do seguro, o aumento dos custos – sejam administrativos ou resultantes da probabilidade de ocorrência e dimensão dos sinistros – reflete-se necessariamente sobre o aumento dos prémios e/ou a redução das garantias.

É frequente afirmar-se, de um prisma simplificador, que o prémio corresponde ao *preço* do risco. Na verdade, o prémio é o equivalente pecuniário da segurança garantida pelo segurador, a qual decorre da obrigação de efetuar uma prestação pecuniária em caso de verificação de um risco extracontratual (sinistro). Assim, o prémio é a expressão pecuniária do risco (cálculo de probabilidade, de base estatística[112], da ocorrência e gravidade do sinistro[113]).

Apesar da gestão privada e tendencialmente lucrativa do seguro, a situação de mercado concorrencial introduz uma pressão sobre os

[110] Mais rigorosamente, ainda que numa perspetiva sintética e simplificada, os resultados da atividade seguradora resultam da adição dos seguintes fatores: prémios cobrados - custos administrativos - custos de prevenção de perdas (incluindo prémios de resseguro) - capitais e indemnizações por sinistro pagos + capitais e indemnizações de resseguro recebidos + rendimentos de investimentos efetuados. Cfr. Richard V. Ericson e Aaron Doyle, "The moral risks of private justice: the case of insurance fraud", *cit.*, p. 320.

[111] Cfr., p. ex., Richard V. Ericson e Aaron Doyle, "The moral risks of private justice: the case of insurance fraud", *cit.*, p. 319; Jorge Sinde Monteiro, *Estudos Sobre a Responsabilidade Civil*, Coimbra, s.n., 1983, p. 154.

[112] A relevância da estatística no contrato de seguro, assumindo-se como um dogma inquestionável, comporta limites de que importa dar conta. É que, com exceção do ramo "Vida" – onde, desde cedo, a disponibilidade de tábuas de mortalidade vem conferindo bases estatísticas sólidas à atividade seguradora – os outros ramos seguem, por vezes, fórmulas menos rigorosas de cálculo do prémio, a saber: a intuição, a "tentativa e erro", o *benchmarking*, a pressão da concorrência, a orientação do ressegurador, e a eterna regra, corretora de desvios, segundo a qual a massa anual dos prémios não poderá ser inferior à massa anual de sinistros.

[113] Como referem Ewald e Moreau, «os segurados participam na mutualidade na expectativa de que cada um pague segundo o seu risco» – François Ewald e Jean-Pierre Moreau, "Génétique médicale, confidentialité et assurance", *Risques: Les Cahiers de l'Assurance*, n.º 18 (abr.-jun. 1994), p. 113 (trad. nossa). De acordo com os autores, o segurador tem um dever para com os segurados de que a tarifa não implique um prémio superior ao risco transferido – *ibidem*.

seguradores no sentido de manterem os prémios baixos (e, assim, manterem-se competitivos face à concorrência). As regras prudenciais definidas pela autoridade de supervisão, por outro lado, asseguram a solvência e, portanto, a segurança, a prazo, do universo de segurados. Entre estas duas balizas – a concorrência e o controlo prudencial – a atividade seguradora privada pouco difere de uma lógica mutualista[114].

II – O enquadramento económico dos deveres pré-contratuais de informação tenderá a enfatizar a forma como os regimes legais contribuem para a eficiência económica subjacente à função do mercado. Uma perspetiva liberal sustenta que um menor intervencionismo regulador tenderá a produzir níveis ótimos de alocação do risco entre as partes. Este quadro assenta no pressuposto de que todos os indivíduos tendem a maximizar a satisfação dos seus interesses através de decisões racionais (lógicas e assentes em informação perfeita)[115]. Desta forma, segundo o paradigma contratual clássico, as negociações voluntárias entre partes conhecedoras e racionais produzem contratos eficientes[116].

Ora, o enfoque na *mais eficiente* troca de informação no decurso das negociações implica a resolução do dilema entre: (i) por um lado, a imposição, à parte que já possui uma informação pertinente (no caso, o segurado), do dever de a comunicar à contraparte (segurador); e (ii) alternativamente, a permissão à parte informada (segurado) de que omita estrategicamente daquela informação à contraparte (segurador) para aumentar os benefícios advenientes do contrato[117].

Porém, no caso do contrato de seguro, embora a probabilidade de ocorrência do sinistro seja estatisticamente determinável em abstrato,

[114] Como reconhece Carlos Ferreira de Almeida, a massa de prémios tende a corresponder à massa de sinistros suportados pelo segurador. Neste contexto, o seguro é configurável como um «sistema de distribuição ou de dispersão do risco», quadro em que, «em regimes de concorrência efetiva, a vantagem específica do segurador restringe-se pois a uma margem de lucro marginal» – *Contratos III, cit.*, p. 228.

[115] Esta, por seu turno, assenta num pleno conhecimento, designadamente, do preço, qualidade e produtos concorrentes – Julie-Anne Tarr, *Disclosure and Concealment in Consumer Insurance Contracts, cit.*, pp. 7-9.

[116] Julie-Anne Tarr, *idem*, p. 20.

[117] Paulo Mota Pinto, *Interesse Contratual Negativo e Interesse Contratual Positivo*, Vol. I, Coimbra, Coimbra Ed., 2008, pp. 453-454.

a verdade é que o conhecimento do segurador sobre o risco concreto é, como referimos, profundamente limitado. Neste contexto de assimetria informativa, o referido dilema não é sequer passível de ser equacionado, já que a simples admissibilidade da segunda alternativa corresponderia à negação da própria viabilidade económica da atividade seguradora, designadamente, como vimos, por efeito da seleção adversa.

III – Admitamos, porém, que o segurador dispunha de meios materiais para investigar, por si só, as circunstâncias caracterizadoras do risco. A questão que logo se suscita é a da viabilidade económica de tal operação. Com efeito, recorre frequentemente alguma doutrina ao argumento de que o segurado deveria ser desonerado do dever de declaração do risco em virtude de o segurador dispor atualmente de meios de investigação e de fontes informativas incomensuravelmente mais ricos do que nos primórdios da atividade seguradora, pelo que poderá controlar de forma eficaz a análise do risco, nomeadamente através da intervenção direta de analistas de risco ou da investigação da informação disponível na *Internet* ou em bases de dados específicas[118].

Ora, ainda que a informação relevante estivesse acessível ao segurador pelos meios que acabamos de mencionar (o que tivemos oportunidade de contestar acima), a verdade, porém, é que num mercado de plena concorrência, em que a pressão sobre a contenção dos preços (prémios) é considerável, não se pode ignorar o custo de um ónus de investigação do risco a cargo do segurador, implicando um óbvio acréscimo de custos administrativos – refletidos nos prémios a serem suportados pelos tomadores – e constituindo, em termos económicos, um inútil desperdício de recursos e de tempo[119].

Em qualquer caso, quanto à alegada facilidade atual de análise direta do risco, importa considerar múltiplos fatores: os custos inerentes,

[118] Malcolm Clarke, *Policies and Perceptions of Insurance – An Introduction to Insurance Law*, Oxford, Clarendon Press, 1997, pp. 89 ss.; Julie-Anne Tarr, *Disclosure and Concealment in Consumer Insurance Contracts*, *cit.*, p. 4.

[119] Cfr. Malcolm Clarke, *Policies and Perceptions of Insurance*, *cit.*, p. 108; Peter MacDonald Eggers *et al.*, *Good Faith and Insurance Contracts*, *cit.*, p. 47. Como afirma Ewald, o custo da gestão do risco varia na razão direta do volume de informação para o efeito considerado pelo segurador – François Ewald, "Génétique et assurance", *cit.*, p. 541. Sobre a problemática dos custos de informação, cfr. Fernando Araújo, *Teoria Económica do Contrato*, *cit.*, pp. 281 ss.

designadamente em deslocações, honorários, etc.[120]; a demora da análise e o incómodo para o potencial segurado (por exemplo, pela submissão obrigatória a exame médico nos seguros de pessoas), suscetível de comprometer a conclusão de múltiplos contratos[121]; a impossibilidade de conhecer dados que o proponente não revela (informações que o mesmo sempre poderia omitir ao analista de risco); e a injustiça de se inverter por completo o ónus da informação (inversão que daria mais facilmente cobertura à fraude)[122].

Quanto à possibilidade de recurso à tecnologia informática, esta implica um aumento de custos e da demora na apreciação do risco (por exemplo, a pesquisa sobre um proponente com um nome vulgar seria necessariamente demorada e inconclusiva). Por outro lado, choca com a proteção legalmente dispensada aos dados pessoais e à intimidade da vida privada. Finalmente, porque nem tudo está (nem pode estar) disponível, a desoneração do proponente daria cobertura à fraude.

Desta forma, como referem Legh-Jones *et al.*, é o dever de informação espontânea do proponente e a ausência de um ónus de investigação a cargo do segurador que mantêm os prémios competitivos, com benefício evidente para os tomadores-consumidores de seguros[123]. Quanto à facul-

[120] Filipe Albuquerque Matos, "As declarações reticentes e inexactas no contrato de seguro", *in* J. Figueiredo Dias, J. J. Gomes Canotilho e J. Faria Costa (Orgs.), *Ars Ivdicandi – Estudos de Homenagem ao Prof. Doutor António Castanheira Neves*, Vol. II – Direito Privado, Coimbra, Coimbra Ed., 2008, p. 477.

[121] Como refere Ilan Goldberg, «o número de operações realizadas sofreria vertiginosa queda, o que contribuiria para o aumento dos prémios e, por consequência, prejuízos para os próprios segurados remanescentes» – Ilan Goldberg, "A boa-fé objetiva como elemento essencial ao contrato de seguro", http://www.ibds.com.br/artigos/ABoaFeObjetiva.pdf (consult. 05/10/2016), p. 2.

[122] Como reconhece Júlio Gomes, a inexistência de um dever pré-contratual de descrição do risco «forçaria o segurador frequentemente a investigações longas, complexas (até por poderem incidir sobre factos passados) e onerosas, repercutindo-se negativamente nos prémios» – Júlio Gomes, "O dever de informação do (candidato a) tomador do seguro na fase pré-contratual, à luz do Decreto-Lei n.º 72/2008 de 16 de Abril", *in* José Lebre de Freitas *et al.* (Coords.), *Estudos em Homenagem ao Professor Doutor Carlos Ferreira de Almeida*, Vol. II, Coimbra, Almedina, 2011, p. 389.

[123] Nicholas Legh-Jones *et al.* (Eds.), *MacGillivray on Insurance Law*, 10ª Ed., London, Sweet and Maxwell, 2003, p. 453. Cfr. também Camillo Viterbo, "Le dichiarazioni dell'assicurando. Commento all'art. 429 cod. comm.", *Il Foro Italiano*, Vol. LX (1935), Parte IV, col. 74.

dade de investigação do segurador (sobre a veracidade das informações do proponente), ela é normalmente relegada para momento posterior, após a ocorrência do sinistro. Na verdade, como só uma reduzida parcela de segurados sofre sinistros, o segurador pode limitar os seus recursos à investigação desses casos, reduzindo os custos da sua atividade, em benefício de todos os segurados[124].

A própria economia – designadamente em resultado da pressão da concorrência, de imperativos de competitividade, das vantagens resultantes da inovação e da diferenciação – vai proporcionando soluções contratuais que, de algum modo, ultrapassam alguns dos dilemas referidos. Tal será o caso: de o segurador prescindir totalmente da declaração do risco[125]; de optar por um sistema de questionário fechado; de facultar, aquando da formação do contrato, um serviço adicional, autonomizável da cobertura do seguro (e cujo custo fosse autonomamente suportado pelo proponente) correspondente à análise pericial do risco a segurar, exonerando-se o tomador do dever de declaração do risco e tendo por corolário a incontestabilidade imediata do contrato; ou de o segurador disponibilizar contratualmente, contra o pagamento de um sobreprémio, a cobertura adicional do risco de o tomador do seguro incorrer em omissões ou inexatidões negligentes, caso em que o segurador renunciaria à invocação do incumprimento[126].

No plano da disciplina contratual, a correção da assimetria informativa é assegurada pela imposição à parte informada (segurado) de um dever pré-contratual de informação. O dever legal constitui, desta forma, de um prisma económico, o "incentivo" à comunicação da informação[127].

[124] Robert Jerry II, *Understanding Insurance Law, cit.*, p. 696.

[125] P. ex., a introdução de contratos de seguro de vida sem análise do risco, em que o sinistro prematuro dá contratualmente lugar à mera devolução dos prémios (contrasseguro) e, após a fase de maturação do contrato, ao pagamento do capital seguro.

[126] A solução – que se traduziria num alargamento do âmbito da incontestabilidade, a operar de imediato e fora do círculo restrito dos seguros de vida – é sugerida por alguma doutrina económica, e assenta na predisposição psicológica do segurado, cujo perfil é de aversão ao risco, para, em troca de uma maior segurança e tranquilidade, suportar um prémio superior ao dano expectável – Thomas R. Foley, "Insurers' misrepresentation defence: The need for a knowledge element", *cit.*, pp. 673 ss.

[127] Como refere Julie-Anne Tarr, «requerendo uma especialmente elevada troca de informações entre as partes, a doutrina da máxima boa fé tenta adicionar, de uma perspetiva

6.2. Consequências económicas das opções legislativas

Estando o contrato de seguro sujeito a uma regulação legal em grande medida imperativa – e, portanto, subtraído ao amplo domínio da liberdade contratual das partes – a mesma determina os meios de defesa de que dispõe o segurador, influenciando a probabilidade de este ter de efetuar a sua prestação por sinistro e, logo, o valor do prémio correspondente à amplitude de tal risco. Por outras palavras, a correlação de forças – ou, melhor, a diferente tutela da posição de cada uma das partes –, resultante da configuração de cada regime legal, encontra reflexo no risco e, consequentemente, no prémio[128]. A título de exemplo, para um mesmo risco deverá ser diverso o prémio se compararmos um contrato de seguro celebrado no Reino Unido, pelo menos até 2013 (onde a tutela do segurador era particularmente expressiva), com outro celebrado em França (onde a tutela do tomador do seguro é mais acentuada)[129].

Pela mesma razão, também deverá ser diverso o prémio, no quadro de um mesmo sistema jurídico, quando uma reforma de regime vem reconfigurar a correlação de forças ou a distribuição das tutelas das partes[130]. A esta matéria foi, aliás, sensível a LCS, já que, como se afirma

económica, a necessária cenoura (ou chicote, dependendo do seu uso) para garantir que toda a informação passível de ser identificada pelas partes como relevante para a transação seja posta em cima da mesa de uma forma tão pouco dispendiosa (*cost-efficient*) quanto possível» – Julie-Anne Tarr, *Disclosure and Concealment in Consumer Insurance Contracts, cit.*, p. 23 (trad. nossa).

128 Como afirma Romnicianu, o regime jurídico, na sua vertente imperativa e supletiva, determina a configuração do "produto" (contrato) de seguro oferecido pelo segurador e, logo, o respetivo custo (prémio). Michel Romnicianu, "Comment se pose le problème de l'harmonisation du droit du contrat d'assurance dans le Marché Commun", *Revue Générale des Assurances Terrestres*, Ano 47 (1976), n.º 3, p. 451.

129 Pierre Catala e J. A. Weir, "La déclaration du risque en droit français et anglais comparé", *Revue Générale des Assurances Terrestres*, Ano 37 (1966), pp. 449 ss. Posteriores alterações ao regime francês vieram acentuar ainda mais a tutela do tomador. Em contrapartida, alterações ao Direito material dos seguros do Reino Unido, que entraram em vigor em 2013, atenuaram a tutela do segurador.

130 Como afirmou o grupo de trabalho da *Law Commission* que preparou a reforma do Direito material do contrato de seguro no Reino Unido, «tanto quanto sabemos, o mercado de seguros é extremamente competitivo em termos de preço. Em termos simples, o segurado recebe aquilo pelo que paga. Se a lei for alterada para dar ao segurado mais direitos – p. ex., impedindo que o segurador anule o contrato com fundamento em omissões ou inexatidões inocentes – haverá um aumento marginal do custo das apólices, já que

na nota explicativa do projeto, «muito frequentemente, a maior proteção conferida ao tomador do seguro (segurado) pode implicar aumento do prémio do seguro»[131].

O fenómeno a que nos vimos reportando – traduzido, portanto, para um risco naturalístico constante, na proporcionalidade entre os preços (prémios) e a configuração concreta do equilíbrio de direitos e obrigações das partes no contrato de seguro – constituiu precisamente o fundamento para a tentativa da UE de harmonização dos regimes legais sobre o contrato de seguro, visando a consecução da liberdade de prestação de serviços em regime de concorrência plena no mercado segurador na UE[132] e visando evitar uma *concorrência de ordenamentos* que levasse os consumidores a procurarem seguros com prémios mais baixos, correspondentes a regimes mais severos (menor tutela do tomador)[133]. Em contrapartida, os regimes que confiram maior proteção ao consumidor tenderão a atrair os piores riscos do espaço europeu e, em virtude de um

os seguradores estarão agora obrigados a pagar [sinistros] em algumas apólices que no âmbito da lei anterior teriam sido anuladas» – The Law Commission, *Insurance Contract Law – Issues Paper 1: Misrepresentation and Non-Disclosure*, 2006, http://www.scotlawcom.gov.uk/files/8212/7981/6113/cpinsurance_issue1.pdf (consult. 06/11/2016), p. 81 (trad. nossa). Acrescentava-se noutra passagem, mas no mesmo contexto, «os segurados podem estar dispostos a suportar o pequeno aumento dos prémios necessário para cobrir o custo de "erros inocentes" como um dos riscos garantidos, mas a atitude pode ser bem diversa quanto a partilharem os custos da negligência alheia». *Idem*, p. 90 (trad. nossa).

[131] Pedro Romano Martinez, "Novo Regime do Contrato de Seguro", *O Direito*, Ano 140.º (2008), n.º 1, p. 33. Invertendo os termos do raciocínio, defende Tedeschi que a especial tutela legal de que beneficia o segurador em sede de declaração do risco lhe permite – mediante a impugnação do contrato em caso de omissão ou inexatidão – evitar custos que, de outra forma, se produziriam (indemnização indevida em caso de sinistro). Assim, defende o autor que essa "poupança" decorrente do regime legal se haveria de refletir nas tarifas de seguro, beneficiando os próprios segurados – Guido Tedeschi, "«Misrepresentation» e «non-disclosure» nel diritto assicurativo italiano", *Rivista di Diritto Civile*, Ano IV (1958), I, p. 494.

[132] Michel Romnicianu, "Comment se pose le problème de l'harmonisation du droit du contrat d'assurance dans le Marché Commun", *cit.*

[133] Patrick Pearson, "Opening address", *cit.*, p. 3. Neste quadro, a LCS procurou, em termos de política legislativa, manter a competitividade internacional do mercado segurador português – Pedro Romano Martinez, *Modificações na legislação sobre contrato de seguro: Repercussões no regime de acidentes de trabalho*, 2008, http://www.stj.pt/ficheiros/coloquios/coloquiodtotrabalho2008_romanomartinez.pdf (consult. 06/11/2016), p. 15.

fenómeno de seleção adversa, a afastarem progressivamente os melhores riscos, numa espiral conducente ao colapso do sistema.

6.3. A eficácia do regime legal na prevenção das omissões e inexatidões

I – Na perspetiva do tomador do seguro, a racionalidade económica que condiciona o seu comportamento leva-o a pretender obter o mais extenso leque de garantias do segurador pelo prémio mais reduzido (garantia máxima pelo prémio mínimo). Por outro lado, quanto mais negativa for a representação do risco formulada pelo proponente (ou seja, quanto maior for a probabilidade representada pelo proponente de ocorrência do sinistro) e/ou quanto maior for a sua aversão ao risco, maior será a propensão para contratar um seguro.

Relativamente à prática de omissões ou inexatidões pré-contratuais, a mesma será função, numa perspetiva de racionalidade económica, de uma avaliação *benefício* (celebração do contrato ou aplicação ao mesmo de condições mais vantajosas) / *custo* (ponderação da cominação aplicável e da probabilidade de ser descoberto). Deste prisma, sustenta Julie-Anne Tarr que a prevenção eficaz das omissões ou inexatidões depende de a respetiva sanção ser, pelo menos, equivalente às expectativas de ganho[134].

Porém, esta asserção só seria verdadeira se o incumprimento *de facto* tivesse necessariamente por consequência a aplicação da sanção. Ora, o que sucede é que a probabilidade inerente ao *risco de vir a sofrer a cominação legal* não é inteiramente desfavorável ao proponente, razão porque uma parte significativa dos proponentes assume esse risco e frequentemente com sucesso (quer porque as omissões ou inexatidões nunca venham a ser descobertas, quer porque o segurador não logre prová-las em juízo, mercê de uma iníqua arquitetura das regras do jogo probatório)[135]. A ser verdadeira a asserção de Tarr, então: ou não haveria nunca omissões ou inexatidões (o que a abundante jurisprudência na matéria se encarrega de desmentir) ou o comportamento de muitos proponentes seria economicamente irracional (o que também não parece de aceitar).

[134] Julie-Anne Tarr, "Disclosure in insurance law: Contemporary and historical economic considerations", *cit.*, p. 223.

[135] Thomas R. Foley, "Insurers' misrepresentation defence: The need for a knowledge element", *cit.*, p. 680.

II – Neste quadro, importa traçar uma breve apreciação sobre a eficácia preventiva do regime português em matéria de incumprimento do dever de declaração do risco. Começando pelas soluções legais para o incumprimento doloso do dever de declaração do risco, as mesmas constituem verdadeiras sanções, exprimindo o desvalor jurídico da conduta do proponente no desrespeito por um dever legal. A dureza destas cominações – nas quais é possível divisar uma verdadeira função punitiva – é, assim, adequada à prevenção das omissões ou inexatidões dolosas.

Quanto às soluções associadas ao incumprimento negligente do dever de declaração do risco, as mesmas apenas têm em vista o reequilíbrio das prestações das partes mediante um reajustamento do prémio ao risco efetivamente assumido pelo segurador (conforme as circunstâncias conhecidas do segurado e não informadas aquando da conclusão do contrato). As soluções legalmente consagradas visam, desta forma, sem beneficiar ou sequer compensar o segurador, colocá-lo apenas na situação em que estaria se o risco tivesse sido devidamente declarado, logrando a consolidação retroativa do contrato.

Em abono do que acabamos de afirmar, uma comparação do regime do incumprimento negligente da declaração do risco com o do agravamento do risco revela claras semelhanças (como sucede, aliás, face ao regime geral da alteração das circunstâncias e do erro sobre a base do negócio – respetivamente, artigo 437.º e n.º 2 do artigo 252.º, ambos do CC), o que evidencia a irrelevância atribuída pelo legislador à negligência (ou ao dolo não provado) do segurado. O regime não assume, portanto, uma função sancionatória, mas antes procura a conservação do negócio e a equidade contratual mediante o reequilíbrio das prestações[136]. A referida analogia de regimes implica, no entanto, tratar de forma igual duas situações bem

[136] Neste sentido, quanto ao Direito italiano (com soluções análogas às do português), Vittorio Salandra, "Dell'Assicurazione", *in* António Scialoja e Giuseppe Branca (Eds.), *Commentario del Codice Civile*, Libro Quarto Delle Obbligazioni – Art. 1861-1932, Bologna, Nicola Zanichelli Ed., 1948, p. 215. Cfr. também, quanto ao Direito francês, Bernard Beignier, *Droit du Contrat d'Assurance*, Paris, PUF, 1999, p. 130. Parafraseando Romano Martinez a propósito da alteração das circunstâncias, dir-se-á que temos no regime das omissões ou inexatidões negligentes um confronto – diríamos uma tensão ou mesmo uma busca de compromisso – entre a estabilidade do contrato (ou segurança jurídica) e a justiça comutativa – Pedro Romano Martinez, *Da Cessação do Contrato*, 2ª Ed., Coimbra, Almedina, 2006, p. 157.

distintas, desvalorizando a conduta culposa do segurado, não obstante a censurabilidade que, em geral, o Direito dispensa à atuação negligente (a qual poderá mesmo traduzir-se em negligência grosseira ou culpa grave). Em suma, embora seja digna de censura a valoração ético-jurídica da conduta do segurado, o regime convoca um remédio equitativo e axiologicamente neutro, equiparando o incumprimento negligente a uma atuação não culposa[137].

Deste modo, a solução legal favorece o segurado incumpridor. Este poderá descurar negligentemente a declaração do risco, apostando em que o sinistro não se produza durante a vigência do contrato, mas sabendo, não obstante, que, se o mesmo se verificar mas não for provocado pelo facto não declarado (ausência de causalidade), sempre terá direito à prestação do segurador. Em qualquer caso, ainda que o sinistro se produza em consequência do facto não declarado, sempre poderá o segurador não descortinar o incumprimento do dever de declaração. Mas mesmo que o descubra, o segurado sempre poderá exigir uma proporção da indemnização ou capital seguro.

Ora, como referimos já, as sanções legais devem ser eficazes na prevenção do comportamento ilícito. Para tanto, devem ser de molde a que, de um prisma de pura racionalidade económica (e abstraindo agora de valorações axiológicas), a relação, para o agente, entre o benefício provável e o prejuízo provável seja desincentivadora da ação ilícita[138]. Logo, como argumenta Starck, «um incumprimento [*faute*] não deve nunca

[137] Notando que o regime não revela uma preocupação de censura pela conduta do tomador, Filipe Albuquerque Matos, *Uma Outra Abordagem em Torno das Declarações Inexatas e Reticentes no Âmbito do Contrato de Seguro. Os Arts. 24.º a 26.º do DL 72/2008, de 16 de Abril*, Separata de AAVV, *Ars Ivdicandi – Estudos em Homenagem ao Prof. Doutor Jorge de Figueiredo Dias*, Vol. IV, Coimbra, Coimbra Ed., 2010, p. 632, n. 40.

[138] Como exemplo, menciona Starck a seguinte situação: se a ocupação indevida de lugares em primeira classe, num dado transporte, por quem só tenha bilhetes de segunda classe, apenas for sancionada com a diferença de preço entre um bilhete de segunda e um bilhete de primeira classe, então essa cominação – considerando a possibilidade de que o passageiro faltoso não seja descoberto – é largamente compensadora: no pior dos casos, o infrator apenas teria de pagar o mesmo valor que lhe custaria o cumprimento da norma – Boris Starck, *Essai d'une Théorie Générale de la Responsabilité Civile Considérée en sa Double Fonction de Garantie et de Peine Privée*, Paris, Rodstein, 1947, p. 419. Logo, se o bilhete de primeira classe custar € 100,00 e o de segunda classe € 50,00, e se a probabilidade de o infrator ser descoberto for de ½, então só quando a sanção ultrapassar os € 200,00 é que a probabilidade de perda

poder beneficiar aquele que o cometeu, sendo até desavisado decidir que ele se traduzirá numa simples ausência de benefício para o culpado»[139].

A disciplina legal do incumprimento negligente revela-se, em suma, adequada a um incumprimento "inocente" ou não censurável. Porém, numa ponderação utilitarista e economicista que pese a probabilidade de ganho e de perda, tenderá a não dissuadir mas até a *incentivar* as omissões ou inexatidões negligentes.

III – O regime legal comporta, porém, um outro alcance. Como vimos, o mesmo surge estruturado em função do grau de culpabilidade do segurado incumpridor, estabelecendo uma cominação dura para o incumprimento doloso e um remédio sem pendor sancionatório para o incumprimento negligente. Sendo as omissões ou inexatidões objetivamente demonstráveis, a aplicação de um ou de outro regime depende fundamentalmente da prova do dolo do segurado, cujo ónus pertence ao segurador.

Ora, tratando-se de um estado subjetivo, a respetiva prova reveste-se de extrema dificuldade. Logo, a consequência das regras sobre a distribuição do ónus da prova levam a que, na falta de demonstração do caráter doloso da atuação do segurado, a consequência será a aplicação do regime tolerante do incumprimento negligente.

Assim, se o regime material do incumprimento da declaração do risco almeja a justiça, tratando diferentemente o segurado em função do grau de censurabilidade da sua conduta, já as regras do jogo probatório levarão, na prática forense, não a um tratamento diferenciado em função da culpa, mas ao esvaziamento da disciplina do incumprimento doloso e à aplicação generalizada do benévolo regime das omissões e inexatidões negligentes. Em lugar de punir o dolo e perdoar a negligência – propósito que, como vimos, é muito discutível mas subjaz ao regime material – o sistema jurídico, em virtude da distribuição do ónus da prova, acaba por premiar a eficácia dissimulatória do dolo e da fraude, penalizando o segurador por não lograr fazer a prova diabólica de estados de ânimo.

(½ x € 200,00 = € 100,00) ultrapassará a de ganho e será suficientemente dissuasora para ter eficácia preventiva: € 200,00 x ½ = € 100,00.

[139] Boris Starck, *Essai d'une Théorie Générale de la Responsabilité Civile Considérée en sa Double Fonction de Garantie et de Peine Privée*, *cit.*, p. 420 (trad. nossa).

Em suma, não só o regime do incumprimento negligente elimina qualquer incentivo para a observância diligente, exata e completa do dever de declaração do risco, mas tem igualmente por efeito estender a benevolência de uma solução equitativa à generalidade das situações de incumprimento, bastando, para tanto, que o segurador não consiga provar o estado subjetivo (uma intenção e um conhecimento) da sua contraparte.

6.4. Efeitos da orientação da jurisprudência

I – Enquanto fenómeno reconduzível à noção económico-social de "fraude em seguros", as inexatidões e omissões em sede de declaração inicial do risco beneficiam de uma estranha tolerância da consciência social e até dos tribunais[140]. A apontada tolerância perante os fenómenos de fraude em seguros pode ser explicada pelo *síndroma de Robin Hood*, nos termos do qual a coletividade reprova, como imoral, o prejuízo causado a uma pessoa, mas, paradoxalmente, não condena o prejuízo causado a uma organização, mesmo tendo consciência da ilicitude do comportamento em causa[141].

Ora, considerando as bases solidarísticas – de autêntica justiça distributiva – da atividade seguradora, a fraude em seguros apresenta alguma analogia com a fraude fiscal. Em ambos os casos há uma apropriação, na esfera individual, de vantagens ilícitas, refletindo-se as inerentes perdas na esfera coletiva[142]: no caso da fraude fiscal os custos são suportados pela massa dos contribuintes, enquanto na do contrato de seguro o são pela mutualidade dos segurados[143]. Deste prisma, sublinha alguma dou-

[140] Bruno Cavalcanti, *Princípio da Boa-Fé e os Contratos de Seguro*, Recife, Nossa Livraria, 2000, p. 59.

[141] Daniele Di Loreto, "Il fenomeno della frode nell'esperienza assicurativa", *Assicurazioni*, Ano LXXI, n.º 4 (out.-dez. 2004), p. 552.

[142] Daniele Di Loreto, *ibidem*. Como sublinha o autor, «quem defrauda o seguro defrauda a coletividade de segurados» – *idem*, p. 549 (trad. nossa).

[143] O conflito entre os interesses individuais, orientados por uma lógica racional de benefício / custo, alheia a considerações éticas, e os interesses coletivos, traduz o paradoxo de Olson: a contradição entre o interesse individual em beneficiar do bem coletivo e o interesse em não suportar o respetivo custo (esperando que sejam os outros a suportá-lo). Cfr. Mancur Olson, *The Logic of Collective Action*, Cambridge (Mass.), Harvard University Press, 1971 – trad. port., *A Lógica da Ação Coletiva – Bens Públicos e Teoria dos Grupos*, Oeiras, Celta, 1998. Relativamente ao nosso objeto de estudo, a solução para o paradoxo está no dever

trina que, a prazo, a prevenção da fraude se repercutirá, não tanto sobre os lucros do segurador, mas sobretudo na redução média dos prémios cobrados[144].

II – É de indiscutível relevância a passagem do plano da *law on the books* para o da *law in action*, ponderando o impacto económico da orientação da jurisprudência. Ora, o sentimento de justiça material na regulação de um litígio é frequentemente marcado por um pré-entendimento que atende, em primeira linha, à desigualdade socioeconómica das partes – ela própria indiciadora de uma desigualdade no plano negocial – mormente quando uma delas é um consumidor. Neste quadro, o fiel da balança da jurisprudência propende frequentemente a favor do tomador, do segurado ou do terceiro lesado, contra o segurador. É uma tendência que se reflete, nomeadamente, na interpretação das normas (era frequentemente o caso quanto ao artigo 429.º do Código Comercial), na aplicação das regras processuais (sobretudo na distribuição do ónus da prova) ou na atribuição de indemnizações no quadro de seguros, em regra de responsabilidade civil[145].

Em particular, uma distribuição iníqua do ónus da prova pode traduzir-se no erro judiciário, entendido como uma desconformidade entre a verdade provada e a verdade material. Ora, como sublinha Foley, «o erro judiciário criará problemas se os tomadores de seguros que cometem inexatidões dolosas receberem frequentemente cobertura sem serem detetados»[146]. Desde logo, porque os processos judiciais envolvem custos

pré-contratual de declaração e na reprovação jurídica pelo desvalor axiológico da conduta (economicamente racional) do proponente faltoso.

[144] Bruno Cavalcanti, *Princípio da Boa-Fé e os Contratos de Seguro, cit.*, pp. 57 e 61; e Roger A. Litton, *Crime and Crime Prevention for Insurance Practice*, Aldershot, Gower Publishing, 1990, p. 1.

[145] Esta tendência é, por vezes, mencionada por alguma doutrina. Cfr. Marino Bin, "Informazione e contratto di assicurazione", *Rivista Trimestrale di Diritto e Procedura Civile*, Ano XLVII, n.º 3 (set. 1993), pp. 729 ss.; Nuria Latorre Chiner, "El riesgo y su agravación en el seguro de vida", *Revista Española de Seguros*, n.º 93 (jan.-mar. 1998), p. 163; e M. Costa Martins, "Considerações sobre a 'fraude' em seguros", *in* António Moreira e M. Costa Martins (Coords.), *I Congresso Nacional de Direito dos Seguros – Memórias*, Coimbra, Almedina, 2000, pp. 141 ss.

[146] Thomas R. Foley, "Insurers' misrepresentation defence: The need for a knowledge element", *cit.*, p. 680 (trad. nossa).

não negligenciáveis, a incapacidade sustentada para fazer prevalecer em tribunal a verdade material e a aplicação das regras substantivas de Direito – seja em virtude de uma desvantagem probatória, seja de um pré-entendimento jurisprudencial dos factos ou da solução de Direito a aplicar – levará os seguradores a deixarem de recorrer a juízo e a deixarem de contestar mesmo participações fraudulentas de sinistros[147].

Um quadro legal ou jurisprudencial desrazoavelmente favorável ao segurado poderá conduzir ainda à introdução de outra variável de risco: não a probabilidade de ocorrência do sinistro, mas a de o segurador ter de efetuar a prestação indemnizatória ou de capital seguro mesmo quando seja viciada a opinião do risco, no que pode ser configurado como um autónomo *risco judicial*.

Ora, o excesso de tolerância legal e de benevolência judicial para com o tomador faltoso importará sempre pesadas consequências, quer para o mercado, quer, sobretudo, para o tomador não faltoso, numa espécie de subversão da lógica da mutualidade. O aspeto paradoxal de uma jurisprudência *especialmente* favorável ao segurado – assumindo até uma orientação *contra legem* – consiste em o mecanismo de solidariedade na base do seguro implicar que o custo da generosidade da jurisprudência para com o segurado, refletindo-se na sinistralidade, tenha por consequência um reajustamento dos prémios que vai afetar a massa de segurados do mesmo ramo, num fenómeno de "subsidiarização cruzada"[148]. Assim, a preocupação do segurado não segue uma lógica de *justiça comutativa* (que se atém à esfera das relações entre o segurador e o segurado) mas uma lógica de *justiça distributiva* (em que a mutualidade terá de suportar o desprendimento jurisprudencial mediante um aumento corretivo dos prémios)[149].

147 Thomas R. Foley, *ibidem*.

148 Malcolm Clarke, *Policies and Perceptions of Insurance, cit.*, p. 104; e Georges Durry, "La place de la morale dans le droit du contrat d'assurance", *Risques*, n.º 18 (abr.-jun. 1994), p. 55. Como referimos, e sublinha Ricardo Alonso Soto, «segundo a peculiar mecânica desta instituição [atividade seguradora], quanto mais pagam os seguradores como indemnizações por sinistros mais haverão de pagar os segurados» – *El Seguro de la Culpa*, Madrid, Montecorvo, 1977, p. 83 (trad. nossa).

149 Dando um exemplo real, uma desrazoável posição da jurisprudência brasileira de que não existiria um dever de declaração do risco pelo segurado, mas antes um dever de investigação pelo segurador (Carlos Harten, *El Deber de Declaración del Riesgo en el Contrato de*

Este circunstancialismo tenderá também a gerar, por outro lado, um fenómeno de seleção adversa. Na verdade, o encarecimento dos prémios acima do efetivo valor da prestação de segurança do segurador (isto é, acima da probabilidade de ocorrência *normal*, não fraudulenta, do sinistro), tenderá a afastar progressivamente os segurados idóneos que, numa avaliação benefício/custo, poderão desinteressar-se economicamente do seguro. A espiral tenderá a atrair progressivamente os *maus riscos* (incluindo potenciais situações de fraude), conduzindo ao aumento de prémios e progressivo afastamento dos *bons riscos* e, em suma, à insolvência do segurador ou ao próprio colapso da atividade[150].

Por seu turno, a tolerância jurisprudencial para com fenómenos de fraude repercute-se também sobre o universo dos segurados através da blindagem contratual da seguradora, traduzida na redução das garantias, aumento das franquias e das exclusões, restrição dos riscos e capitais seguros, etc[151]. Assim, para além de poder constituir um fator de branqueamento da fraude e uma legitimação do caráter antissocial da mesma – em clara dessintonia com os considerandos de política criminal que levaram à autonomização do tipo de burla relativa a seguros – o que

Seguro – Exposición y Crítica del Modelo Brasileño y Estudio del Derecho Comparado, Salamanca, Ratio Legis, 2007, pp. 43-44, n. 84), terá originado, entre outros posicionamentos da mesma jurisprudência, uma restrição do acesso a certas modalidades, como o seguro de doença, a uma elite disposta a suportar os pesados prémios que os seguradores passaram a requerer para compensar os custos dessa posição. A problemática é aflorada em Sérgio Cavalieri Filho, "Visão panorâmica do contrato de seguro e suas controvérsias", *Revista do Advogado*, São Paulo, n.º 47 (mar. 1996), pp. 10 ss. Como menciona Harten, «a posição algumas vezes tomada pelos Tribunais brasileiros implica a desestabilização dos princípios técnicos-económicos-jurídicos do contrato de seguro, com prejuízos que não raras vezes são suportados pelos próprios contratantes, como o aumento do preço dos prémios, a diminuição da concorrência e a diminuição dos ramos e coberturas oferecidos» – Carlos Harten, *op. cit.*, p. 145 (trad. nossa). Também segundo a expressiva referência de Cavalieri Filho, «quem acaba bancando o risco extra, ou os chamados grupos de risco, é a própria comunidade mutuária, encarecendo brutalmente o seguro e tornando-o inacessível para aqueles que dele mais necessitam» – Sérgio Cavalieri Filho, *op. cit.*, p. 11.

150 Malcolm Clarke, *Policies and Perceptions of Insurance*, *cit.*, p. 104; Thomas R. Foley, "Insurers' misrepresentation defence: The need for a knowledge element", *cit.*, p. 680; Ernesto Tzirulnik; e Alessandro Octaviani, "Seguro e fraude: as provas", http://www.ibds.com.br/artigos/SeguroEFraude-AsProvas.pdf (consult. 06/11/2016), p. 3.

151 Ernesto Tzirulnik; e Alessandro Octaviani, "Seguro e fraude: as provas", *cit.*, p. 3.

pode designar-se por *paradoxo da jurisprudência sentimental* traduz-se, fundamentalmente, no facto de uma orientação do julgador demasiado favorável ao consumidor singular se repercutir negativamente sobre a própria comunidade de consumidores[152].

7. Conclusões

O *risco* é o objeto do dever pré-contratual de declaração que vincula o proponente. Não constituindo, em si mesmo, a causa ou o objeto do contrato de seguro, o risco, como elemento fundamental deste contrato, não é alheio, quer à respetiva causa (segurança patrimonial decorrente da aversão ao risco), quer ao seu objeto (valor pecuniário destinado a compensar os efeitos da verificação de um risco). Sinónimo de incerteza, o risco é eliminado, na atividade seguradora, numa dupla perspetiva: ao nível do contrato individual, suprimem-se os efeitos da ocorrência de um risco sobre o património do segurado; ao nível da mutualidade de riscos seguros, a técnica seguradora permite, à luz da lei dos grandes números, compensar o volume dos sinistros com a massa dos prémios cobrados.

O dever de declaração do risco tem por fundamento material, designadamente, a assimetria informativa, decorrente de uma inacessibilidade material, legal ou económica, do segurador à informação relevante sobre a caracterização do risco. Assim, essa inacessibilidade impediria o segurador de, em função das características concretas do risco, formar a sua vontade negocial e ajustar as condições tarifárias adequadas, estabelecendo um equilíbrio entre o risco e o prémio.

A assimetria informativa potencia, mediante o nivelamento dos prémios, uma espiral de seleção adversa, que se traduz na progressiva retenção dos piores riscos e no afastamento dos melhores, e que pode conduzir ao colapso da atividade seguradora. Esse efeito, todavia, tenderá a ser mitigado pelo concurso de três fatores que obstam ao afastamento dos "bons riscos": a *alea* caracterizadora do contrato (no sentido em que,

152 A ideia transparece, a propósito da fraude em seguros, em M. Costa Martins, "Considerações sobre a 'fraude' em seguros", *cit.*, p. 145; e em José Carlos Brites, "Fraude em seguros", *Bolsa dos Seguros*, Ano IX, n.º 22 (jan. 2006), p. 26. Sobre os efeitos da "jurisprudência do sentimento" em matéria de seguros, cfr. igualmente Ricardo Bechara Santos, "Algumas considerações sobre fraude no seguro. A força que devem ter os indícios", *Revista do Advogado*, São Paulo, n.º 47 (mar. 1996), p. 24.

quanto maior a *alea* contratual, menor o risco de seleção adversa); a falta de transparência no cômputo do prémio (no sentido em que, quanto menor for o conhecimento do tomador quanto aos critérios de determinação do prémio, menor o risco de seleção adversa); e o perfil psicológico de aversão ao risco que caracteriza os consumidores de seguros (no sentido em que, quanto maior esta aversão, menor o risco de seleção adversa).

Tendendo – até por efeito da pressão concorrencial do mercado – os prémios cobrados a igualar os sinistros pagos pelo segurador, todos os fatores que propiciem o incremento do volume de sinistralidade refletir-se-ão sobre o correspondente aumento tarifário dos prémios, sem o que ficaria afetada a viabilidade do negócio segurador. Em virtude do princípio da mutualidade que norteia o exercício da atividade seguradora, qualquer perturbação ao equilíbrio sistémico desse princípio – designadamente para benefício indevido de um segurado concreto – será necessariamente custeado por toda a mutualidade de segurados.

O regime legal do dever de declaração do risco constitui o incentivo económico à quebra da assimetria informativa. Para tanto, as cominações do incumprimento de tal dever terão de assegurar uma eficácia preventiva que obste à prática de omissões ou inexatidões. Ora, enquanto as cominações para o incumprimento doloso do dever de declaração do risco constituem autênticas sanções legais, exprimindo o desvalor jurídico da conduta do proponente no desrespeito por um dever legal, as soluções associadas ao incumprimento negligente apenas visam o reequilíbrio das posições das partes, sem compensar o segurador e sem sancionar ou prevenir a negligência do tomador (favorecendo-a, por isso mesmo).

Ademais, atendendo à relevância cominatória do grau de culpabilidade no quadro da LCS, a atribuição ao segurador do insuperável ónus da prova do dolo do proponente implica que os gizados equilíbrio e justiça do regime material saiam comprometidos, erigindo-se o brando regime das omissões e inexatidões negligentes em regime-regra do incumprimento do dever de declaração do risco. Aliás, por força do requisito de causalidade estabelecido no n.º 4 do artigo 26.º da LCS, o regime-regra do incumprimento negligente poderá tender a transformar-se em regime-regra da impunidade do proponente faltoso.

Aos constrangimentos probatórios, que tolhem o sentido de equilíbrio e justiça visados pelas soluções substantivas da LCS em matéria de declaração do risco, acresce, por vezes, uma parcialidade do fiel da balança jurisprudencial, marcada por pré-entendimentos e que tende a favorecer a parte economicamente mais débil: o segurado. Numa perspetiva económica, o enviesamento do quadro legal ou jurisprudencial, orientado para a justiça comutativa, acaba por se traduzir no plano da justiça distributiva, sendo o custo de tal enviesamento suportado pela mutualidade de segurados, traduzindo um fenómeno de subsidiarização cruzada.

III

A cominação civil da fraude na execução do contrato de seguro: ocorrência e participação do sinistro[153]

> Como os contratos ou apólices de seguro são tidos e estimados por contratos de boa fé, nos quais não deve haver qualquer fraude ou engano, se se descobrir qualquer fraude, engano ou ardil da parte do segurado ou segurados [...] não só eles não beneficiarão da fraude, engano ou ardil, mas serão responsáveis pela perda causada e juros, e punidos corporalmente, para servir de exemplo e provocar temor aos outros.
>
> *Ordenações de Amesterdão de 1598*, Art. XXXI

1. Situando o problema

I – Alguns ordenamentos determinam expressamente que a prática de *qualquer* fraude, pelo segurado, na participação do sinistro, tem por consequência a resolução do contrato com perda dos prémios pagos e a exoneração do segurador quanto ao pagamento da indemnização respeitante ao sinistro em causa.

153 O presente texto foi publicado na *Revista de Direito e de Estudos Sociais*, Ano LV, n.º 1-4 (jan.-dez. 2014), pp. 219-273.

Posta a questão nestes termos, a solução afigura-se justa. No entanto, as consequências poderão ser as mesmas qualquer que seja a *dimensão* da fraude face ao sinistro. Vejamos um exemplo: num seguro de incêndio de uma habitação, verifica-se um sinistro real, que provoca a destruição total dos bens seguros. Neste quadro, aquando da participação do sinistro, o segurado, ao identificar os bens destruídos, reclama a indemnização de um objeto de baixo valor, apresentando uma fatura falsa para prova da respetiva aquisição e custo. Perante este caso, e apesar de o valor atribuído ao referido objeto representar uma pequeníssima fração dos danos reclamados, o segurador poderá exonerar-se totalmente do pagamento da indemnização, resolvendo o contrato e retendo os prémios pagos. Este exemplo poderá parecer extremado, mas está longe de ser insólito, já que uma proporção muito significativa das fraudes cometidas em seguros apresenta precisamente características deste tipo: a fraude de oportunidade, pontual, marginal, que incide sobre a reclamação de danos parcialmente inexistentes ou sobre o exagero do valor de danos reais.

Perante a descrição deste caso hipotético, várias considerações se suscitam. Desde logo, a da inexistência de regra expressa no nosso ordenamento que diretamente consagre esta (ou outra) solução. Por outro lado, constata-se uma evidente desproporção entre o *valor económico* do facto praticado pelo segurado e o *valor económico* da cominação sofrida, constatação que desafia o sentido de justiça e faz convocar o arsenal metodológico orientado para a interpretação e aplicação do Direito de que todo o jurista deverá ver-se provido.

É esta factualidade – a fraude, total ou parcial, na produção ou participação do sinistro – que se assumirá como *o problema jurídico* objeto deste texto, a requerer solução normativa no quadro do Regime Jurídico do Contrato de Seguro (aprovado pelo Decreto-Lei n.º 72/2008, de 16 de abril), doravante Lei do Contrato de Seguro (LCS). As questões que orientarão a nossa reflexão em torno do *quid juris?* formulado, serão, assim, as seguintes: (a) poderemos considerar aplicável, no nosso quadro legal, uma solução semelhante à acima descrita? (b) em caso afirmativo, com que fundamento? (c) em caso negativo, qual a solução providenciada pelo nosso sistema jurídico?

II – Colocado o problema nos moldes acima traçados, importa, desde logo, demonstrar que a solução gizada encontra acolhimento noutros ordenamentos. Assim, por exemplo, a LCS suíça, de 2 de abril de 1908, prescreve, no n.º 1 do artigo 38.º, um dever de participação do sinistro logo que o segurado tem conhecimento da ocorrência do mesmo e do direito que lhe assiste, dispondo o n.º 2 desse artigo que, se o dever não for cumprido com culpa do segurado, o segurador terá direito a reduzir a sua prestação ao valor que seria devido se a declaração fosse feita atempadamente. Por fim, estabelece o n.º 3 do mesmo artigo que o segurador não está obrigado à sua prestação se o segurado tiver omitido a participação imediata do sinistro com a intenção de impedir o segurador de constatar em tempo útil as circunstâncias do mesmo. O artigo 39.º, por seu turno, determina que, mediante solicitação do segurador, o segurado deverá prestar-lhe todas as informações sobre factos do seu conhecimento que permitam estabelecer as circunstâncias da ocorrência do sinistro e fixar as respetivas consequências. Finalmente, o artigo 40.º, sob a epígrafe *pretensão fraudulenta*, prescreve que, se o segurado ou o seu representante, com o objetivo de induzir o segurador em erro, dissimular ou declarar inexatamente os factos que teriam excluído ou restringido a obrigação deste, ou se, com o objetivo de induzir o segurador em erro, omitir ou prestar tardiamente as informações impostas pelo artigo 39.º, o segurador fica exonerado da sua prestação perante o segurado.

Por seu turno, na Lei belga de 25 de junho de 1992 sobre o Contrato de Seguro estabelece-se, no artigo 19.º, um dever de declaração do sinistro, tendo por objeto a prestação atempada de informações e esclarecimentos relevantes sobre as circunstâncias e extensão do sinistro. Quanto ao incumprimento de tal dever, determina-se, no § 1.º do artigo 21.º, que, resultando de tal incumprimento um prejuízo para o segurador, este tem direito a reduzir a sua prestação até ao concurso do prejuízo sofrido. Cumpre destacar ainda o disposto no § 2.º do mesmo artigo, nos termos do qual o segurador poderá declinar a sua garantia se, com uma *intenção fraudulenta*, o segurado não tiver executado as obrigações enunciadas nos artigos 19.º e 20.º.

No Direito espanhol estabelece o artigo 16.º da Ley 50/1980, de 8 de outubro (LCS), que o tomador do seguro, o segurado ou o beneficiário deverão comunicar ao segurador a ocorrência do sinistro no prazo máximo de sete dias a contar do conhecimento do mesmo, salvo se prazo maior tiver sido convencionado na apólice, esclarecendo-se que, em caso de incumprimento, o segurador poderá reclamar os danos causados pela falta de declaração, exceto se se demonstrar que o segurador teve conhecimento do sinistro por outro meio. Por fim, mais relevantemente, dispõe-se no terceiro parágrafo do preceito que o tomador do seguro ou o segurado deverá ainda prestar ao segurador todo o tipo de informações sobre as circunstâncias e consequências do sinistro e que, *em caso de violação deste dever, a perda do direito à indemnização* (apenas) *se produzirá se tiver havido dolo ou culpa grave* do obrigado[154].

Da mesma forma, o Código Civil (CC) italiano estabelece no artigo 1913.º um dever de participação atempada do sinistro, definindo, para o efeito, um prazo de três dias. Quanto à violação deste dever, determina, no artigo 1915.º, que, em caso de incumprimento culposo, o segurador poderá reduzir a sua prestação em função do prejuízo sofrido; e que, *em caso de incumprimento doloso, o segurado perde o direito à indemnização.*

Por seu turno, o Direito francês permite a estipulação contratual de uma cláusula penal de perda de garantia (*déchéance*) – correspondente à extinção do direito à indemnização por sinistro – em caso de incumprimento, pelo segurado, das obrigações que para si resultam do sinistro (mormente, o atraso na respetiva participação)[155]. Tais cláusulas devem observar requisitos formais (nos termos do artigo L.112-4 do *Code des Assurances*) e, no caso do atraso na participação do sinistro, respeitar a condição de que o segurador demonstre que o incumprimento lhe causou um prejuízo (artigo L.113-2, 4.º do mesmo diploma). Neste quadro, são

[154] Relativamente a esta disposição, entende Sánchez Calero que a mesma haverá de ser interpretada restritivamente, não se verificando a perda da indemnização quando esta se revele uma sanção desproporcionada – Fernando Sánchez Calero, "Artículo 16. Comunicación del siniestro [Coment.]", *in* Fernando Sánchez Calero (Dir.), *Ley de Contrato de Seguro – Comentarios a la Ley 50/1980, de 8 de Octubre, y a Sus Modificaciones*, 4ª Ed., Cizur Menor, Aranzadi, 2010, p. 412. Por seu turno, Gómez Segade entende que, sendo o dever de prestação de informação complementar (parágrafo 3.º do artigo 16.º) acessório face ao dever de participação do sinistro, não fará sentido que o incumprimento doloso ou com culpa grave daquele seja sancionado com a perda da prestação do segurador, enquanto o incumprimento deste apenas dá lugar à indemnização por danos. O autor defende, portanto, que a cominação da perda da prestação do segurador seja aplicável em ambos os casos de incumprimento doloso ou com culpa grave – José Antonio Gómez Segade, "La declaración de siniestro y la información complementaria", *in* Evelio Verdera y Tuells (Ed.), *Comentarios a la Ley de Contrato de Seguro*, Vol. 1, Madrid, Colegio Universitario de Estudios Financieros, 1982, pp. 448-449.

[155] Bernard Beignier, *Droit des Assurances*, Paris, Montchrestien, 2011, pp. 429 ss.

admissíveis as cláusulas de *déchéance* que incidem, por exemplo, sobre as falsas declarações aquando da participação do sinistro ou sobre a majoração fraudulenta dos danos reclamados por sinistro[156]. Porém, havendo procedimento criminal, o sucesso da *déchéance* fica condicionado à condenação nesse foro[157].

Não menos digno de nota, até pela clareza da regra, é, no ordenamento brasileiro, o artigo 73 do Projeto Lei 8034/2010 (relativo ao regime geral do contrato de seguro privado, que aperfeiçoa o anterior PL 3.555/2004). O corpo do artigo refere-se à provocação dolosa do sinistro pelo segurado ou beneficiário, tentada ou consumada, determinando-se que a mesma implica a resolução do contrato, sem direito à indemnização e sem prejuízo da dívida de prémio e da obrigação de ressarcir as despesas feitas pelo segurador. O § 1.º do referido artigo estabelece idêntica sanção quando o segurado ou beneficiário tiver prévio conhecimento da prática delituosa (do sinistro) e não tentar evitá-la, ou quando comunicar dolosamente sinistro não ocorrido. Por seu turno, o § 2.º dispõe que, nos seguros sobre a vida e a integridade física, o capital seguro, ou a reserva matemática devida, será pago ao segurado ou aos seus herdeiros, quando o sinistro for dolosamente provocado pelo beneficiário. Mais relevante é o § 3.º, nos termos do qual a fraude cometida por ocasião da reclamação de sinistro, ainda que para exagerar o valor reclamado, implicará a perda pelo segurado ou beneficiário do direito à indemnização, *inclusive com relação aos prejuízos regularmente demonstráveis*. Acrescenta, finalmente, o

[156] Cfr. Cass. Civ. 1re, 28/11/2001, n.º 00-15444 (em causa esteve um segurado que recorreu a faturas falsas para reclamar um valor superior ao dano real); Cass. Civ. 1re, 27/03/1990, n.º 87-17749 (o processo versou sobre um segurado que reclamou uma indemnização com base num preço mais elevado do que aquele que tinha efetivamente correspondido à aquisição do veículo sinistrado); e Cass. Civ. 1re, 25/03/1991, n.º 89-16863 (em causa esteve um segurado que se declarou alheio a um sinistro, o qual, na verdade, tinha sido por si provocado). Cfr. Bernard Beignier, *Droit des Assurances, cit.*, pp. 444-445.

[157] Em Portugal, na própria vigência do Código Comercial de 1888, apontava alguma doutrina a prática seguradora de incluir no contrato de seguro uma cláusula penal de perda do direito à indemnização em caso de participação fraudulenta do sinistro. Cfr. José Bento, *Direito de Seguros*, Lisboa, 2003 (polic.), p. 175, referindo a aplicabilidade da solução aos casos em que o segurado declarasse como destruídas, ou perdidas, ou furtadas, coisas que não existissem, ou ocultasse coisas que tivessem sido salvas, ou alterasse dolosamente os vestígios do sinistro.

§ 4.º que o dolo e a fraude podem ser provados por todos os meios em direito admitidos, inclusive por indícios[158].

Entre nós, a LCS não contém qualquer disposição que regule diretamente a matéria, para mais com o alcance das referenciadas[159]. Neste quadro, o velho brocardo latino *fraus omnia corrumpit*, é, em si mesmo, e não obstante a eloquência que encerra, insuficiente para fundamentar uma solução para o caso. A problemática requer, assim, uma análise mais densa.

III – Antes de prosseguirmos, cumpre situarmo-nos no plano conceptual, delimitando a noção de fraude, com caráter muito lato e de contornos difusos. Não vamos alongar-nos na matéria, até porque já nos concentrámos na noção num anterior trabalho[160]. Afastemos, desde logo, a relevância que a expressão *fraude* desperta no plano criminal, focando antes a vertente civil. Neste domínio, o significante surge como sinónimo de um dolo agravado. Na tradição romana, a fraude (*fraus*) designa um prejuízo doloso, adicionando à *intenção* lesiva, a efetiva produção de um

[158] Não obstante a sua relevância, a referida disposição não tem vindo a suscitar especial interesse da doutrina que tem analisado o regime do sinistro no PL 8034/2010 (ex-PL 3.555/04). A título de exemplo, cite-se Felipe F. Aguirre, "Regulação de sinistro no Projeto de Lei n.º 3.555/04", *Revista Brasileira de Direito do Seguro e da Responsabilidade Civil*, Vol. 1, n.º 2 (dez. 2009), pp. 41-47; José Carlos Moitinho de Almeida, "Algumas observações sobre o Projeto de Lei brasileiro n.º 3.555, de 2004, relativo ao contrato de seguro", *in* José Carlos Moitinho de Almeida, *Contrato de Seguro – Estudos*, Coimbra, Coimbra Editora, 2009, pp. 236 ss.; Flávio Queiroz Cavalcanti, "Regulação de sinistro no Projeto de Lei n.º 3.555/04", *Revista Brasileira de Direito do Seguro e da Responsabilidade Civil*, Vol. 1, n.º 2 (dez. 2009), pp. 49-57; Rubens Moreira Mendes Filho, "Regulação de sinistro no Projeto de Lei n.º 3.555/04", *Revista Brasileira de Direito do Seguro e da Responsabilidade Civil*, Vol. 1, n.º 2 (dez. 2009), pp. 59-61.

[159] Esta circunstância é particularmente curiosa, já que as citadas disposições são, na sua maioria, referências do regime implementado em Portugal – Arnaldo Costa Oliveira, "Art. 100.º – Anotação", *in* Pedro Romano Martinez *et al.*, *Lei do Contrato de Seguro Anotada*, 2ª Ed., Coimbra, Almedina, 2011, p. 381, n. 502. Ora, como pode ler-se em nota aos artigos 100.º e 101.º da LCS, «o todo do regime previsto nos artigos 100.º e 101.º alinha, pode dizer-se, com o direito comparado próximo predominante nesta matéria» – *idem*, p. 381.

[160] Luís Poças, *O Dever de Declaração Inicial do Risco no Contrato de Seguro*, Coimbra, Almedina, 2013, pp. 196-198.

dano[161]. Nesta linha, a expressão fraude pode designar um patamar especialmente grave de culpa, correspondente a um *dolo qualificado*[162], que associa ao dolo enganatório genérico um dolo específico consubstanciado na intenção ou, pelo menos, na consciência de prejudicar (ou de obter uma vantagem)[163]. De um outro prisma, a fraude civil é, por vezes, equiparada ao dolo-vício (*dolus malus*), adicionando-se aos *elementos subjetivos* acima referenciados um *elemento objetivo*: o recurso a artifícios, embustes, maquinações, isto é, uma atuação credibilizadora do engano[164].

De entre várias tipologias de fraude em seguros, gostaríamos de reter dois planos de classificação. Por um lado, o que distingue a *fraude ligeira* ou *de oportunidade*, relativa ao exagero dos danos reportados em sede de participação de um sinistro real, da *fraude dura* ou *grave*, que se estende a situações de simulação do sinistro (por vezes com a cumplicidade de

[161] J. Bedarride, *Traité du Dol et de la Fraude en Matière Civile & Commerciale*, Tomo II, Paris, Librairie Marescq Ainé, 1887, p. 188; Sebastião Cruz, *Direito Romano (Ius Romanum)*, 4.ª Ed., Coimbra, s.n., 1984, pp. 266 e 317.

[162] Arnaldo Costa Oliveira, "Artigo 24.º – Anotação", *in* Pedro Romano Martinez *et al.*, *LCS Anotada, cit.*, p. 133.

[163] Cfr., por exemplo, Virginia Bado Cardozo, *El Riesgo y la Reticencia en el Contrato de Seguro*, Montevideo, La Ley Uruguay, 2009, p. 48; Marcos Bernardes de Mello, *Teoria do Fato Jurídico – Plano da Validade*, São Paulo, Ed. Saraiva, 1995, pp. 137 ss.; Arnaldo Costa Oliveira, "Artigo 133.º – Anotação", *in* Pedro Romano Martinez *et al.*, *LCS Anotada, cit.*, p. 457; Carlos Mota Pinto, *Teoria Geral do Direito Civil*, 3.ª Ed., Coimbra, Coimbra Editora, 1985, p. 520; Jean-François Romain, *Théorie Critique du Principe Général de Bonne Foi en Droit Privé: Des Atteintes à la Bonne Foi, en Général, et de la Fraude, en Particulier ("Fraus Omnia Corrumpit")*, Bruxelles, Bruylant, 2000, p. 282.

[164] Como refere Bechara Santos, a fraude traduz-se na «obtenção, para si ou para outrem, de vantagem ilícita, em prejuízo alheio, induzindo ou mantendo alguém em erro, mediante artifício, ardil, ou qualquer outro meio enganoso» – Ricardo Bechara Santos, "Algumas considerações sobre fraude no seguro. A força que devem ter os indícios", *Revista do Advogado*, São Paulo, n.º 47 (Mar. 1996), p. 21. Cfr. também Luca Buttaro, "In tema di dolo e di colpa grave nella descrizione precontrattuale del rischio assicurato", *Rivista Trimestrale di Diritto e Procedura Civile*, Ano XVI (1962), pp. 730 e 751; Siegbert Rippe Kaiser, "Fraude en el seguro", *in* Asociación Internacional de Derecho de Seguros – Sección Uruguaya, Atas de *IV Jornadas de Derecho de Seguros*, Montevideu, 2004 – http://www.aidauruguay.org.uy/iv_jrns.htm (consult. 10/05/2010), p. 4; Vittorio Salandra, "Dell'Assicurazione", *in* Antonio Scialoja e Giuseppe Branca (Eds.), *Commentario del Codice Civile*, Libro Quarto Delle Obbligazioni – Art. 1861-1932, Bologna, Nicola Zanichelli Ed., 1948, p. 226; Giovanna Visintini, *La Reticenza nella Formazione dei Contratti*, Padova, Casa Editrice Dott. Antonio Milani, 1972, p. 53.

peritos, médicos, prestadores de serviços diversos, etc.) ou de sinistro deliberadamente provocado[165]. Por outro lado, a classificação que distingue a fraude *na formação* do contrato de seguro, relativa ao incumprimento do dever de declaração pré-contratual do risco[166], da fraude *na execução* deste contrato, em regra relacionada com a produção e/ou a participação do sinistro[167].

Importa notar que a vulnerabilidade e a dependência do segurador relativamente às informações fornecidas pela contraparte – quer na fase pré-contratual, quer, frequentemente, em sede de regularização do sinistro[168] – estão na base de uma objetiva e necessária relação de confiança, que não é espontânea e de matriz subjetiva, mas objetiva (inerente, aliás, ao tipo contratual) e resultante de uma necessidade, de um imperativo lógico de cooperação entre as partes. Cada uma destas, por pouco crédito que a contraparte lhe mereça, é *obrigada* a confiar[169]. É este o circunstancialismo em que o contrato de seguro surge classificado como de *uberrima fides* ou *de confiança*, requerendo um regime específico que confira uma especial tutela ao confiante[170]. Estando o segurador, em grande medida, à mercê da probidade do segurado, a noção de fraude bastar-se-á, em regra,

[165] Luís Poças, *O Dever de Declaração Inicial do Risco no Contrato de Seguro, cit.*, p. 800.

[166] Sobre a fraude na formação do contrato, Luís Poças, *idem*.

[167] Ernesto Tzirulnik e Alessandro Octaviani, "Seguro e fraude: as provas", http://www.ibds.com.br/textos/SeguroE Fraude-AsProvas.pdf (consult. 08/10/2008), p. 8. Na execução do contrato, a fraude surge precisamente associada, com frequência, à produção deliberada do sinistro, à sua caracterização, à ampliação provocada dos seus efeitos, etc. Cfr. vários exemplos em João Valente Martins, *Contrato de Seguro – Notas Práticas*, Lisboa, Quid Juris, 2006, pp. 97-98.

[168] Adiantemos dois exemplos. Num seguro de furto ou roubo, o segurador não terá, em regra, meios de comprovação dos bens (nem do respetivo valor) que o segurado reclama terem-lhe sido subtraídos. Num seguro automóvel com garantia de danos próprios (choque, colisão e capotamento) o caráter fortuito ou, pelo contrário, intencional de uma colisão traça a diferença entre um acidente garantido pelo seguro e uma fraude. Em ambos os casos, o segurador dependerá exclusivamente, em regra, das declarações do segurado em sede de participação do sinistro.

[169] Desenvolvidamente, Luís Poças, *O Dever de Declaração Inicial do Risco no Contrato de Seguro, cit.*, pp. 120 ss.

[170] Para maior desenvolvimento, cfr. Luís Poças, *idem*, pp. 143 ss. Sobre o dever de máxima boa fé aquando da participação do sinistro, Bernard Beignier, *Droit des Assurances, cit.*, pp. 442-443.

com a mentira. Os embustes, ardis, maquinações (traduzidos na falsificação de documentos, no falsear de testemunhos, no forjar de provas, etc.) são desnecessários nos casos em que o engano do segurador resulta apenas, pela natureza das coisas, da palavra do segurado. Nestes casos, as expressões *fraude* ou *dolo com o propósito de obter uma vantagem* qualificam a simples declaração cientemente inexata do segurado[171].

Traçado o âmbito conceptual em que nos moveremos, importa, de conformidade, delimitar o objeto. Assim, como resulta do título deste texto, está fora do respetivo escopo o enquadramento penal do fenómeno genericamente designado por *fraude em seguros*, reconduzível, designadamente, aos tipos de crime de burla (artigo 217.º do Código Penal – CP); burla qualificada (artigo 218.º); burla relativa a seguros (artigo 219.º); ou, genericamente, à falsificação de documentos (domínio onde em particular relevam os artigos 256.º, 257.º e 260.º do mesmo código)[172]. Como referimos, o *quid iuris?* que norteia a presente análise coloca-se – e remete-nos para – outro plano, independente daquele: o das consequências civis, no domínio da regulação do contrato de seguro, decorrentes da prática de fraude na ocorrência ou na participação do sinistro.

2. O enquadramento nos artigos 100.º e 101.º da LCS

I – Considere-se, em primeiro lugar, o que, em matéria de participação do sinistro, resulta da LCS, mais concretamente, dos respetivos artigos 100.º e 101.º. Quanto à primeira destas disposições, sob a epígrafe *participação do sinistro*, estabelece o n.º 1 que a verificação do sinistro deve ser comunicada ao segurador pelo tomador do seguro, pelo segurado ou pelo beneficiário, no prazo fixado no contrato ou, na falta deste, nos oito dias imediatos àquele em que tenha conhecimento. Mais relevantemente para o que ora nos ocupa, dispõe o n.º 2 do mesmo artigo que na participação do sinistro *devem ser explicitadas as circunstâncias da verificação deste, as eventuais causas da sua ocorrência e respetivas consequências*, acrescentando o n.º 3

[171] Na LCS as expressões *fraude* (p. ex., n.º 2 do artigo 133.º) e *dolo com o propósito de obter uma vantagem* (p. ex., n.º 5 do artigo 25.º ou alínea c) do n.º 1 do artigo 94.º) são indistintamente usadas como sinónimas. Na verdade, esta última foi introduzida na versão final da lei (após a discussão pública do projeto) e em substituição da primeira.

[172] Sobre o enquadramento criminal, cfr. Luís Poças, *O Dever de Declaração Inicial do Risco no Contrato de Seguro, cit.*, pp. 799 ss.

que o tomador do seguro, o segurado ou o beneficiário deve igualmente prestar ao segurador *todas as informações relevantes que este solicite relativas ao sinistro e às suas consequências.*

Por seu turno, o artigo 101.º, sob a epígrafe *falta de participação do sinistro*, dispõe, no seu n.º 1, que o contrato pode prever a redução da prestação do segurador atendendo ao dano que o incumprimento dos deveres fixados no artigo anterior lhe cause, acrescentando o n.º 2 que o contrato pode igualmente prever a perda da cobertura se a falta de cumprimento ou o cumprimento incorreto dos deveres enunciados no artigo anterior for doloso e tiver determinado dano significativo para o segurador. Por seu turno, o n.º 3 estabelece que o disposto nos referidos n.ºs 1 e 2 não é aplicável quando o segurador tenha tido conhecimento do sinistro por outro meio durante o prazo previsto no n.º 1 do artigo 100.º, ou o obrigado prove que não poderia razoavelmente ter procedido à comunicação devida em momento anterior àquele em que o fez. Menos relevante é o n.º 4, nos termos do qual o disposto nos n.ºs 1 e 2 não é oponível aos lesados em caso de seguro obrigatório de responsabilidade civil, ficando o segurador com direito de regresso contra o incumpridor relativamente às prestações que efetuar, com os limites referidos naqueles números.

II – Identificamos no artigo 100.º algumas vinculações que recaem sobre o tomador do seguro, o segurado ou o beneficiário. Desde logo (pressuposto, mas não explicitado), um *ónus* de participação do sinistro, com uma evidente razão de ser. De facto, o segurador só poderá cumprir a sua obrigação indemnizatória (ou de capital) se tiver conhecimento do sinistro, decorrendo esse conhecimento, em regra, de participação por parte do gestor do risco (o segurado). Sem tal comunicação o segurador ignorará a emergência da sua obrigação indemnizatória, faltando um pressuposto do respetivo cumprimento[173]. Nesta medida, porque nos seguros de danos próprios os efeitos da falta de participação (pura a simples) são automáticos e produzem-se diretamente sobre a esfera do

[173] Como refere Gómez Segade, «a notificação do sinistro constitui o pressuposto indispensável para poder reclamar posteriormente a indemnização» – José Antonio Gómez Segade, "La declaración de siniestro y la información complementaria", *cit.*, p. 425 (tradução nossa).

segurado, penalizando-o pela omissão, estará em causa um *ónus* e não de um *dever*[174].

Mas a configuração desse ónus tem ainda um outro fundamento: é que a participação do sinistro poderá ser desvantajosa para o tomador/ /segurado. Tal será o caso, por exemplo, se a participação do sinistro der lugar à aplicação de um *malus* ao prémio seguinte e se a indemnização for inferior a esse agravamento do prémio. Ou ainda se a participação de um certo número de sinistros numa anuidade for fundamento contratual para a resolução do contrato, nos termos do n.º 1 do artigo 117.º da LCS, e o tomador/segurado pretender evitar esse efeito. Neste quadro, não faria sentido que o segurado estivesse *obrigado* à participação. Caber-lhe-á analisar as circunstâncias do caso, as consequências económicas (ou outras) da participação ou da abstenção de participar, e tomar uma decisão de conformidade. A participação (ou não) do sinistro constitui, assim, uma conduta axiologicamente neutra, indiferente ao Direito e ao sistema de valores de uma sociedade[175].

Observado o ónus acima referido, resulta do artigo 100.º da LCS um *dever de participação atempada, exata e completa do sinistro*. Trata-se, do nosso ponto de vista, de um dever autónomo relativamente ao mencionado ónus e que tem este por pressuposto: o tomador, segurado ou beneficiário *não está obrigado* a participar o sinistro mas, decidindo participá-lo, *deverá* respeitar o prazo definido e informar o segurador de forma exata e completa. Este dever é incindível – no quadro do princípio da boa fé – de um imperativo de colaboração entre as partes, assentando na assimetria informativa que rodeia o contrato de seguro, sobretudo em função do conhecimento privilegiado que o gestor extracontratual do risco (o segurado) tem sobre a verificação do sinistro. Trata-se agora já de uma vinculação normativa, com uma carga axiológica evidente e que

174 A conclusão não é extensível aos seguros de responsabilidade civil nem àqueles onde haja credor interessado, caso em que a falta de participação pode afetar os créditos daqueles terceiros.

175 Aliás, a não participação (pura e simples) do sinistro, ao obstar à emergência da obrigação indemnizatória do segurador (artigos 102.º e 104.º da LCS), é até benéfica para este (*rectius*, para a mutualidade de segurados), não lhe causando qualquer dano. Por essa razão (mas também por se tratar de um ónus, e não de qualquer dos «deveres fixados no artigo anterior»), sempre será inaplicável à abstenção de participar o sinistro a cominação prevista no n.º 1 do artigo 101.º da LCS.

se destina a tutelar a posição do segurador (bem como de terceiros com interesse na prestação deste)[176].

Neste quadro, está em causa um dever de informação que, para maior densidade analítica, decomporemos em três vertentes: *a)* dever de respeito pelo prazo de participação (n.º 1 do artigo 100.º); *b)* dever espontâneo de informação sobre as circunstâncias do sinistro, respetivas causas e consequências (n.º 2 do artigo 100.º); *c)* dever de esclarecimento, mediante solicitação do segurador (n.º 3 do artigo 100.º). Apesar desta suscetibilidade de decomposição, decorrente da própria formulação tripartida do artigo 100.º, estamos, em substância, perante um dever unitário, como decorre, aliás, do facto de ser comum o regime do respetivo incumprimento (artigo 101.º da LCS).

III – Como referimos, do n.º 1 do artigo 100.º resulta um dever de participação *atempada* do sinistro, a saber, o *dever* de o participar no prazo definido no contrato ou, na falta de estipulação, nos oito dias posteriores ao conhecimento do sinistro[177]. O dever de observar o prazo de

[176] A qualificação desta vinculação como *dever* decorre, aliás, expressamente, quer da própria letra do artigo 100.º, quer das referências, no artigo 101.º, ao *incumprimento, falta de cumprimento* ou *cumprimento incorreto* dos *deveres* enunciados no artigo anterior. A generalidade da doutrina não autonomiza duas vinculações distintas (*ónus de participação* e *dever de participação atempada, exata e completa*), identificando apenas um tipo de vinculação. Este surge, por vezes, identificado como um ónus, como sucede, por exemplo, em José Carlos Moitinho de Almeida, *O Contrato de Seguro no Direito Português e Comparado*, Lisboa, Livraria Sá da Costa, 1971, p. 109; e José Vasques, *Contrato de Seguro – Notas Para Uma Teoria Geral*, Coimbra, Coimbra Editora, 1999, pp. 300-301. Noutros casos, a vinculação é classificada como encargo (*Obliegenheit*), como sucede em António Menezes Cordeiro, *Direito dos Seguros*, Coimbra, Almedina, 2013, pp. 533-534 e 698; e José Antonio Gómez Segade, "La declaración de siniestro y la información complementaria", *cit.*, pp. 435-436. Sobre a distinção entre ónus e deveres, cfr. Luís Poças, *O Dever de Declaração Inicial do Risco no Contrato de Seguro, cit.*, pp. 644 ss. Sobre a figura do encargo (*Obliegenheit*), cfr. António Menezes Cordeiro, *Direito dos Seguros, cit.*, pp. 530 ss. Embora não possamos desenvolver aqui a matéria, pensamos que o facto de a cominação do n.º 1 do artigo 101.º da LCS assumir caráter indemnizatório e de, como veremos, as regras gerais da responsabilidade civil contratual serem aplicáveis à violação do artigo 100.º, afasta, por si só, a classificação como *encargo* das vinculações consagradas neste último artigo.

[177] O prazo deverá contar-se de acordo com as regras do artigo 279.º do CC, por remissão do artigo 296.º do mesmo código, subsidiariamente aplicáveis nos termos do artigo 4.º da LCS.

participação assenta num duplo fundamento[178]. Por um lado, a necessidade de facultar ao segurador a investigação das circunstâncias, causas e consequências do sinistro, enquanto essas informações (e as evidências que as suportam) permanecerem acessíveis e passíveis de serem comprovadas, possibilitando, assim, uma fundamentada assunção do sinistro, e permitindo despistar a eventual responsabilidade de terceiros ou quaisquer indícios de fraude[179]. Um segundo fundamento traduz-se no propósito de evitar que, em virtude do decurso do tempo, o bem sinistrado se deteriore, aumentando o dano (por exemplo, se o incêndio numa habitação não for atempadamente comunicado, poderão ocorrer novos danos, como furtos, infiltrações de água pluvial, etc.). O cumprimento deste dever está, assim, coerentemente relacionado com a obrigação de prevenir ou limitar os danos, que para o tomador ou segurado resulta do n.º 1 do artigo 126.º da LCS.

IV – Por seu turno, do n.º 2 do artigo 100.º resulta um *dever espontâneo de informação* – no sentido em que deve ser cumprido por iniciativa do obrigado – sobre as circunstâncias da verificação do sinistro, as eventuais causas da sua ocorrência e respetivas consequências. O objeto deste dever de informação cobre, no essencial, todos os aspetos relevantes sobre a ocorrência do sinistro, os quais são essenciais para que o segurador possa comprovar a efetiva ocorrência do mesmo e verificar se – e em que termos – é devida a sua prestação indemnizatória ou de capital (n.ºs 1 e 2 do artigo 102.º e artigo 104.º da LCS), e ainda, sendo o caso, para que possa exercer o seu direito de sub-rogação contra o terceiro responsável (artigo 136.º da LCS)[180].

[178] José Antonio Gómez Segade, "La declaración de siniestro y la información complementaria", *cit.*, p. 424.

[179] Na verdade, com o decurso do tempo as evidências desaparecem ou são destruídas, a memória das testemunhas desvanece-se, e os elementos de prova tornam-se mais facilmente suscetíveis de serem forjados ou manipulados fraudulentamente. Em situações limite, a demora na participação poderá levar mesmo à insuscetibilidade de comprovação do mesmo, caso em que faltarão os próprios pressupostos de exigibilidade da prestação do segurador, nos termos do n.º 1 do artigo 102.º da LCS.

[180] No caso do seguro obrigatório de responsabilidade civil automóvel estabelece a própria lei (alínea a) do n.º 1 do artigo 34.º do Decreto-Lei n.º 291/2007) que, em caso de sinistro, o tomador do seguro ou o segurado, sob pena de responder por perdas e danos, obriga-se

Embora seja estabelecido como um dever legal de informação espontânea, o mesmo é frequentemente cumprido com o auxílio de um formulário pré-impresso fornecido pelo segurador, de modo a proporcionar uma informação mais completa e estruturada. Por vezes, o próprio contrato estabelece, em concreto, atendendo ao risco coberto, determinadas informações ou documentos que devem ser apresentados (por exemplo, num seguro de vida, um certificado de óbito).

Por outro lado, este dever espontâneo abrange, não só os factos cujo conhecimento advenha ao obrigado na imediata sequência do sinistro, mas também os que venha a conhecer posteriormente. Assim, o cumprimento do dever não se esgota na prestação inicial de informação, havendo que atender, para a respetiva aferição, ao princípio da primazia da materialidade subjacente, corolário do princípio geral da boa fé[181].

V – Finalmente, do n.º 3 do artigo 100.º resulta um *dever de esclarecimento* – mais concretamente, um dever de informação – mediante solicitação do segurador, incidindo genericamente sobre *todas as matérias relevantes* relativas ao sinistro e às suas consequências. Trata-se de um dever complementar do estabelecido no n.º 2 do artigo 100.º. Na verdade, por vezes, a participação do sinistro dá lugar a um verdadeiro diálogo, em que os dados comunicados suscitam novas questões ao segurador, implicando a necessidade de este ver sucessivamente complementados com novas informações, documentos ou esclarecimentos, os dados anteriormente fornecidos.

Desta feita, não estamos já perante um dever espontâneo, mas antes perante um dever de resposta completa e exata às questões ou pedidos de esclarecimento colocados pelo segurador. O facto de a iniciativa inquisitiva caber ao segurador não pode servir-lhe de expediente dilatório na regularização do sinistro, pelo que só deverão ser suscitadas questões que se afigurem relevantes para o apuramento das circunstâncias do

a comunicar tal facto à empresa de seguros no mais curto prazo de tempo possível, nunca superior a oito dias a contar do dia da ocorrência ou do dia em que tenha conhecimento da mesma, fornecendo todas as indicações e provas documentais e ou testemunhais relevantes para uma correta determinação das responsabilidades.

[181] António Menezes Cordeiro, *Da Boa Fé no Direito Civil*, Coimbra, Almedina, 1984 (Reimpr., 2007), pp. 1252 ss.

sinistro, suas causas e consequências, e o segurador deverá reagir com razoável celeridade – considerando as circunstâncias concretas do caso, a sua complexidade e a necessidade de recurso a perícias técnicas – aos dados que lhe sejam fornecidos.

VI – Como resulta do artigo 100.º, as vinculações em análise têm como sujeitos passivos o tomador do seguro, o segurado ou o beneficiário[182], e como sujeito ativo o segurador[183]. De acordo com a fórmula legal, o dever pode ser cumprido alternativamente por qualquer dos obrigados[184]. Tratando-se de um dever de cooperação visando inteirar o segurador das circunstâncias do sinistro e possibilitar-lhe efetuar a sua prestação indemnizatória, o respetivo cumprimento por qualquer dos vinculados exonera os demais[185], mas apenas na medida em que nenhum destes

[182] Pensamos que a expressão *beneficiário* assume um sentido amplo, não se atendo aos beneficiários designados nos seguros de vida e de acidentes pessoais, mas abrangendo igualmente outros terceiros interessados com direitos ressalvados no contrato (por exemplo, o credor hipotecário num seguro de incêndio sobre um imóvel) ou o terceiro lesado, com direito de ação direta contra o segurador, num seguro de responsabilidade civil. Desde logo, o ónus de participação do sinistro haverá de poder ser observado por quem possa exigir a prestação indemnizatória do segurador. Simultaneamente, a imposição a um terceiro de um dever de participação atempada, exata e completa do sinistro será justificada, como exceção ao princípio da relatividade dos contratos, por contrapartida dos direitos que para o mesmo resultam do contrato (mormente, mas não exclusivamente, o direito à prestação do segurador).

[183] Sendo o segurador uma pessoa coletiva, o cumprimento do dever poderá ser efetuado diretamente nas moradas institucionais das delegações da empresa de seguros ou perante os mediadores de seguros que atuem em nome e com poderes de representação do segurador, nos termos do n.º 2 do artigo 31.º da LCS. Verificando-se a existência de co-seguro, o sinistro deverá ser participado ao segurador líder, nos termos da alínea f) do n.º 1 do artigo 65.º da LCS. Já em caso de pluralidade de seguros, a participação deverá ser feita perante todos os seguradores, mencionando a identidade dos demais (n.º 1 do artigo 133.º da LCS), sem prejuízo de o pagamento da indemnização caber apenas a um deles, que será depois proporcionalmente ressarcido pelos restantes (n.º 3 e 4 do mesmo artigo).

[184] Para além do dever que incide sobre estes, nos termos do artigo 100.º da LCS, existe ainda um dever que vincula o mediador de seguros a informar o segurador sobre todos os factos de que tenha conhecimento e que possam influir na regularização de sinistros (alínea *e)* do artigo 30.º do Decreto-Lei n.º 144/2006, de 31 de julho – Lei da Mediação de Seguros).

[185] Neste sentido, Fernando Sánchez Calero, "Artículo 16. Comunicación del siniestro [Coment.]", *cit.*, p. 401. Diversamente, porém, do que sustenta o autor (*ibidem*), pensamos que o conhecimento atempado, pelo segurador, das circunstâncias do sinistro (quer porque

possua qualquer informação adicional relevante quanto ao sinistro que contribua para o resultado pretendido.

Relativamente ao tempo em que deve ser cumprido o dever, referimos já que, nos termos do n.º 1 do artigo 100.º, o sinistro deverá ser participado no prazo previsto no contrato ou, na falta de previsão, no prazo de oito dias a contar do conhecimento[186]. Sendo vários os obrigados, e tomando os mesmos conhecimento do sinistro em momentos distintos, o prazo iniciar-se-á, para cada um deles, no momento em que adquira tal conhecimento. Quer o dever, quer a contagem do prazo para o respetivo cumprimento, dependem, não só do conhecimento dos factos que consubstanciam o sinistro, mas igualmente da representação dos mesmos como *sinistro* (o que implica o conhecimento do contrato e das respetivas garantias, bem como o enquadramento dos factos no âmbito de uma dessas garantias[187]), e, adicionalmente, da qualidade de beneficiário, quando o obrigado foi como tal designado no contrato. Finalmente, quanto à forma que a participação deve observar, será de considerar-se, no silêncio do artigo 100.º, que, nos termos do n.º 1 do artigo 120.º da LCS, a comunicação deverá respeitar a forma escrita (em suporte de papel, subentende-se) ou ser prestada por qualquer outro meio de que fique registo duradouro.

VII – No que respeita à natureza jurídica da participação do sinistro, trata-se, antes de mais, de uma *declaração recipienda*, que traduz uma ação voluntária do tomador do seguro, segurado ou beneficiário, e que consubstancia um ato de comunicação, exteriorizando uma mensagem

o mesmo seja notório, quer porque lhe haja sido participado por um terceiro) não exonera os obrigados. Simplesmente, nos termos do n.º 3 do artigo 101.º, o segurador deixa de poder recorrer às sanções previstas nos n.ºs 1 e 2 do artigo 101.º.

[186] Poderá o contrato prever um prazo de participação inferior a 8 dias? A uma primeira leitura do n.º 1 do artigo 100.º, o prazo de 8 dias parece assumir simples caráter supletivo, podendo as partes estipular qualquer outro prazo, mais dilatado ou mais curto. Porém, funcionando o prazo em benefício e para tutela do segurador – e atendendo ao caráter de "imperatividade relativa" que o n.º 1 do artigo 13.º imprime ao artigo 100.º – logo teremos de concluir que apenas poderá ser convencionado prazo igual ou superior a 8 dias.

[187] Por exemplo, se o segurado se tiver apercebido de que o seu automóvel desapareceu mas estiver convencido de que foi o filho que o levou para uma semana de férias (como habitualmente faz com o consentimento do pai), não prefigurará o desaparecimento como um furto.

de natureza intelectual. Neste quadro, a participação assumirá a natureza de um *ato jurídico simples*[188], e, mais especificamente, a de um ato declarativo[189]. Entre estes, porém, importa distinguir, em função do conteúdo comunicado, as declarações de vontade das declarações de ciência, matéria que tem vindo a dividir a doutrina quanto à qualificação da participação do sinistro.

Nas *declarações de ciência*, o respetivo conteúdo exprime um conhecimento, um juízo de realidade ou, por outras palavras, uma asserção quanto à verdade ou à falsidade de algo[190]. Nesta perspetiva, entende parte da doutrina que quem participa o sinistro não exprime uma vontade, apenas exteriorizando o seu conhecimento sobre determinados factos na medida em que os representa como qualificando a verificação do risco (ou seja, como *sinistro*)[191].

Quanto às *declarações de vontade*, o respetivo conteúdo exprime uma intenção, independentemente da vontade quanto aos efeitos jurídicos resultantes da declaração[192]. Nesta perspetiva, entende alguma doutrina

188 Este consiste, segundo a doutrina dominante, no ato humano que resulta de uma vontade dirigida ao próprio ato, independentemente de qualquer intencionalidade quanto aos efeitos que a lei automaticamente lhe associa. Cfr. Luís Carvalho Fernandes, *Teoria Geral do Direito Civil*, Vol. II, 3ª Ed., Lisboa, Universidade Católica Editora, 2001, p. 27; Eduardo Santos Júnior, *Direito das Obrigações I – Sinopse Explicativa e Ilustrativa*, Lisboa, Associação Académica da Faculdade de Direito de Lisboa, 2010, p. 27; Heinrich Lehmann, *Allgemeiner Teil des Bürgerliches Gesetzbuches*, 7ª Ed., 1952 – trad. espanhola, *Tratado de Derecho Civil: Parte General*, Madrid, Editorial Revista de Derecho Privado, 1956, p. 481.

189 A doutrina distingue frequentemente – de entre os atos jurídicos simples – os *atos declarativos* (que são dirigidos a outrem, comportando um conteúdo comunicativo, e que implicam a vontade e consciência da própria declaração) e as *operações jurídicas* ou *atos reais* (aos quais falta o conteúdo comunicativo e que se traduzem na consecução de um resultado material a que a lei associa certos efeitos jurídicos) – cfr. Carlos Mota Pinto, *Teoria Geral do Direito Civil*, *cit.*, p. 356; e Pedro Pais Vasconcelos, *Teoria Geral do Direito Civil*, 5ª Ed., Coimbra, Almedina, 2008, p. 405.

190 Pedro Pais Vasconcelos, *idem*, pp. 407-408.

191 No sentido de que a participação do sinistro é uma declaração de ciência, cfr., por exemplo, Fernando Sánchez Calero, "Artículo 16. Comunicación del siniestro [Coment.]", *cit.*, pp. 403-404.

192 Pedro Pais Vasconcelos, *Teoria Geral do Direito Civil*, *cit.*, pp. 407-408. Como refere Menezes Cordeiro, a nota comum às várias categorias de atos jurídicos simples (incluindo as declarações de ciência e de vontade) traduz-se numa ausência de liberdade de estipulação – António Menezes Cordeiro, *Tratado de Direito Civil Português*, I – Parte Geral, Tomo I,

que quem participa o sinistro emite uma declaração de vontade tácita no sentido de reclamar o cumprimento, pelo segurador, da sua prestação pecuniária, atento o disposto no n.º 1 do artigo 102.º e no artigo 104.º, ambos da LCS[193]. Esta perspetiva, bem entendido, será apenas aplicável aos casos em que a participação do sinistro seja feita pelo titular do direito à prestação pecuniária do segurador.

Colocadas em confronto as duas perspetivas, que dizer? Tivemos oportunidade, ao qualificarmos as vinculações que incidem sobre o tomador do seguro, o segurado ou o beneficiário, de distinguir aí um *ónus* de participação do sinistro, e – observado este – um *dever* de participação *atempada, exata e completa* do sinistro. Ora, as diferentes vinculações implicam uma diferente qualificação da participação do sinistro. Assim, à observância do ónus de participação corresponde uma declaração de vontade traduzida na reclamação da prestação a cargo do segurador. Diversamente, o cumprimento do dever de participação atempada, exata e completa do sinistro consubstancia-se numa declaração de ciência. Ali, onde há uma área de indiferença normativa, o participante afirma a sua vontade de exercer o direito à indemnização. Aqui, onde há uma

3ª Ed., Coimbra, Almedina, 2005 (Reimpr. 2007), p. 480. Neste quadro, as declarações de vontade a que o Direito atribui determinados efeitos (ainda que as mesmas não visem expressamente esses efeitos) podem ser denomidadas, na senda da doutrina alemã, de *atos quase negociais* (*ibidem*).

[193] Este sentido transparece, por exemplo, da expressão inglesa que designa o sinistro (*claim*). Entre a doutrina, cfr. Aldo Durante, "L'avviso di sinistro", *Assicurazioni*, 1975, I, pp. 489 ss.; José Antonio Gómez Segade, "La declaración del siniestro y la información complementaria", *cit.*, pp. 436-437. Na mesma linha (e no enquadramento da doutrina alemã mencionada na nota anterior), Pires de Lima e Antunes Varela classificam como *quase negócio jurídico* a interpelação do credor ao devedor para que este cumpra a obrigação (tal seria o caso da declaração de vontade inerente à participação do sinistro) – Pires de Lima e João Antunes Varela, *Código Civil Anotado*, Vol. I, 4ª Ed., Coimbra, Coimbra Editora, 1987, p. 270. Contra esta perspetiva foi já brandido o argumento de que a obrigação do segurador nasce com a confirmação da ocorrência do sinistro e das suas causas, circunstâncias e consequências, a qual não decorre necessariamente da participação pelo titular do direito a essa prestação, mas pode advir do conhecimento direto do segurador ou da participação por um terceiro (cfr., neste sentido, Fernando Sánchez Calero, "Artículo 16. Comunicación del siniestro [Coment.]", *cit.*, p. 404). Do nosso ponto de vista, o argumento não colhe: o facto de o segurador ficar obrigado à sua prestação em virtude de um conhecimento alheio à ação (declarativa) do segurado não impede que, existindo essa ação declarativa, ela assuma o sentido de uma declaração de vontade (reclamação da prestação do segurador).

imposição de um comportamento informativo, o obrigado limita-se a transmitir os seus conhecimentos quanto aos factos sobre os quais incide essa prescrição.

VIII – Quanto ao artigo 101.º, cuja epígrafe – *falta de participação do sinistro* – se revela equívoca, impõe-se, desde logo, uma palavra quanto ao respetivo alcance. Com efeito, a epígrafe parece restringir o âmbito do preceito aos casos de incumprimento do n.º 1 do artigo 100.º, ou seja, àqueles em que o sinistro não seja atempadamente participado[194]. Assim, as cominações dos n.ºs 1 e 2 do artigo 101.º teriam por fundamento o facto de o atraso na participação do sinistro poder provocar um agravamento do dano (em prejuízo do segurador) ou uma dificuldade acrescida, para este, na investigação e comprovação das circunstâncias de ocorrência do sinistro, bem como das respetivas causas e consequências.

Este sentido restritivo do âmbito da disposição parece surgir ainda reforçado pelo respetivo n.º 3. Com efeito, este fortalece a ideia de que todo o artigo 101.º é uma sanção do incumprimento do n.º 1 do artigo 100.º, afastando a aplicabilidade dos n.ºs 1 e 2 do artigo 101.º quando o segurador tivesse tido conhecimento do sinistro no prazo do n.º 1 do artigo 100.º. Toda a construção do artigo 101.º (o seu n.º 4 é, para o efeito, irrelevante), começando pela epígrafe, parece, portanto, induzir a ideia de que o mesmo apenas reage à violação do n.º 1 do artigo precedente.

Porém, não é assim, como logo resulta de uma atenta análise da letra dos n.ºs 1 e 2 do artigo 101.º. De facto, prevê-se em ambos a possibilidade de estabelecimento contratual de sanções, quer, no caso do n.º 1, para o *incumprimento dos deveres fixados no artigo anterior*, quer, no caso do n.º 2, para *a falta de cumprimento ou o cumprimento incorreto dos deveres enunciados no artigo anterior*. Assim, a referência plural a *deveres* logo nos remete, não apenas para a participação atempada do sinistro, mas igualmente para a explicitação das circunstâncias da verificação do sinistro, das suas causas e consequências, bem como para a prestação de todas as informações

[194] O sentido estritamente literal – ou seja, o de que o preceito respeitasse aos casos em que o sinistro não fosse, *de todo*, participado – sempre seria de afastar, por absurdo. Na verdade, não sendo observado pelo segurado, em absoluto, o ónus de participação do sinistro, nenhum dano resultaria para o segurador, repercutindo-se as consequências económicas dessa inobservância exclusivamente na esfera do segurado.

relevantes solicitadas sobre o sinistro e as suas consequências. Por outro lado, a referência ao *cumprimento incorreto* desvia-nos igualmente do domínio do prazo de participação para o da exatidão e completude das informações prestadas.

IX – Importa que nos detenhamos agora nas cominações do incumprimento do dever de participação atempada, exata e completa do sinistro. Desde logo, cumpre notar que a estatuição não é diferenciada em função das várias vertentes em que analisámos o dever (dever de participação atempada; dever espontâneo de informação; e dever de esclarecimento). Qualquer que seja a vertente incumprida, a sanção varia apenas em função da dimensão do dano que o incumprimento haja causado ao segurador e da censurabilidade da conduta do obrigado. Por outro lado, as referidas cominações não decorrem automaticamente da lei, que se limita, através de uma norma permissiva, a dar cobertura à possibilidade de estipulação contratual das mesmas. Assim, se o contrato nada dispuser na matéria, nenhuma cominação é aplicável no quadro do artigo 101.º. Por outro lado, assumindo este artigo caráter "relativamente imperativo", nos termos do n.º 1 do artigo 13.º da LCS, serão inválidas quaisquer cláusulas contratuais mais gravosas do que as sanções por ele permitidas.

Concretizando, estabelece o artigo 101.º, nos seus n.ºs 1 e 2, que o contrato pode prever:

1) A *redução da prestação do segurador* atendendo ao dano que o incumprimento lhe cause;
2) A *perda da cobertura*, se o incumprimento[195] for doloso *e* tiver determinado dano significativo para o segurador.

No caso da primeira cominação, a mesma abstrai do grau de censurabilidade da conduta do obrigado (conquanto tenha havido um

[195] O n.º 2 do artigo 101.º refere-se à «falta de cumprimento ou cumprimento incorreto». Na verdade, a distinção afigura-se desnecessária, à semelhança da fórmula do n.º 1 do artigo 101.º, não só porque a falta de cumprimento e o cumprimento incorreto são ambos modalidades do incumprimento, mas porque a cominação é a mesma qualquer que seja a modalidade em causa.

incumprimento culposo[196]), determinando-se a severidade concreta da sanção apenas em função do dano do segurador. Trata-se, assim, de uma medida de caráter compensatório, fazendo recair sobre a esfera do segurado, até ao valor da prestação do segurador, as consequências do dano que o seu incumprimento haja causado a este[197].

Já a segunda cominação – a *perda da cobertura*[198] – assenta na verificação cumulativa de dois pressupostos: (a) o *incumprimento doloso*[199] por parte de

[196] Tratando-se de uma obrigação contratual, presume-se a culpa do devedor, nos termos do n.º 1 do artigo 799.º do CC.

[197] Quanto à natureza da sanção prevista no n.º 1 do artigo 101.º, pensamos que a mesma consubstancia uma solução indemnizatória, no quadro da responsabilidade civil contratual, constituindo, pela sua necessária consagração contratual, uma cláusula penal. É certo que a referida solução tem por limite a prestação do segurador, e não o dano (que pode, em tese, ser superior, se o sinistro real for de baixo valor e tiver havido despesas avultadas com a investigação do mesmo, designadamente perícias). Mas é precisamente essa uma das funções da cláusula penal: a limitação convencional do *quantum* indemnizatório, obviando, além do mais, à necessidade de recurso a uma ação judicial – Pires de Lima e João Antunes Varela, *Código Civil Anotado*, Vol. II, 3ª Ed., Coimbra, Coimbra Editora, 1986, p. 74. Face ao teor do n.º 2 do artigo 811.º do CC, a consagração contratual da sanção prevista no n.º 1 do artigo 101.º afasta – exceto convenção em contrário – a possibilidade de recurso ao regime geral da responsabilidade civil contratual. Não será esse, naturalmente, o caso, se o contrato de seguro não adotar a solução do n.º 1 do artigo 101.º. Entendendo que a solução do n.º 1 do artigo 101.º é de "responsabilidade por perdas e danos" – Arnaldo Costa Oliveira, "Art. 101.º – Anotação", *in* Pedro Romano Martinez *et al.*, *Lei do Contrato de Seguro Anotada*, *cit.*, p. 386.

[198] A *perda da cobertura* – correspondente ao instituto francês da *déchéance*, a que já fizemos referência – consiste na perda do direito à prestação indemnizatória do segurador. Esta solução, porém, nada determina, por si só, quanto à subsistência do contrato. Por absurdo – e não ocorrendo uma destruição total do bem seguro (que sempre originaria a cessação, por caducidade, do contrato, nos termos do artigo 110.º da LCS) – poderia verificar-se a perda do direito à prestação indemnizatória do segurador num dado sinistro e, ainda assim, a continuidade da vigência do contrato. Sem prejuízo de, neste sentido, ser configurável a resolução do contrato por falta de pagamento do prémio, cremos antes que a invocação da perda da cobertura pelo segurador terá igualmente o sentido de uma declaração de resolução.

[199] O sentido de dolo será, naturalmente, o de grau de culpabilidade, e não o *dolo-vício* a que se refere o n.º 1 do artigo 253.º do CC, como parece defender Arnaldo Costa Oliveira, "Art. 101.º – Anotação", *cit.*, p. 388. Sobre o sentido da distinção, cfr. António Menezes Cordeiro, "Dolo na conclusão do negócio. *Culpa in contrahendo*", *O Direito*, Ano 125.º (1993), I-II, p. 168; António Menezes Cordeiro, *Tratado de Direito Civil Português*, I, Tomo I, *cit.*, p. 836. Cfr. igualmente Luís Poças, *O Dever de Declaração Inicial do Risco no Contrato de Seguro*, *cit.*, pp. 467 ss.

um dos obrigados[200]; (b) e a produção de um consequente *dano significativo* para o segurador[201]. Neste caso, portanto, a sanção não assume caráter eminentemente compensatório (a sanção para o segurado poderá ser mais severa do que o dano sofrido pelo segurador), antes funcionando, em grande medida, como uma punição pelo elevado grau de censurabilidade do comportamento do obrigado[202].

[200] Sendo vários os obrigados, bastará que o dolo se verifique relativamente a um deles, sendo certo, em qualquer caso, que o cumprimento atempado, exato e completo por parte de qualquer dos demais sempre obstaria à produção do dano na esfera do segurador e, logo, à aplicação da cominação.

[201] Não é claro o que seja um *dano significativo* no contexto da presente norma. Estará, porém, em causa o dano decorrente do incumprimento, e não o resultante do próprio sinistro. Assim, cremos que um critério seguro de aferição do *dano significativo* poderá atender, não ao valor, em termos absolutos, representado por tal dano, mas à proporção desse dano no contexto do sinistro em causa. Assim, por exemplo, se se tiver produzido um incêndio numa cozinha (cujo dano inicial fosse orçado em € 1.000,00) e, em virtude de uma participação extemporânea, com carácter doloso (com o intuito de ver substituído todo o equipamento da área envolvente), os danos se tivessem agravado para € 2.000,00, estaríamos, do nosso ponto de vista, perante um dano significativo para o segurador. Não concordamos, assim, com a perspetiva de Arnaldo Costa Oliveira, "Art. 101.º - Anotação", *cit.*, p. 388, que propõe a aferição do dano significativo em função do capital seguro, parecendo sugerir o patamar de 1/3 desse capital como limiar de significância. Esta perspetiva, para além de desenquadrar completamente do valor do sinistro o "dano significativo", eliminaria, na generalidade dos casos, qualquer alcance útil à sanção.

[202] A necessária adoção convencional desta solução confere-lhe o caráter de *cláusula penal*, destinando-se a prevenir e a punir a conduta do segurado, bem como, em parte, a compensar o segurador pela exposição ao dano potencial decorrente dessa conduta. Atendendo ao teor do n.º 3 do artigo 811.º do CC, a permissão consagrada no n.º 2 do artigo 101.º da LCS – na medida em que a solução excede já, em princípio, o dano do segurador – assume caráter excecional. À própria responsabilidade civil é atualmente reconhecida, ainda que secundariamente, uma função *preventivo-punitiva* ou *sancionatória* (p. ex., Eduardo Santos Júnior, *Direito das Obrigações I – Sinopse Explicativa e Ilustrativa, cit.*, p. 287). A *função punitiva* decorre da ponderação do desvalor da ação praticada, isto é, da respetiva censurabilidade, na determinação do *quantum* indemnizatório (Fernando Pessoa Jorge, *Lições de Direito das Obrigações*, Lisboa, Associação Académica da Faculdade de Direito de Lisboa, 1976, p. 510; Paula Meira Lourenço, *A Função Punitiva da Responsabilidade Civil*, Coimbra, Coimbra Editora, 2006, pp. 247 ss.; Paulo Mota Pinto, *Interesse Contratual Negativo e Interesse Contratual Positivo*, Vol. I, Coimbra, Coimbra Editora, 2008, pp. 821; João Antunes Varela, *Das Obrigações em Geral*, Vol. I, 10ª Ed., Coimbra, Almedina, 2000, pp. 579 e 895). Assim, a função punitiva evidencia-se na medida em que – como sucede na sanção em análise – o montante da indemnização tenda a divergir do dano efetivamente causado e a depender da reprovação da

Os pressupostos referidos – comportamento culposo do obrigado e dano do segurador[203] – surgem novamente evidenciados no n.º 3 do artigo 101.º. Assim, se o segurador tiver tido conhecimento atempado das circunstâncias, causas e consequências do sinistro, por outra via que não a regular participação do sinistro pelos sujeitos a ela obrigados[204], não terá havido *dano*, pelo que nenhuma das sanções previstas será aplicável. Quanto ao pressuposto da culpa, explicita-se, na parte final do referido n.º 3, no âmbito do incumprimento do prazo de participação do sinistro, que as sanções não são aplicáveis se o obrigado provar que não poderia razoavelmente ter procedido à comunicação devida em momento anterior àquele em que o fez[205]. Em rigor, cremos que todo o n.º 3 do artigo 101.º se afigura dispensável face aos pressupostos dos números precedentes: se o segurador tiver tido conhecimento do sinistro por outro meio, falta o pressuposto do *dano* (n.ºs 1 e 2); se o obrigado provar que não poderia razoavelmente ter procedido à comunicação em momento anterior, falta o pressuposto do *dolo* (n.º 2) ou do próprio incumprimento *culposo* de uma obrigação, requerido, de acordo com as regras gerais, pela responsabilidade contratual.

conduta do lesante. Já a *função preventiva* resulta, desde logo, de o próprio conhecimento, pelo agente, da possibilidade de vir a reparar um dano, assumir eficácia preventiva, dissuadindo-o de praticar a ação danosa [Júlio Gomes, "Uma função punitiva para a responsabilidade civil e uma função reparatória para a responsabilidade penal?", *Revista de Direito e Economia*, Ano XV (1989), p. 106, n. 2].

203 O ónus da prova – quer do dolo do obrigado (no caso do n.º 2 do artigo 101.º), quer da existência de um dano do segurador, bem como a respetiva quantificação – compete ao segurador. Sobre as dificuldades da prova de um estado subjetivo, cfr. Luís Poças, *O Dever de Declaração Inicial do Risco no Contrato de Seguro, cit.*, pp. 832 ss.

204 Esta circunstância não exonera os obrigados do dever que para eles resulta do artigo 100.º. Simplesmente, as sanções do incumprimento não serão então aplicáveis, na medida em que, como vimos, as mesmas implicam sempre um dano do segurador, e, a ter-se verificado tal conhecimento atempado, este obstaria à produção do referido dano. Em sentido diverso, considerando que o conhecimento atempado do sinistro, pelo segurador, exoneraria os obrigados do cumprimento do dever, Fernando Sánchez Calero, "Artículo 16. Comunicación del siniestro [Coment.]", *cit.*, p. 404.

205 Faltará igualmente o pressuposto da culpa – determinando a inaplicabilidade das sanções – nos casos, por exemplo, de omissão de informações desconhecidas, sem culpa, do obrigado; ou de comunicação de factos inexatos que o mesmo estivesse, sem culpa, convicto de serem verdadeiros.

Por fim, estabelece-se no n.º 4 do artigo 101.º que as referidas cominações não serão oponíveis aos terceiros lesados, tratando-se de seguro obrigatório de responsabilidade civil[206], sem prejuízo do direito de regresso do segurador contra o obrigado incumpridor, até aos limites que resultariam da aplicação dos n.ºs 1 e 2 do artigo 101.º[207].

X – Retomando a matéria que constitui o objeto central deste texto, importa saber se o âmbito de aplicação do artigo 101.º da LCS contempla as situações de fraude associadas à participação do sinistro[208]. Vejamos. Defendemos a existência de um *dever* de participação atempada, exata e completa do sinistro, tendo por pressuposto a observância de um *ónus* de participação. Quanto ao incumprimento daquele dever e às cominações daí decorrentes, o n.º 1 do artigo 101.º pressupõe uma atuação censurável do obrigado (pelo menos, a título de negligência) enquanto o n.º 2 do mesmo artigo pressupõe o dolo do obrigado. A fraude – correspondendo a um nível máximo na escala dos graus de censurabilidade de um comportamento – estaria, portanto, contemplada em ambos os dispositivos[209], na medida em que, quem pune o menos, pune o mais.

Porém, a própria letra do n.º 2 do artigo 101.º é elucidativa: visa-se aí o incumprimento *doloso*. Ora, como referimos, o incumprimento *fraudulento* surge na LCS sob a designação de *dolo com o propósito de obter uma*

[206] A solução já resultaria do n.º 1 do artigo 147.º, e está também em sintonia com o n.º 6 do artigo 133.º, ambos da LCS.

[207] Em caso de incumprimento do tomador do seguro, o mesmo será oponível ao segurado (quando se tratar de pessoas distintas). Nesta circunstância, o eventual direito ao ressarcimento do dano que daí resulte para o segurado haverá de ser regulado à margem do contrato de seguro. Neste sentido, Arnaldo Costa Oliveira, "Art. 100.º – Anotação", *cit.*, p. 383.

[208] A título de exemplo, perante a correspondente disposição do artigo 16.º da LCS espanhola, Fernando Sánchez Calero defende que a declaração fraudulenta do sinistro está fora do escopo da disposição: «nesta hipótese, estamos perante uma situação que está fora da previsão do artigo 16, o que obviamente – descoberta a fraude – tampouco gera o direito à indemnização e pode dar lugar a uma sanção penal» – Fernando Sánchez Calero, "Artículo 16. Comunicación del siniestro [Coment.]", *cit.*, p. 402 (tradução nossa).

[209] Na verdade, não nos parece correto o estabelecimento de uma dicotomia entre incumprimento negligente (n.º 1 do artigo 101.º) e incumprimento doloso (n.º 2 do artigo 101.º), como faz Arnaldo Costa Oliveira, "Art. 101.º – Anotação", *cit.*, p. 386, na medida em que as situações de incumprimento comprovadamente doloso que não provoquem um dano *significativo* ao segurador não deixarão de cair na esfera do n.º 1 do artigo 101.º.

vantagem[210] (n.º 3 do artigo 24.º; n.º 5 do artigo 25.º; e alínea c) do n.º 1 do artigo 94.º), sem prejuízo da expressão *fraude* usada no n.º 2 do artigo 83.º e no n.º 3 do artigo 133.º. Verificando-se uma diferença substancial, no quadro da LCS, entre o grau de culpabilidade *dolo* e o mais grave *dolo com o propósito de obter uma vantagem*, a letra do n.º 2 do artigo 101.º, numa interpretação declarativa, não visa regular as situações de fraude. É outro o seu escopo[211].

Ainda que se entendesse que a cominação prevista no n.º 2 do artigo 101.º dá resposta cabal às situações de fraude, a verdade é que essa solução

[210] Pedro Romano Martinez, "Artigo 24.º – Comentários complementares", *in* Pedro Romano Martinez *et al.*, *LCS Anotada*, *cit.*, p. 152; Margarida Lima Rego, *Contrato de Seguro e Terceiros – Estudo de Direito Civil*, Coimbra, Coimbra Editora, 2010, p. 465. Como referimos já, no Projeto da LCS, submetido a consulta pública em 2007, a expressão correspondente utilizada era precisamente *fraude* (cfr. n.º 3 do artigo 23.º e n.º 5 do artigo 24.º do Projeto). Do nosso ponto de vista, o *propósito de obter uma vantagem* corresponde a um elemento subjetivo especial da culpa, qualificante da mesma, traduzindo, assim, um *dolo qualificado* – Luís Poças, *O Dever de Declaração Inicial do Risco no Contrato de Seguro*, *cit.*, pp. 472 ss.

[211] Sendo certo que o incumprimento do artigo 100.º terá, em regra, o propósito fraudulento de enganar o segurador e de obter um consequente proveito, questionar-se-á, afinal, em que poderá traduzir-se o âmbito de aplicação do n.º 2 do artigo 101.º, ou seja, como equacionar um incumprimento doloso *sem o propósito de obter uma vantagem*. Já noutro lugar assinalámos que, no contexto da LCS, a configuração de um nível de culpabilidade mais qualificado (o "dolo com o propósito de obter uma vantagem") conduz a um esvaziamento das situações de dolo simples, confinadas a hipóteses académicas pouco consentâneas com a realidade quotidiana e, portanto, de verificação excecional – Luís Poças, *O Dever de Declaração Inicial do Risco no Contrato de Seguro*, *cit.*, pp. 477-478. No mesmo sentido, Maria Manuela Chichorro, *O Contrato de Seguro Obrigatório de Responsabilidade Civil Automóvel*, Coimbra, Coimbra Editora, 2010, pp. 89-90; Júlio Gomes, "O dever de informação do (candidato a) tomador do seguro na fase pré-contratual, à luz do Decreto-Lei n.º 72/2008 de 16 de Abril", *in* José Lebre de Freitas *et al.* (Coords.), *Estudos em Homenagem ao Professor Doutor Carlos Ferreira de Almeida*, Vol. II, Coimbra, Almedina, 2011, p. 427; Júlio Gomes, "Seguro de acidentes de trabalho: Para uma interpretação restritiva – ou mesmo a revisão – do Acórdão Uniformizador de Jurisprudência n.º 10/2001, de 21 de Novembro de 2001", *Revista do Ministério Público*, Ano XXIX, n.º 116 (out.-dez. 2008), p. 24, n. 40; Pedro Romano Martinez, "Artigo 24.º – Comentários complementares", *cit.*, p. 152; e Pedro Romano Martinez, "Artigo 25.º – Comentários complementares", *idem*, p. 161. Em causa estarão situações marginais em que, por exemplo, o tomador do seguro mente intencionalmente quanto às circunstâncias de produção do sinistro sem o intuito de defraudar o segurador, mas porque – imaginemos – não era suposto encontrar-se no local à hora em que ocorreu o sinistro (o exemplo é reproduzido de António Menezes Cordeiro, *Direito dos Seguros*, *cit.*, p. 534).

pressupõe a existência de um dano. Ora, nos casos de fraude em seguros, em regra, de duas uma: (1) ou a fraude nunca é descoberta ou comprovada, caso em que o segurador não pode recorrer às soluções previstas na lei ou no contrato; (2) ou a fraude é comprovada antes da regularização do sinistro, caso em que não chega a produzir-se dano na esfera do segurador, faltando, então, um dos pressupostos da referida solução.

Para além dos argumentos já aduzidos, a verdade é que, em rigor, o artigo 101.º não proporciona uma solução legal para a matéria em análise. Com efeito, os n.ºs 1 e 2 do artigo 101.º não regulam diretamente a casuística em apreço, apenas contendo permissões normativas dirigidas às partes, para que, no exercício da autonomia privada, a regulem em sede contratual, adotando as sanções ali enunciadas. Assim, a estipulação das soluções ali previstas constituirá uma cominação de fonte contratual, e não legal. Caso se entendesse que o n.º 2 do artigo 101.º tinha também em vista o incumprimento fraudulento, tal conclusão implicaria que a LCS tivesse abandonado a regulação da matéria à autonomia da vontade, em contraste com os regimes próximos de direito comparado (à exceção do caso francês) e com a gravidade da casuística, que requer uma solução normativa de fonte legal em sede civil (configurando mesmo, frequentemente, a prática de um ilícito penal). Se os n.ºs 1 e 2 do artigo 101.º acolhessem regras supletivas, ou relativamente imperativas, elas seriam aplicáveis no silêncio do contrato[212]. Sendo, como são, meras permissões de regulação contratual, se o contrato for omisso nenhuma regra legal específica disciplina expressamente a matéria.

3. As soluções decorrentes das regras gerais

I – Independentemente da disciplina específica que haveria de resultar da LCS, sempre haverá que considerar as consequências que, no

[212] Como já referimos, o artigo 101.º surge, no n.º 1 do artigo 13.º da LCS, no elenco das disposições relativamente imperativas. Ora, não se trata, em rigor, de uma disposição (absoluta ou relativamente) *imperativa*. O sentido desta classificação é o de que, se os n.ºs 1 e 2 do artigo 101.º *permitem* às partes a estipulação de um determinado regime, então permitem-lhes igualmente o estabelecimento de um regime mais favorável ao tomador do seguro, ao segurado ou ao beneficiário. A esta conclusão sempre se chegaria por interpretação enunciativa, segundo o argumento *a maiori ad minus* (a regra que permite o mais, permite o menos) – José de Oliveira Ascensão, *O Direito – Introdução e Teoria Geral*, 3ª Ed., Lisboa, Fundação Calouste Gulbenkian, 1984, p. 340.

quadro das regras gerais de Direito civil, decorrem do incumprimento das obrigações, destacando-se a resolubilidade do contrato e a responsabilidade civil contratual[213]. Desde logo, o incumprimento grave de deveres contratuais nos negócios de execução continuada – o seguro, por exemplo – constitui *justa causa* de resolução do contrato. Como é sabido, a resolução é uma causa potestativa, de exercício tendencialmente vinculado, de extinção de um contrato, que resulta de uma declaração unilateral recipienda, dirigida à contraparte[214], sendo configurável como uma sanção[215]. A consagração legal da resolução ocorre em situações diversificadas, resultando de um facto superveniente que põe em causa uma legítima expectativa de uma das partes, quer o facto resulte da contraparte, de circunstância naturalística ou de terceiro[216]. Poder-se-á, em suma, afirmar que a resolução é, em regra, o modo de extinção unilateral «de uma relação contratual, total ou parcialmente "alterada" ou

[213] Curiosamente, estas soluções encontravam-se, à data da entrada em vigor da LCS, expressamente consagradas como remédios específicos para a fraude em seguros. Com efeito, dispunha o n.º 4 do artigo 18.º do Decreto-Lei n.º 176/95, de 26 de julho, que, em caso de fraude por parte do tomador, do segurado ou do beneficiário com cumplicidade do tomador, a seguradora poderia resolver o contrato e, sem prejuízo das disposições penais aplicáveis, teria direito a indemnização por perdas e danos. Talvez pela sua redundância face ao regime geral, esta disposição foi expressamente revogada pela alínea e) do n.º 2 do artigo 6.º do Decreto-Lei n.º 72/2008, de 16 de abril, que aprovou a LCS.

[214] Esta declaração tem, assim, eficácia constitutiva – João Antunes Varela, *Das Obrigações em Geral*, Vol. II, 7ª Ed., Coimbra, Almedina, 1997, p. 278.

[215] José de Oliveira Ascensão, *Direito Civil – Teoria Geral*, Vol. III, Coimbra, Coimbra Editora, 2002, p. 338.

[216] Carlos Mota Pinto, *Teoria Geral do Direito Civil*, *cit.*, p. 619; Luís Carvalho Fernandes, *Teoria Geral do Direito Civil*, *cit.*, pp. 480-481; João Antunes Varela, *Das Obrigações em Geral*, Vol. II, *cit.*, pp. 275 ss. Relativamente à resolução de base legal, é possível autonomizar os seguintes fundamentos: o incumprimento do contrato (causa subjetiva); a quebra intolerável do equilíbrio contratual, designadamente no caso da alteração das circunstâncias (causa objetiva); e outros casos de exceção (p. ex., os casos de revogação unilateral que seguem o regime da resolução, correspondendo, portanto, a uma resolução *ad nutum*, imotivada e atípica) – Pedro Romano Martinez, *Da Cessação do Contrato*, 2ª Ed., Coimbra, Almedina, 2006, pp. 68 ss. Traçando uma distinção clara entre a resolução por incumprimento (nas obrigações instantâneas) e a resolução por justa causa (nas obrigações duradouras), João Baptista Machado, "'Denúncia-Modificação' de um contrato de agência", *Revista de Legislação e de Jurisprudência*, Ano 120.º (1987-1988), n.º 3759, p. 186, n. 10.

"perturbada"»[217], assumindo uma função de *remédio* para essa alteração ou perturbação.

Quanto aos efeitos supletivamente definidos (artigo 434.º do CC), nos contratos de execução instantânea a resolução tem efeito retroativo (*ex tunc*) entre as partes, exceto se esse efeito contrariar a vontade das mesmas ou a finalidade concretamente associada à resolução. Diversamente, nos contratos de execução continuada ou periódica, a resolução tem eficácia *ex nunc*, não abrangendo as prestações já efetuadas antes da extinção do contrato[218], exceto se entre estas e a causa da resolução houver um vínculo que legitime a resolução de todas elas.

Sem prejuízo do regime geral de Direito civil, subsidiariamente aplicável ao contrato de seguro nos termos do artigo 4.º da LCS, haverá que atender, em primeira linha, às disposições específicas da LCS. Aí, desde logo se menciona, no artigo 105.º, entre os modos de cessação do contrato de seguro, a resolução, consagrando-se, no artigo 116.º, a resolubilidade do contrato fundada em justa causa. Entre os fundamentos qualificáveis como *justa causa* estão aqueles que em concreto determinam uma objetiva quebra da relação de confiança subjacente ao contrato[219] (relação crucial em contratos, como o de seguro, classificáveis como de *uberrima fides*[220]), tornando inexigível à parte cumpridora a manutenção do vínculo.

Consideramos pacífico, dispensando uma demonstração mais aturada, que a fraude na execução do contrato de seguro, atento o grau de

[217] José Brandão Proença, *A Resolução do Contrato no Direito Civil. Do Enquadramento e do Regime* (Separata do Vol. XXII do Suplemento ao *Boletim da Faculdade de Direito da Universidade de Coimbra*), Coimbra, Faculdade de Direito de Coimbra, 1982, p. 38.

[218] Nos contratos de prestação continuada, como o de seguro, a prestação caracteriza-se por uma ininterrupta continuidade, enquanto nos de execução periódica cada prestação sucessiva tem a sua autonomia relativa e utilidade própria. O princípio, em qualquer caso, é o de que a resolução não abrange as prestações já efetuadas – Adriano Vaz Serra, "Resolução do contrato", *Boletim do Ministério da Justiça*, n.º 68 (Jul. 1957), pp. 211-212, n. 95, e p. 213, n. 99. A solução resulta, quer da *razão de ser* da resolução (*idem*, p. 212), quer, pelo menos em parte, da dificuldade ou impossibilidade de restituição das prestações, sobretudo quando as mesmas se traduzam em prestações de facto ou no gozo de um bem – Pedro Romano Martinez, *Da Cessação do Contrato, cit.*, p. 239.

[219] Pedro Romano Martinez, "Art. 116.º – Anotação", *in* Pedro Romano Martinez *et al.*, *Lei do Contrato de Seguro Anotada, cit.*, p. 406.

[220] Luís Poças, *O Dever de Declaração Inicial do Risco no Contrato de Seguro, cit.*, pp. 120 ss. e 149 ss.

censurabilidade que envolve, a gravidade dos factos em que se traduz e os danos que potencia, está indiscutivelmente entre as condutas do segurado cuja elevada ilicitude (extensível, aliás, ao foro penal) e nível de reprovação mais comprometem a confiança indispensável à manutenção da relação contratual e, portanto, mais fortemente configuram uma *justa causa* de resolução[221].

É esse, de resto, o sentido do n.º 2 do artigo 83.º da LCS, nos termos do qual, num seguro de grupo – contributivo ou não – o segurado pode ser *excluído* quando ele ou o beneficiário, com o conhecimento daquele, pratique atos fraudulentos em prejuízo do segurador ou do tomador do seguro. Não querendo trazer à colação a problemática da natureza e estrutura do seguro de grupo[222], sempre se dirá que esta estrutura investe os segurados em direitos e deveres que, de algum modo, os equiparam a *partes* de um contrato (a *adesão*, isoladamente tomada), assentando o seguro num princípio de *divisibilidade*, por adesão. Neste quadro, a "exclusão do segurado por ato fraudulento" corresponde ao equivalente funcional da resolução por justa causa, embora reportado à adesão. Sobretudo nas situações de seguro de grupo contributivo em que a posição do segurado seja equiparada à de um verdadeiro tomador do seguro e a adesão a um contrato autónomo, a exclusão do segurado por ato fraudulento assumirá mesmo a natureza de resolução por justa causa.

Aqui chegados, porém, logo o regime da resolução se revela, por si só, um remédio desadequado face à gravidade do ato fraudulento quando este esteja relacionado com o sinistro. Com efeito, nos termos do n.º 2 do artigo 106.º da LCS a cessação do contrato não prejudica a obrigação do segurador de efetuar a prestação decorrente da cobertura do risco, desde que o sinistro seja anterior ou concomitante com a cessação e ainda que este tenha sido a causa da cessação do contrato. Por outro lado, quanto ao prémio, determina o n.º 1 do artigo 107.º que, quando o contrato cesse antes do período de vigência estipulado, há lugar ao estorno do prémio (calculado *pro rata temporis*, nos termos do n.º 2 do mesmo artigo), exceto se tiver havido pagamento da prestação decorrente de sinistro. Desta

221 Referindo a fraude na execução do contrato como justa causa de resolução, Francisco Luís Alves, *Direito dos Seguros*, Coimbra, Almedina, 2013, p. 71.

222 Sobre a matéria, cfr. Luís Poças, *O Dever de Declaração Inicial do Risco no Contrato de Seguro*, *cit.*, pp. 634 ss.

forma, o regime da LCS define efeitos não retroativos à resolução, à semelhança do que decorre do regime geral de Direito civil. Atenta a gravidade dos atos fraudulentos passíveis de fundamentar a resolução, tratar-se-á de uma solução sem potencial preventivo nem punitivo, estando longe de traduzir um sinal de reprovação de tais atos.

II – Também nos termos das regras gerais de Direito civil, a violação culposa de deveres – ainda que, como é o caso, de fonte legal – que vinculam as partes no âmbito de uma relação obrigacional, causando um dano à contraparte, geram a responsabilidade civil contratual da parte faltosa. Está em causa a violação de deveres específicos que decorrem de um contrato e que obrigam uma pessoa determinada (no caso, o tomador do seguro) para com outra (o segurador) no âmbito de uma particular relação negocial (o contrato de seguro)[223]. Face à casuística em análise, para além dos deveres específicos estabelecidos no artigo 100.º da LCS, sempre seria invocável, em última instância e independentemente das circunstâncias concretas da fraude, a violação do princípio geral da boa fé na execução dos contratos, consagrado no n.º 2 do artigo 762.º do CC[224].

Porém, a responsabilidade civil – fonte de uma obrigação de indemnizar os danos causados à contraparte – consubstancia uma medida com uma função eminentemente compensatória, que visa repor o equilíbrio das posições das partes e que traduz, portanto, uma solução de justiça comutativa[225]. Deste prisma, constitui um remédio desadequado face ao

[223] A responsabilidade obrigacional é, portanto, a que decorre da violação de um dever relativo (mormente, de um direito de crédito) ou de uma obrigação em sentido técnico – Mário Almeida Costa, *Direito das Obrigações*, 10ª Ed., Coimbra, Almedina, 2006, p. 539; Jorge Sinde Monteiro, *Estudos Sobre a Responsabilidade Civil*, Coimbra, s.n., 1983, p. 8. Recorde-se que o regime da responsabilidade civil contratual comporta, como principais traços distintivos face à responsabilidade aquiliana, a presunção de culpa prevista no n.º 1 do artigo 799.º do CC, bem como o regime da responsabilidade do devedor por culpa dos auxiliares (artigo 800.º do mesmo código).

[224] Cfr. António Menezes Cordeiro, *Da Boa Fé no Direito Civil*, *cit.*, pp. 586 ss.

[225] A posição dominante na doutrina reconhece precisamente, e de forma prioritária, à responsabilidade civil uma função *reparadora* ou *compensatória*, orientada para o ressarcimento do dano causado – Júlio Gomes, "Uma função punitiva para a responsabilidade civil e uma função reparatória para a responsabilidade penal?", *cit.*, p. 105; João de Castro Mendes, *Direito Civil – Teoria Geral*, Vol. II, Lisboa, Associação Académica da Faculdade de Direito de Lisboa, 1979 (Reimp., 1993), p. 340. Tal decorre, entre nós, do *princípio da compensação*

elevado grau de censurabilidade da conduta do segurado, à gravidade dos factos por este praticados e aos danos potenciais que os mesmos seriam aptos a causar ao segurador. Em suma, trata-se de uma medida sem o alcance preventivo ou punitivo que as circunstâncias justamente reclamariam.

III – Um instituto eventualmente conducente à perda da cobertura em caso de fraude na participação do sinistro (dependendo das circunstâncias concretas) é o do abuso do direito, consagrado no artigo 334.º do CC. Ali se prescreve que é ilegítimo o exercício de um direito quando o titular exceda manifestamente os limites impostos pela boa fé, pelos bons costumes ou pelo fim social ou económico desse direito[226].

O *abuso do direito* traduz-se, assim, no exercício inadmissível, face aos valores fundamentais do sistema (nomeadamente aos ditames da boa fé objetiva) de posições jurídicas, exercício que é perspetivável como disfuncional. O instituto assenta na consideração de que o direito subjetivo se encontra limitado no seu conteúdo por vinculações imanentes ao próprio direito subjetivo, e que, portanto, não deve ser exercido de modo que – não obstante uma conformidade formal desse exercício com a lei – o mesmo colida com a ideia de justiça ou prossiga fins desconformes aos visados pela ordem jurídica ao estabelecer esse direito, decorrendo de um princípio geral que dispensaria mesmo a consagração legal. Quanto ao princípio da boa fé – traduzido numa atuação honesta, no exercício de acordo com o *princípio do mínimo dano*, na proibição dos comportamentos contraditórios e da consequente frustração da confiança, nomeadamente do *venire contra factum proprium* – constitui, entre nós, um critério de relevância central de aferição do abuso do direito[227].

(artigo 562º do CC); do necessário pressuposto da existência de um dano; e do disposto no nº 2 do artigo 566º do CC (teoria da diferença, aplicada à determinação da indemnização) – Fernando Pessoa Jorge, *Lições de Direito das Obrigações, cit.*, pp. 575 ss.; Paulo Mota Pinto, *Interesse Contratual Negativo e Interesse Contratual Positivo*, Vol. I, *cit.*, pp. 819 ss.

226 Sobre o sentido do preceito, Fernando Cunha de Sá, *Abuso do Direito*, Coimbra, Almedina, 1973 (Reimpr. 1997), pp. 103 ss.

227 Paulo Mota Pinto, "Sobre a proibição do comportamento contraditório (*venire contra factum proprium*) no direito civil", *Boletim da Faculdade de Direito da Universidade de Coimbra*, Volume Comemorativo do 75.º Tomo (2003), pp. 319 ss.; Pedro Pais Vasconcelos, *Teoria Geral do Direito Civil, cit.*, pp. 266 ss.

A ideia é de que, quem pratica fraude no âmbito ou por ocasião da participação do sinistro – ato tendente a obter uma prestação indevida do segurador –, deve perder o direito que teria aquele ato por pressuposto: o direito a exigir aquela prestação[228]. Neste quadro, são várias as categorias doutrinais que traduzem um exercício abusivo do direito e das quais o segurador poderia lançar mão, dependendo das circunstâncias do caso. Desde logo, destaque-se a *exceptio doli*[229], que consiste no poder de deter a pretensão de alguém que tente prevalecer-se da sua própria atuação dolosa. Por outras palavras, consubstancia a oposição ao titular de um direito subjetivo em virtude da desonestidade, má fé ou intuito fraudulento com que o adquiriu ou pretende exercê-lo. Também relevante é o *venire contra factum proprium*[230] traduzido no exercício abusivo de uma posição jurídica (*venire*) em contradição com outra conduta anterior do agente (*factum proprium*), sendo ambas as condutas lícitas se tomadas isoladamente: o *venire* é proibido na medida em que contunda de forma inadmissível com a confiança criada pelo *factum proprium*. Em termos éticos, condena-se o exercício do direito em contradição com o comportamento anterior, por vezes reiterado, gerador de legítimas expectativas na contraparte.

Sendo "ilegítimo" o ato abusivo – e, portanto, anti-jurídico, proibido ou ilícito o exercício do direito em causa – a respetiva sanção haverá de determinar-se casuisticamente, de acordo com as circunstâncias concretas em causa e considerando as medidas mais adequadas à reposição da justiça, nomeadamente: a reparação específica, a invalidade,

[228] Cfr. esta perspetiva acolhida em José Antonio Gómez Segade, "La declaración de siniestro y la información complementaria", *cit.*, p. 449.

[229] António Menezes Cordeiro, *Da Boa Fé no Direito Civil, cit.*, pp. 719 ss.; António Menezes Cordeiro, *Tratado de Direito Civil Português*, V – Parte Geral (Legitimidades, Representação, Prescrição, Abuso do Direito, Colisão de Direitos, Tutela Privada e Provas), Coimbra, Almedina, 2005 (Reimpr. 2011), pp. 265 ss.; Pedro Pais Vasconcelos, *Teoria Geral do Direito Civil, cit.*, p. 272; Franz Wieacker, *Zur rechtstheoretischen Präzisierung des § 242 BGB*, Tübingen, 1956 – trad. espanhola, *El Principio General de la Buena Fe*, Madrid, Editorial Civitas, 1977, pp. 59 ss.

[230] António Menezes Cordeiro, *Da Boa Fé no Direito Civil, cit.*, pp. 742 ss.; António Menezes Cordeiro, *Tratado de Direito Civil Português*, V, *cit.*, pp. 275 ss.; Pedro Pais Vasconcelos, *Teoria Geral do Direito Civil, cit.*, pp. 268-269 e 273-274; Franz Wieacker, *Zur rechtstheoretischen Präzisierung des § 242 BGB, cit.*, pp. 60 ss.

resolubilidade ou supressão de ato praticado, a convalidação de atos ou negócios conexos, a própria supressão do direito, etc. Em abstrato, portanto, e sem prejuízo da aferição das circunstâncias concretas, é configurável a perda do direito à prestação do segurador como consequência da fraude na participação do sinistro.

4. Outras soluções da LCS como sistema normativo

I – Constatámos que a LCS não proporciona uma regulação direta da fraude na execução do contrato de seguro – no que respeita à produção e à participação do sinistro – e que a solução decorrente das regras gerais é desadequada face à gravidade dos comportamentos em questão, passíveis mesmo de configurar um ilícito criminal. A questão que agora colocamos é se a LCS, na coerência do sistema de valores e de normas em que assenta – e que deve, portanto, refletir – deveria expressamente consagrar solução específica na matéria. Vejamos.

No contexto globalizado em que vivemos, os sistemas de valores não se encontram fechados sobre si próprios e confinados à demarcação fronteiriça de cada Estado. Eles são permeáveis a influências recíprocas e partilham, no caso português, do mais vasto sistema de valores a que podemos chamar *cultura ocidental*, generalizado, mediante reformas legislativas, pela recíproca importação de soluções normativas de quadros legais próximos, no que constitui uma das funções mais relevantes do Direito comparado[231]. Ora, face às soluções de outros ordenamentos atrás referidas, a LCS surge – não obstante reivindicações em contrário[232] – inexplicavelmente deslocada.

Mas abstraindo do Direito comparado, o próprio sistema normativo português deverá servir-nos de orientação segura. Com efeito, bastará que recordemos que a gravidade dos factos passíveis de qualificação como "fraude em seguros" se reconduzem à prática de tipos de crime como o de burla (artigo 217.º do CP), burla relativa a seguros (artigo

[231] Cfr., por exemplo, René David, *Les Grands Systèmes de Droit Contemporains*, 7ª Ed., Paris, Dalloz, 1978 – trad. port., *Os Grandes Sistemas do Direito Contemporâneo (Direito Comparado)*, Lisboa, Meridiano, 1978, p. 30; H. Patrick Glenn, "Aims of comparative law", *in* Jan M. Smits (Ed.), *Elgar Encyclopedia of Comparative Law*, Cheltenham (UK), Edward Elgar Publishing, 2006, p. 61.

[232] Arnaldo Costa Oliveira, "Art. 100.º – Anotação", *cit.*, p. 381.

219.º do CP), falsificação de documentos (artigos 256.º, 257.º e 260.º do CP), etc. Falamos, portanto de comportamentos de uma tal gravidade na escala de valores em que assenta o nosso sistema normativo, que suscitam uma veemente reação do Direito no plano criminal. Ora, essa reação do Direito penal não deve (não *pode*) surgir desenquadrada da reação civil. Ou seja, não pode um comportamento ser tratado no plano criminal como merecedor de uma forte censura, com uma pesada sanção, e ser tratado no plano civil como axiologicamente neutro, dispensando reprovação[233]. A coerência, quer no plano do sistema de valores, quer da política legislativa, impõe-se.

Analisada a questão acima posta, parece evidente que, no quadro do sistema normativo em que se integra, a LCS deveria consagrar uma solução específica para a casuística em análise. Questão diferente, e que passaremos a analisar, é se no próprio tecido normativo de que se veste a LCS podemos, por recurso às técnicas de interpretação e aplicação do Direito, e num exercício de construção normativa, encontrar solução para a matéria. Para tanto, começaremos por analisar a regulação que a LCS dispensa a outros comportamentos fraudulentos no contrato de seguro.

II – Como vimos, no eixo *fraude na formação do contrato / fraude na execução do contrato*, o segundo termo (normalmente ligado à produção e à participação do sinistro) é o que ora merece a nossa análise. Quanto ao primeiro[234], ele encontra a sua regulação, fundamentalmente, nos artigos 24.º e 25.º da LCS, onde a expressão *fraude* surge referenciada pelo sinónimo "dolo com o propósito de obter uma vantagem". Ora, o regime,

[233] Por absurdo, poderia alguém ser condenado criminalmente e, ainda assim, ver reconhecido o seu direito à indemnização por sinistro. Também não é rigoroso pensar-se que a soma de cominações penais e civis se traduziria numa injusta duplicação de sanções pela prática dos mesmos factos. É que cada uma das sanções tem um âmbito de aplicação diferente, não sendo a sua conjugação uma duplicação, mas antes um sinal de coerência normativa. Por fim, em virtude de serem mais exigentes e restritivos os pressupostos das normas penais e as regras de processo penal, a inexistência de cominação civil poderia corresponder, em caso de absolvição no foro criminal, à impunidade de um ilícito civil. Cfr. Sandro Balduzzi, "La frode in assicurazione in generale", *in* AAVV, *Atas de Convegno di Studi Giuridici – Camera Penale Trieste, 22-25 Aprile 1967*, Padova, CEDAM, 1968, pp. 183-184.

[234] Cfr., desenvolvidamente, Luís Poças, *O Dever de Declaração Inicial do Risco no Contrato de Seguro, cit.*

em sede de declaração do risco, do dolo do tomador ou segurado com o propósito de obter uma vantagem, comporta as seguintes cominações:

a) O contrato é anulável e, tendo ocorrido o sinistro, o segurador fica desonerado da sua prestação (n.ºs 1 e 3 do artigo 25.º da LCS), mantendo o tomador do seguro, nos termos do n.º 5 do mesmo artigo, a obrigação de pagamento do prémio até ao termo do contrato (mesmo depois de ter cessado a cobertura do risco por efeito da anulação do contrato)[235].
b) Este regime é aplicável mesmo que tenha havido um incumprimento culposo, pelo segurador, do dever de cooperação e controlo da declaração inicial do risco (n.º 3 do artigo 24.º da LCS)[236].

Em suma, o regime do incumprimento fraudulento do dever de declaração inicial do risco importa a cessação (*rectius*, a invalidade) do contrato, a perda da indemnização em caso de sinistro (ainda que o facto sobre o qual tenha incidido a omissão ou inexatidão não tenha qualquer relação com a causa do sinistro), e a obrigação de pagamento do prémio até ao final do contrato. Trata-se de uma cominação dura, com uma função manifestamente preventiva e punitiva – à medida da gravidade do comportamento faltoso – e que reclama reação equivalente em caso de fraude na ocorrência ou participação do sinistro.

III – Para além dos casos de fraude na formação do contrato, acima referidos, a LCS regula algumas situações específicas de fraude na execução do contrato, pelo que importa analisar o respetivo regime. Refira-se, desde logo, até pela parcial sobreposição com a temática que nos ocupa, o caso de fraude associada ao agravamento do risco, por seu turno causador de um sinistro.

Em causa estão as situações em que se verifique um agravamento do risco durante a execução do contrato de seguro, em que tal agravamento

[235] Sobre o regime da cominação e sobre o excesso punitivo em caso de fraude, cfr. Luís Poças, *idem*, pp. 480 ss. Admitindo, por analogia com o n.º 5 do artigo 25.º, a retenção pelo segurador do prémio pago, em caso de resolução por motivo de fraude na execução do contrato, Francisco Luís Alves, *Direito dos Seguros, cit.*, p. 76.

[236] Sobre a interpretação e regime do n.º 3 do artigo 24.º da LCS, cfr. Luís Poças, *O Dever de Declaração Inicial do Risco no Contrato de Seguro, cit.*, pp. 383 ss.

seja causador de um sinistro, e em que haja fraude do tomador do seguro ou do segurado (comportamento doloso com o propósito de obter uma vantagem, na expressão da alínea c) do n.º 1 do artigo 94.º da LCS). O preceito não explicita em que há de consistir esse comportamento, mas da articulação do artigo 93.º com o 94.º decorre que ele consistirá, pelo menos, na omissão fraudulenta de comunicação atempada do agravamento, podendo também estender-se à causação de tal agravamento. Em suma, trata-se de uma casuística análoga (senão até menos grave) à da fraude na produção ou na participação do próprio sinistro.

Ora, para tal caso determina a alínea c) do n.º 1 do artigo 94.º que o segurador não está obrigado à cobertura do sinistro, mantendo, não obstante, o direito aos prémios vencidos. De novo, reencontramos, na coerência do sistema normativo, remédios de potencial preventivo e punitivo adequados à gravidade dos factos praticados[237].

IV – Outro caso de fraude na execução do contrato que encontra disciplina expressa na LCS é o da omissão fraudulenta da existência de pluralidade de seguros. Com efeito, no quadro do princípio indemnizatório, determina o n.º 1 do artigo 133.º da LCS que, quando um mesmo risco relativo ao mesmo interesse e por idêntico período esteja seguro por vários seguradores, o tomador do seguro ou o segurado deve informar dessa circunstância todos os seguradores, logo que tome conhecimento da sua verificação, *bem como aquando da participação do sinistro*. Neste quadro, acrescenta o n.º 2 do mesmo preceito que a omissão fraudulenta da informação referida no número anterior exonera os seguradores das respetivas prestações[238].

Estamos de novo numa área de sobreposição relativamente ao tema objeto deste texto, tanto mais que um dos momentos do dever de

[237] Essa coerência é, aliás, evidenciada em Arnaldo Costa Oliveira, "Art. 94.º – Anotação", *in* Pedro Romano Martinez *et al.*, *Lei do Contrato de Seguro Anotada*, *cit.*, pp. 358 ss.

[238] Como refere Arnaldo Oliveira, «neste n.º 2 pune-se a fraude em si mesma, independentemente de ter em concreto havido violação do princípio indemnizatório (sendo, é certo, difícil configurar *a priori* um caso em que a fraude não intente finalmente um locupletamento por sobresseguro)» – Arnaldo Costa Oliveira, "Art. 133.º – Anotação", *cit.*, p. 457. Para o autor, a perda da garantia será analogicamente aplicável à omissão dolosa da existência de sobresseguro (artigo 132.º da LCS), embora defenda a solução por analogia com o artigo 25.º e não com o n.º 2 do artigo 133.º - *idem*, pp. 451-452.

comunicação se reporta precisamente à participação do sinistro. E de novo constatamos a mesma cominação para o incumprimento fraudulento verificada nos preceitos anteriores: a perda do direito à indemnização por sinistro.

Que sentido fará, pergunta-se, face ao sistema de normas e valores acolhidos na LCS, que o tomador do seguro ou segurado perca o direito à indemnização se viciar dolosamente a declaração inicial do risco, ou se ocultar fraudulentamente ao segurador um agravamento do risco ou a existência de pluralidade de seguros, mas mantenha o direito a essa indemnização se fraudulentamente mentir ou omitir informações relevantes quanto à ocorrência de um sinistro ou quanto aos danos sofridos, ou falsear documentos, testemunhos, indícios, etc., para enganar o segurador e obter, com a regularização do sinistro, um proveito total ou parcialmente indevido?

V – Em virtude de a casuística da fraude na execução do contrato se traduzir, em muitos casos, na provocação deliberada do sinistro, com o objetivo de receber do segurador uma indemnização superior ao dano[239], importa aludir ao princípio da *exclusão da cobertura de atos dolosos*, consagrado no n.º 1 do artigo 46.º da LCS. Nos termos desta disposição – e ressalvado o caso de regra legal ou regulamentar em sentido diverso, bem como convenção em contrário não ofensiva da ordem pública quando a natureza da cobertura o permita – *o segurador não é obrigado a efetuar a prestação convencionada em caso de sinistro causado dolosamente pelo tomador do seguro ou pelo segurado*[240].

239 Os expedientes são vários, mas passam, designadamente: (1) pela sobreavaliação do bem seguro (sobreavaliação insuscetível de verificação *a posteriori*, se o bem tiver sido destruído pelo sinistro); ou (2) pela reclamação de danos relativamente a bens inexistentes ou que o segurado colocou previamente a salvo. Nesta segunda hipótese, a destruição causada pelo sinistro (incêndio, explosão, naufrágio, etc.) poderá impossibilitar a comprovação da efetiva perda dos bens reclamados. Poderão estar ainda em causa outras situações, como o homicídio da pessoa segura (seguro de vida ou de acidentes pessoais), com o propósito de receber o capital seguro na qualidade de beneficiário, ou a automutilação num seguro de acidentes pessoais ou de acidentes de trabalho. Sobre o homicídio da pessoa segura, cfr., *infra*, Luís Poças, "A problemática do homicídio nos seguros de vida", pp. 201-235

240 O *dolo* designa aqui a *intenção* de causar o sinistro, não qualificando o sentido global do estado subjetivo do segurado (que poderá estar ao nível da *fraude*). Por outras palavras, o

O princípio encontra igualmente expressão no n.º 2 do artigo 17.º da LCS, que exclui a possibilidade de ratificação, após sinistro, do contrato de seguro celebrado sem poderes de representação, caso se verifique dolo do *tomador do seguro, do representante, do segurado ou do beneficiário* (entenda-se, dolo na causação do sinistro[241]), o que, em termos práticos, se traduz na exclusão de cobertura do ato doloso. Este princípio – que surge replicado no artigo 191.º do mesmo diploma a propósito da exclusão da cobertura da morte por suicídio, nos seguros de vida, durante o primeiro ano de vigência do contrato – é igualmente aplicável aos seguros não obrigatórios de responsabilidade civil, como decorre do artigo 141.º da LCS[242]. Porém, caso o segurador efetue a sua prestação indemnizatória ao terceiro lesado, fica investido na titularidade de direito de regresso contra o tomador do seguro ou o segurado que tenha causado dolosamente o dano, relativamente à quantia despendida com aquela indemnização (n.º 1 do artigo 144.º da LCS)[243].

A exclusão da cobertura de atos dolosos prende-se, por um lado, com a própria *ratio* do contrato de seguro: o risco segurável haveria de ser *fortuito*, decorrente do acaso, e não de uma ação humana (mormente, intencional)[244]. Noutra perspetiva, mais relevante, essa exclusão decorre

dolo orientado para a provocação do sinistro configurará, em regra, um *dolo com o propósito de obter uma vantagem* na medida em que a provocação intencional do sinistro tiver por fim o engano do segurador e a perceção de uma indemnização indevida.

241 Pedro Romano Martinez, "Art. 17.º – Anotação", *in* Pedro Romano Martinez *et al.*, *Lei do Contrato de Seguro Anotada*, *cit.*, pp. 98-99.

242 Nos termos do artigo 148.º da LCS, no seguro obrigatório de responsabilidade civil, a cobertura de atos ou omissões dolosos depende do regime estabelecido em lei ou regulamento, no silêncio dos quais se verifica a cobertura de atos ou omissões dolosos do segurado.

243 O regime é igualmente aplicável aos casos em que o tomador do seguro ou o segurado, não tendo causado dolosamente o dano, tenha de outra forma lesado dolosamente o segurador após o sinistro (n.º 1 do artigo 144.º).

244 Tratar-se-ia, assim, de uma característica do risco segurável – cfr., p. ex., M. Costa Martins, "Contributo para a delimitação do âmbito da boa-fé no contrato de seguro", *in* António Moreira, e M. Costa Martins (Coords.), *III Congresso Nacional de Direito dos Seguros – Memórias*, Coimbra, Almedina, 2003, p. 175, n. 14 – sendo designada por alguma doutrina como *incerteza* (cfr. Carlos Harten, *El Deber de Declaración del Riesgo en el Contrato de Seguro – Exposición y Crítica del Modelo Brasileño y Estudio del Derecho Comparado*, Salamanca, Ratio Legis, 2007, p. 34). É neste sentido que a expressão "evento aleatório" é empregue no artigo 1.º da LCS. Como defendemos noutro texto, a admissibilidade de várias situações em que

do caráter previdencial do contrato de seguro, visando banir a fraude e a especulação[245], já que o ato doloso visa frequentemente a consecução fraudulenta de um enriquecimento ilegítimo à custa do segurador (mais propriamente, à custa da mutualidade de segurados). Nesta medida, a exclusão de atos dolosos é corolário de um princípio mais lato, beneficiando de ampla consagração na regulação do contrato de seguro: o *princípio da previdência ou da não especulação*, do qual decorrem igualmente o princípio do interesse e o princípio indemnizatório, nos seguros de danos, bem como o sancionamento da viciação da configuração do risco.

Conexo com o princípio da exclusão da cobertura de atos dolosos está o da perda da prestação por ato doloso do beneficiário. O princípio encontra consagração no n.º 2 do artigo 46.º da LCS, segundo o qual o beneficiário que tenha causado dolosamente o dano não tem direito à prestação. Nesta linha, dispõe-se igualmente no artigo 192.º da LCS, relativamente aos seguros de vida, que o autor, cúmplice, instigador ou encobridor do homicídio doloso da pessoa segura, ainda que não consumado, perde o direito à prestação, aplicando-se, salvo convenção em contrário, o regime da designação beneficiária. Do mesmo modo, estabelece-se no artigo 193.º que, se o dano corporal na pessoa segura tiver sido provocado dolosamente pelo beneficiário, a prestação reverte para a pessoa segura. Enquanto os casos de ato doloso do tomador do seguro ou do segurado exoneram o segurador da sua prestação, o ato doloso de terceiro (beneficiário) é assimilado ao caso fortuito para efeito de salvaguarda da posição do tomador ou do segurado. Neste caso, o causador do dano não beneficia do seu próprio dolo, mas o segurador mantém-se obrigado à prestação.

VI – Como resulta do que vimos de referir, a LCS encerra maior alcance regulatório na matéria em análise do que aquilo que decorreria do artigo 101.º. Com efeito, o sistema de normas e valores materializados na LCS proporciona, no seu equilíbrio e coerência axiológica, soluções mais justas, porquanto mais adequadas à gravidade da casuística em análise,

o sinistro decorre de ação humana intencional afasta o caráter necessário desta característica – Luís Poças, *O Dever de Declaração Inicial do Risco no Contrato de Seguro, cit.*, p. 95, n. 271.

245 António Menezes Cordeiro, *Direito dos Seguros, cit.*, p. 677.

do que a regra permissiva, isoladamente tomada, que verte daquele artigo. Nessas soluções se concretiza a realização da justiça, mediante a promoção de igual disciplina para os casos materialmente idênticos, e a aplicação de remédios diferenciados às situações materialmente distintas.

Face às soluções analisadas, podemos identificar um autêntico *princípio da repressão dos atos fraudulentos*. Trata-se, não de uma regra, mas de um princípio, extraído por indução de várias normas que o refletem e expressam. Estas revelam um desvalor acentuado dos atos fraudulentos, em dessintonia com o regime do artigo 101.º. Desde logo, trata-se de soluções de fonte legal (regras injuntivas ou supletivas), e não de meras permissões de regulação da matéria em sede contratual. Por outro lado, a *ratio* centra-se na ***punição*** pelo ato fraudulento, bem como na prevenção da sua prática, e não num mero remédio de justiça comutativa. Quanto às cominações coerentemente dispensadas pela LCS aos comportamentos análogos, as mesmas traduzem-se, como vimos, na cessação do contrato, na perda do direito à prestação do segurador e na perda dos prémios vencidos a favor do segurador. Em suma, a disciplina para a fraude na execução do contrato, quando ligada à produção ou à participação do sinistro, não se esgota no artigo 101.º da LCS.

5. *Quid iuris?*, face à casuística mais recorrente

I – Perante as considerações que antecedem, cumpre identificar a solução normativa que a LCS proporciona para a factualidade em análise. Quanto a esta, referimos já, como mais recorrente casuística de fraude na execução do contrato, as situações, relacionadas com o sinistro, em que o segurado provoca o próprio sinistro ou facilita intencionalmente a ampliação do dano resultante; em que declara como destruídas, ou perdidas, ou furtadas, coisas inexistentes ou que estiveram a salvo do sinistro (e cuja preservação é omitida); ou altera os vestígios do sinistro; ou produz pistas e provas falsas, destinadas a corroborar uma versão inexata da ocorrência; ou simula sinistro inexistente (por exemplo, um furto numa residência ou relativamente a mercadorias transportadas, ou a perda de bagagem); ou mente, no todo ou em parte, quanto ao valor dos objetos afetados pelo sinistro; ou reclama o mesmo dano junto de vários seguradores omitindo a existência de pluralidade de seguros; ou mente quanto ao momento do sinistro, de modo a esconder que este ocorreu antes da subscrição ou da atualização das coberturas ou do capital seguro; ou oculta circunstâncias que constituem exclusões contratuais de cobertura; ou apresenta documentos ou testemunhos falsos[246].

O leque de casos possíveis é virtualmente infindo, não sendo exequível referi-los ou analisá-los a todos. Concentrar-nos-emos, portanto, em duas situações, respetivamente, de *fraude dura* ou *grave*, e de *fraude ligeira* ou *de oportunidade*. A primeira reconduzir-se-á ao tipo de crime de burla relativa a seguros, correspondendo a factos cuja gravidade e recorrência justificou a autonomização de um tipo de ilícito penal (e cuja regulação no plano civil não poderia, ademais, ser largada à vontade das partes). A segunda corresponderá à situação-limite referida no início deste texto, em que a elevada reprovação da conduta fraudulenta surge desproporcionada face ao reduzido dano potencial do segurador ou, se preferirmos, ao valor económico do ato fraudulento.

II – No primeiro caso teremos, portanto, os factos criminalmente enquadráveis no tipo de burla relativa a seguros. Nos termos do n.º 1 do artigo 219.º do CP, é punido com pena de prisão até 3 anos ou pena de multa quem receber ou fizer com que outrem receba valor total ou parcialmente seguro: provocando ou agravando sensivelmente resultado causado por acidente cujo risco estava coberto; ou causando, a si próprio ou a outra pessoa, lesão da integridade física ou agravando as consequências de lesão da integridade física provocada por acidente cujo risco esteja coberto.

Neste quadro factual, estamos, portanto, perante um sinistro dolosamente provocado com o intuito de enganar o segurador. Quanto às consequências deste tipo de casos relativamente à prestação do segurador, bastará recordarmos o princípio da exclusão da cobertura de atos dolosos – que se manifesta, como vimos, no n.º 1 do artigo 46.º; no n.º 2 do artigo 17.º; e nos artigos 141.º e 191.º –, bem como o da perda da prestação por ato doloso do beneficiário, refletido no n.º 2 do artigo 46.º; no n.º 1 do

[246] Cfr., por exemplo, Sandro Balduzzi, "La frode in assicurazione in generale", *cit.*, p. 183; Carlos Alberto Ghersi, *Contrato de Seguro*, Buenos Aires, Astrea, 2007, pp. 180 ss.; M. Costa Martins, "Considerações sobre a 'fraude' em seguros", *in* António Moreira e M. Costa Martins (Coords.), *I Congresso Nacional de Direito dos Seguros – Memórias*, Coimbra, Almedina, 2000, pp. 147 ss.

artigo 144.º; e nos artigos 192.º e 193.º, todos da LCS[247]. Por outro lado, como vimos também, a tentativa de enganar o segurador consubstancia igualmente um fundamento de resolução do contrato de seguro com justa causa (artigo 116.º da LCS).

Importa, porém, determinar o regime aplicável ao destino dos prémios que, na unidade do sistema jurídico, se revele adequado à gravidade dos factos, já que o regime geral levaria, como vimos, ao mero estorno *pro rata* do prémio pago (n.º 1 e 2 do artigo 107.º da LCS). Ora, as regras gerais sobre interpretação das normas jurídicas e integração permitem-nos dar um passo mais. Com efeito, nos termos da alínea c) do n.º 1 do artigo 94.º da LCS estabelece-se a perda do prémio vencido, a favor do segurador, se o tomador do seguro ou o segurado provocar fraudulentamente um aumento do risco[248] que, por seu turno, influencie a ocorrência ou consequências de um sinistro. Assim, poder-se-ia considerar que, se a letra da lei se atém à causação fraudulenta do agravamento, o sentido não poderá deixar de abranger forçosamente a própria causação fraudulenta do sinistro. Logo, por via da interpretação extensiva do preceito obter-se-ia a solução que, na coerência normativa do sistema, a LCS consagra para a factualidade *sub judice*. Porém, o elemento sistemático da interpretação revela que a regra do artigo 94.º foi especificamente estabelecida para o instituto do agravamento do risco, e não para as hipóteses de fraude na causação do sinistro[249], pelo que a interpretação extensiva surge comprometida. Não obstante, a ausência de regra permite-nos identificar uma lacuna, a ser integrada por interpretação enunciativa, mediante recurso ao argumento *a minori ad maius*: se a lei comina um *menos* (a causação fraudulenta do agravamento do risco) com a perda do prémio vencido, então – por maioria de razão – haverá de cominar um

[247] Note-se que a causação dolosa de um sinistro, em si mesma, pode não constituir fraude, se não tiver em vista enganar o segurador. O proprietário de um bem pode decidir destruí-lo; não poderá é pretender depois que se tratou de um acidente e reclamar ao segurador uma indemnização indevida. Assim, a danificação intencional de um bem seguro que não seja seguida de participação do sinistro (ou em que haja lugar a uma participação exata e completa das circunstâncias do sinistro) não tem outra consequência sobre o contrato senão a não cobertura do sinistro.

[248] Ou o omitir, fraudulentamente, ao segurador.

[249] As matérias surgem, aliás, reguladas em capítulos distintos da LCS.

mais (a causação fraudulenta do próprio sinistro) com, no mínimo, sanção equivalente[250].

Em conclusão, e não obstante a ausência de regra específica, a LCS estabelece como consequências civis para a provocação fraudulenta do sinistro: a perda da cobertura, a resolubilidade do contrato e a perda do prémio vencido[251].

III – Se a solução anteriormente referida se afigura – cremos – incontroversa, convirá, pela impossibilidade de analisar, caso a caso, toda a factualidade suscetível de verificar-se, situarmo-nos no polo oposto, analisando agora um núcleo de situações de solução mais desafiante face aos valores em presença. Atenderemos, assim, aos casos em que haja no plano económico uma desproporção entre o facto fraudulento e a cominação que resultaria da análise que vimos de efetuar. Concretizando, estarão aqui em discussão os casos em que a fraude afeta apenas uma parte – que pode ser desprezível – do *valor* reclamado por sinistro. Imagine-se, por exemplo, o caso de o segurado reclamar dolosamente que certa coisa lhe foi subtraída (entre um rol de bens efetivamente furtados), vindo a demonstrar-se que a mesma nunca havia deixado de estar na sua posse.

Que dizer? Desde logo, importa retomar o *princípio da repressão dos atos fraudulentos*, a que já fizemos referência e cuja *ratio* se dirige à prevenção e à punição da fraude. Conforme o princípio resulta das regras onde surge plasmado, já citadas, a reação do Direito – em regra traduzida na cessação do contrato, na perda do direito à prestação do segurador e na perda dos prémios vencidos a favor do segurador – é adequada à gravidade do ato (a atuação fraudulenta) e à elevada censurabilidade do

[250] Sobre a admissibilidade da integração de lacunas com recurso à interpretação enunciativa, José de Oliveira Ascensão, *O Direito – Introdução e Teoria Geral*, *cit.*, pp. 339 ss. e 346.

[251] Afirme-se, em abono da verdade, que, no plano económico, é, em regra, pouco significativa a diferença entre o estorno *pro rata temporis* do prémio e a perda, a favor do segurador, do prémio vencido (a qual será, no limite, equivalente ao valor de um prémio anual). Aliás, caso a cessação do contrato se produza perto da data de vencimento do prémio, o valor do prémio correspondente ao período não decorrido poderá ser mesmo quase nulo. Assim, a diferença entre ambas as soluções tenderá a colocar-se mais no plano dos princípios de justiça (a necessidade de aplicação de uma solução diferenciada em função da reprovação normativa do facto) do que no da eficácia dissuasora da sanção.

comportamento, aferidas em abstrato, independentemente da relevância económica concreta de tal ato.

Ora, o referido princípio, que, como vimos, perpassa ao longo múltiplas disposições da LCS, requereria, para os casos de fraude ligados à participação do sinistro, no quadro do sistema de regras e valores da ordem normativa, uma disciplina direta, que a LCS não dita. Estamos, portanto, em condições de determinar a existência de uma lacuna, que importa integrar. No caso em análise, a identificação da lacuna face ao referido *princípio da repressão dos atos fraudulentos* fornece-nos, desde logo, o critério de integração por analogia com as normas que são expressão desse princípio (e que consagram, como vimos, soluções equivalentes). Com efeito, a integração por analogia visa a aplicação de soluções idênticas a factos axiologicamente semelhantes e objeto de uma mesma valoração. Importa, assim, aferir dessa semelhança, apurando, na expressão do artigo 10.º do CC, se no caso omisso procedem as razões justificativas da regulamentação do caso previsto na lei.

Em todas as normas que são manifestação do referido princípio estamos – como no caso omisso – perante o nível mais elevado de censurabilidade da conduta do agente (a atuação fraudulenta), apenas divergindo os pressupostos factuais de previsão dessas normas. Quanto à estatuição resultante das mesmas, ela passa, como vimos, pela cessação do contrato, pela perda da indemnização e pela perda do prémio vencido em benefício do segurador.

A particularidade do caso omisso (em análise) consiste, porém, no caráter parcial e economicamente pouco expressivo da fraude cometida, perante o qual a cominação da perda da indemnização pode configurar-se desproporcionada. Aqui, se é difícil buscar analogia nos pressupostos de facto de aplicação do n.º 1 do artigo 133.º e na alínea c) do n.º 1 do artigo 94.º da LCS, já os artigos 24.º e 25.º da LCS, com um âmbito de aplicação mais amplo e heterogéneo, possibilitam uma análise mais fértil. Com efeito, as cominações previstas para o incumprimento fraudulento do dever de declaração do risco, a que já fizemos referência, bastam-se, no fundamental, com o concurso de pressupostos objetivos e subjetivos – a omissão ou inexatidão fraudulenta de factos conhecidos do tomador do seguro ou do segurado e que o mesmo deva razoavelmente ter por significativos para a apreciação do risco pelo segurador – abstraindo da grandeza (ou da relevância económica) de tais factos. Com efeito, um facto será significativo para a apreciação do risco pelo segurador se, caso tivesse tido conhecimento desse facto, o mesmo não tivesse contratado ou tivesse contratado em condições diferentes[252]. A fórmula abrange, portanto, o escamotear de factos que tivessem determinado, quer uma recusa perentória da proposta contratual, quer um agravamento pouco importante do prémio aplicável. Por outras palavras, o que releva para a determinação da cominação aplicável é o grau de censurabilidade da conduta, e não a gravidade *económica* do incumprimento (diferença entre as condições reais aplicadas ao contrato e as que o segurador teria aceite se estivesse ciente dos factos não declarados). A *ratio* da reação legal assenta na prevenção e punição pela elevada censurabilidade do comportamento do tomador do seguro ou segurado, não requerendo a efetiva produção de um dano *económico* no segurador, sem prejuízo de a viciação da vontade e a frustração da confiança serem elas próprias configuradas como danos.

Assumindo essa regra para um caso que temos como axiologicamente análogo, não temos reservas em aplicá-la ao caso em análise. A circunstância de o regime dos artigos 24.º e 25.º da LCS se reportar a um *momento* anterior – a formação do contrato de seguro, e não a sua execução – não põe em causa a analogia substancial dos dois casos: a ação enganatória do tomador ou segurado em prejuízo do segurador, o elevado juízo de reprovação sobre tal conduta, a irremediável quebra da confiança que daí decorre e que mina a possibilidade de subsistência de um contrato de máxima boa fé; a necessidade de prevenir e punir a referida conduta. De facto, é em substância equivalente o núcleo essencial dos dois casos, a requerer idêntica estatuição[253]. A solução traduz, assim, a unidade de uma ordem normativa cuja coerência e sentido global não podem ser desvirtuados.

A dureza da cominação – adequada à elevada censurabilidade da conduta fraudulenta – teria, aliás, como alternativa a própria ausência de sanção. Com efeito, no caso em que o segurado, de entre um conjunto de bens alegadamente destruídos por um incêndio, apresentasse uma fatura falsa relativamente a um deles, se a sanção aplicável fosse a simples desconsideração dessa fatura (e a não indemnização pela perda

[252] Luís Poças, *O Dever de Declaração Inicial do Risco no Contrato de Seguro, cit.*, p. 351.
[253] José de Oliveira Ascensão, *O Direito – Introdução e Teoria Geral, cit.*, pp. 359-360.

desse bem) sem afetar a restante prestação indemnizatória do segurador, então a fraude ficaria impune.

Note-se, aliás, que a extensão do dano potencial não é critério seguro para a definição da estatuição aplicável à conduta fraudulenta. Com efeito, em regra, os casos de fraude são insidiosos (tendendo a não serem descobertos), o que justifica muito especialmente a sua prevenção. Mas, como referimos, reportando-se à produção ou participação do sinistro, quando são descobertos são-no geralmente antes de o segurador efetuar a sua prestação, caso em que o dano por este sofrido poderá ser inexistente. Deste prisma, pouco importa se o dano potencial do segurador é diminuto ou elevado. O que releva é, sobretudo, a necessidade de prevenção, de dissuasão da prática fraudulenta, por um lado, e a punição adequada à censurabilidade da conduta, independentemente da dimensão do dano potencial. Refira-se, de resto, que a lesão da confiança é, de algum modo, incomensurável e independente da dimensão do dano económico real ou potencial.

Em suma, se a fraude pré-contratual (que apenas influencia a decisão de contratar ou as condições aplicáveis) tem por consequência a anulabilidade do contrato, com perda dos prémios e da indemnização por sinistro (em ambos os casos, a favor do segurador – artigo 25.º da LCS), então a fraude na execução do contrato ligada à participação do sinistro deverá ter uma consequência equivalente – a cessação (no caso, resolução) do contrato, a perda do prémio vencido[254] e a perda da totalidade da indemnização respeitante ao sinistro em causa.

6. Conclusões

Como vimos, são vários os ordenamentos jurídicos estrangeiros que regulam expressamente a fraude em sede de ocorrência e participação do sinistro, definindo como estatuição para a mesma, para além da cessação do contrato e da perda do prémio a favor do segurador, a exoneração total deste quanto à sua prestação indemnizatória, mesmo quando a fraude incide apenas sobre uma fração do valor reclamado.

Em Portugal, o artigo 100.º da LCS estabelece um ónus de participação do sinistro, bem como, tendo por pressuposta a observância desse

[254] Sobre as dificuldades de interpretação do n.º 5 do artigo 25.º, cfr. Luís Poças, *O Dever de Declaração Inicial do Risco no Contrato de Seguro*, *cit.*, pp. 503 ss.

ónus, um dever de participação atempada, exata e completa do sinistro. Por seu turno, o artigo 101.º visa, nos seus n.ºs 1 e 2, respetivamente, o incumprimento negligente ou com dolo simples dos deveres de participação do sinistro, não se estendendo já ao incumprimento fraudulento (dolo com o propósito de obter uma vantagem) de tais deveres. Por outro lado, este artigo não dispõe diretamente sobre as consequências de tal incumprimento, limitando-se, através de uma regra permissiva, a possibilitar às partes, ao abrigo da autonomia privada, o estabelecimento de cláusulas penais, cujos limites define.

Na ausência de regra legal específica que regule diretamente a matéria, constatámos que, de acordo com as regras gerais de Direito civil, o incumprimento grave de deveres contratuais – como os consagrados no artigo 100.º da LCS – constitui justa causa de resolução do contrato (solução que resulta também das regras gerais da LCS) e dá igualmente lugar à responsabilidade civil da parte incumpridora. Porém, estas soluções revelam-se desadequadas – por falta de alcance preventivo ou punitivo – perante o elevado grau de censurabilidade da conduta fraudulenta, a gravidade dos factos que a mesma envolve e os danos potenciais que dela podem resultar para o segurador. Já o instituto do abuso do direito poderá conduzir – dependendo da verificação, em concreto, dos respetivos pressupostos – à perda do direito à prestação indemnizatória do segurador.

No contexto de coerência axiológica do sistema normativo em que se integra a LCS, e atendendo à gravidade dos factos que caracterizam a casuística analisada, deveria o regime jurídico do contrato de seguro consagrar uma cominação expressa para aquela casuística, à semelhança da disciplina que diretamente dispensa a outras circunstâncias de fraude. Entre estas, cumpre destacar a fraude na formação do contrato de seguro; na produção ou omissão de um agravamento do risco; e na omissão da existência de pluralidade de seguros. Não menos relevante é o princípio da exclusão da cobertura de atos dolosos, que se encontra refletido em múltiplas disposições da LCS.

Estas soluções são expressão de um autêntico *princípio da repressão dos atos fraudulentos*, no quadro do qual a disciplina proporcionada pela LCS, enquanto unidade sistémica, relativamente à fraude na produção ou na participação do sinistro, contrasta com a regra permissiva do artigo 101.º. Com efeito, o sistema de normas e valores acolhido na LCS fornece soluções coerentemente apropriadas à gravidade dos factos em questão e à censurabilidade do comportamento fraudulento, assegurando uma regulação justa, porquanto alinhada com a bitola valorativa que norteia esta lei.

Atenta a diversidade de tipos de fraude associados à produção e/ou à participação do sinistro, foi testada a plasticidade reguladora da LCS relativamente a duas situações típicas, correspondendo a primeira – com relevância também no plano criminal – aos sinistros dolosamente provocados com o intuito de enganar o segurador. Neste quadro factual, resulta expressamente da LCS a perda da cobertura, bem como a resolubilidade do contrato por justa causa. Quanto ao destino dos prémios, verifica-se uma lacuna, a integrar por interpretação enunciativa da alínea c) do n.º 1 do artigo 94.º: se a LCS sanciona um *menos* (o comportamento fraudulento em sede de agravamento do risco, por seu turno influenciador do sinistro) com a perda do prémio vencido, então, por maioria de razão, haverá de sancionar um *mais* (a causação fraudulenta do próprio sinistro) com, no mínimo, cominação equivalente.

No segundo tipo de factualidade analisado – respeitante às situações em que a fraude só parcialmente incide na ocorrência ou participação do sinistro – a ausência de disciplina legal direta desvenda, no quadro do princípio da repressão dos atos fraudulentos e das normas que o exprimem, a existência de uma lacuna. A respetiva integração, por analogia, haverá de buscar-se na disciplina da fraude em sede de formação do contrato (artigos 24.º e 25.º da LCS), onde são igualmente configuráveis situações de fraude parcial e de pouca relevância no plano económico. Ora, no caso do incumprimento fraudulento do dever de declaração do risco, o que releva para a aplicação da dura estatuição prevista é o elevado grau de censurabilidade da conduta, e não a grandeza económica do incumprimento, que poderá nem causar dano ao segurador. Assim, será aplicável, com as necessárias adaptações, a disciplina da declaração fraudulenta do risco: a extinção (no caso, a resolução) do contrato; a perda total da indemnização por sinistro; e a perda, a favor do segurador, do prémio vencido.

IV
O poder de desvinculação discricionária do segurador[255]

Somos eternos, mas vivemos no tempo.

VERGÍLIO FERREIRA, *Conta-Corrente III (1989-1992)*

1. Introdução

Os modos de cessação do contrato de seguro são matéria que não encontra solução uniforme nos vários ordenamentos jurídicos. Tratando-se de um contrato de execução duradoura, o seguro convoca a necessidade de manutenção da estabilidade das vinculações. Por outro lado, em função do caráter aleatório do contrato e da possibilidade, em certos ramos de seguro, de degradação progressiva do risco ao longo do tempo (é o caso típico dos seguros de vida e de doença), verifica-se uma natural tendência para, em matéria de cessação do contrato, o ordenamento jurídico dispensar uma maior tutela à posição do estipulante ou segurado do que à do segurador, limitando as possibilidades de este se desvincular quando os termos do contrato deixem de interessar-lhe, designadamente porque aumente a probabilidade de ocorrência do sinistro.

255 O presente texto foi publicado na *Revista Jurídica de Seguros*, n.º 6 (maio 2017), pp. 216-251.

É neste contexto que, entre outras formas de cessação do contrato de mais consensual aceitação pela lei e pela doutrina, cabe indagar da admissibilidade da desvinculação discricionária (ou imotivada) do segurador, no perímetro de um instituto que em Direito português se designa comummente por *denúncia* e que assume designações distintas em outros sistemas jurídicos. O presente texto tem precisamente por objeto a análise do regime que o ordenamento português dispensa a esta matéria, colocando em evidência os poderes e limitações que esse regime encerra.

O percurso discursivo levar-nos-á por uma breve incursão em alguns ordenamentos de referência, com especial destaque para o brasileiro. Será depois tempo para nos posicionarmos no sistema jurídico português, começando por uma distinção e clarificação do âmbito dos vários modos de cessação dos contratos em geral, com necessário enfoque naquele que nos ocupa. Logo passaremos para o domínio específico, já conceitualmente enquadrado, da cessação do contrato de seguro por denúncia, dando nota da recente evolução do Direito português neste campo e destacando as restrições a que está sujeito o exercício daquele poder pelo segurador. Concluiremos com uma síntese das principais tendências regulatórias entre os vários ordenamentos referenciados.

2. A problemática em vários sistemas jurídicos

2.1. Alguns ordenamentos de referência

Conforme referido, começaremos por dar sumariamente conta da forma como alguns sistemas jurídicos de destaque regulam a admissibilidade e limites do direito de desvinculação unilateral e discricionária por parte do segurador no contrato de seguro, deixando já nota de que, em regra, os vários regimes estabelecidos não têm por objeto o seguro de vida, ramo onde a estabilidade dos vínculos é especialmente tutelada.

Assim, em França a lei é omissa quanto à duração do contrato. Sendo este celebrado com prazo certo, poderá haver estipulação contratual de prorrogação automática (*clause de tacite reconduction*), por períodos máximos de um ano (artigo L-113-15 do *Code des Assurances*), bem como estipulação da suscetibilidade de oposição, por qualquer das partes, a tal prorrogação, mediante declaração enviada à contraparte com pré-aviso de dois meses sobre a data da prorrogação (artigo L-113-12 do mesmo código)[256].

Por seu turno, em Espanha, a matéria encontra cobertura legal no artigo 22.º da Ley 50/1980, de 8 de outubro, que estabelece a duração máxima dos contratos (10 anos[257], à exceção dos seguros de vida), a faculdade de convenção da prorrogação por períodos máximos de um ano, bem como a de oposição à prorrogação com pré-aviso de dois meses face ao termo do período em curso.

A *Ley de Seguros* argentina n.º 17418 deixa às partes a estipulação do prazo do contrato (que se presume ser de um ano, nos termos do artigo 17.º), estabelecendo supletivamente a prorrogação automática pelo mesmo período (artigo 19.º). A lei admite também a celebração do contrato por tempo indeterminado (*idem*). Em qualquer dos casos (e à exceção dos seguros de vida), é admitida a estipulação da faculdade de denúncia (*rescisión sin causa*), por iniciativa de qualquer das partes, com um pré-aviso mínimo de 15 dias sobre a data de efeito pretendida (artigos 18.º e 19.º)[258], e sem prejuízo de, nos seguros por tempo indeterminado, ser admissível a renúncia inicial ao direito de denúncia por um período máximo de cinco anos.

256 A consagração contratual do direito de oposição à renovação assume a designação de *clause de résiliation annuelle*. Cfr. Bernard Beignier, *Droit des Assurances*, Paris, Montchrestien, 2011, pp. 336 ss. e 342-343, e quanto ao regime precedente, Maurice Picard e André Besson, *Les Assurances Terrestres en Droit Français*, 4ª Ed., Paris, LGDJ, 1975, pp. 104 e 290.

257 Estipulando as partes uma duração superior, será a mesma inválida, ficando a duração reduzida ao prazo de 10 anos. Cfr. Fernando Sánchez Calero, "Artículo 22. Duración del contrato" [Coment.], *in* Fernando Sánchez Calero (Dir.), *Ley de Contrato de Seguro – Comentarios a la Ley 50/1980, de 8 de Octubre, y a Sus Modificaciones*, 4ª Ed., Cizur Menor, Aranzadi, 2010, p. 539.

258 Sendo a denúncia da iniciativa do segurador, deverá este estornar ao tomador do seguro a parte proporcional do prémio correspondente ao período não decorrido do prazo contratual. Não se trata de uma indemnização, mas do estorno do prémio correspondente ao risco não suportado pelo segurador. Embora a *Ley de Seguros* não estabeleça limitações ao exercício do direito de denúncia pelo segurador, das regras gerais do Código Civil poderá resultar o caráter abusivo desse exercício, na medida em que, face à natureza do risco em concreto, o prazo de pré-aviso se revele insuficiente para permitir ao tomador do seguro, em tempo útil, contratar a transferência do risco junto de outro segurador – Carlos Alberto Ghersi, *Contrato de Seguro*, Buenos Aires, Astrea, 2007, pp. 114-115.

Relativamente ao ordenamento italiano, dispõe o artigo 1899.º do respetivo Código Civil (doravante CC) que o seguro entra em vigor a partir das vinte e quatro horas do dia da celebração do contrato, vigorando até às vinte e quatro horas do último dia do período nele estabelecido. Acrescenta-se que o segurador, em alternativa a uma cobertura de duração anual, pode propor uma cobertura por vários anos contra um prémio inferior ao fixado para a mesma cobertura num contrato anual. Neste caso, se o contrato for superior a cinco anos, o tomador do seguro, após o decurso de cinco anos, pode denunciar (*recedere*) o contrato com pré-aviso de sessenta dias a contar do termo da anuidade em que a denúncia tiver sido exercida. Estabelece-se igualmente que o contrato pode ser prorrogado tacitamente uma ou mais vezes, mas cada prorrogação tácita não pode ter uma duração superior a dois anos. Por fim, esclarece-se que as referidas disposições não se aplicam ao seguro de vida.

Na Bélgica, a *Loi Relative aux Assurances*, de 4 de abril de 2014, estabelece, no § 1.º do seu artigo 85.º – aplicável, em geral, aos seguros de massa dos ramos não vida – que a duração do contrato de seguro não pode ser superior a um ano, sem prejuízo da respetiva prorrogação automática por iguais períodos se nenhuma das partes se opuser à mesma com uma antecedência mínima injuntiva de três meses relativamente à data de termo[259]. Este regime não é, porém, aplicável às operações de capitalização nem aos contratos de seguro de doença ou de vida, sem prejuízo da possibilidade de o tomador do seguro denunciar o contrato, qualquer que seja a duração deste, na respetiva data aniversária ou na de vencimento anual do prémio. Acrescenta-se que, se entre a data da conclusão do contrato e a da sua produção de efeitos decorrer um período superior a um ano, as partes podem rescindi-lo (*résilier*) com um pré-aviso de, pelo menos, três meses sobre a data de entrada em vigor do contrato.

[259] Nos termos do artigo 84.º da mesma lei, a oposição à renovação deve ser feita por carta registada, notificação oficial ou contra assinatura de recibo de receção. O regime de prorrogação automática não é aplicável, nos termos do § 3.º do artigo 85.º, aos seguros de duração inferior a um ano.

Por seu turno, na Colômbia, o artigo 1071.º do Código Comercial, sob a epígrafe *Revocación*, dispõe que o contrato de seguro de danos[260] pode ser revogado unilateralmente por qualquer das partes[261]. O segurador pode fazê-lo mediante declaração escrita, dirigida para a última morada conhecida do segurado, com um pré-aviso de pelo menos dez dias úteis contados da data de envio, cabendo ao segurado o direito ao prémio não adquirido pelo segurador (isto é, o *pro rata* do prémio correspondente ao lapso de tempo entre o momento em que a cessação produz efeitos e a data em que o contrato se venceria)[262]. Quanto ao segurado, pode revogar unilateralmente o contrato em qualquer momento (e com efeito imediato) mediante declaração escrita dirigida ao segurador, caso em que o prémio adquirido pelo segurador e o objeto de estorno são calculados em função da tarifa de seguros de curto prazo[263].

2.2. O Direito brasileiro em especial

I – O Capítulo XV do CC brasileiro (sob o título *Do Seguro*) não contém regras específicas sobre a denúncia do contrato por qualquer das partes. Aí se consagra, no entanto, no artigo 774.º, que a recondução tácita do contrato de seguro pelo mesmo prazo, mediante expressa cláusula contratual, não poderá operar mais do que uma vez. Esta regra, que, de algum modo, desafia o princípio da conservação dos contratos, apela à atualização do acordo de vontades no sentido da renovação expressa do seguro[264]. Ademais, em matéria de denúncia, segue-se o regime geral estabelecido no artigo 473.º do mesmo código. Assim, estabelece o corpo

260 À exceção dos seguros de transporte (artigo 1125.º do Código Comercial). Nos seguros de vida, esta faculdade só assiste ao segurado, como resulta do artigo 1159.º do mesmo código.

261 Trata-se de uma revogação unilateral *ad nutum*, correspondente à denúncia. Cfr. Andrés Ordóñez Ordóñez, *Las Obligaciones y Cargas de las Partes en el Contrato de Seguro y la Inoperancia del Contrato de Seguro*, Bogotá, Universidad Externado de Colombia, 2004, p. 162.

262 Cremos que a disposição se refere ao período de tempo não decorrido do último prémio pago (estorno *pro rata temporis*). A solução é também esta em caso de revogação por mútuo acordo.

263 Andrés Ordóñez Ordóñez, *Las Obligaciones y Cargas de las Partes en el Contrato de Seguro y la Inoperancia del Contrato de Seguro*, *cit.*, pp. 161 ss.

264 Ricardo Bechara Santos, "STJ: não renovação de apólices de seguro de vida e transformação de apólices a prazo certo em apólices vitalícias", *Revista Jurídica de Seguros*, n.º 2 (maio 2015), p. 212.

desta norma que a resilição unilateral nos casos em que a lei expressa ou implicitamente o permita, opera mediante denúncia notificada à outra parte[265].

II – Por seu turno, a matéria surge, em parte, regulada no artigo 51.º do substitutivo sugerido pelo Instituto Brasileiro de Direito do Seguro ao Projeto de Lei n.º 3.555 de 2004, que estabelece normas gerais em contratos de seguro privado e revoga disposições em contrário. A atribulada tramitação deste projeto legislativo levou à sua substituição, designadamente, pelo Projeto de Lei n.º 8.034 de 2010, e, posteriormente, pelo Projeto de Lei n.º 8.290 de 2014. Este, mantendo, no essencial, o regime previsto no Projeto de Lei n.º 3.555 de 2004, disciplina a matéria no seu artigo 57.º.

Aí se dispõe, no corpo do artigo, que, nos seguros com previsão de renovação automática, o segurador deverá, com um pré-aviso de trinta dias sobre o termo do período de vigência, comunicar ao tomador do seguro a decisão de não renovar ou as eventuais modificações que pretenda fazer para a renovação, acrescentando o § 1.º que, na falta dessa comunicação, o contrato se renova automaticamente.

Por seu turno, o § 2.º estabelece que o segurado pode impedir a renovação do contrato, até à data de início de vigência desta, mediante comunicação ao segurador, ou mediante o não pagamento do prémio ou da primeira fração deste.

Finalmente, o § 3.º do mesmo artigo dispõe que o seguro destinado a garantir interesses que recaiam sobre obras consideradas relevantes para o desenvolvimento da infraestrutura brasileira ou sobre empreendimentos cuja garantia não possa ser interrompida será prorrogado até sua conclusão, ressalvado o direito do segurador à diferença de prémio proporcional ao aumento do período de vigência do contrato.

III – Sendo o direito de denúncia consagrado contratualmente, a jurisprudência brasileira tem vindo, em certas situações, a estabelecer limites

[265] Acrescenta o *parágrafo único* que, se dada a natureza do contrato, uma das partes houver feito investimentos consideráveis para a sua execução, a denúncia unilateral só produzirá efeito depois de transcorrido prazo compatível com a natureza e o vulto dos investimentos.

ao seu exercício pelo segurador. Tal é o caso dos seguros de vida, em que a degradação do risco ao longo do tempo (efeito do envelhecimento da pessoa segura) leva, por vezes, o segurador a denunciar o contrato, deixando a pessoa segura sem possibilidade de encontrar cobertura para o mesmo risco em outro segurador (pelo menos, em iguais condições tarifárias). Os tribunais têm vindo, assim, a manifestar-se contra o exercício da denúncia pelo segurador, que consideram abusiva. Invocam, para o efeito, o princípio da boa fé, o qual, no contrato de seguro, especialmente impõe a cada parte o respeito pelos legítimos interesses da contraparte (artigo 765.º do mesmo código)[266].

Neste quadro, é de assinalar a existência de jurisprudência do STJ brasileiro que considera abusiva a cláusula de não renovação aposta em seguros de vida individuais, celebrados com prazo anual renovável, e que se tenham renovado por longos períodos de tempo (20 a 30 anos), atribuindo aos mesmos caráter vitalício[267]. O tribunal, porém, excetua os casos de seguro de vida grupo em que se verifique um desequilíbrio atuarial, o respeito por um pré-aviso de denúncia e a disponibilização de outra alternativa contratual pelo segurador, considerando não se violar aí o princípio da boa fé objetiva[268].

[266] Adalberto Pasqualotto, "Aspetos de defesa do consumidor no contrato de seguro: contrato coercitivo e relação de consumo por conexão", *in* Bruno Miragem e Angélica Carlini (Orgs.), *Direito dos Seguros – Fundamentos de Direito Civil, Direito Empresarial e Direito do Consumidor*, São Paulo, Ed. Revista dos Tribunais, 2014, p. 238. Sobre a especial incidência da boa fé no seguro, cfr. Bruno Cavalcanti, *Princípio da Boa Fé e os Contratos de Seguro*, Recife, Nossa Livraria, 2000. Em alternativa ao fundamento invocado pela jurisprudência, Pasqualotto defende, para os seguros de vida, a conservação coerciva do contrato (*op. cit.*, pp. 240 ss.). Sobre a extinção do contrato de seguro no Direito brasileiro, cfr. também Bruno Miragem, "O direito dos seguros no sistema jurídico brasileiro: uma introdução", *in* Bruno Miragem e Angélica Carlini (Orgs.), *Direito dos Seguros – Fundamentos de Direito Civil, Direito Empresarial e Direito do Consumidor*, *cit.*, pp. 59 ss.

[267] Cfr. REsp n.º 1.073.595 – MG (2008/0150187-7) – (DJe 29/04/2011) e REsp n.º 1.294.093 – RJ (2011/0210983-2).

[268] Cfr. REsp n.º 1.356.725 – Rs (2012/0062942-6), na senda do REsp n.º 880.605/RN (DJe 17/09/2012). Sobre estes acórdãos e os referidos na nota anterior, cfr. Ricardo Bechara Santos, "STJ: não renovação de apólices de seguro de vida e transformação de apólices a prazo certo em apólices vitalícias", *cit.*, pp. 204 ss.

3. Os modos de cessação dos contratos no ordenamento português

Após uma pequena revista pelo regime que alguns dos mais relevantes ordenamentos jurídicos dispensam à desvinculação imotivada do segurador no contrato de seguro, é tempo de nos concentrarmos no Direito português. Importa, neste âmbito, e antes de deslocarmos a questão para o campo do contrato de seguro, começarmos por analisar brevemente o regime geral da cessação dos contratos, tal como o mesmo é traçado pelo Direito civil, distinguindo noções e situando a denúncia entre os modos de extinção das obrigações complexas. Antes, porém, importa traçar uma importante distinção entre os modos de cessação e as modalidades de invalidade.

3.1. Cessação e invalidade

Embora, quer a cessação de um negócio jurídico, quer a respetiva invalidade, comportem um efeito extintivo, as causas de invalidade não são, tecnicamente, modos de cessação dos vínculos, mas modalidades da ineficácia dos atos jurídicos, decorrentes da violação de regras legais que impõem limites à autonomia privada. Consequentemente, a lei considera o ato afetado de um vício originário, o qual determina o desvalor de tal ato[269]. Neste quadro, a anulabilidade e a nulidade são as duas modalidades que a invalidade pode assumir.

A *anulabilidade* caracteriza-se, desde logo, por proteger interesses eminentemente particulares, estando ligada a vícios genéticos do negócio[270]. Por outro lado, tem de ser alegada (pelo titular de um direito potestativo à impugnação do contrato)[271], não operando de forma automática nem podendo ser declarada *ex officio*. Ademais, a respetiva invocação depende de impugnação judicial através de uma ação de anulação – ou por via de exceção (artigo 287.º do CC)[272] –, cuja sentença

[269] Cfr. José de Oliveira Ascensão, *O Direito – Introdução e Teoria Geral*, 3ª Ed., Lisboa, Fundação Calouste Gulbenkian, 1984, pp. 47 ss.

[270] Carlos Mota Pinto, *Teoria Geral do Direito Civil*, 3ª Ed., Coimbra, Coimbra Ed., 1992, pp. 612 ss.

[271] António Menezes Cordeiro, *Tratado de Direito Civil Português*, I – Parte Geral, Tomo I, 3ª Ed., Coimbra, Almedina, 2005, p. 861.

[272] Porém, o n.º 1 do artigo 291.º do CC admite o acordo entre as partes sobre a invalidade do negócio, produzindo os efeitos da sentença de anulação. Cfr. José de Oliveira Ascensão, *Direito Civil – Teoria Geral*, Vol. II, Coimbra, Coimbra Ed. 1999, p. 319.

assume caráter constitutivo[273]. Enquanto não for anulado, o ato produz efeitos. Na medida em que a anulabilidade é sanável pelo decurso do tempo ou mediante confirmação, expressa ou tácita, os referidos efeitos consolidam-se em virtude da convalidação do ato.

Diversamente, a *nulidade*[274] tem um predominante caráter de ordem pública, surgindo associada a vícios estruturais ou nucleares do negócio (falta de elementos essenciais ou contrariedade ao Direito). Por outro lado, é insanável, tanto pelo decurso do tempo como por confirmação[275] e opera de forma automática (*ipso iure*), não carecendo de impugnação judicial. A nulidade é, assim, de conhecimento oficioso e invocável por qualquer interessado, não assentando num direito potestativo[276]. Por fim, o ato nulo não produz efeitos *ab initio* e a declaração judicial da nulidade não assume caráter constitutivo[277].

Em suma, tanto no caso da anulabilidade como no da nulidade estamos perante negócios que padecem, desde a formação, de um defeito ou desconformidade perante o modelo normativo (*vício genético*). Já os modos de cessação dos negócios consubstanciam formas de extinção dos vínculos negociais por efeito de factos que, em regra, não são contemporâneos da formação desses vínculos, mas supervenientes, surgindo já na vigência do negócio em causa[278].

3.2. Os principais modos de cessação dos contratos

I – Entre os modos de cessação dos contratos é possível distinguir os *normais* – que resultam da sua regular execução e do cumprimento da sua

273 Rui de Alarcão, *Sobre a Invalidade do Negócio Jurídico* (separata do número especial do Boletim da Faculdade de Direito da Universidade de Coimbra – Estudos em Homenagem ao Prof. Doutor José Joaquim Teixeira Ribeiro), Coimbra, Faculdade de Direito da Universidade de Coimbra, 1981, p. 16.

274 Cfr., por exemplo, Carlos Mota Pinto, *Teoria Geral do Direito Civil, cit.*, pp. 611 ss. Como nota Menezes Cordeiro, trata-se do tipo residual – ou modalidade-regra, como resulta do artigo 294.º do CC – da ineficácia, aplicável, na falta de outra cominação legal expressa, aos vícios do negócio – António Menezes Cordeiro, *Tratado de Direito Civil Português*, I, Tomo I, *cit.*, p. 860.

275 Sobre a admissibilidade da confirmação de atos nulos, cfr. José de Oliveira Ascensão, *Direito Civil – Teoria Geral*, Vol. II, *cit.*, p. 451 ss.

276 António Menezes Cordeiro, *Tratado de Direito Civil Português*, I, Tomo I, *cit.*, p. 861.

277 Rui de Alarcão, *Sobre a Invalidade do Negócio Jurídico cit.*, p. 16.

278 Mário Almeida Costa, *Direito das Obrigações*, 12ª Ed., Coimbra, Almedina, 2009, p. 318.

função típica – dos *anormais*, que, sendo alheios a essa regular execução, obstam precisamente ao preenchimento da referida função típica[279]. Entre as categorias de cessação anormal dos contratos – ou modos de extinção das relações obrigacionais complexas – contam-se a resolução, a caducidade, a revogação e a denúncia. Passaremos, de seguida, a caracterizar sumariamente as três primeiras categorias, de modo a distingui-las da denúncia.

II – A resolução, que encontra disciplina legal nos artigos 432.º ss. do CC, conta-se entre os mais relevantes modos de cessação dos negócios jurídicos. É um modo de extinção potestativo, que opera mediante uma declaração unilateral recipienda, dirigida à outra parte[280], ou por via judicial. É também de exercício tendencialmente vinculado, já que, nos termos do n.º 1 do artigo 432.º do CC, só é admitida quando fundada em motivo definido na lei ou em convenção entre as partes (cláusula resolutiva[281]).

A faculdade resolutiva é legalmente reconhecida em diversas situações, resultando de um facto superveniente à formação do contrato que põe em causa uma legítima expectativa de uma das partes, quer esse facto provenha da contraparte, de terceiro ou de fatores naturalísticos[282].

[279] Luís Carvalho Fernandes, *Teoria Geral do Direito Civil*, Vol. II, 5ª Ed., Lisboa, Universidade Católica Ed., 2010, p. 480. Esta distinção é meramente tendencial, já que, como nota Romano Martinez, em alguns casos (como na extinção por caducidade no contrato a termo certo) o contrato cessa, conforme programado, no cumprimento da sua função – Pedro Romano Martinez, *Da Cessação do Contrato*, 2ª Ed., Coimbra, Almedina, 2006, p. 25.

[280] Esta declaração tem, assim, eficácia constitutiva (João Antunes Varela, *Das Obrigações em Geral*, Vol. II, 7ª Ed., Coimbra, Almedina, 1997, p. 278), configurando um negócio jurídico unilateral – Luís Menezes Leitão, *Direito das Obrigações*, Vol. II, 3ª Ed., Coimbra, Almedina, 2005, p. 98; Adriano Vaz Serra, "Resolução do contrato", *Boletim do Ministério da Justiça*, n.º 68 (jul. 1957), p. 235.

[281] Esta consiste na convenção que atribui a uma das partes o direito de fazer cessar a relação contratual em caso de ocorrência de um evento futuro e incerto (João Antunes Varela, *Das Obrigações em Geral*, Vol. II, *cit.*, p. 278), podendo ser estipulada originária ou supervenientemente – Mário Almeida Costa, *Direito das Obrigações, cit.*, p. 319.

[282] Carlos Mota Pinto, *Teoria Geral do Direito Civil, cit.*, p. 619; João Antunes Varela, *Das Obrigações em Geral*, Vol. II, *cit.*, pp. 275 ss. Traçando uma distinção clara entre a resolução por incumprimento (nas obrigações instantâneas) e a resolução por justa causa (nas obrigações duradouras), João Baptista Machado, "'Denúncia-Modificação' de um contrato de agência

Assim, nas palavras de Brandão Proença, em regra, a resolução é o modo de extinção unilateral «de uma relação contratual, total ou parcialmente "alterada" ou "perturbada"»[283], tendo por função remediar essa perturbação ou alteração, embora possa, em certos casos, configurar-se como uma sanção[284].

Quanto aos efeitos, nos contratos de execução instantânea, a resolução tem, supletivamente, efeito retroativo (*ex tunc*) entre as partes, exceto se tal contrariar a vontade das mesmas ou o concreto propósito da resolução[285]. Já nos contratos de execução continuada ou periódica, a resolução assume eficácia *ex nunc*, não afetando as prestações efetuadas antes da extinção do negócio[286], exceto se entre estas e a causa da resolução houver um vínculo que legitime a resolução de todas elas[287].

III – A caducidade, por seu turno, é um modo de cessação dos contratos que opera de forma automática, *ipso iure*, por efeito da verificação de factos objetivos supervenientes e independentemente da vontade e de uma atuação das partes nesse sentido (designadamente, um comportamento declarativo). Por conseguinte, a extinção por caducidade não implica também tipicamente consequências no plano indemnizatório.

– Anotação ao Acórdão do Supremo Tribunal de Justiça de 17 de abril de 1986", *Revista de Legislação e de Jurisprudência*, Ano 120.º (1987-1988), n.º 3759, p. 186, n. 10.

283 José Brandão Proença, *A Resolução do Contrato no Direito Civil. Do Enquadramento e do Regime*, (Separata do Suplemento XXII ao *Boletim da Faculdade de Direito da Universidade de Coimbra*), Coimbra, Faculdade de Direito da Universidade de Coimbra, 1982, p. 38.

284 José de Oliveira Ascensão, *Direito Civil – Teoria Geral*, Vol. III, Coimbra, Coimbra Ed., 2002, p. 338.

285 Adriano Vaz Serra, "Resolução do contrato", *cit.*, pp. 197 ss. e 210.

286 Nos contratos de prestação continuada, como o de seguro, a prestação caracteriza-se por uma ininterrupta continuidade, enquanto nos de execução periódica cada prestação sucessiva tem a sua autonomia relativa e utilidade própria. O princípio, em qualquer caso, é o de que a resolução não abrange as prestações já efetuadas – Adriano Vaz Serra, "Resolução do contrato", *cit.*, pp. 211-212, n. 95, e p. 213, n. 99. A solução resulta, quer da *razão de ser* da resolução (*idem*, p. 212), quer, pelo menos em parte, da dificuldade ou impossibilidade de restituição das prestações, sobretudo quando as mesmas se traduzam em prestações de facto ou no gozo de um bem – Pedro Romano Martinez, *Da Cessação do Contrato*, *cit.*, p. 239.

287 Cfr. o artigo 434.º do CC, disposição com caráter supletivo – António Menezes Cordeiro, *Direito das Obrigações*, Vol. II, Lisboa, AAFDL, 1980, p. 165.

Neste quadro, a caducidade produz-se pela ocorrência de um facto jurídico *stricto sensu*, quer o mesmo se traduza no decurso do prazo de vigência estipulado (caducidade em sentido estrito, nos contratos com termo e não automaticamente renováveis), quer consista na verificação de um outro facto (por exemplo, a morte ou insolvência de uma das partes, a verificação de uma condição resolutiva, etc.) a que a lei ou a vontade das partes associaram esse efeito extintivo[288]. Assim, a extinção por caducidade assume eficácia imediata e não retroativa (*ex nunc*), não afetando as prestações já efetuadas[289].

IV – A revogação bilateral – por vezes também denominada distrate – é um modo de extinção de um contrato que opera por mútuo acordo das respetivas partes, através de um negócio jurídico bilateral. Do mesmo modo que as partes são livres para se vincularem por acordo, podem também, no exercício da soberania da vontade, estabelecer uma convenção em sentido contrário (contrato extintivo, mútuo dissenso ou *contrarius consensus*), acordando desvincular-se pela mesma via.

O fundamento desta causa de cessação é, portanto, a autonomia privada, sendo um modo de cessação bilateral, de exercício discricionário (embora requerendo, naturalmente, o consenso das partes) e superveniente à formação do contrato. Por fim, a revogação tem, em regra, efeito não retroativo (*ex nunc*), embora as partes possam fixar-lhe efeito retroativo com salvaguarda dos legítimos interesses de terceiros[290].

[288] Dias Marques, reportando-se a um direito sujeito a um prazo de caducidade, qualifica-o como um *direito a termo*: «a caducidade é a extinção dum direito por ter expirado o seu termo de vida» – José Dias Marques, *Teoria Geral da Caducidade*, Lisboa, Empresa Nacional de Publicidade, 1953, p. 46.

[289] Sobre a extinção por caducidade, cfr. António Menezes Cordeiro, *Direito das Obrigações*, Vol. II, *cit.*, p. 166; Fernando Pessoa Jorge, *Lições de Direito das Obrigações*, Lisboa, AAFDL, 1975-76, p. 214; Pedro Romano Martinez, *Da Cessação do Contrato*, *cit.*, pp. 41 ss.; João de Castro Mendes, *Teoria Geral do Direito Civil*, Vol. II, Lisboa, AAFDL, 1985, p. 264; Carlos Mota Pinto, *Teoria Geral do Direito Civil*, cit., pp. 621-622; José Brandão Proença, *A Resolução do Contrato no Direito Civil. Do Enquadramento e do Regime*, *cit.*, pp. 53 ss.; Pedro Pais Vasconcelos, *Teoria Geral do Direito Civil*, 5ª Ed., Coimbra, Almedina, 2008, pp. 775-776.

[290] Sobre a revogação, cfr. Fernando Pessoa Jorge, *Lições de Direito das Obrigações*, *cit.*, pp. 210-211; Luís Menezes Leitão, *Direito das Obrigações*, Vol. II, *cit.*, pp. 97-98; Pedro Romano Martinez, *Da Cessação do Contrato*, *cit.*, pp. 50 ss.; José Brandão Proença, *A Resolução do Contrato no Direito Civil. Do Enquadramento e do Regime*, *cit.*, pp. 46 ss.; João Antunes Varela,

3.3. Cont.: a denúncia, em especial

A denúncia é um modo de cessação exclusivo dos contratos de execução duradoura ou continuada[291], quer os mesmos não estejam sujeitos a termo, vigorando por tempo indeterminado, quer estejam sujeitos a prorrogação automática[292] ou a um prazo que, no contexto concreto, se configure excessivamente longo[293]. Tal é precisamente o caso de contratos como o de seguro, o de arrendamento, o de sociedade, o de mandato, o de trabalho, o de fornecimento de serviços, etc.

A denúncia constitui, assim, o direito potestativo de uma das partes de, mediante uma simples declaração unilateral recipienda de vontade[294], dirigida à contraparte – no sentido de que não pretende a continuidade do contrato, ou de que, em caso de prorrogação automática, não pretende que esta volte a produzir-se – fazer extinguir o contrato a que

Das Obrigações em Geral, Vol. II, *cit.*, pp. 279-280; Pedro Pais Vasconcelos, *Teoria Geral do Direito Civil*, *cit.*, pp. 771-772.

291 Estes, traduzindo-se em prestações continuadas ou periódicas sucessivas, implicam (por oposição aos contratos de execução instantânea ou imediata) uma colaboração permanente entre as partes e uma execução duradoura – Paulo Videira Henriques, *A Desvinculação Unilateral Ad Nutum nos Contratos Civis de Sociedade e de Mandato*, Coimbra, Coimbra Ed., 2001, pp. 198-199; Pedro Romano Martinez, *Da Cessação do Contrato*, *cit.*, pp. 229-230. Este autor distingue igualmente os contratos de execução duradoura ou continuada dos contratos com prestações de execução prolongada, em que pelo menos uma das prestações se protela no tempo (por exemplo, a empreitada) – *idem*, pp. 240 ss.

292 João Antunes Varela, *Das Obrigações em Geral*, Vol. II, *cit.*, pp. 280-281.

293 Ter-se-á em vista os contratos cujo prazo exceda os prazos máximos legalmente previstos para o tipo em causa – João Baptista Machado, "'Denúncia-Modificação' de um contrato de agência – Anotação ao Acórdão do Supremo Tribunal de Justiça de 17 de abril de 1986", *cit.*, p. 185, n. 4. Do nosso ponto de vista, haverá que atender igualmente a contratos para os quais a lei não fixa um prazo máximo mas cuja natureza ou configuração concreta implique uma aplicação analógica dos referidos prazos ou a determinação de um prazo de vigência dentro de limites de razoabilidade.

294 A denúncia configura-se precisamente como um negócio jurídico unilateral – Luís Menezes Leitão, *Direito das Obrigações*, Vol. II, *cit.*, p. 101; João Baptista Machado, "'Denúncia-Modificação' de um contrato de agência – Anotação ao Acórdão do Supremo Tribunal de Justiça de 17 de abril de 1986", *cit.*, p. 187; Adriano Vaz Serra, "Tempo da prestação. Denúncia", *Boletim do Ministério da Justiça*, n.º 50 (set. 1955), p. 193. Para Romano Martinez trata-se de um ato jurídico unilateral (artigo 295.º do CC) – Pedro Romano Martinez, *Da Cessação do Contrato*, *cit.*, p. 125.

está duradouramente vinculada[295]. A declaração de denúncia poderá ser expressa ou tácita, como resulta do artigo 217.º do CC.

Trata-se, portanto, de um modo potestativo e discricionário (imotivado ou livre, também dito *ad libitum* ou *ad nutum*) de extinção dos contratos por tempo indeterminado, assumindo efeito não retroativo (*ex nunc*). Assim, na base da denúncia poderá estar um qualquer interesse do denunciante em desvincular-se, o qual não carece, porém, de ser invocado. Por outro lado, o efeito extintivo produz-se automaticamente, não carecendo da colaboração ou aceitação da contraparte e ocorrendo mesmo contra a vontade desta.

A denúncia deve respeitar, porém, um determinado prazo de pré-aviso relativamente à data de produção do efeito extintivo (denúncia «a prazo»[296]), ficando, assim, sujeita a um termo suspensivo (artigo 278.º do CC). O pré-aviso deve ser razoável[297] e adequado às circunstâncias concretas do caso – designadamente, a duração acordada (e já decorrida) do contrato, a relevância do contrato para a contraparte, as expectativas da mesma, etc. –, podendo decorrer da lei ou ser contratualmente convencionado. Tal prazo, em obediência ao princípio geral da boa fé (encontrando também fonte legal no n.º 2 do artigo 762.º do CC), visa acautelar a confiança depositada pela contraparte na continuidade do contrato e os investimentos daí decorrentes. Salvaguarda-se, pois, de algum modo, a posição do denunciado, evitando-lhe prejuízos ou inconvenientes desrazoáveis e permitindo-lhe equacionar e negociar alternativas contratuais que assegurem a continuidade da satisfação do seu interesse. Desta forma, o pré-aviso é um elemento natural da denúncia[298]. Respeitado este, o exercício regular da denúncia por uma parte não confere à contraparte qualquer pretensão indemnizatória.

[295] O *direito potestativo*, recorde-se, consiste no poder de, numa manifestação de vontade, produzir efeitos na esfera jurídica de outrem, sem que este o possa impedir. No caso, trata-se de um direito potestativo *extintivo*. A contraparte (denunciado) encontra-se, por seu turno, numa posição de *sujeição*.

[296] Adriano Vaz Serra, "Tempo da prestação. Denúncia", *cit.*, p. 184.

[297] João Batista Machado, "Do princípio da liberdade contratual – Anotação ao Acórdão do Supremo Tribunal de Justiça de 7 de dezembro de 1983", *in* João Batista Machado, *Obra Dispersa*, Vol. I, Braga, Scientia Ivridica, 1991, p. 634.

[298] Carlos Mota Pinto, *Teoria Geral do Direito Civil*, *cit.*, p. 623.

Por razões de ordem social – a salvaguarda da posição da parte considerada economicamente mais vulnerável – a denúncia pode ser de exercício legalmente condicionado, como sucede no arrendamento (denúncia pelo senhorio)[299], no contrato de trabalho (denúncia pelo empregador), ou, como melhor veremos adiante, também no contrato de seguro (denúncia pelo segurador)[300].

A denúncia não encontra disciplina em regras gerais de Direito civil, antes sendo acolhida em regras específicas de certos tipos contratuais (contrato de trabalho, arrendamento urbano, contrato de seguro, contrato de agência).

A denúncia distingue-se, pela unilateralidade, da revogação bilateral; afasta-se, pelo caráter potestativo, da caducidade; e não se confunde, pela discricionariedade e eficácia *ex nunc*, da resolução. Mas diferencia-se também dos referidos modos de cessação pelos fundamentos que subjazem à denúncia: a proteção da liberdade contratual dos sujeitos, que é posta em causa nas relações contratuais excessivamente duradouras e sem termo definido. Vejamos melhor este aspeto.

3.4. Os fundamentos da denúncia

I – A *autonomia privada* é um princípio fundamental da ordem jurídica, traduzindo alguns dos valores mais relevantes que a enformam. O referido princípio consubstancia a liberdade de as pessoas se vincularem entre si, mediante a celebração de negócios jurídicos, para disciplinarem os seus interesses. Para o efeito, estabelecem, sem constrangimentos significativos (os limites normativos da autonomia privada), preceitos a que ficam subordinados esses negócios e que os obrigam reciprocamente para o futuro. Estabelecidas vinculações entre as partes, devem as mesmas ser respeitadas, segundo a regra *pacta sunt servanda* (n.º 1 do artigo 406.º do CC).

Porém, a autonomia da vontade não é ilimitada ao ponto de o seu exercício poder ofender o âmago da liberdade contratual. Por outras palavras,

[299] Sobre o tema, cfr. Januário da Costa Gomes, "Sobre a (vera e própria) denúncia do contrato de arrendamento. Considerações gerais", *O Direito*, Ano 143.º (2011), n.º 1, pp. 9-32.

[300] Maria Helena Brito, *O Contrato de Concessão Comercial*, Coimbra, Almedina, 1990, p. 239; José Brandão Proença, *A Resolução do Contrato no Direito Civil. Do Enquadramento e do Regime*, *cit.*, p. 40.

não podem as partes, no exercício da liberdade contratual, abdicar dessa mesma liberdade assumindo obrigações para todo o sempre. Logo, é o próprio princípio da liberdade contratual que exclui a admissibilidade de as partes (ou uma delas) se vincularem perpetuamente, ou por tempo demasiado duradouro, sem possibilidade de quebra desse vínculo. À luz da liberdade contratual, e para garantia da mesma, o direito de denúncia é, assim, indisponível.

II – A denúncia tem, assim, por base, uma regra geral que se reflete em várias disposições específicas[301], configurando um princípio fundamental de Direito[302]: o da inadmissibilidade das vinculações perpétuas, eternas ou excessivamente duradouras, que fundamenta o direito de denúncia nos contratos automaticamente prorrogáveis ou naqueles que vigoram por tempo indeterminado, e que é corolário do princípio da autonomia privada[303].

Com efeito, seria contrário à ordem pública (n.º 2 do artigo 280.º do CC) que um contrato estabelecesse vinculações perpétuas para ambas ou para uma das partes, na medida em que tal implicaria uma inadmissível restrição à liberdade contratual dos sujeitos, ofendendo, portanto, o princípio da autonomia da vontade[304]. Nas palavras de Batista Machado,

[301] Maria Helena Brito, *O Contrato de Concessão Comercial, cit.*, p. 238; Paulo Videira Henriques, *A Desvinculação Unilateral Ad Nutum nos Contratos Civis de Sociedade e de Mandato, cit.*, p. 211.

[302] João Batista Machado, "Do princípio da liberdade contratual – Anotação ao Acórdão do Supremo Tribunal de Justiça de 7 de dezembro de 1983", *cit.*, p. 636, n. 3.

[303] Considerando que a denúncia se fundamenta, não na proibição das vinculações perpétuas, mas diretamente na tutela da liberdade dos sujeitos, Paulo Videira Henriques, *A Desvinculação Unilateral Ad Nutum nos Contratos Civis de Sociedade e de Mandato, cit.*, pp. 211 ss. Na perspetiva do autor, a lei não proíbe que o contrato *possa* vigorar eternamente: o que proíbe é que ele vigore *necessariamente ad aeternum*. Por outras palavras, se o contrato vigorar perpetuamente é porque a liberdade contratual das partes, atualizada em cada momento, reúne consenso nesse sentido, e não porque *ab initio* as partes se tenham obrigado perpétua e irreversivelmente. Como refere o autor, «a tutela da liberdade não reclama que o contrato não possa durar ilimitadamente; basta que seja assegurada ao sujeito a *possibilidade jurídica* de se desvincular da relação contratual)» – *idem*, p. 214.

[304] Cfr. José de Oliveira Ascensão, *Direito Civil – Teoria Geral*, Vol. III, *cit.*, p. 335; Mário Almeida Costa, *Direito das Obrigações, cit.*, p. 322; Rui Pinto Duarte, "A denunciabilidade das obrigações contratuais duradouras propter rem", *Revista da Ordem dos Advogados*, Ano LXX, Vol. I/IV (jul.-dez. 2009), pp. 273-297 – http://www.oa.pt/Conteudos/Artigos/

que, pela sua eloquência, se reproduzem, a ideia de uma vinculação *ad perpetuum*, «não pode ser aceite, porque é contrária a um princípio ou limite de ordem pública: aquele princípio superior de direito imanente ao instituto da autonomia contratual e que preclude a possibilidade de esta se exprimir em termos de manifesta irracionalidade – em termos de verdadeira "autofagia", consumindo-se a si própria através da excessividade da sua vinculação»[305]. Assim, a validade de tais contratos dependerá da admissibilidade da denúncia *ad nutum*.

Nesta medida, nos contratos de duração indeterminada ou com prorrogação automática, a livre desvinculação de qualquer das partes – sem necessidade de invocação de fundamento e mesmo contra a vontade da contraparte – constitui um princípio geral do direito português (como,

detalhe_artigo.aspx?idc=1&idsc=112472&ida=112752 (consult. 23/12/2016); Luís Carvalho Fernandes, *Teoria Geral do Direito Civil*, Vol. II, *cit.*, pp. 482-483; Januário da Costa Gomes, *Em Tema de Revogação do Mandato Civil*, Coimbra, Almedina, 1989, pp. 75 ss.; Fernando Pessoa Jorge, *Lições de Direito das Obrigações*, *cit.*, p. 212; Luís Menezes Leitão, *Direito das Obrigações*, Vol. II, *cit.*, p. 101; João Batista Machado, "Do princípio da liberdade contratual - Anotação ao Acórdão do Supremo Tribunal de Justiça de 7 de dezembro de 1983", *cit.*, pp. 635-640; Pedro Romano Martinez, *Da Cessação do Contrato*, *cit.*, pp. 59 ss. e 229 ss.; M. Henrique Mesquita, "Anotação ao Acórdão do Supremo Tribunal de Justiça de 5 de março de 1996", *Revista de Legislação e de Jurisprudência*, Ano 130, n.ºs 3875-3876, pp. 45 ss.; António Pinto Monteiro, *Direito Comercial – Contratos de Distribuição Comercial*, Coimbra, Almedina, 2001, pp. 134 ss.; António Pinto Monteiro, "Anotação ao Acórdão do Tribunal da Relação do Porto de 27 de junho de 1995", *Revista de Legislação e de Jurisprudência*, Ano 130, n.º 3877, p. 123, n. 50; Alexandre Dias Pereira, "Denúncia e indemnização de clientela nos contratos de distribuição (resenha de jurisprudência recente do STJ)", *Boletim de Ciências Económicas*, Vol. LVII, Tomo III (2014), pp. 2636 ss.; Carlos Mota Pinto, *Teoria Geral do Direito Civil*, *cit.*, p. 623; Filipe Vaz Pinto, "Os limites à liberdade de estipulação em matéria de denúncia", *Sub Judice – Justiça e Sociedade*, n.º 39 (abr.-jun. 2007), pp. 53 ss.; Luís Poças, *O Dever de Declaração Inicial do Risco no Contrato de Seguro*, Coimbra, Almedina, 2013, p. 508, n. 1869, e p. 513; José Brandão Proença, *A Resolução do Contrato no Direito Civil. Do Enquadramento e do Regime*, *cit.*, p. 39; Adriano Vaz Serra, "Anotação ao Acórdão do Supremo Tribunal de Justiça de 7 de março de 1969", *Revista de Legislação e de Jurisprudência*, Ano 103, n.º 3420, pp. 233 ss.; Antunes Varela, "Anotação ao Acórdão do Supremo Tribunal de Justiça de 26 de março de 1968", *Revista de Legislação e de Jurisprudência*, Ano 102, n.º 3389, p. 122, n. 1 (invocando a ofensa dos bons costumes, nos termos do n.º 2 do artigo 280.º do CC); Pedro Pais Vasconcelos, *Teoria Geral do Direito Civil*, *cit.*, pp. 773-774.

305 João Batista Machado, "Parecer sobre denúncia e direito de resolução de contrato de locação de estabelecimento comercial", *in* João Batista Machado, *Obra Dispersa*, Vol. I, Braga, Scientia Ivridica, 1991, p. 650.

de resto, da generalidade dos ordenamentos jurídicos)[306], correspondendo também, aliás, à vontade presumível das partes. Prescinde-se, por essa razão, de expressa previsão em norma jurídica ou em cláusula contratual[307].

Este princípio, que, conforme assinalado, reúne consenso na doutrina, é sintetizado no seguinte trecho de Januário Gomes: «por ser intolerável que da celebração de um contrato duradouro sem indicação de limite temporal máximo, resultasse a eterna vinculação dos contraentes – que dessa forma jamais se poderiam furtar à "lex privata" – cada um deles pode, por declaração unilateral recipienda, pôr termo à relação, *ex nunc*, ainda que para tal se imponha a necessidade de um pré-aviso, tendo em vista a tutela da posição da contraparte. Ora, diversamente do que ocorre com a revogação unilateral, a denúncia não necessita de previsão legal específica ou de cláusula contratual legitimadora uma vez que deve considerar-se contrário à ordem pública que alguém possa vincular-se eternamente»[308].

Em suma, na falta de disposição contratual prevendo a denúncia, será esta sempre possível em virtude do princípio da proibição das vinculações perpétuas. Havendo, diversamente, cláusula que estabeleça a perpetuidade do contrato, ou que vede a denúncia a uma das partes, será tal cláusula nula por força do n.º 2 do artigo 280.º do CC, operando-se a redução do contrato, nos termos do artigo 292.º do CC (exceto demonstrando-se que o negócio não teria sido concluído sem a parte viciada). Por fim, havendo cláusula que reconheça o direito de denúncia a uma das partes, sendo omissa quanto à outra parte, haverá que reconhecer o mesmo regime extensível a ambas (atendendo, em última instância, à parte final do artigo 239.º do CC).

306 Rui Pinto Duarte, "A denunciabilidade das obrigações contratuais duradouras propter rem", *cit.*; Paulo Videira Henriques, *A Desvinculação Unilateral Ad Nutum nos Contratos Civis de Sociedade e de Mandato*, *cit.*, pp. 210-211; Januário da Costa Gomes, *Em Tema de Revogação do Mandato Civil*, *cit.*, p. 76; M. Henrique Mesquita, "Anotação ao Acórdão do Supremo Tribunal de Justiça de 5 de março de 1996", *cit.*, pp. 46-47; Filipe Vaz Pinto, "Os limites à liberdade de estipulação em matéria de denúncia", *cit.*, p. 56; Adriano Vaz Serra, "Anotação ao Acórdão do Supremo Tribunal de Justiça de 7 de março de 1969", *cit.*, p. 233.

307 Carlos Mota Pinto, *Teoria Geral do Direito Civil*, *cit.*, p. 623.

308 Cfr. Januário da Costa Gomes, *Em Tema de Revogação do Mandato Civil*, *cit.*, p. 75.

3.5. Oposição à prorrogação

I – Para alguma doutrina[309], haverá que distinguir a denúncia, relativa a contratos celebrados por tempo indeterminado, da oposição à renovação, respeitante a contratos automaticamente renováveis. Estes últimos são contratos celebrados por tempo determinado (sujeitos, portanto a um termo resolutivo). Porém, por acordo da vontade das partes *no contrato inicial*, ou por determinação legal, constitui-se, na data de termo do mesmo, um novo contrato, nas mesmas condições e por igual prazo, *desde que nenhuma das partes se oponha a essa renovação*. Essa constituição é *automática*, no sentido em que prescinde de um novo *iter* negocial, sendo o efeito de um acordo *prévio* no sentido da renovação. Em rigor, portanto, o silêncio das partes no termo de cada prazo corresponderá à atualização tácita do acordo de vontades no sentido da renovação do contrato[310], tendo por consequência o nascimento de novos vínculos concomitantemente à cessação dos precedentes[311].

309 Cfr., p. ex., Fernando Pessoa Jorge, *Lições de Direito das Obrigações, cit.*, p. 213; Luís Menezes Leitão, *Direito das Obrigações*, Vol. II, *cit.*, p. 102; Pedro Pais Vasconcelos, *Teoria Geral do Direito Civil, cit.*, p. 775. Entendendo que a denúncia engloba a oposição à renovação, José de Oliveira Ascensão, *Direito Civil – Teoria Geral*, Vol. III, *cit.*, p. 334; Mário Almeida Costa, *Direito das Obrigações, cit.*, p. 322; Filipe Vaz Pinto, "Os limites à liberdade de estipulação em matéria de denúncia", *cit.*, p. 54; João Antunes Varela, *Das Obrigações em Geral,*, Vol. II, *cit.*, p. 280; Francisco Luís Alves, "A cessação do contrato de seguro", *in* Francisco Luís Alves, *Direito dos Seguros – Cessação do Contrato, Práticas Comerciais*, 2ª Ed., Coimbra, Almedina, 2015, p. 29. Noutra perspetiva, a oposição à renovação pode configurar-se como modalidade da denúncia (tomada em sentido amplo), a par da denúncia em sentido técnico ou estrito (a que fizemos anteriormente referência) – Pedro Romano Martinez, *Da Cessação do Contrato, cit.*, pp. 45 e 60 – ou como uma denúncia atípica (*idem*, p. 66).

310 Desta forma, discordamos da perspetiva de Videira Henriques, no sentido de que cada renovação haveria de ser sempre o resultado de uma proposta e de uma aceitação específicas a tanto dirigidas – Paulo Videira Henriques, *A Desvinculação Unilateral Ad Nutum nos Contratos Civis de Sociedade e de Mandato, cit.*, p. 225.

311 Neste sentido, Filipe Vaz Pinto alude ao valor declarativo do silêncio das partes, nos termos do artigo 218.º do CC – Filipe Vaz Pinto, "Os limites à liberdade de estipulação em matéria de denúncia", *cit.*, p. 54. Discordamos, assim, de Videira Henriques quando afirma que «a cláusula de "renovação no silêncio das partes" [...] significa, simplesmente, a continuação da relação contratual» – Paulo Videira Henriques, *A Desvinculação Unilateral Ad Nutum nos Contratos Civis de Sociedade e de Mandato, cit.*, p. 227. Nesta perspetiva, o prazo do contrato inicial corresponderia ao prazo mínimo de vigência da relação contratual, durante o qual não seria admissível o exercício do direito de denúncia. Por seu turno, a

Assim, como a denúncia, a oposição à renovação requer uma declaração unilateral, de exercício discricionário, que impede a renovação do contrato. Porém, na perspetiva de Luís Menezes Leitão, a oposição à renovação assume uma natureza mista, entre a denúncia e a caducidade[312]. De outro prisma, consideram Batista Machado e Romano Martinez que na oposição à renovação a denúncia só indiretamente faz cessar o contrato, fazendo operar a caducidade[313].

II – Cumpre, neste contexto, distinguir a renovação automática da prorrogação automática do contrato. Enquanto no primeiro caso temos um *novo contrato*, que se substitui ao anterior e segue os respetivos termos e elementos essenciais, ainda que com eventuais pequenas modificações (necessariamente, o período de vigência), no segundo caso temos *o mesmo* contrato, cujo período de vigência é sucessivamente prorrogado no seu termo[314].

Como nota Batista Machado, um contrato automaticamente – e, portanto, indefinidamente – *prorrogável* corresponde, em substância, a um contrato de prazo indeterminado, que não caduca no termo do prazo estabelecido[315]. A particularidade do contrato com prazo prorrogável é que o pré-aviso se conta da data de prorrogação e a cessação por denúncia efetiva-se nessa data, enquanto no contrato sem prazo o pré-aviso se conta da data de efeito pretendida para a cessação.

A distinção é particularmente pertinente em matéria de contrato de seguro, onde a configuração de um novo contrato poderá importar

declaração de oposição à renovação corresponderia ao exercício do direito de denúncia. *Idem*, pp. 229-230.

312 Luís Menezes Leitão, *Direito das Obrigações*, Vol. II, *cit.*, p. 102.

313 João Batista Machado, "Do princípio da liberdade contratual – Anotação ao Acórdão do Supremo Tribunal de Justiça de 7 de dezembro de 1983", *cit.*, p. 639, n. 4; Pedro Romano Martinez, *Da Cessação do Contrato*, *cit.*, pp. 63-64 e 121. Este autor distingue, assim, a denúncia direta (em sentido próprio) da indireta (oposição à renovação). Esta seria, portanto, «um meio mediato de extinção do vínculo» (*idem*, p. 125).

314 Cfr. Fernando Pessoa Jorge, *Lições de Direito das Obrigações*, *cit.*, p. 213. Relativamente à distinção em matéria de contrato de seguro, cfr. Fernando Sánchez Calero, "Artículo 22. Duración del contrato", *cit.*, p. 550.

315 João Batista Machado, "Do princípio da liberdade contratual – Anotação ao Acórdão do Supremo Tribunal de Justiça de 7 de dezembro de 1983", *cit.*, p. 639, n. 4.

consequências diversas: o dever de declaração inicial do risco ou a aplicação de períodos de carência, quando seja o caso, etc. Do nosso ponto de vista, um critério que permite distinguir a prorrogação da renovação será a manutenção, no primeiro caso, do número de apólice. Tratando-se de uma renovação contratual, haverá que, por interpretação do contrato, averiguar se se renovam também alguns deveres das partes ou limitações de cobertura (períodos de carência, franquias, etc.). O artigo 41.º do Regime Jurídico do Contrato de Seguro (doravante, LCS) refere-se literalmente à *prorrogação* do contrato, e não à sua renovação, estabelecendo, no seu n.º 3, que se considera como um único contrato o que seja objeto de prorrogação.

Do nosso ponto de vista, o contrato sujeito a renovação automática (ou a prorrogação automática) cessa por caducidade no termo do prazo, e não por efeito direto de denúncia ou de oposição à renovação (ou à prorrogação). O que esta – resultando, tal como a denúncia, de um negócio jurídico unilateral, de exercício discricionário e não retroativo – tem por efeito é impedir a constituição de novos vínculos com conteúdo idêntico aos que acabam de fenecer (ou de obstar à prorrogação do prazo). A oposição à renovação (ou à prorrogação) não é, portanto, do nosso ponto de vista, um modo de cessação dos contratos[316].

4. Cont.: a matéria no contrato de seguro

4.1. Do Código Comercial de 1888 à Lei do Contrato de Seguro

O Código Comercial de 1888 não regulava especificamente a matéria. Na sua vigência, notava Moitinho de Almeida a existência de contratos em que se convencionava a duração indeterminada (nomeadamente, mediante as cláusulas de Duração Companhia ou Duração S)[317]. Estava, em qualquer caso, instituída a prática dos seguros celebrados por prazos

[316] Como nota Menezes Cordeiro, «na oposição à renovação não se verifica, logicamente, a supressão de um contrato com a consequente extinção de obrigações, mas tão só a não constituição de idênticas situações obrigacionais» – António Menezes Cordeiro, *Direito das Obrigações*, Vol. II, *cit.*, p. 166. Cfr. também António Menezes Cordeiro, *Direito dos Seguros*, 1ª Ed., Coimbra, Almedina, 2013, p. 717. No mesmo sentido, Januário da Costa Gomes, *Em Tema de Revogação do Mandato Civil*, *cit.*, p. 77.

[317] José Carlos Moitinho de Almeida, *O Contrato de Seguro no Direito Português e Comparado*, Lisboa, Livraria Sá da Costa, 1971, p. 98.

automaticamente prorrogáveis por iguais períodos de tempo, salvo se, com pré-aviso, alguma das partes se opusesse à prorrogação[318].

Entretanto, o Decreto-Lei n.º 178/95, de 26 de julho, veio a dispor, em parte, sobre a mesma, no n.º 1 do artigo 18.º. Aí se estabelecia que a resolução do contrato de seguro, a sua não renovação ou a proposta de renovação em condições diferentes das contratadas deveriam ser comunicadas por escrito[319] por uma das partes à contraparte com uma antecedência mínima de 30 dias em relação à data da resolução ou do vencimento. Por seu turno, esclarecia o n.º 2 que a referida disposição não era aplicável às modificações introduzidas por força da lei, desde que nela estivessem especificamente previstas. Por fim, o n.º 3 clarificava que o prazo de comunicação fixado no n.º 1 era aplicável à exclusão do segurado ou da pessoa segura.

A aprovação, pelo Decreto-Lei n.º 72/2008, de 16 de abril, da LCS, marcou uma definição bem estruturada, clara e rigorosa da disciplina da cessação do contrato, em moldes saudados com uma merecida vénia da doutrina[320]. Desta forma, os principais modos de cessação do contrato de seguro surgem bem sistematizados nos artigos 105.º a 118.º da LCS, que compõem o Capítulo X (*cessação do contrato*) do Título I (*regime comum*) da mesma. Neste quadro, dispõe, desde logo, o artigo 105.º, sob a epígrafe *modos de cessação*, com uma função informativa e didática, que o contrato de seguro cessa nos termos gerais, nomeadamente por caducidade, revogação, denúncia e resolução.

Neste contexto, a cessação do contrato por denúncia passou a beneficiar de um regime mais abrangente, completo e claro – como melhor veremos de seguida – sem que, não obstante, deixem de se suscitar problemáticas de vária ordem, de que daremos devida conta.

318 Arnaldo Pinheiro Torres, *Ensaio Sobre o Contrato de Seguro*, Porto, s.n., 1939, p. 162.

319 Anteriormente ao Decreto-Lei n.º 178/95 admitia alguma jurisprudência que a denúncia pudesse ser feita sem requisitos de forma, designadamente por via telefónica – José Vasques, *Contrato de Seguro – Notas Para Uma Teoria Geral*, Coimbra, Coimbra Ed., 1999, p. 389, n. 771.

320 António Menezes Cordeiro, *Direito dos Seguros, cit.*, p. 714; José Brandão Proença, "A desvinculação não motivada nos contratos de consumo", *Revista da Ordem dos Advogados*, Ano LXX, Vol. I/IV (jul.-dez. 2009), pp. 219-272 – http://www.oa.pt/Conteudos/Artigos/detalhe_artigo.aspx?idc=1&idsc=112472&ida=112753 (consult. 31/12/2016). Sobre a matéria no quadro da LCS, cfr. especialmente, Francisco Luís Alves, "A Cessação do Contrato de Seguro", *cit.*

4.2. A denúncia na Lei do Contrato de Seguro

I – Antes de nos debruçarmos especificamente sobre o regime da denúncia, importa fazer uma breve referência à duração de vigência do contrato de seguro. Esta matéria encontra-se, na disponibilidade das partes, sendo-lhes permitido: acordarem um contrato com prazo certo, não prorrogável; definirem um prazo inicial de vigência, prorrogável por iguais ou diferentes períodos; ou estipularem que o contrato vigore por tempo indeterminado. No primeiro caso, o contrato cessa por caducidade no fim do prazo contratado. É relativamente aos dois últimos casos que se suscita, como melhor veremos, a cessação por denúncia.

Se as partes nada tiverem disposto quanto à duração do contrato, a LCS estabelece algumas regras supletivas. Assim, nos termos do artigo 40.º, no silêncio do contrato, o mesmo vigora pelo período de um ano. Por outro lado, quer as partes tenham definido um período inicial de duração de um ano, quer seja supletivamente aplicável ao contrato este mesmo período de vigência (nos termos do mencionado artigo 40.º), o contrato prorroga-se automática e sucessivamente, no termo de cada anuidade, por novos períodos de um ano (n.º 1 do artigo 41.º), considerando-se como um único contrato. Se as partes tiverem estipulado um período inicial inferior ou superior a um ano mas nada tiverem disposto quanto à sua prorrogação, o contrato, nos termos do n.º 2 do artigo 41.º, não se prorroga automaticamente, extinguindo-se por caducidade na respetiva data de termo.

II – Como adiantámos já, o princípio da livre denunciabilidade dos seguros por tempo indeterminado vigora para o contrato de seguro, encontrando expressão no artigo 112.º da LCS. Nos termos do respetivo n.º 2, o contrato de seguro celebrado *sem duração determinada* pode ser denunciado a todo o tempo, *por qualquer das partes*. Abrangem-se aqui, quer os contratos com termo incerto (aqueles que são celebrados até à verificação de um determinado facto, *certus an incertus quando*), quer os contratos sem termo (aqueles para os quais as partes não previram o fim da respetiva duração, podendo vigorar *ad aeternum*).

Em qualquer destes casos, a denúncia deve ser feita com uma antecedência mínima de 90 dias relativamente à data pretendida de termo do contrato, cessando este nessa data ou, se tiver havido um pagamento antecipado do prémio relativo a certo período, no termo desse período (n.ºs 2 e 3 do artigo 115.º).

O prazo de pré-aviso visa, como já referido, evitar uma rutura abrupta do contrato, salvaguardando a posição do denunciado e acautelando os prejuízos e transtornos que a cessação do vínculo haja de causar-lhe. No caso contrato de seguro, o prazo de pré-aviso visa igualmente, quando a iniciativa de denúncia seja do segurador, permitir ao tomador do seguro / segurado encontrar uma alternativa contratual (junto de outro segurador) para garantir o mesmo risco.

III – Por outro lado, nos termos do n.º 1 do artigo 112.º da LCS, o contrato de seguro celebrado por período determinado e com prorrogação automática pode ser *livremente denunciado por qualquer das partes* para obviar à sua prorrogação. A oposição à prorrogação automática é, assim, legalmente enquadrada como modalidade da denúncia.

Não obstante, nos termos dos n.ºs 1 e 2 do artigo 115.º, a denúncia deve respeitar um pré-aviso mínimo de 30 dias relativamente à data da prorrogação do contrato, exceto se este tiver sido celebrado com um período inicial de duração igual ou superior a cinco anos, caso em que o pré-aviso mínimo será de 90 dias relativamente à data de termo do contrato.

O prazo de pré-aviso é estabelecido, portanto, em função da expectativa de duração do contrato por parte do denunciado, e não em função do período de tempo já decorrido entre a celebração do contrato e a data da denúncia. Assim, no caso da LCS, o período mínimo de vigência do contrato será de um ano no caso dos contratos anualmente prorrogáveis ou o do próprio prazo de pré-aviso no caso dos contratos de duração indeterminada[321].

IV – A titularidade do direito potestativo de denúncia cabe às partes do contrato («qualquer das partes», na expressão dos n.ºs 1 e 2 do artigo 112.º da LCS), ou seja, ao tomador do seguro e ao segurador. Tendo havido cessão da posição contratual, a legitimidade para exercer a denúncia

[321] Neste sentido, João Baptista Machado, "'Denúncia-Modificação' de um contrato de agência – Anotação ao Acórdão do Supremo Tribunal de Justiça de 17 de abril de 1986", *cit.*, p. 186.

caberá a quem não tenha intervindo na formação do contrato, assumindo ulteriormente a posição de parte[322].

Nos termos gerais do instituto da representação, as partes podem agir diretamente ou através de representante. Sendo a declaração de denúncia produzida pelo mediador do contrato, haverá que indagar se o mesmo tem, para o efeito, poderes de representação do denunciante putativo.

V – Como declaração de vontade recipienda, a denúncia deve ser dirigida à contraparte, só sendo eficaz quando chega ao poder desta ou é dela conhecida (n.º 1 do artigo 224.º do CC).

Por razões de ordem probatória, deve respeitar-se a forma escrita (n.º 1 do artigo 115.º da LCS), sendo admissível, designadamente, o recurso a correio eletrónico ou a outra forma escrita em suporte digital (artigo 120.º da LCS). Havendo inobservância dos requisitos formais, a denúncia é inválida (nula) por vício de forma, pelo que não produz efeitos.

VI – Sendo o direito de denúncia fundado num princípio de ordem pública, corolário do princípio da autonomia privada, trata-se de um direito indisponível para qualquer das partes. Isto não impede que uma das partes (ou ambas) aceitem limitar ou condicionar o exercício do direito de denúncia, designadamente renunciando ao exercício do mesmo por um período inicial razoável[323].

Porém, dispõe o n.º 3 do artigo 112.º que as partes podem estabelecer a liberdade de denúncia do tomador do seguro em termos mais amplos do que os legalmente previstos. Isto mesmo resulta do artigo 13.º do mesmo diploma. Assim, tanto o artigo 112.º como o 114.º e o 115.º têm caráter relativamente imperativo, só podendo ser contratualmente derrogados em sentido mais favorável ao tomador do seguro[324].

O sentido geral destas disposições é, mais precisamente, o de que a disciplina da denúncia possa ser estabelecida em moldes distintos para

322 Pedro Romano Martinez, *Da Cessação do Contrato, cit.*, p. 94.

323 João Batista Machado, "Do princípio da liberdade contratual – Anotação ao Acórdão do Supremo Tribunal de Justiça de 7 de dezembro de 1983", *cit.*, p. 635.

324 Esta regra respeita apenas aos seguros de massa. Com efeito, dispõe o n.º 4 do artigo 112.º da LCS que nos seguros de grandes riscos a liberdade de denúncia pode ser livremente ajustada entre as partes.

o tomador do seguro e para o segurador, sendo o regime legal supletivo um patamar que poderá ser alterado em moldes mais favoráveis para o tomador do seguro (menor prazo de pré-aviso, menor formalismo, etc.) e mais restritivos para o segurador (maior prazo, maior formalismo, respeito por um período mínimo de vigência, pagamento de indemnização pela cessação, etc.). Porém, atento o caráter indisponível do direito de denúncia, o contrato não poderá privar o segurador, em absoluto, desse direito[325].

VII – O desrespeito (total ou parcial), por parte do denunciante, pelo prazo de pré-aviso, não obsta à extinção do contrato, mas é fonte de responsabilidade civil contratual pelos danos que esse desrespeito (e não a própria denúncia) causem ao denunciado.

Já não será assim se esse desrespeito for aceite pelo denunciado, porquanto, sendo disponível o direito ao pré-aviso, é admissível a renúncia ao benefício desse prazo. Assim, nos mesmos moldes em que a lei consagra a revogação do contrato, por mútuo acordo e com efeito imediato, também na situação descrita a autonomia da vontade fundamenta a renúncia ao pré-aviso.

4.3. Limitações à denúncia

I – Sobre as limitações ao exercício do direito de denúncia regem os artigos 113.º e 114.º da LCS. Assim, os n.ºs 1 a 4 do artigo 114.º definem esses limites, enquanto o artigo 113.º e os n.ºs 1 e 5 do artigo 114.º circunscrevem o respetivo âmbito de aplicação.

Neste quadro, o n.º 1 do artigo 114.º identifica três categorias alternativas de limitação à denúncia, interditando-a nos seguintes casos: (i) quando a ela se oponha à natureza do vínculo; (ii) quando à mesma obste a finalidade prosseguida pelo contrato; (iii) ou quando ela corresponda a uma atitude abusiva. Por seu turno, os n.ºs 2 a 4 do mesmo artigo concretizam exemplos de situações reconduzíveis a cada uma

[325] Assim, nada se dispondo no contrato sobre o direito de denúncia do segurador (e apenas se prevendo o do tomador), sempre será de considerar aplicável àquele o regime legal supletivo, já que o caráter indisponível do direito impede a conclusão de que o segurador teria renunciado contratualmente ao mesmo.

daquelas categorias[326]. Assim: a natureza do vínculo obsta à denúncia, designadamente, quando o seguro seja celebrado para perdurar até à verificação de determinado facto (n.º 2 do referido artigo); a finalidade do contrato opõe-se à denúncia, nomeadamente, nos seguros em que o decurso do tempo agrava o risco (n.º 3); e presume-se que a denúncia é abusiva quando feita na iminência do sinistro ou após um facto que possa desencadear uma ou mais situações de responsabilidade do segurador (n.º 4).

II – Quanto ao âmbito de aplicação destas limitações, resulta dos n.ºs 1 e 4 do artigo 114.º que as mesmas se atêm a duas situações: à denúncia de contratos de seguro celebrados sem duração determinada; e à oposição à prorrogação de contratos de seguro celebrados com um período de vigência inicial igual ou superior a cinco anos e com prorrogação automática.

Consequentemente, como já resultaria, *a contrario*, do n.º 5 do artigo 114.º, mas é expressamente determinado pelo artigo 113.º da LCS, as referidas limitações não se aplicam a contratos de seguro celebrados com um período de vigência inicial inferior a cinco anos e prorrogação automática.

III – Relativamente aos destinatários destas limitações, é indiscutível, até pelo teor de algumas delas (atente-se, por exemplo, aos n.ºs 3 e 4 do artigo 114.º), que as mesmas se dirigem, em primeira instância, ao segurador. Também o propósito, enunciado no preâmbulo da LCS, de consagrar uma especial tutela do tomador do seguro e do segurado, como parte contratual mais débil[327], conjugado com a imperatividade relativa do artigo 114.º, propendem nesse sentido.

Porém, não encontramos qualquer restrição de âmbito na letra do artigo 114.º, mormente do seu n.º 1: aí se diz que «o contrato de seguro... não pode ser denunciado sempre que...», sem qualquer referência ao

[326] Pedro Romano Martinez, "Artigo 114.º – Anotação", *in* Pedro Romano Martinez *et al.*, *Lei do Contrato de Seguro – Anotada*, 3ª Ed., Coimbra, Almedina, 2016, p. 379.

[327] Em outros tipos contratuais – contrato de arrendamento ou contrato de trabalho – verifica-se precisamente a existência de limitações à denúncia (respetivamente, pelo senhorio ou pelo empregador), que resultam da proteção legalmente dispensada a uma das partes, considerada socialmente mais débil.

destinatário da restrição[328]. Logo, até pelo pendor determinante que, como melhor veremos, assume a remissão para o instituto do abuso do direito, não é de excluir liminarmente a aplicabilidade do preceito também à denúncia pelo tomador do seguro.

IV – Como vimos acima, o n.º 1 do artigo 114.º identifica três critérios de limitação à denúncia, obstando ao exercício desta quando a tal se oponha: a natureza do vínculo; a finalidade prosseguida pelo contrato; ou o caráter abusivo da atitude do denunciante. Importa agora, brevemente, sistematizar a relação entre estes critérios, identificar o princípio que lhes subjaz e a forma como se articulam entre si.

Neste quadro, pensamos que os dois primeiros critérios não são autonomizáveis do terceiro, antes surgindo como emanações do mesmo. Com efeito, sempre que à denúncia se oponha a natureza do vínculo, ou a finalidade do contrato, a denúncia corresponderá a uma atitude abusiva. E se assim não fosse – isto é, se a atitude do denunciante não fosse abusiva – dificilmente seria sustentável que tais critérios pudessem, em substância, fundamentar a limitação à denúncia. Assim, o sentido da parte final do n.º 1 do artigo 114.º não será outro senão o de estabelecer a regra geral que limita o exercício do direito de denúncia, formalizando-a como circunstância residual.

Desta forma, apesar da aparente paridade que é traçada entre os três critérios, o único necessário e suficiente para a aferição da admissibilidade da denúncia será o terceiro – o caráter abusivo da atitude – autêntico fiel da balança desse juízo. É este, portanto, o princípio determinante que subjaz ao artigo 114.º da LCS.

V – Mas quais os pressupostos que permitem qualificar uma atitude como *abusiva*? O n.º 4 do artigo 114.º, num plano muito operacional, dá um exemplo em que se presume abusiva uma atitude, mas está longe de permitir ir mais além. A resposta há que buscá-la no instituto geral do *abuso do direito*, à luz de cujos pressupostos o caráter abusivo da denúncia terá de ser aferido.

[328] Admitindo a bilateralidade do artigo 114.º, Pedro Romano Martinez, "Artigo 114.º – Anotação", *cit.*, p. 380.

O abuso do direito tem assento legal no artigo 334.º do CC, onde se dispõe que é ilegítimo o exercício de um direito (em rigor, de quaisquer posições ou situações jurídicas) quando o titular exceda manifestamente os limites impostos pela boa fé, pelos bons costumes ou pelo fim social ou económico desse direito[329].

O instituto traduz-se, pois, no exercício inadmissível, face aos valores fundamentais do sistema de posições jurídicas[330], exercício que pode ser qualificado como disfuncional[331]. O *abuso do direito* assenta na perspetiva de que o direito subjetivo está limitado no seu conteúdo por vinculações imanentes ao próprio direito subjetivo, e que, consequentemente, não deve ser exercido de modo que – mesmo numa conformidade formal com a lei – o mesmo colida com a ideia de justiça[332] ou prossiga fins desconformes aos visados pelo ordenamento ao estabelecer esse direito, decorrendo de um princípio geral que tornaria dispensável a consagração legal expressa[333]. A avaliação do abuso é fundamentalmente objetiva, tomando o ato em si e abstraindo da intenção subjetiva do titular do direito[334]. Por fim, como referimos, os fundamentos do instituto remetem

329 Sobre o sentido do preceito, Fernando Cunha de Sá, *Abuso do Direito*, Coimbra, Almedina, 1973 (Reimpr. 1997), pp. 103 ss.

330 Como nota alguma doutrina, a designação que consagra o instituto implica, de certo modo, uma contradição entre termos, na medida em que o exercício abusivo excede já os limites do próprio direito – Giovanni Cattaneo, "Buona fede obbiettiva e abuso del diritto", *Rivista Trimestrale di Diritto e Procedura Civile*, Ano XXV (1971), p. 616. Entre nós, cfr., p. ex., António Castanheira Neves, *Questão-de-Facto – Questão-de-Direito ou o Problema Metodológico da Juridicidade (Ensaio de Uma Reposição Crítica)*, Coimbra, Almedina, 1967, p. 513 ss.

331 Neste sentido – remetendo para a perspetiva estrutural-funcionalista da Teoria da Ação Social, de Talcott Parsons – António Menezes Cordeiro, *Da Boa Fé no Direito Civil*, Coimbra, Almedina, 1984 (Reimpr., 2007), pp. 880 ss.; António Menezes Cordeiro, *Tratado de Direito Civil Português*, I – Parte Geral, Tomo IV, Coimbra, Almedina, 2005 (Reimpr. 2007), p. 367. Cfr. igualmente Pedro de Albuquerque, *A Representação Voluntária em Direito Civil (Ensaio de Reconstrução Dogmática)*, Coimbra, Almedina, 2004, p. 747.

332 Heinrich Ewald Hörster, *A Parte Geral do Código Civil Português – Teoria Geral do Direito Civil*, Coimbra, Almedina, 1992, pp. 281 e 284.

333 Paulo Mota Pinto, "Sobre a proibição do comportamento contraditório (*venire contra factum proprium*) no direito civil", *Boletim da Faculdade de Direito da Universidade de Coimbra*, Volume Comemorativo do 75.º Tomo (2003), p. 313.

334 José de Oliveira Ascensão, *Direito Civil – Teoria Geral*, Vol. III, *cit.*, p. 277; José Oliveira Ascensão, "O 'abuso do direito' e o art. 334 do código civil: uma receção transviada", *in* AAVV, *Estudos em Homenagem ao Professor Doutor Marcello Caetano – No Centenário do Seu*

para a boa fé, para os bons costumes e para o fim social ou económico do direito como limites ao exercício do direito subjetivo.

Em suma, a limitação estabelecida no artigo 114.º da LCS já resultaria, afinal, das próprias regras gerais de Direito. Com efeito, o direito de denúncia não poderia nunca ser exercido em violação do princípio da boa fé na execução dos contratos (refletido no n.º 2 do artigo 762.º do CC) ou na medida em que constituísse um abuso do direito (artigo 334.º do CC)[335], sendo os dois critérios expressamente identificados no n.º 1 do artigo 114.º (a natureza do vínculo ou a finalidade do contrato) meros exemplos de situações em que esse exercício se revelaria abusivo.

VI – *Quid iuris* em caso de denúncia abusiva, isto é, em violação dos limites impostos pelo artigo 114.º da LCS? Neste domínio, a denúncia feita fora dos limites legais poderá ser judicialmente impugnada, deixando ao tribunal a respetiva apreciação. Para o caso de a mesma ser considerada ilícita, poderá o tomador do seguro exigir a conservação do contrato ou em alternativa, uma indemnização pelos danos decorrentes da mesma (configurada como incumprimento do contrato).

Com efeito, o princípio da reconstituição *in natura* (artigo 562.º do CC) permite equacionar precisamente a solução de conservação do contrato, afinal aquela que, no âmbito do seguro, melhor salvaguarda o interesse que se visa proteger com a limitação à denúncia. Porém, no caso de, por exemplo, se ter, entretanto, produzido o sinistro, a indemnização em dinheiro será a solução para que remete o n.º 1 do artigo 566.º do CC.

Estas soluções, que vertem do regime da responsabilidade civil, estão também em harmonia com a disciplina do abuso do direito, que, na omissão legal de um regime sancionatório, apela para uma determinação casuística da cominação aplicável, de acordo com as circunstâncias

Nascimento, Vol. I, Coimbra, Coimbra Ed., 2006, pp. 607 ss.; António Menezes Cordeiro, "Do abuso do direito: estado das questões e perspetivas", *Revista da Ordem dos Advogados*, Ano LXV, Vol. II (set. 2005), p. 381; Jorge Ribeiro de Faria, *Direito das Obrigações*, Vol. I, Coimbra, Almedina, 1990 (Reimpr., 2001), p. 428; Luís Carvalho Fernandes, *Teoria Geral do Direito Civil*, Vol. II, *cit.*, p. 624; João de Castro Mendes, *Teoria Geral do Direito Civil*, Vol. I, Lisboa, AAFDL, 1978 (Reimp., 1993), p. 362; João Antunes Varela, *Das Obrigações em Geral*, Vol. I, 10ª Ed., Coimbra, Almedina, 2000, p. 554.

335 Pedro Romano Martinez, *Da Cessação do Contrato, cit.*, pp. 118-119; António Pinto Monteiro, *Direito Comercial – Contratos de Distribuição Comercial, cit.*, p. 137.

concretas da situação em causa e considerando as medidas mais adequadas à reposição da justiça entre os sujeitos[336], nomeadamente, a reparação específica, a supressão de ato praticado, a convalidação de atos ou negócios, etc.[337].

4.4. Efeitos da denúncia

Os efeitos da cessação do contrato por denúncia (ou por outra causa) encontram-se regulados nos artigos 106.º a 108.º da LCS. O principal efeito é a extinção das obrigações a que as partes se encontravam vinculadas. Sendo um contrato de prestação continuada ou duradoura, os efeitos da cessação produzem-se para o futuro, com ressalva, portanto, das prestações já efetuadas (prémios pagos pelo tomador do seguro e prestações por sinistro liquidados pelo segurador). Neste quadro, o segurador cobre o risco até ao momento da cessação do contrato, pelo que permanece obrigado a indemnizar os sinistros que ocorram até à extinção do mesmo, ainda que participados posteriormente.

O n.º 3 do artigo 106.º, aplicável aos seguros de vida, clarifica que, tratando-se de um seguro com provisões matemáticas suscetíveis de resgate[338], quando a cessação não dê lugar ao pagamento da prestação de capital do segurador (por sinistro ou vencimento) o segurador deverá pagar o valor dessa provisão, com dedução dos custos de aquisição não amortizados, acrescido, se aplicável, do valor da participação nos resultados calculado *pro rata temporis*.

O artigo 107.º da LCS estabelece, para as situações de cessação antecipada do contrato (extinção antes do período de vigência estipulado), o estorno do prémio, calculado *pro rata temporis*. Esta solução, porém, não é aplicável em caso de denúncia (em sentido amplo), já que, como vimos, de

336 Cfr. António Menezes Cordeiro, "Do abuso do direito: estado das questões e perspetivas", *cit.*, p. 381; Jorge Ribeiro de Faria, *Direito das Obrigações*, Vol. I, *cit.*, pp. 430 ss.; Fernando Cunha Sá, *Abuso do Direito*, *cit.*, pp. 647 ss.

337 Jorge Coutinho de Abreu, *Do Abuso de Direito – Ensaio de Um Critério em Direito Civil e nas Deliberações Sociais*, Coimbra, Almedina, 1983, p. 77; António Menezes Cordeiro, *Tratado de Direito Civil Português*, I – Parte Geral, Tomo IV, *cit.*, pp. 373-374; Mário Almeida Costa, *Direito das Obrigações*, *cit.*, p. 90; Luís Carvalho Fernandes, *Teoria Geral do Direito Civil*, Vol. II, *cit.*, pp. 633-634.

338 Sobre o resgate, cfr. Pedro Jesús Baena Baena, *El Derecho de Rescate de la Provisión Matemática del Seguro de Vida*, Valencia, Tirant lo Blanch, 2008.

duas, uma: ou há oposição à prorrogação, caso em que esta produz efeitos na data de prorrogação do contrato (n.ºs 1 e, em parte, 2 do artigo 115.º da LCS), não havendo cessação antecipada nem prémio pago relativamente a um lapso de tempo em que o contrato não estará já em vigor[339]; ou se verifica uma denúncia de contrato por tempo indeterminado, caso em que, sem prejuízo do respeito pelo prazo de pré-aviso, a cessação produz efeitos no termo do prazo a que se reporta o último prémio pago (n.º 3 do artigo 115.º da LCS)[340].

Relativamente a terceiros, resulta já do atrás exposto que os direitos (não meras expectativas) que os mesmos hajam adquirido na vigência do contrato não são afetados pela cessação, designadamente quando tais direitos resultem da ocorrência do sinistro e ainda que o mesmo seja participado só após a cessação (o que poderá tipicamente suceder nos seguros de responsabilidade civil).

5. Conclusões

I – Demos conta, entre os principais modos de cessação dos contratos, da ampla admissibilidade da denúncia no Direito português como forma de extinção, potestativa e discricionária, própria dos contratos de execução duradoura por tempo indeterminado ou com prazo excessivamente longo, tendo efeito não retroativo e requerendo o respeito por um prazo de pré-aviso. De resto, a denúncia tem por fundamento a liberdade contratual e o princípio fundamental da inadmissibilidade das vinculações perpétuas ou excessivamente duradouras.

[339] O que acabamos de dizer poderá não ser inteiramente rigoroso. Com efeito, nos termos do n.º 1 do artigo 60.º da LCS, o segurador deve enviar o aviso de pagamento do prémio com uma antecedência *mínima* de 30 dias em relação à respetiva data de vencimento. Ora, sendo também de 30 dias o pré-aviso mínimo a respeitar para a oposição à prorrogação (n.º 1 do artigo 115.º), pode suceder que, à data em que qualquer das partes emita a declaração de oposição à prorrogação, tenha já sido pago o prémio da anuidade contratual seguinte. Neste caso, será o prémio estornável por inteiro, e não calculado *pro rata temporis*.

[340] Imagine-se um contrato por tempo indeterminado em que o prémio anual se vence em 1 de janeiro. Se o segurador enviar a declaração de denúncia, por exemplo, em meados de setembro de um ano *n* (portanto, menos de 90 dias antes do vencimento do prémio seguinte), ao tomador do seguro caberá ainda o dever de pagamento do prémio anual a vencer-se em 1 de janeiro do ano *n+1*, caso em que a cessação apenas produzirá efeitos em 31 de dezembro desse ano *n+1*.

Relativamente ao regime estabelecido na LCS portuguesa para a denúncia do contrato de seguro, o mesmo revela-se cuidado, bem sistematizado entre os vários modos de cessação do contrato, e detalhado, consagrando uma disciplina que dá, em regra, uma solução clara aos vários problemas jurídicos que a matéria suscita.

Quanto ao conteúdo do regime, o mesmo é coerente com as regras gerais do Direito civil e equilibrado, sem prejuízo do estabelecimento de um nível mínimo de proteção à parte considerada contratualmente mais débil (o tomador do seguro ou segurado).

Assim, a LCS reconhece, a favor de ambas as partes, a livre denunciabilidade dos seguros com termo incerto ou sem termo, mediante um pré-aviso de 90 dias, consagrando também, como modalidade da denúncia, a oposição à prorrogação automática (neste caso, devendo respeitar um pré-aviso mínimo de 30 dias relativamente à data da prorrogação, desde que o período inicial seja inferior a 5 anos).

A LCS, no entanto, limita o exercício da denúncia, por qualquer das partes, nos contratos sem duração determinada, ou nos automaticamente prorrogáveis celebrados com um período de vigência inicial igual ou superior a cinco anos. Essa limitação dá-se: quando ao exercício da denúncia se oponha à natureza do vínculo; ou quando ao mesmo obste a finalidade prosseguida pelo contrato; ou quando ele corresponda a uma atitude abusiva. Este último critério revela-se, afinal, o determinante, necessário e suficiente da limitação àquele exercício, apelando para as regras gerais do instituto do abuso do direito.

II – Numa breve panorâmica por alguns ordenamentos de referência – na Europa, os sistemas jurídicos francês, espanhol, italiano, belga e português, e, na América do Sul, os sistemas argentino, colombiano e brasileiro – tivemos oportunidade de apontar as soluções normativas adotadas no tema que nos ocupa.

Quanto à duração do contrato, é matéria geralmente deixada à autonomia da vontade, sendo, por vezes – Argentina, Portugal – estabelecido o prazo supletivo de um ano. Há, porém, a assinalar, relativamente aos seguros não vida, os limites máximos imperativos de 10 anos, em Espanha, e de um ano, na Bélgica. Em regra, também é admissível a prorrogação automática do prazo contratual, nuns casos, mediante acordo (França, Espanha, Itália, Brasil), noutros, supletivamente (Argentina, Bélgica,

Portugal). Destaca-se, pela sua singularidade, a regra brasileira que apenas admite uma prorrogação automática.

Constatámos a admissibilidade, na generalidade dos ordenamentos referenciados, da oposição à renovação e, em alguns casos, também de um poder de desvinculação imotivado, análogo à denúncia, mas aplicável a contratos com termo certo (Colômbia, Itália) e, portanto, não linearmente fundado no princípio da inadmissibilidade das vinculações perpétuas. Em todos os casos analisados o poder de desvinculação assiste a ambos os contratantes.

Relativamente ao prazo de pré-aviso a observar, o mesmo varia entre limites mínimos definidos na Colômbia (efeito imediato na denúncia pelo tomador do seguro e pré-aviso de 10 dias úteis na denúncia pelo segurador) e na Argentina (15 dias), um prazo de 2 meses recorrentemente observado em vários ordenamentos (França, Espanha, Itália), e 3 meses consagrados na Bélgica.

De notar, finalmente, que os ordenamentos argentino e italiano consagram expressamente a possibilidade de o segurador renunciar ao exercício do direito de denúncia pelo prazo máximo inicial de 5 anos, assegurando, assim, a um patamar mínimo de estabilidade inicial do contrato.

Em suma, ainda que com nuances que decorrem de diferentes designações, fundamentos e limitações quanto ao exercício, encontramos, nos ordenamentos referenciados, a consagração da possibilidade de desvinculação imotivada por ambas as partes no contrato de seguro.

V
Seguro financeiro: os ramos «crédito» e «caução»[341]

– Ali é seguro – garanto [...]

MIA COUTO, *A Confissão da Leoa*

1. Introdução

O presente texto tem por base a comunicação apresentada por ocasião do *Congresso de Direito dos Seguros*, organizado pela Secção Portuguesa da AIDA e pela Editora Almedina, que decorreu em Lisboa, nos dias 28 e 29 de novembro de 2014[342].

A temática proposta para a comunicação compreende, na verdade, dois temas – o seguro-caução e o seguro de crédito – ambos de alguma

[341] O presente texto foi publicado nos *Cadernos de Direito Privado*, n.º 55 (jul.-set. 2016), pp. 3-22.

[342] O Tema III, onde se integrou essa comunicação, correspondeu precisamente à temática do "Seguro-caução e seguro de crédito". O presente artigo reflete também a preparação de aulas sobre o mesmo tema, no âmbito do II e III Cursos de Pós-Graduação em Direito dos Seguros, organizados pela Secção Portuguesa da AIDA e que tiveram lugar na Faculdade de Direito da Universidade de Lisboa, respetivamente, nos anos letivos de 2014-2015 e de 2015-2016.

complexidade e que têm vindo a ser algo desprezados pela doutrina do Direito dos Seguros (que não, como veremos, por outros setores da doutrina jurídica). Ao longo deste texto, procurar-se-á dar nota, quer dos elementos comuns às duas modalidades contratuais em análise, quer dos critérios de distinção entre elas, bem como das especificidades que as diferenciam de outras modalidades no espetro do contrato de seguro.

Começando por traçar uma noção de partida de *seguro de créditos* (em sentido amplo), ou, atualmente (no quadro normativo português), *seguro financeiro* – numa perspetiva abrangente das duas modalidades –, passar-se-á depois a uma breve nota histórica sobre o contexto em que estas surgiram e se constituíram objeto de disciplina legal, dando-se especial incidência ao ordenamento português. Delinear-se-ão de seguida os principais critérios de distinção entre o seguro de crédito e o seguro-caução, após o que haverá lugar a uma sucinta caracterização dos contratos, com referência a alguns traços mais distintivos de regime. Por fim, debruçar-nos-emos sobre uma *vexata quaestio*, problemática controvertida e de discussão obrigatória na abordagem da temática que nos ocupa: a questão da natureza jurídica das duas modalidades contratuais.

2. As coordenadas de uma noção

Aquando do seu surgimento, o designado *seguro de créditos* (em sentido amplo) abrangia – e abrange ainda hoje, em alguns ordenamentos – duas modalidades indiferenciadas: o seguro de crédito (em sentido estrito) e o seguro-caução. O *seguro de créditos* (em sentido amplo) assume a estrutura e a forma de um contrato de seguro, tendo por base e por pressuposto a existência de uma outra relação obrigacional estabelecida entre o tomador do seguro e um terceiro.

Esta *relação obrigacional subjacente* – que frequentemente corresponde a uma compra e venda, mas que pode corresponder a outros tipos contratuais (como a prestação de serviço) – tem a particularidade de apresentar um desfasamento temporal entre a prestação de uma parte (no caso da compra e venda, a entrega da coisa vendida) e a correspondente contraprestação (no caso da compra e venda, o pagamento do preço), sujeita a um termo suspensivo.

No exemplo da compra e venda de mercadorias, em que a obrigação do comprador de pagamento do preço só se vencer ao fim de, por exemplo, 60 dias, falamos de uma *venda a crédito*, caso em que o vendedor fica titular de um direito de crédito sobre o comprador. Porém, tendo já entregado a mercadoria objeto do contrato, o vendedor encontra-se sujeito ao risco de, na data de vencimento da obrigação de pagamento do preço, o comprador incumprir essa obrigação, designadamente porque possa ficar insolvente[343].

A eventualidade de incumprimento, pelo devedor, de uma obrigação subjacente sujeita a um termo suspensivo potencia a emergência de um dano na esfera do credor, o qual, por seu turno, é passível de ser ressarcido por via, precisamente, do seguro de créditos (em sentido amplo)[344]. É aquele, precisamente, o *risco* que se pretende acautelar através do seguro de créditos e é esta função indemnizatória a utilidade económico-social típica deste contrato. Numa descrição do perfil típico do contrato em análise, dir-se-á que, *por efeito do seguro de créditos (em sentido amplo), o segurador obriga-se a indemnizar o segurado (credor de uma obrigação subjacente) pelos danos patrimoniais decorrentes do incumprimento da mesma.*

Aqui residem, portanto, os elementos comuns ao seguro de crédito (em sentido estrito) e ao seguro-caução, os quais se encontram, aliás, sujeitos a uma disciplina legal (em grande parte) partilhada, e que verte sobretudo do Decreto-Lei n.º 183/88, de 24 de maio (doravante Lei do Seguro de Crédito e Caução – LSCC).

A designação de *seguro de créditos* (em sentido amplo) presta-se, no entanto, à evidente confusão com o seguro de crédito (em sentido estrito)[345]. Atualmente, numa opção terminológica que consideramos feliz – embora algo comprometida com uma aproximação ao Direito

[343] Desvenda-se, desde já, a relevância económica do seguro de crédito no comércio internacional, onde a venda a crédito, no sentido referido, constitui um importante fator concorrencial. Nesta medida, a mitigação do risco de incumprimento de uma obrigação por parte de um importador estrangeiro constitui um estímulo às exportações, quadro em que o seguro de crédito assume para os Estados um papel muito significativo como instrumento económico. Cfr., sobre a problemática, José Bracinha Vieira, *Financiamento da Exportação e Seguro de Crédito*, Lisboa, Centro de Estudos Fiscais da Direção-Geral das Contribuições e Impostos, 1970.

[344] Cfr. uma concetualização mais fina de seguro de crédito (em sentido amplo) em Jean Bastin, *La Défaillance de Paiement et sa Protection, l'Assurance-Crédit*, Paris, LGDJ, 1991 – trad. port., *O Seguro de Crédito: A Proteção Contra o Incumprimento*, Lisboa, COSEC, 1994, pp. 85 ss.

[345] Doravante, a utilizaremos a expressão *seguro de crédito* (no singular) como sinónimo de *seguro de crédito em sentido estrito.*

financeiro e bancário – o Regime Jurídico do Contrato de Seguro, aprovado pelo Decreto-Lei n.º 72/2008, de 16 de abril (Lei do Contrato de Seguro, doravante LCS), agrupa a regulação de aspetos específicos das duas modalidades sob uma secção designada *seguro financeiro* (secção V do capítulo II – parte especial – do título II, consagrado aos *seguros de danos*)[346].

A progressiva autonomização das duas variantes do seguro de créditos (ou seguro financeiro) – o seguro de crédito e o seguro-caução – foi lenta e, nalguns ordenamentos, não chegou sequer a operar-se no plano legal. Entre nós, só viria a obter reconhecimento normativo com o Decreto-Lei n.º 318/76, de 30 de abril.

Importa, neste quadro, analisar mais detidamente o processo de emergência, desenvolvimento e consolidação – social e legal – do seguro financeiro e das suas duas variantes que constituem o objeto do presente texto.

3. Nota histórica

I – Afigura-se pertinente contextualizar a emergência do seguro de créditos (em sentido amplo) e situá-la no longo percurso histórico do contrato de seguro.

Como é sabido, o surgimento do contrato de seguro deu-se na modalidade de seguro marítimo. Assim, no final do séc. XIII, verificou-se, com epicentro em Itália, a expansão do comércio marítimo numa Europa dividida. A viagem marítima estava então sujeita a muitos perigos: o de naufrágio por causas naturais, a pirataria, a guerra, o confisco de bens, etc. Por outro lado, os mercadores arriscavam frequentemente todo o património num empreendimento comercial, pelo que a sua necessidade de segurança era particularmente premente. Ademais, verificava-se a existência de uma considerável acumulação de riqueza nas cidades italianas, capaz de suportar os riscos da atividade seguradora.

Neste contexto social e económico, o contrato de seguro surgiu, na transição do séc. XIII para o XIV[347], como uma modalidade contratual

[346] A designação era já defendida em Pedro Romano Martinez, *Direito dos Seguros – Apontamentos*, Cascais, Pincípia, 2006, p. 127.

[347] Cfr. A. H. de Oliveira Marques, *Para a História dos Seguros em Portugal – Notas e Documentos*, Lisboa, Arcádia, 1977, p. 16.

nova, estruturalmente diferente de soluções precedentes que desempenhavam função equivalente[348]. Os mais antigos contratos de seguro (marítimo) conhecidos terão sido celebrados em Pisa (1318)[349], Florença (1318)[350] e Génova (1343)[351], sem prejuízo de muitos indícios documentados que permitem reconhecer o caráter corrente desta prática contratual nas principais cidades italianas na primeira metade do séc. XIV[352]. A partir de Itália, e acompanhando o próprio tráfego comercial marítimo,

348 Para além de soluções de base mutualista, é de assinalar o precedente romano do *foenus nauticum*, que veio a subsistir durante a Idade Média sob designações como as de *risco* ou *câmbio marítimo* e que permanece consagrado no Código Comercial (doravante, CCom) de 1888 (artigos 626.º ss.), embora tendo caído em desuso. O contrato consistia num mútuo destinado a financiar empreendimentos de comércio marítimo: o mutuante adiantava, ao armador ou capitão de um navio, um montante que só seria restituído, acrescido de juros e do *preço do risco*, em caso de sucesso da viagem. O contrato assumia, porém, a natureza de mútuo (ainda que com uma forte componente aleatória, inerente à condição acordada), sendo essa a sua função dominante: o financiamento do armador, contra o pagamento de um juro elevado, e a consequente partilha, com o mutuante, do sucesso do empreendimento comercial. É, porém, inegável que, para o armador, o contrato assumia igualmente uma função previdencial, mitigando os riscos do insucesso da viagem. Por outro lado, o modelo contratual tinha ainda a particularidade de integrar um elemento aleatório – traduzido numa avaliação em dinheiro do risco incorrido – como viria a suceder com o prémio do seguro – Cfr., por exemplo, René Rodière, *Traité Général de Droit Maritime*, Vol. VIII – Assurances et Ventes Maritimes, Paris, Dalloz, 1983, pp. 6-7.

349 Tratava-se de um seguro de transporte marítimo para a cidade de Cagliari, na Sardenha. Cfr. Ennio de Simone, *Breve Storia delle Assicurazioni*, 2ª Ed., Milano, Franco Angeli, 2011, p. 16.

350 René Rodière, *Traité Général de Droit Maritime, cit.*, p. 7.

351 Cfr. Antonio La Torre, *L'Assicurazione nella Storia delle Idee*, Firenze, Assicurazioni, 1995, p. 111.

352 Como nota Ruy de Carvalho, não é exequível a determinação exata do momento em que surge o contrato de seguro. Por um lado, porque os primeiros registos documentais não terão chegado aos nossos dias. Depois, porque muitos dos documentos hoje conhecidos adotam algumas expressões ambíguas (como *securitas, securare* e *risicum*) – Ruy de Carvalho, "Início do seguro, uma questão controversa", *APS Notícias*, Ano V, n.º 17 (abr.-jun. 2007), pp. 12-16. Como refere o autor, «as mais antigas apólices podem realmente não corresponder aos seguros mais antigos porque: de início houve seguros firmados verbalmente dos quais não ficou registo; houve também apólices não tituladas por ato notarial ou outro documento público que não terão também deixado rasto; muitos arquivos notariais foram destruídos ao longo dos tempos e – aspeto muito relevante – as primeiras apólices eram, por regra, segundo o costume da época, destruídas uma vez corrido o risco a que respeitavam» – *idem*, p. 16.

a nova modalidade contratual expandiu-se à Catalunha e às principais praças mercantis europeias.

Inicialmente, o contrato de seguro assumia contornos em grande medida especulativos, quer por parte dos seguradores, quer dos segurados. Os primeiros faziam uma gestão casuística, intuitiva e sem bases técnicas do risco. Eram, eles próprios, mercadores, que assumiam a posição de segurados nos empreendimentos próprios e – associando-se pontualmente a outros comerciantes, com quem repartiam quotas do risco – assumiam a posição de seguradores nos empreendimentos alheios. Quanto aos segurados, beneficiavam da ausência do requisito do interesse segurável, instrumentalizando frequentemente o contrato com uma função especulativa de aposta[353].

Autêntico motor de fomento do comércio marítimo e solução contratual de partilha do risco entre mercadores, o seguro marítimo imprimiu ao contrato de seguro os traços típicos que o mesmo conserva até hoje, designadamente a sua vertente aleatória e o pagamento antecipado do prémio.

II – Um passo importante para a profissionalização da atividade seguradora só viria a ser dado alguns séculos mais tarde, com o desenvolvimento do seguro de incêndio. Este ramo de seguro floresceu em Inglaterra, na sequência do grande incêndio de Londres, ocorrido em setembro de 1666[354].

O seguro de incêndio suscitou dificuldades técnicas mais complexas do que as colocadas pelo seguro marítimo. Desde logo, a dificuldade de avaliação dos bens seguros e do risco, considerando que a qualidade das construções, a sua proximidade física nos grandes meios urbanos, bem como a incipiência dos meios de combate ao fogo, conferiam a este risco uma elevada probabilidade de ocorrência e às suas expectáveis

[353] Assim, de início, o contrato de seguro pouco se distinguia do de aposta, incidindo frequentemente sobre o sucesso ou insucesso de empreendimentos alheios nos quais o apostador não tinha interesse próprio e cujo fracasso não lhe causava, portanto, qualquer dano – Ennio de Simone, *Breve Storia delle Assicurazioni, cit.*, p. 13.

[354] O incêndio teve início numa padaria e consumiu 13.200 casas e quase nove dezenas de igrejas, incluindo a St. Paul's Cathedral, privando de habitação cerca de 70.000 dos 80.000 habitantes da cidade.

consequências uma dimensão potencialmente catastrófica. Por outro lado, o contrato deveria ser celebrado por um longo período, com um prémio regular, diversamente do transporte marítimo (seguro pontualmente para cada viagem, por "seguradores" ocasionais), exigindo, para o efeito, uma organização permanente encarregue da cobrança de prémios, da gestão do respetivo fundo e do pagamento de sinistros.

III – Outro marco relevante para a maturidade do contrato de seguro foi o desenvolvimento dos seguros de vida, o qual ficou associado a um decisivo abandono do caráter especulativo do contrato. Por um lado, do prisma da técnica seguradora, verificou-se uma rutura progressiva com o empirismo em que assentava o cálculo do prémio. Para tanto contribuíram: os estudos de Pascal sobre o cálculo probabilístico e a teoria matemática dos seguros (*Geometria do Acaso*, 1654); o surgimento das primeiras tábuas de mortalidade, no fim do séc. XVII[355]; e o enunciado, por Poisson, da *lei dos grandes números*[356].

O corte com uma instrumentalização especulativa do contrato – em que o seguro de vida não se distinguia, em substância, de um contrato de aposta, sendo frequentemente pactuado sobre a vida de personalidades públicas que desconheciam a existência do acordo – decorreu igualmente da *Gambling Act* inglesa, de Jorge III, de 1774, que veio exigir um interesse do tomador do seguro na vida da pessoa segura, como requisito de verificação da função previdencial do seguro.

355 O desenvolvimento das tábuas de mortalidade e o cálculo do prémio com base numa tábua foram adotados, pela primeira vez, pela *English Equitable Life Assurance Society*, em 1766. Cfr. Niels Viggo Haueter, *A History of Insurance*, Zurich, Swiss Re, 2013, p. 9.

356 Siméon-Denis Poisson, *Recherches Sur la Probabilité des Jugements en Matière Criminelle et en Matière Civile*, Paris, Bachelier, 1837. O enunciado garante, através do progressivo aumento do número de observações estatísticas, um gradual aumento da margem de confiança, que tenderá a reproduzir a própria realidade. Como nota Chaufton, «estamos tanto mais perto da realidade quanto o número de observações é mais considerável» – Albert Chaufton, *Les Assurances – Leur Passé, Leur Présent, Leur Avenir*, Paris, Librairie A. Marescq Ainé, 1884, pp. 9-10. A lei dos grandes números releva num duplo sentido: (1) o conhecimento do risco, que é tanto mais exato quanto maior o número de observações (tábuas de mortalidade, que revelam a probabilidade de morte para cada classe etária); (2) um elevado número de segurados, que tende a aproximar o universo seguro da realidade e a garantir um fundo (resultante dos prémios pagos) adequado ao risco incorrido.

IV – O seguro de créditos surge apenas no início do séc. XIX, num contexto de maturidade histórica, técnica e jurídica do contrato de seguro, que contava já cerca de meio milénio.

Do nosso ponto de vista, não são consistentes as tentativas de, com base em semelhanças funcionais, identificar em outros institutos antepassados genéticos do seguro de créditos[357]. Entre essas figuras é, por vezes, apontada a *reprise d'assurance* ou *segundo seguro*. Trata-se de um seguro cujo risco consiste na eventualidade de insolvência de um outro segurador que seja, em virtude de um outro contrato de seguro (primeiro seguro), interpelado para regularizar um sinistro[358].

Como pode verificar-se, sem necessidade de maiores desenvolvimentos, o âmbito do contrato é bem distinto do seguro de créditos. Com efeito, a *reprise d'assurance* distingue-se daquele, não só em virtude do respetivo âmbito (a mesma respeita apenas ao incumprimento de uma obrigação por um segurador, e não por um qualquer obrigado indiferenciado), mas também pelo facto de ela incidir sobre o incumprimento de uma obrigação eventual (sujeita à verificação de um facto futuro e incerto, o sinistro) e o seguro de créditos sobre o incumprimento de uma obrigação certa com vencimento no termo de um dado prazo. Assim, o risco envolvido na *reprise d'assurance* não é apenas o respeitante à probabilidade de insolvência do primeiro segurador, mas igualmente o dessa probabilidade de insolvência face à probabilidade de ocorrência

[357] Procurando estabelecer essa relação genética, cfr., por exemplo, Antigono Donati, "L'assicurazione del credito", *Rivista Trimestrale di Diritto e Procedura Civile*, Ano IX (1955), Vol. I, pp. 38-39; e Margarida Silva Santos, *Seguro de Crédito*, s.l., Prime Books, 2004, pp. 29 ss.

[358] Assim, por exemplo, o segurado de um seguro de incêndio, temendo que, no momento da ocorrência de um sinistro coberto, o segurador viesse a encontrar-se insolvente, contrataria com outro segurador um outro seguro, que, por seu turno, cobriria esse risco de insolvência. Existem evidências desta modalidade no final do séc. XV, por à mesma se referir já Pedro de Santarém – Pedro de Santarém, *Tractatus de Assecurationibus et Sponsionibus*, 1552, III, 55-58. A figura subsistia no CCom de Veiga Beirão, no n.º 1 do artigo 434.º. Aí se permitia que o segurado fizesse segurar segunda vez pelo mesmo tempo e risco objeto já seguro pelo seu inteiro valor, quando o segundo seguro houvesse sido subordinado à nulidade do primeiro ou à insolvência total ou parcial do respetivo segurador. De resto, a solução é igualmente compatível com o regime estabelecido nos n.ºs 1, 4 e 5 do artigo 136.º da LCS (pluralidade de seguros).

do sinistro (isto é, a aferição do risco não pode abstrair da *alea* inerente ao primeiro seguro).

Em termos práticos, a *reprise d'assurance* é um seguro subsidiário, que responde na eventualidade de, por insolvência, o primeiro segurador incumprir a sua obrigação indemnizatória em caso de sinistro. É esse o seu sentido, a sua função socioeconómica e o seu escopo[359]. O sinistro do segundo seguro não é independente do sinistro do primeiro. O segundo seguro não responde *tout court* em caso de insolvência do segurador. Responde no caso de este não cumprir a regularização de um sinistro. Logo, inexistindo sinistro no primeiro seguro, o segundo seguro não é chamado a responder mesmo que o primeiro segurador fique insolvente.

V – A *convenção del credere*[360], aplicável ao contrato de comissão comercial e ao de agência, é também frequentemente identificada como um antepassado funcional do seguro de crédito.

O contrato de comissão comercial (artigos 266.º ss. do CCom) traduz um mandato sem representação: o comissário (mandatário) executa o mandato comercial contratando em nome próprio, sem referência ao comitente (mandante). O comissário fica, assim, diretamente vinculado perante as pessoas com quem contrata, devendo posteriormente transferir para o comitente os direitos que adquira na execução do mandato. Ora, como resulta do artigo 269.º do CCom, em regra o comissário não responde perante o comitente pelo incumprimento da pessoa com quem tenha contratado.

Porém, havendo convenção *del credere*, o comissário fica pessoalmente obrigado face ao comitente pelo cumprimento das obrigações assumidas pelo terceiro com quem tenha contratado. Neste caso, para além da remuneração normal decorrente da comissão, o comissário tem ainda

359 Neste sentido, Moitinho de Almeida, *O Contrato de Seguro no Direito Português e Comparado*, Lisboa, Livraria Sá da Costa, 1971, pp. 406 e 411-412. Contra, defendendo que a *reprise d'assurance* tem por objeto o risco de insolvência do segurador, sendo totalmente independente do primeiro seguro, Margarida Silva Santos, *Seguro de Crédito, cit.*, pp. 31-33.

360 Sobre esta figura, cfr. Januário Costa Gomes, "Sobre a vinculação del credere", *in* Januário Costa Gomes, *Estudos de Direito das Garantias*, Vol. II, Coimbra, Almedina, 2010, pp. 189-232. Numa perspetiva comparativa com o seguro de créditos, cfr. Margarida Silva Santos, *Seguro de Crédito, cit.*, pp. 33-42.

direito a uma comissão *del credere* (§ 2.º do artigo 269.º do CCom). Assim, na venda a prazo, não necessita de expressar nas contas e avisos os nomes dos compradores (artigo 273.º do CCom), já que será ele, comissário, o responsável pelo pagamento.

No fundo, através da convenção *del credere* (estabelecida entre comitente e comissário) este garante àquele, contra o pagamento de uma comissão, o cumprimento de um direito de crédito que o comitente adquire sobre terceiro. Encontramos, portanto, semelhanças funcionais com o seguro de créditos, embora com um âmbito distinto (limitado à comissão comercial) e com uma justificação ligada a esse âmbito: o comissário, a quem incumbe o estabelecimento de relações obrigacionais, responde pela seleção que faz das contrapartes e pelos riscos inerentes a uma má seleção. Com efeito – e diversamente do que se passa com o segurador no seguro de créditos – o comissário não é um terceiro face à relação subjacente, mas o titular originário de direitos e deveres no quadro dessa relação.

VI – O seguro de créditos surgiu na década de 1820 como uma solução contratual nova, produto original de um específico contexto histórico. Com efeito, e desde logo, essa emergência deu-se em plena Revolução Industrial, quando o aumento da escala da produção pressionava, do lado da oferta, o desenvolvimento do comércio internacional.

Simultaneamente, o surgimento do seguro de créditos foi propiciado por um período de paz relativa no mundo ocidental, com o termo da Guerra de 1812, que opôs os EUA à Grã-Bretanha, e o fim das Guerras Napoleónicas. Esse contexto favoreceu o incremento da produção e das trocas comerciais, tendo tornado mais seguras as rotas marítimas. De resto, os fluxos migratórios que já então se faziam sentir, designadamente para o continente americano, estimulavam também, do lado da procura, o comércio transcontinental.

Em certa medida, há paralelismos evidentes entre a emergência do seguro de créditos e a origem, longos séculos antes, do seguro marítimo (e, com ele, do próprio contrato de seguro). Em ambos os casos, o período de expansão da atividade comercial proporcionou o surgimento de soluções contratuais aptas a mitigar riscos inerentes a tal contexto: relativamente ao seguro marítimo, o risco do infortúnio da viagem marítima; no caso do seguro de créditos, o risco do próprio incumprimento da obrigação subjacente. Estas soluções constituíram, assim, pela sua eficácia funcional, instrumentos que potenciaram a escala de crescimento da atividade mercantil.

VII – Não há consenso quanto às primeiras experiências contratuais de seguro de créditos. Assim, os primeiros contratos são atribuídos, nuns casos, à seguradora londrina *British Commercial Insurance Company* (fundada em 1820), ou à conterrânea *The Securities Insurance Company*, e, noutros casos, ao *Adriatico Banco di Assicurazioni*, de Trieste (6 de dezembro de 1831); ou à *Assicurazioni Generali Austro-Italiche*, atualmente *Generali* (31 de outubro de 1837)[361].

VIII – A primeira teorização e defesa técnica da solução contratual consubstanciada no seguro de créditos ficou a dever-se a um autor italiano, Bonajuto Paris Sanguinetti, que a desenvolveu no livro *Essai d'Une Nouvelle Théorie pour Appliquer le Systéme des Assurances aux Dommages des Faillites*, publicado em Livorno em 1839.

Aí defendia o autor que a insolvência constituía um risco segurável e que o seguro de crédito seria uma forma de impulso à expansão do comércio. Advogava que a insolvência constituía um fenómeno contrário à vontade dos comerciantes e sustentava a exequibilidade da produção de estatísticas tendentes a determinar a probabilidade de ocorrência do sinistro (insolvência). Com base em tais estatísticas seria possível, segundo Sanguinetti, aplicar as técnicas do seguro – designadamente, o princípio da mutualidade – aos riscos de crédito.

IX – Durante a primeira metade do séc. XIX verificou-se uma expansão da atividade de seguro de créditos a várias empresas de seguros em França e Inglaterra. Posteriormente, a partir da década de 1870, a atividade foi assumindo caráter mais estável, expandindo-se à Alemanha e aos EUA.

Ainda assim, as primeiras décadas de exploração do seguro de créditos foram marcadas pelo insucesso económico dos seguradores, decorrente de uma fraca seleção do risco, bem como do negligenciar de práticas de

361 Jean Bastin, *L'Assurance-Crédit Dans le Monde Contemporain*, Paris, Ed. Jupiter, 1978 – trad. port., *O Seguro de Crédito no Mundo Contemporâneo*, Lisboa, COSEC, 1983, p. 19.

mitigação e de dispersão dos riscos. Progressivamente, a viabilização dessa atividade passou pela adoção de algumas medidas de limitação, controlo e mitigação do risco assumido: uma criteriosa *seleção do risco*; a limitação do risco assumido a *risco comercial*; o recurso ao *resseguro*; o princípio do *descoberto obrigatório*; e a definição do sinistro como *insolvência formal e definitiva*.

X – Durante algumas décadas o seguro de créditos manteve-se uma modalidade contratual socialmente típica – apenas assente nas práticas do tráfego mercantil – só vindo, progressivamente, a ser objeto de reconhecimento legal na segunda metade do séc. XIX, designadamente na LCS belga, de 1874[362], e no CCom italiano, de 1882[363].

XI – O seguro de créditos veio a revelar-se, desde a sua origem, um importante instrumento de política económica dos Estados, no sentido em que potencia um fomento do comércio externo, favorecendo, por essa via, a balança comercial.

A exploração do seguro de créditos tem sido sempre, porém, bastante vulnerável aos ciclos económicos, beneficiando nas fases de expansão da economia e sendo muito penalizada em conjunturas de crise. A título de exemplo, com o fim da I Guerra Mundial o seguro de créditos beneficiou de um novo impulso. Depois, acusou uma forte contração com a Grande Depressão. Novamente, foi favorecido com a retoma da segunda metade da década de 1930. Seguiu-se uma nova contração durante a II Guerra Mundial. Finalmente, no pós-guerra, e ainda que com oscilações cíclicas, assistiu-se a um desenvolvimento sem precedentes do mesmo.

[362] O respetivo artigo 6.º estipulava que «un créancier peut faire assurer la solvabilité de son débiteur; l'assureur pourra se prévaloir du bénéfice de discussion, sauf convention contraire. Les créanciers saisissants ou nantis d'un gage et les créanciers privilégiés et hypothécaires peuvent faire assurer en leur nom personnel les biens affectés au payement de leurs créances. Dans ce cas, l'indemnité due à raison du sinistre est subrogée de plein droit, à leur égard, aux biens assurés qui formaient leur gage».

[363] Nos termos do respetivo art. 435.º, «se il creditore ha fatto assicurare la solvibilità del suo debitore, l'assicuratore, prima di pagare la somma assicarata, ha diritto di esigere che il debitore sia escusso giudizialmente. L'assicuratore, che paga la somma assicurata, è surrogato nei diritti dell'assicurato verso il debitore, colla riserva indicata nell'articolo 433 in caso di risarcimento parziale».

XII – Visando uma estreita cooperação internacional entre os seguradores de créditos, foram fundadas duas associações de especial relevância: a *International Credit Insurance Association* (ICIA), fundada em 1928 e refundada, com o mesmo nome, após a II Guerra Mundial (1946); e a *Union d'Assureurs des Crédits Internationaux*, também conhecida como "União de Berna", fundada em 1934.

XIII – Em Portugal, a disciplina legal do contrato teria de aguardar pelo séc. XX. Assim, em 1931, na sequência de dois pedidos de exploração do ramo, respetivamente, pelos Seguradores *A Mundial* e *L'Urbaine-Crédit*, foi criada uma Comissão, presidida por Marcelo Caetano, para preparar um diploma regulador do seguro de créditos[364]. O respetivo relatório final acabaria, porém, por não ter seguimento, só vindo a verificar-se a consagração legal da modalidade contratual através do Decreto-Lei n.º 46.303, de 27 de abril de 1965 (diploma depois complementado pelo Decreto-Lei n.º 47.908, de 7 de setembro de 1967, que estabeleceu a necessária regulamentação da matéria).

Posteriormente, o Decreto-Lei n.º 48.950, de 8 de abril de 1969, procedeu à revogação do citado Decreto-Lei n.º 46.303 e à criação da *Companhia de Seguro de Créditos* (COSEC), à qual foi atribuído o exclusivo da exploração do seguro de crédito à exportação e de crédito interno.

Mais tarde, com a publicação do Decreto-Lei n.º 318/76, de 30 de abril – que revogou parcialmente o Decreto-Lei n.º 48.950, regulando o seguro de créditos e mantendo a exclusividade de exploração da COSEC – deu-se a autonomização entre o seguro de crédito (em sentido estrito) e o seguro-caução (artigo 29.º).

Entretanto, o Decreto-Lei n.º 169/81, de 20 de junho, veio rever o regime do seguro de créditos, revogando o Decreto-Lei n.º 318/76. Contudo, na sequência da adesão de Portugal às Comunidades Europeias, o Decreto-Lei n.º 183/88, de 24 de maio, veio de novo reformular o regime dos seguros de crédito e de caução, revogando o Decreto-Lei n.º 169/81.

364 Cfr. Tito Castelo Branco Arantes, "Modalidades do seguro de crédito e sua adaptação a Portugal: estudo jurídico", *Boletim de Seguros*, 2.ª série, n.º 6 (1932), pp. 243-256; Políbio S. Garcia, "O seguro de crédito sob o aspeto económico", *Boletim de Seguros*, 2.ª série, n.º 6 (1932), pp. 221-242; e Teotónio Pereira, "História: resultados obtidos pela indústria na exploração do seguro de crédito", *Boletim de Seguros*, 2.ª série, n.º 6 (1932), pp. 215-220.

Com o novo regime, a atividade passou a poder ser explorada por qualquer segurador autorizado, embora a COSEC tenha mantido legalmente a exclusividade em vários domínios (riscos extraordinários, os quais beneficiam de garantia do Estado). Juntamente com outras alterações, os seguros de crédito e os seguros-caução passaram a assumir autonomia paritária, contendo o diploma disposições específicas para cada um deles (respetivamente, artigos 3.º ss. e 6.º ss.) e disposições comuns a ambos (artigos 8.º ss.). Este último diploma (LSCC), mantém-se em vigor, embora com diversas alterações introduzidas pelos Decretos-Leis n.ºs 127/91, de 22 de março; 214/99, de 15 de junho; 295/2001, de 21 de novembro; e 31/2007, de 14 de fevereiro.

Com a posterior aprovação da LCS foram complementarmente consagradas algumas disposições (artigos 161.º ss.) à regulação específica do seguro de crédito e do seguro-caução. Sobre o regime aplicável a estes contratos, estabelece o artigo 166.º da LCS que *os seguros de crédito e caução são regulados por lei especial* (atualmente, como vimos, a LSCC) *e pelas disposições constantes da parte geral* (da LCS[365]) *que não sejam incompatíveis com a sua natureza.*

Igualmente relevantes são as alíneas n) e o) do artigo 8.º do Regime Jurídico de Acesso e Exercício da Atividade Seguradora e Resseguradora (RJASR), aprovado pela Lei n.º 147/2015, de 9 de setembro, que identificam as modalidades dos seguros, respetivamente, dos ramos "Crédito" e "Caução".

4. Critérios de distinção

4.1. Critério estrutural

Vários têm sido os critérios ensaiados para fundamentar a distinção entre seguro de crédito e seguro-caução. Ora, retomando a existência de uma relação obrigacional subjacente a estas duas modalidades contratuais, então em ambas o credor de tal relação assume – no seguro de crédito

[365] A remissão do artigo 166.º da LCS, a título subsidiário, para "as disposições constantes da parte geral", deverá ter-se por efetuada, quer para as disposições da parte geral dos seguros de danos, quer para as da parte comum do contrato de seguro. Desenvolvidamente, Luís Poças, "A natureza jurídica do seguro-caução", *Revista de Direito e de Estudos Sociais*, Ano LVI, n.ºs 1-3 (jan.-set. 2015), pp. 107-108, n. 6.

e no seguro-caução – a condição de *segurado*, enquanto o devedor dessa relação constitui o *potencial causador do sinistro*.

Porém, a estrutura dos dois contratos em análise apresenta-se diversa, como expressamente resulta dos n.ºs 1 e 2 do artigo 9.º da LSCC, que nos fornecem o critério-chave de distinção. Assim, o seguro de crédito é contratado entre o segurador e o credor da relação subjacente, pelo que este é simultaneamente tomador do seguro e segurado, enquanto o devedor da relação subjacente é um terceiro.

Quanto ao seguro-caução, na sua arquitetura paradigmática[366], as posições surgem invertidas. Assim, desta feita o contrato é celebrado entre o segurador e o devedor da relação subjacente (tomador do seguro), sendo constituído a favor de um terceiro-credor, que assume a condição de segurado.

Desta forma, enquanto o seguro de crédito constitui um seguro por conta própria (sendo configurável também como um seguro de danos próprios), o seguro-caução direta tem a estrutura de um seguro por conta de outrem (e, portanto, também a de um contrato a favor de terceiro)[367]. Nesta medida, e porque visa ressarcir um dano (decorrente do incumprimento de uma obrigação) ocorrido na esfera de um terceiro, o seguro-caução é configurável como um seguro de responsabilidade civil contratual.

4.2. Outros critérios

Para além do critério estrutural acima referido, outros são frequentemente apresentados como permitindo distinguir o seguro de crédito do seguro-caução[368]. Considerando a indiferenciação inicial entre as duas modalidades contratuais, alguns destes critérios são de verificação meramente tendencial. Outros, porém, são verdadeiros traços do regime legal

[366] Esta é a estrutura do seguro-caução direta. Já quanto ao seguro-caução indireta (celebrado entre o segurador e o contragarante), a estrutura apresenta-se mais complexa, sendo defensável a tese de que, em substância, este constitui um seguro de crédito – neste sentido, Jean Bastin, *La Défaillance de Paiement et sa Protection, l'Assurance-Crédit, cit.*, p. 255.

[367] Margarida Lima Rego, *Contrato de Seguro e Terceiros – Estudo de Direito Civil*, Coimbra, Coimbra Ed., 2010, p. 169, n. 359; pp. 511-512 e 707.

[368] Cfr., por exemplo, Jorge Carita Simão, "O contrato de seguro-caução: contributo para um estudo do seu regime legal e compreensão da sua natureza jurídica", *O Direito*, Ano 145.º (2013), n.º 3, p. 687.

que disciplina de forma diferenciada as referidas modalidades. Vejamos os critérios mais relevantes.

4.2.1. Descoberto obrigatório

O regime do seguro de crédito caracteriza-se pela existência de *descoberto obrigatório*, isto é, de uma percentagem do interesse seguro cuja cobertura contratual não é assegurada pelo segurador (n.º 1 do artigo 5.º da LSCC). Assim, em caso de sinistro, o segurador só indemnizará a percentagem do interesse contratualmente coberta, correndo a percentagem descoberta por conta do tomador-segurado.

Para além do descoberto obrigatório, nos termos referidos, poderá a apólice definir limites para os montantes indemnizáveis, como resulta do n.º 3 do artigo 5.º da LSCC.

Através do estabelecimento das referidas limitações de cobertura – descoberto obrigatório e limites indemnizáveis – mitiga-se a possibilidade de verificação de risco psicológico (*morale hazard*), isto é, o risco de, em virtude de beneficiar da cobertura de um seguro, o tomador-segurado ser menos diligente com a conservação do seu crédito e, com isso, favorecer a ocorrência do sinistro[369]. Desta forma, as mencionadas limitações fomentam a diligência do tomador-segurado, diretamente interessado em evitar o dano que para si decorrerá da verificação do sinistro.

Diversamente, no seguro-caução – atenta a sua função económico-social de salvaguarda económica do crédito de um terceiro – não existe descoberto obrigatório, cobrindo o segurador a totalidade do interesse seguro (e ficando, portanto, obrigado a indemnizar a totalidade do dano patrimonial que resultar do sinistro na esfera do terceiro segurado) – cfr. artigo 7.º da LSCC.

4.2.2. Natureza dos riscos seguros

Como vimos, o núcleo duro do risco inerente ao seguro de crédito e ao seguro-caução corresponde à eventualidade do incumprimento de uma obrigação subjacente, sujeita a um termo suspensivo.

[369] Sobre o risco psicológico (*morale hazard*) e a distinção entre este e o risco moral (*moral hazard*), cfr. Luís Poças, *O Dever de Declaração Inicial do Risco no Contrato de Seguro*, Coimbra, Almedina, 2013, pp. 110-112.

Historicamente, porém, o leque de riscos seguráveis no seguro de crédito veio a alargar-se de forma considerável, ainda que em torno do mesmo risco-base. Desde logo, os n.ºs 2 a 4 do artigo 1.º da LSCC identificam três modalidades de seguro de crédito: *o seguro de créditos à exportação de bens e serviços* (que visa as operações de exportação na fase anterior à encomenda firme, na fase de fabrico e na fase de crédito); o *seguro de créditos no mercado interno* (que abrange tanto a fase de fabrico como a fase de crédito); e o *seguro de créditos financeiros* (que inclui os créditos concedidos por instituições financeiras ou equiparadas, por sociedades de locação financeira e por sociedades de *factoring*).

Por outro lado, da conjugação dos artigos 3.º da LSCC com o 161.º da LCS resulta um elenco extenso e heterogéneo de riscos seguráveis no seguro de crédito[370]: a falta ou atraso no pagamento de obrigações pecuniárias; os riscos políticos; a não amortização de despesas para a constituição desses créditos; as variações cambiais; a alteração imprevisível e anormal dos custos de produção; ou a suspensão ou revogação da encomenda ou resolução arbitrária do contrato. Embora assumam, por vezes, uma delimitação imprecisa, estes riscos desenvolvem-se na periferia do referido núcleo duro (o incumprimento da obrigação subjacente). Assim, por exemplo, os "riscos políticos" seguráveis são aqueles que obstem ao cumprimento, pelo devedor, dessa obrigação (alínea b) do n.º 1 do artigo 161.º da LCS).

O elenco de riscos seguráveis referido é, no entanto, para além de heterogéneo, algo vago e ambíguo, carecendo de ser operacionalizado e precisado. Assim, contra o que é prática nos outros ramos de seguros, necessitou o legislador de complementar a lista de riscos seguráveis com um elenco de "factos geradores do sinistro", que visam concretizá-los e operacionalizá-los contratualmente. Esses factos surgem referenciados no artigo 4.º da LSCC: a insolvência declarada ou presumida (insolvência "de facto"); a concordata judicial ou extrajudicial[371]; o incumprimento ou

[370] Trata-se, naturalmente, de riscos suscetíveis de serem contratualmente cobertos, não sendo forçoso (bem pelo contrário) que o contrato os cubra a todos.

[371] No quadro de vigência do Código da Insolvência e da Recuperação de Empresas (CIRE), aprovado pelo Decreto-Lei n.º 53/2004, de 18 de março, a referência deverá considerar-se efetuada para o plano de pagamento aos credores e para o acordo celebrado no âmbito do Procedimento Extrajudicial de Conciliação (PEC). Cfr. Miguel Pestana de Vasconcelos,

mora no prazo fixado na apólice; os eventos políticos, legais ou administrativos; as guerras, revoluções ou revoltas fora de Portugal; os eventos catastróficos; etc. Neste quadro, deverá o contrato precisar o evento correspondente à verificação do risco, o qual fará vencer o direito do tomador do seguro (e segurado) à prestação do segurador.

Contrastando com a complexidade dos riscos seguráveis e da sua articulação com os factos geradores do sinistro no seguro de crédito, o risco inerente ao seguro-caução reveste-se de uma aparente simplicidade. Com efeito, nos termos do n.º 1 do artigo 6.º da LSCC e do artigo 162.º da LCS, esse risco atém-se ao mencionado núcleo duro: a falta ou atraso no cumprimento de uma obrigação subjacente.

4.2.3. Âmbito do contrato

Outro critério – desta feita, tendencial – de distinção diz respeito ao âmbito dos riscos cobertos contratualmente. Assim, o seguro de crédito, em regra, cobre a *globalidade* dos créditos do tomador sobre terceiros num dado período de referência (normalmente, a anuidade), ou, ao menos, a globalidade desses créditos determinada segundo um critério objetivo (por exemplo, a totalidade das exportações efetuadas pelo tomador para um dado território)[372]. Neste quadro, no seguro de crédito o prémio é, em regra, calculado em função do volume de negócios do tomador do seguro que disser respeito aos riscos transferidos.

Esta técnica constitui uma forma de mitigação do risco de *seleção adversa*, isto é, o risco de o tomador do seguro apenas fazer segurar os seus direitos de crédito de cobrança mais duvidosa. A seleção adversa, ou anti-seleção, levaria à transferência para o segurador dos piores riscos (aqueles em que o sinistro é mais provável) ameaçando a solvabilidade do mesmo ou levando-o a reajustar progressivamente os prémios para níveis que suscitariam a progressiva concentração de riscos cada vez piores (espiral de seleção adversa)[373].

"O seguro financeiro na reforma do Direito dos Seguros", *Revista da Faculdade de Direito da Universidade do Porto*, Ano VI (2009), p. 379.

372 Margarida Silva Santos, *Seguro de Crédito, cit.*, pp. 107 ss.

373 Sobre a seleção adversa, cfr. Luís Poças, *O Dever de Declaração Inicial do Risco no Contrato de Seguro, cit.*, pp. 138 ss.

Diversamente, no seguro-caução dominam os contratos de âmbito individual, cobrindo apenas o risco relativo a um crédito. Neste contexto, o prémio é calculado em função do compromisso máximo assumido pelo segurador.

4.2.4. Especialização do segurador

Um outro critério, também tendencial, diz respeito ao grau de especialização da atividade do segurador. Assim, enquanto no seguro de crédito o segurador desenvolve, em regra, a sua atividade de forma especializada, dedicando-se de modo dominante ou exclusivo à exploração desse ramo, o seguro-caução é normalmente explorado por seguradores generalistas ou multi-ramo[374].

5. Caracterização das modalidades em análise

Identificados os principais critérios de distinção entre o seguro de crédito e o seguro-caução, importa referenciar algumas características comuns a ambos – em regra, traços do seu regime jurídico – que simultaneamente os diferenciam de outras modalidades contratuais na paleta do contrato de seguro.

5.1. Danos não indemnizáveis

Como resulta de algumas disposições da LSCC (por exemplo, os artigos 5.º e 7.º) ou da descrição do tipo operada no n.º 1 do artigo 161.º e no artigo 162.º, ambos da LCS, tanto o seguro de crédito como o seguro-caução assumem uma função típica de caráter indemnizatório, visando, portanto, indemnizar o segurado pelos danos decorrentes do incumprimento da obrigação subjacente.

Porém, nos termos do artigo 12.º da LSCC – aplicável a ambas as modalidades contratuais – não existe uma cobertura de todos os potenciais danos incorridos pelo segurado, na medida em que não são indemnizáveis os lucros cessantes nem os danos não patrimoniais.

5.2. Princípio da colaboração

I – O seguro de crédito e o seguro-caução caracterizam-se pela aplicação a ambos do que tem sido designado por *princípio da colaboração*[375]. Trata-se

[374] Jean Bastin, *L'Assurance-Crédit Dans le Monde Contemporain*, *cit.*, p. 20

[375] Cfr., por exemplo, Margarida Silva Santos, *Seguro de Crédito*, *cit.*, pp. 124 ss.

de um princípio que encontra corolários, quer em traços do regime legal de ambas as modalidades, quer nas práticas contratuais que as mesmas envolvem, transcendendo o âmbito normal do próprio princípio da máxima boa fé que caracteriza o contrato de seguro[376].

O princípio da colaboração encontra expressão em duas vertentes. Desde logo, no que respeita à fase de formação do contrato, onde se suscita o dever de declaração inicial do risco por parte do tomador do seguro ou segurado, requerendo-se, para o efeito, a colaboração das partes[377]. Ora, para além do dever de declaração espontânea do risco que resulta do artigo 24.º da LCS para a generalidade dos contratos de seguro, o artigo 10.º da LSCC obriga o tomador do seguro ou segurado a fornecer ao segurador todos os elementos de informação relativos à operação a segurar e a autorizar o acesso deste à escrituração e demais elementos contabilísticos conexos com a operação subjacente[378].

Esta obrigação é, aliás, consentânea com a especificidade dos riscos seguros e com a necessidade de o segurador se munir de toda a informação que lhe permita efetuar uma avaliação o mais rigorosa e precisa possível sobre o risco que irá assumir, recorrendo adicionalmente, para tanto, a agências de informação financeira, a agências de notação, bem como a informações e estatísticas de diversas proveniências.

II – A outra vertente de relevância do princípio da colaboração coloca-se em fase de execução do contrato e surge associada ao que, na gíria das duas modalidades contratuais em análise, se designa por *ameaça de sinistro*. Assim, quando o "facto gerador do sinistro", relativamente ao risco de incumprimento da obrigação subjacente, esteja associado, não à declaração judicial de insolvência do devedor, mas à insolvência "de

[376] Sobre o princípio da máxima boa fé no contrato de seguro, cfr. Luís Poças, *O Dever de Declaração Inicial do Risco no Contrato de Seguro, cit.*, pp. 143 ss.

[377] Sobre esta temática, cfr. Luís Poças, *O Dever de Declaração Inicial do Risco no Contrato de Seguro, cit.*. Sobre a necessidade normal de colaboração entre as partes para o cumprimento de tal dever, *idem*, pp. 119-120.

[378] O artigo 10.º tem por epígrafe "análise e agravamento do risco". Pensamos, porém, que o seu âmbito de atuação se atém à fase de formação do contrato (declaração inicial do risco) e não propriamente ao agravamento do risco, instituto cuja aplicabilidade ao seguro de crédito (ou ao seguro-caução) fica confinado, do nosso ponto de vista – e como melhor veremos abaixo – a situações marginais.

facto" – operacionalizada mediante a convenção do decurso de um prazo sobre a data de vencimento do crédito do segurado sem que o devedor haja cumprido a obrigação – o contrato prevê um mecanismo destinado a prevenir a ocorrência do sinistro.

Com efeito, vencendo-se a obrigação (e entrando, portanto, o devedor em mora), fica o segurado obrigado a avisar o segurador, imediatamente ou até ao termo de um prazo convencionado, para que este, através dos seus serviços de pré-contencioso ou contencioso, proceda à reclamação do crédito junto do devedor[379]. A eficácia desta fase – normalmente designada por *recuperação do crédito* – não só previne a produção do sinistro (e a emergência da obrigação indemnizatória do segurador), mas evita igualmente que, iniciado um processo de insolvência, o crédito do segurado se torne total ou parcialmente irrecuperável. O princípio da colaboração na execução do contrato é, de resto, consentâneo com o dever de salvamento, consagrado no artigo 126.º da LCS para os seguros de danos[380].

5.3. Garantia do Estado

Referimos atrás a natureza dos riscos seguráveis no seguro de crédito e no seguro-caução. Entre eles, é frequente distinguir-se os *riscos comerciais* (os diretamente relacionados com o incumprimento da obrigação subjacente por motivos relacionados com o próprio devedor, mormente, o risco de insolvência) dos *riscos extraordinários* (aqueles que são alheios à esfera do devedor, mas que o impossibilitam de cumprir a obrigação subjacente). Entre estes últimos, cumpre destacar os riscos políticos (medidas legislativas, atos ou decisões de autoridade pública do país do devedor), os monetários (variações cambiais) e os catastróficos (terramotos, maremotos, erupções vulcânicas, tufões, etc.), na expressão do n.º 1 do artigo 15.º da LSCC.

Ora, os referidos riscos extraordinários, pela sua heterogeneidade, imprevisibilidade e falta de bases estatísticas, não são, de acordo com as regras técnicas em que assenta atividade seguradora, passíveis de cobertura pelo segurador.

379 Nesta fase, o segurador age por conta do devedor, pelo que a recuperação do crédito será em benefício deste.

380 Sobre o tema, cfr. Patrícia de Sousa Ferreira, *O Salvamento em Direito dos Seguros*, Coimbra, Almedina, 2014.

Vimos, porém, que o seguro de crédito constitui um importante instrumento económico de apoio e fomento às exportações, com o que contribui para o equilíbrio da balança comercial dos Estados[381]. Desta forma, é frequente a criação estatal de mecanismos que possibilitam ao segurador a cobertura formal dos riscos extraordinários sem que o mesmo fique, em substância, exposto a tais riscos. Por outras palavras, a cobertura dos referidos riscos é materialmente assegurada pelo Estado[382].

Neste quadro, os artigos 15.º a 19.º da LSCC preveem um regime de garantia do Estado à cobertura de riscos extraordinários, mediante um processo prévio de contratualização entre aquele e o segurador. A contraprestação correspondente ao risco incorrido pelo Estado é cobrada por este ao segurador, nos termos do n.º 3 do artigo 16.º do mesmo diploma. Por outro lado, na recuperação de créditos garantidos pelo Estado, o segurador atua como mandatário daquele (n.º 3 do artigo 17.º do mesmo diploma). Finalmente, quanto aos sinistros ocorridos no âmbito dos riscos garantidos pelo Estado, o segurador procede à regularização no plano administrativo, mas a liquidação da indemnização devida é feita diretamente ao segurado (n.º 1 do artigo 17.º).

5.4. Sub-rogação e direito de regresso

I – Foi já controversa a admissibilidade e o fundamento da sub-rogação do segurador relativamente às indemnizações pagas ao segurado no âmbito do seguro de crédito e do seguro-caução. No presente, a questão é relativamente pacífica, à luz do disposto no artigo 165.º da LCS.

Assim, nos termos daquele artigo, o direito de sub-rogação encontra-se legalmente estabelecido e resulta da aplicabilidade, ao seguro de crédito e ao seguro-caução, do princípio indemnizatório (de que a sub-rogação constitui um dos corolários, no quadro do artigo 136.º da LCS) que caracteriza os seguros de danos[383].

[381] *Supra*, n.º 2, p. 165, n. 343.

[382] Cfr. José Bracinha Vieira, *Financiamento da Exportação e Seguro de Crédito*, *cit.*, pp. 29 ss.

[383] Sobre o princípio indemnizatório, cfr. Francisco Rodrigues Rocha, *Do Princípio Indemnizatório no Seguro de Danos*, Coimbra, Almedina, 2015, e Pedro Romano Martinez, "Contrato de seguro: Âmbito do dever de indemnizar", *in* António Moreira e M. Costa Martins (Coords.), *I Congresso Nacional de Direito dos Seguros – Memórias*, Coimbra, Almedina, 2000, pp. 155-168.

Não está, portanto, em causa um direito de sub-rogação decorrente da nota de acessoriedade que caracteriza a fiança, e que tem fonte legal no artigo 644.º do Código Civil (CC), mas uma solução que encontra a sua plena coerência normativa no quadro regulador do contrato de seguro e, mais especificamente, no perfil típico dos seguros de danos, enformado como é pelo princípio indemnizatório[384].

A lógica do direito reporta-se à coerência do regime de um seguro patrimonial (de "danos próprios"): se um terceiro, estranho ao contrato, causa um dano na esfera do segurado e se, em virtude do contrato de seguro, esse dano é indemnizável, então, para obviar ao enriquecimento do segurado (que poderia reclamar a indemnização simultaneamente do segurador, por via contratual, e do terceiro responsável, por via da responsabilidade civil) fica o segurador sub-rogado nos direitos do segurado (lesado), podendo exigir ao terceiro responsável o valor que haja suportado.

II – O n.º 1 do artigo 165.º da LCS reporta-se apenas ao seguro de crédito. Aqui, em virtude das limitações de cobertura de que demos conta – mormente, da existência de descoberto obrigatório – a sub-rogação do segurador será apenas parcial, concorrendo este e o segurado à satisfação dos respetivos créditos na proporção dos mesmos.

A literalidade da parte final do n.º 1 do artigo 165.º, bem como, sobretudo, a respetiva remissão para o artigo 136.º, ambos da LCS (relevando especialmente a regra contida no n.º 3 deste artigo), clarificam que o segurador e o segurado concorrem em situação de paridade à satisfação dos seus créditos, afastando-se a admissibilidade (prevista na parte final do n.º 2 do artigo 593.º do CC) de estipulação de uma precedência do crédito do sub-rogado (segurador) sobre o do credor (segurado)[385].

III – No referido quadro do princípio indemnizatório, compreende-se a referência à sub-rogação, no n.º 2 do artigo 165.º da LCS, relativamente

384 Sobre a sub-rogação nos seguro de crédito e no seguro-caução, cfr. Francisco Rodrigues Rocha, *Da Sub-Rogação no Contrato de Seguro* – Relatório de Mestrado, Lisboa, Faculdade de Direito da Universidade de Lisboa, 2011 (polic.), pp. 118 ss. e 125.

385 Neste sentido, Miguel Pestana de Vasconcelos, "O seguro financeiro na reforma do Direito dos Seguros", *cit.*, p. 375.

ao seguro-caução indireta, em que, como vimos[386], o contrato é celebrado pelo contragarante (n.º 2 do artigo 9.º da LSCC), sendo o potencial causador do sinistro (o devedor principal inadimplente) um terceiro na relação de seguro-caução. Porém, a estrutura de um seguro-caução direta é bem outra: o causador do sinistro é, não um terceiro, *mas o próprio tomador do seguro*. A lógica da sub-rogação (corolário do princípio indemnizatório) carece já de sentido, adquirindo-o a referência ao *direito de regresso* plasmada no n.º 2 do artigo 165.º da LCS[387]. É certo que o direito de regresso é estabelecido na LCS para os seguros de responsabilidade civil, mas, em substância, o seguro-caução direta é isso mesmo: um seguro de *responsabilidade civil contratual*. Note-se, porém, que, nos termos do n.º 2 do artigo 165.º da LCS, o direito de regresso não decorre supletivamente da lei, mas depende de convenção expressa.

O sentido da parte final do n.º 2 do artigo 165.º da LCS – «não podendo, *na conjugação das duas pretensões*, o segurador exigir mais do que o valor total despendido» – suscita, todavia, dúvidas interpretativas em várias vertentes.

Desde logo, face ao sentido e alcance do direito de sub-rogação nos seguros de danos, acima enunciado. Com efeito, o regime que literalmente resulta do n.º 2 do artigo 165.º da LCS, ao implicar expressamente a aplicabilidade da sub-rogação aos seguros-caução direta (único caso em que a mesma seria conjugável com o direito de regresso), comporta uma extensão peculiar do âmbito do direito de sub-rogação no quadro do princípio indemnizatório, no sentido de abranger *também* os casos em que o causador do sinistro (devedor principal da obrigação subjacente) seja o próprio tomador do seguro.

Por outro lado, em termos práticos, não se divisam facilmente situações em que o segurador lance mão, cumulativamente, contra o tomador do seguro, das duas pretensões. Em qualquer caso, é claro – e sempre resultaria das regras gerais – que, por via da conjugação das duas pretensões, o segurador não poderá receber mais do que haja despendido.

386 Cfr. *supra*, 4.1, p. 177, n. 366.

387 Como se estabelece no n.º 1 do artigo 144.º da LCS, aplicável aos seguros de responsabilidade civil, «[...] satisfeita a indemnização, o segurador tem direito de regresso, relativamente à quantia despendida, contra o tomador do seguro ou o segurado que tenha causado dolosamente o dano ou tenha de outra forma lesado dolosamente o segurador após o sinistro».

5.5. Contrato-promessa e agravamento do risco

I – Para além das características mais relevantes do seguro de crédito e do seguro-caução, de que demos conta, outras especificidades dignas de nota caracterizam estas modalidades contratuais e distinguem-nas face ao regime geral do contrato de seguro.

Assim, importa destacar, desde logo, a expressa admissibilidade de celebração de um contrato-promessa de seguro pelo prazo máximo de seis meses (artigo 13.º da LSCC), bem consentânea, aliás, com a função social e económica do seguro-caução e do seguro de crédito. Assim, se uma dada operação – por exemplo, a candidatura apresentada por um tomador de seguro num concurso público – está dependente da celebração de um seguro-caução (ou, noutro exemplo, se um exportador pretende certificar-se, antes de se vincular com um importador, de que estará coberto por um seguro de crédito), a forma de assegurar provisoriamente essa cobertura de um risco ainda condicional[388] é através do contrato-promessa.

Nestes casos, todos os elementos da apólice do seguro prometido ficarão, desde logo, definidos no contrato-promessa, que deverá ser assinado pelo promitente-tomador e pelo promitente-segurador. Este último ficará vinculado pelos termos da promessa, designadamente, quanto à aceitação do risco e quanto às condições aplicáveis (mormente, o prémio). Ficando o contrato-promessa sujeito a uma condição suspensiva (nos exemplos dados, o sucesso no concurso público ou a conclusão da operação de exportação), o contrato só se converterá em definitivo – começando o segurador a correr o risco e ficando o tomador do seguro obrigado ao prémio – quando tal condição se verifique.

II – A estabilidade do contrato-promessa só é posta em causa em situação de agravamento do risco – ou, na expressão do n.º 3 do artigo 13.º da LSCC, de «alteração anormal e substancial das circunstâncias que fundamentaram a sua celebração, com efetivo agravamento do risco» – caso em que o segurador pode alterar as condições de cobertura (mormente, o valor do prémio), embora a disposição citada não

[388] Dependente, nos exemplos dados, respetivamente, de o tomador do seguro ser selecionado no concurso público, ou de o exportador concluir a operação com o importador.

deixe margem à possibilidade de desvinculação, pura e simples, do segurador[389].

Com exceção das situações de agravamento na constância do contrato-promessa – expressamente previstas, como vimos, no n.º 3 do artigo 13.º da LSCC – não se afigura admissível, em geral, a aplicação ao seguro de crédito ou ao seguro-caução do regime do agravamento do risco no contrato de seguro, previsto nos artigos 93.º e 94.º da LCS, já que o mesmo poria em causa a função do contrato. Com efeito, a natureza do risco no seguro de crédito e no seguro-caução implica que o sinistro não constitua um facto súbito, mas que seja normalmente precedido de um agravamento do risco (de que a expressão "ameaça de sinistro", já referida, dá bem conta). Ora, se o regime do agravamento do risco fosse aplicável – designadamente, a solução prevista na alínea b) do n.º 2 do artigo 93.º, ou do n.º 2 do artigo 94.º, ambos da LCS – quando estivesse iminente a insolvência do devedor o segurador sempre poderia exonerar-se da sua prestação, privando o contrato de qualquer utilidade para o segurado.

Apenas em situações limite – como nos casos de seguro de crédito em que o contrato assuma caráter de globalidade e o agravamento incida sobre riscos futuros (por exemplo, a iminência de um risco político suscetível de afetar um certo mercado para o qual o tomador do seguro mantenha um fluxo de exportações) – haverá margem de aplicabilidade do instituto. De outra forma, como dissemos, sairia gorada a função económica e social do contrato.

Assim, do mesmo modo que, nos seguros de vida, o agravamento do estado de saúde da pessoa segura não é qualificável como *agravamento do risco*, para efeito da aplicação dos artigos 93.º e 94.º (como resulta do artigo 190.º da LCS), também nos seguros de crédito e caução a superveniência de uma situação que torne maior o risco (e, portanto, mais provável o sinistro) não será, em regra, igualmente qualificável como *agravamento do risco*[390].

[389] Cremos, no mínimo, duvidosa a aplicação, sem mais, do regime do agravamento do risco, previsto nos artigos 93.º e 94.º da LCS. Assim, o artigo 13.º da LSCC aponta para requisitos específicos do agravamento do risco – «alteração anormal e substancial das circunstâncias que fundamentaram a [...] celebração» do contrato.

[390] É de notar que o n.º 2 do artigo 98.º da LCS estabelece que, salvo nos seguros de crédito e caução, presume-se que a declaração de insolvência constitui um fator de agravamento do risco.

5.6. Elementos da apólice

Como é sabido, relativamente aos elementos que devem constar da apólice, o artigo 37.º da LCS define o respetivo conteúdo mínimo, ao qual haverão de acrescer, consoante as especificidades do contrato, outros elementos de menção obrigatória[391].

Assim, o perfil específico dos seguros de crédito e caução conduziu à necessidade de particulares menções – previstas no n.º 1 do artigo 8.º da LSCC –, a saber: a identificação do tomador do seguro e, no caso dos seguros-caução, do segurado[392]; a descrição da obrigação subjacente; o montante do crédito seguro e, no caso do seguro de crédito, a percentagem coberta (descoberto obrigatório); a definição dos prazos constitutivos do sinistro (se aplicável), bem como dos prazos de participação do sinistro e do pagamento da indemnização.

Finalmente, e como resulta do n.º 2 do artigo 8.º da LSCC, pode o segurador subordinar a eficácia do seguro à verificação de uma condição suspensiva, caso em que essa estipulação deverá constar da apólice.

5.7. Mediação de seguros

As modalidades contratuais em análise comportam também especificidades no que respeita à atividade de mediação de seguros incidente sobre as mesmas[393].

Com efeito, entre as três categorias de mediadores de seguros identificadas no artigo 8.º do Decreto-Lei n.º 144/2006, de 31 de julho (Lei da Mediação de Seguros, doravante LMS), a atividade de mediação relativamente a seguros de crédito ou seguros-caução encontra-se vedada aos mediadores de seguros ligados (artigo 14.º da LSCC, em conjugação com o n.º 5 do artigo 101.º da LMS) e, havendo garantia do Estado, encontra-se mesmo interdita a qualquer categoria de mediador (artigo 19.º da LSCC). Com a publicação da Lei n.º 7/2019, de 16 de janeiro, que revogou a LMS, a anterior referência aos mediadores de seguros ligados

391 Tal é, por exemplo, o caso, relativamente aos seguros de vida, do disposto no artigo 187.º da LCS.

392 Este elemento consta já da alínea b) do n.º 2 do artigo 37.º da LCS.

393 Sobre a mediação de seguros, cfr. Luís Poças, "Aspetos da mediação de seguros", *in* Luís Poças, *Estudos de Direito dos Seguros*, Porto, Almeida & Leitão, 2008, pp. 119 ss., e José Vasques, *Novo Regime Jurídico da Mediação de Seguros*, Coimbra, Coimbra Editora, 2006.

reporta-se agora aos mediadores de seguros a título acessório (cfr. n.º 1 do artigo 8.º da referida lei).

5.8. Direitos dos seguradores

Por fim, relativamente à atividade desenvolvida pelos seguradores, e depois de um longo período em que o ramo *seguro de crédito* foi explorado em Portugal em regime de monopólio, vigora atualmente, desde a adesão à União Europeia, um regime de livre concorrência reconhecido pelo artigo 20.º da LSCC, ainda que subordinado (como sucede com os demais ramos de seguros) à prévia autorização da Autoridade de Supervisão de Seguros e Fundos de Pensões (ASF).

Uma peculiaridade de que os seguradores beneficiam na exploração do seguro de crédito e do seguro-caução é a acessibilidade a informações de quaisquer serviços públicos, bem como do serviço de centralização dos riscos de crédito do Banco de Portugal, sem prejuízo da possibilidade de estabelecimento, com as instituições de crédito, de acordos de permuta de informações abrangidas pelo regime legal do segredo bancário (artigo 21.º da LSCC). Por outro lado, sendo estabelecido um penhor como contragarantia a favor do segurador, este beneficia, nos termos do n.º 1 do artigo 22.º da LSCC, do regime especial para igual garantia dos créditos de estabelecimentos bancários.

6. Natureza do seguro de crédito e do seguro-caução

6.1. Tipo, qualificação e natureza jurídica

I – Uma *vexata quaestio* que é objeto de discussão e controvérsia obrigatória em tema de seguro de crédito e seguro-caução é a da respetiva natureza jurídica. Desenvolvemos já a problemática, num outro texto[394], a propósito apenas do seguro-caução, embora alguns dos argumentos sejam também válidos para o seguro de crédito. Assim, retomaremos o tema de forma abreviada, remetendo para o referido texto para maior desenvolvimento.

[394] Luís Poças, "A natureza jurídica do seguro-caução", *cit.*, pp. 101-153. Retomámos a problemática numa comunicação que teve por tema "O Seguro-Caução", apresentada em 07/04/2016 nas *II Jornadas de Direito das Garantias*, organizadas pelo Centro de Investigação de Direito Privado, Faculdade de Direito da Universidade de Lisboa.

Podemos, desde já, adiantar que, em geral, a doutrina e a jurisprudência negam a natureza securitária ao seguro-caução, atribuindo-lhe antes uma natureza garantística, quer enquanto *fiança*[395], quer como *garantia autónoma*[396], quer articulando estas duas perspetivas (consoante o seguro-caução assuma, respetivamente, caráter de acessoriedade ou de autonomia face à obrigação subjacente)[397]. Outra orientação tenta conciliar uma natureza securitária com outra garantística[398], e só uma perspetiva minoritária defende uma natureza de contrato de seguro[399].

395 Cfr. José Alves de Brito, "Seguro-Caução: primeiras considerações sobre o seu regime e natureza jurídica", *in* António Menezes Cordeiro e Ruy Albuquerque (Coords.), *Estudos em Memória do Professor Doutor José Dias Marques*, Coimbra, Almedina, 2007, p. 477; Mónica Jardim, *A Garantia Autónoma*, Coimbra, Almedina, 2002, p. 237; Luís Menezes Leitão, *Garantias das Obrigações*, 4ª Ed., Coimbra, Almedina, 2012, pp. 153 ss.; João de Castro Mendes, *Acerca do Seguro de Crédito*, Lisboa, [s.n.], 1972 - Sep. de *Revista Bancária*, n.º 27, p. 24; João Calvão da Silva, "Tribunal da Relação de Lisboa - Acórdão de 15 de Março de 2000 [Anotação]", *Revista de Legislação e de Jurisprudência*, Ano 132.º (2000), n.º 3908 e 3909, p. 382; Jorge Carita Simão, "O contrato de seguro-caução: contributo para um estudo do seu regime legal e compreensão da sua natureza jurídica", *cit.*, pp. 703 ss.. Na jurisprudência, cfr. o Ac. TRL de 12/02/1985 (Albuquerque e Sousa), o Ac. TRP de 09/07/1985 (Fernandes Fugas) e o Ac. STJ de 03/04/1986 (Almeida Ribeiro) - www.dgsi.pt (consult. 25/10/2015).

396 Cfr. Ac. STJ de 27/06/2006 (Sebastião Póvoas) - www.dgsi.pt (consult. 25/10/2015).

397 Nesta perspetiva, António Menezes Cordeiro, *Direito Bancário*, 5ª Ed., Coimbra, Almedina, 2014, pp. 838 ss. (cfr. também António Menezes Cordeiro, "Contrato de Seguro e Seguro de Crédito", *in* António Moreira e M. Costa Martins (Coords.), *II Congresso Nacional de Direito dos Seguros - Memórias*, Coimbra, Almedina, 2001, p. 52; e António Menezes Cordeiro, *Direito dos Seguros*, Coimbra, Almedina, 2013, p. 780); Januário Costa Gomes, *Assunção Fidejussória de Dívida – Sobre o Sentido e o Âmbito da Vinculação como Fiador*, Coimbra, Almedina, 2000, p. 76-77, n. 291; e Margarida Lima Rego, *Contrato de Seguro e Terceiros, cit.*, pp. 252-253 e 707. Relativamente à jurisprudência, esta orientação é adotada no Ac. STJ de 22/11/1995 (Ferreira da Silva) e no Ac. STJ de 12/03/1996 (Sousa Inês) - www.dgsi.pt (consult. 26/10/2015).

398 Cfr. Pedro Romano Martinez e Pedro Fuzeta da Ponte, *Garantias de Cumprimento*, 5ª Ed., Coimbra, Almedina, 2006, pp. 75-76; Margarida Silva Santos, *Seguro de Crédito, cit.*, p. 366; Leonor Cunha Torres, "Artigo 162.º - Anotação", *in* Pedro Romano Martinez *et al.*, *Lei do Contrato de Seguro - Anotada*, 2ª Ed., Coimbra, Almedina, 2011, p. 513; Miguel Pestana Vasconcelos, *Direito das Garantias*, 2ª Ed., Coimbra, Almedina, 2013, p. 178; e José Vasques, *Contrato de Seguro, cit.*, p. 53.

399 Luís Meurer Azambuja, "Seguro-Caução", *in* Jorge Sinde Monteiro (Coord.), *Garantias das Obrigações - Publicação dos Trabalhos do Mestrado*, Coimbra, Almedina, 2007, p. 344-345; Mário Almeida Costa, "Acórdão do Supremo Tribunal de Justiça de 28 de setembro de

Quanto ao seguro de crédito, o mesmo apresenta para alguma doutrina a natureza de contrato de seguro[400], enquanto outros autores lhe reconhecem caráter garantístico (qualificando-o entre as garantias pessoais)[401] e outros ainda lhe atribuem caráter atípico e lhe negam natureza securitária[402].

II – Nesta fase, há que introduzir uma ressalva metodológica. É que a classificação que distingue o contrato típico (aquele cujo regime é, em algum dos seus aspetos, legalmente traçado) do contrato atípico faz sentido para os *contratos concretos* – na medida em que, respetivamente, adiram ou se afastem dos tipos contratuais legais – mas não para os *modelos abstratos* (que constituem o próprio tipo contratual legal).

Ora, a busca da natureza jurídica de um contrato (concreto) corresponde precisamente à *qualificação jurídica*[403] do mesmo por aproximação a um tipo contratual legal, tendo por propósito a definição da disciplina que a lei dispensa ao contrato (injuntiva ou, em regra, supletivamente)[404].

Neste quadro, cremos que não fará sentido a demanda da natureza jurídica de um *tipo contratual legal*, já que essa natureza jurídica não poderá ser outra senão o próprio tipo contratual: o arrendamento terá

1995 – Anotação", *Revista de Legislação e de Jurisprudência*, Ano 129.º (1997), n.º 3862, p. 21; e Miguel Ferreira Martins, *Seguro Financeiro: Seguro-Caução*, Relatório de Mestrado, Lisboa, Faculdade de Direito da Universidade de Lisboa, 2009, pp. 37-39 (polic.). Entre a jurisprudência, Ac. STA de 25/06/1991 (Amâncio Ferreira) – www.dgsi.pt (consult. 26/10/2015).

400 Neste sentido, Januário Costa Gomes, *Assunção Fidejussória de Dívida, cit.*, p. 76, n. 291; Margarida Silva Santos, *Seguro de Crédito, cit.*, pp. 361 ss.

401 António Menezes Cordeiro, *Direito Bancário, cit.*, pp. 838 ss.; Luís Menezes Leitão, *Garantias das Obrigações, cit.*, pp. 145 ss.; Pedro Romano Martinez e Pedro Fuzeta da Ponte, *Garantias de Cumprimento, cit.*, p. 115; Miguel Pestana Vasconcelos, *Direito das Garantias, cit.*, pp. 161 ss.

402 José Vasques, *Contrato de Seguro, cit.*, p. 71.

403 A qualificação de um contrato concreto consiste num juízo de pertença de um contrato a um tipo legal contratual, ou, nas palavras de Pais Vasconcelos, num «juízo predicativo que se traduz no reconhecimento, no contrato concreto, da qualidade de ser de um certo tipo ou de corresponder mais ou menos a esse mesmo tipo» – Pedro Pais Vasconcelos, *Contratos Atípicos*, Coimbra, Almedina, 1995, p. 6.

404 Como refere Mónica Jardim, «[...] da posição adotada [sobre a natureza do contrato] depende a definição do regime jurídico aplicável ao seguro-caução» – Mónica Jardim, *A Garantia Autónoma, cit.*, p. 214.

necessariamente a natureza de... *arrendamento*. De outra forma – ou seja, a admitir-se que um tipo contratual legal pudesse assumir a natureza de outro tipo – seria forçoso construir-se uma hierarquia de tipos legais em função de algum critério, o que não se afigura cientificamente exequível (desde logo por falta de critérios operacionais seguros para a necessária hierarquização).

Por outro lado, se um contrato legalmente típico não poderá assumir a natureza de outro tipo contratual legal (que não aquele a que pertence), então, por maioria de razão, não poderá também assumir a natureza de um contrato legalmente atípico (ainda que socialmente típico).

III – Como tivemos oportunidade de referenciar, a lei estabelece de forma exaustiva o regime do seguro de crédito e do seguro-caução. Assim, estas espécies contratuais são especificamente reguladas por uma lei especial, a LSCC. Esta é complementada por disposições especiais da LCS – artigos 161.º a 166.º, integrados na secção *seguro financeiro*, na parte especial dos *seguros de danos* –, sem prejuízo da expressa remissão para o regime da LSCC e, no que não for incompatível com este, para o regime geral do contrato de seguro (artigo 166.º da LCS). Esta articulação *regime especial / regime geral*, para além de decorrer já das regras gerais de Direito[405], sempre resultaria, de forma expressa, do artigo 2.º da LCS e do n.º 1 do artigo 1.º da LSCC[406]. Por fim, no que se encontrar omisso na LCS, a mesma remete, no seu artigo 4.º, a título subsidiário, para a lei comercial, para a lei civil e para o RJASR.

Havendo, assim, uma disciplina legal exaustiva para as modalidades contratuais em causa, tanto o seguro de crédito como o seguro-caução constituem *contratos típicos* que, pela sua articulação sistemática na LCS e especificidade, constituem subtipos do tipo amplo *contrato de seguro*.

Face ao exposto, podemos, desde já, concluir que o contrato *concreto*[407] que seja qualificado como seguro de crédito ou como seguro-caução

[405] Cfr. José de Oliveira Ascensão, *O Direito – Introdução e Teoria Geral*, 3ª Ed., Lisboa, Fundação Calouste Gulbenkian, 1984, pp. 446 ss.

[406] O propósito da LCS foi o de integrar inequivocamente as modalidade de seguro financeiro no regime geral do contrato de seguro. Cfr. Leonor Cunha Torres, "Artigo 161.º – Anotação", *in* Pedro Romano Martinez *et al.*, *Lei do Contrato de Seguro Anotada*, *cit.*, p. 512.

[407] Quanto à busca, *em abstrato*, da natureza jurídica de uma espécie contratual típica a mesma corresponderá, como foi dito, *a esse mesmo tipo*.

é típico, assumindo a natureza de, respetivamente, *seguro de crédito* ou *seguro-caução* (sem prejuízo de lhe ser igualmente reconhecível a natureza de *contrato de seguro*). Logo, não assumirá a natureza de outro tipo contratual legal (como a *fiança*) nem, por maioria de razão, a de um tipo contratual social (como a *garantia autónoma*).

6.2. A contestação da natureza securitária

I – Sem prejuízo do que acabamos de expor, cumpre analisar brevemente e rebater o argumentário normalmente convocado contra a natureza securitária do seguro de crédito e do seguro-caução.

Assim, um desses argumentos é o de que o incumprimento da obrigação subjacente resulta (senão necessariamente, pelo menos potencialmente) de um ato voluntário – senão mesmo doloso – do devedor, o que poria em causa o caráter fortuito do *risco*, elemento fundamental inerente ao contrato de seguro[408].

Perante esta perspetiva, cumpre sublinhar que o risco implica *incerteza*[409], e que, tanto no seguro de crédito como no seguro-caução a verificação do risco (ocorrência do sinistro) está longe de ser certa, o que necessariamente comprometeria a viabilidade económica da atividade do segurador.

Vários são, por outro lado, os mecanismos contratuais que privam o devedor de incentivo económico à provocação dolosa do sinistro, designadamente, o direito de sub-rogação do segurador na medida do montante pago, a eventual perda de contragarantias prestadas pelo devedor, bem como a oneração em custas e honorários de advogado em caso de titígio.

Em qualquer caso, temos recusado que a *fortuitidade* conste entre as características do risco segurável[410], sendo múltiplos os exemplos de riscos cuja verificação (sinistro) depende da vontade humana. Assim,

[408] Cfr., por exemplo, João de Castro Mendes, *Acerca do Seguro de Crédito*, *cit.*, pp. 12 ss.

[409] Cfr. Luís Poças, *O Dever de Declaração Inicial do Risco no Contrato de Seguro*, *cit.*, pp. 93-95. No âmbito do contrato de seguro, o risco haverá de ser incerto, pelo menos, quanto ao momento da ocorrência, como decorre, por exemplo, da admissibilidade do seguro de vida inteira – Luís Poças, "Os seguros de capitalização", *in* Luís Poças, *Estudos de Direito dos Seguros*, *cit.*, p. 34, n. 81.

[410] Cfr. Luís Poças, *O Dever de Declaração Inicial do Risco no Contrato de Seguro*, *cit.*, p. 95, n. 271.

o princípio securitário da *exclusão da cobertura de atos dolosos*[411] comporta múltiplas exceções[412].

II – Um outro argumento é o de que o risco segurável nos seguros de crédito e caução depende de tantas e tão heterogéneas variáveis que ficaria comprometida a sua aferição estatística, cálculo probabilístico e recondução a classes homogéneas de risco aptas à tarifação do prémio (e, logo, também comprometida a aplicação do princípio da mutualidade, que caracteriza o contrato de seguro, e a própria compensação dos riscos[413]).

Ora, face a este argumento, cumpre observar que, não obstante a solidez estatística do ramo "Vida" não encontrar paralelo nos restantes ramos, o cálculo do prémio nos seguros de crédito e caução está longe de ser discricionário, partindo de uma tarifa e sendo depois ajustado em função do risco concreto incorrido[414].

[411] Este princípio está consagrado no n.º 1 do artigo 46.º e no n.º 2 do artigo 17.º, ambos da LCS, decorrendo do caráter previdencial do contrato de seguro e visando banir a fraude e a especulação. Cfr. Luís Poças, "A cominação civil da fraude na execução do contrato de seguro – Ocorrência e participação do sinistro", *supra*, pp. 81-128; e António Menezes Cordeiro, *Direito dos Seguros, cit.*, p. 677. Sobre o tema, cfr. também Filipe de Albuquerque Matos, "Contrato de seguro – A cobertura de atos dolosos", *in* António José Avelãs Nunes, Luís Pedro Cunha e Maria Inês Oliveira Martins (orgs.) *Estudos em Homenagem ao Prof. Doutor Aníbal de Almeida*, Coimbra, Coimbra Ed., 2012, pp. 677-701.

[412] A título de exemplo, refiram-se os seguros de responsabilidade civil (n.º 1 do artigo 144.º e n.º 2 do artigo 148.º da LCS); a cobertura de atos de medicina preventiva nos seguros de doença; a cobertura de suicídio, após o primeiro ano de vigência do contrato, em seguros de vida (n.º 1 do artigo 191.º da LCS); a cobertura, em seguros de vida ou de acidentes pessoais, do homicídio da pessoa segura pelo tomador do seguro, ou, no caso de garantia complementar de incapacidade, a cobertura de danos corporais provocados pelo tomador do seguro na pessoa segura (artigos 192.º, 193.º e n.º 1 do artigo 211.º, todos da LCS – Luís Poças, "A problemática do homicídio nos seguros de vida", *infra*, pp. 201-235; ou a própria cobertura do risco seguro nos seguros de natalidade, de nupcialidade e nos seguros de vida em caso de vida, em que a verificação do risco resulta de facto intencional da pessoa segura (cfr. artigo 9.º do RJASR – Luís Poças, "Os seguros de capitalização", *cit.*, pp. 34 e 39).

[413] Cfr., por exemplo, José Alves de Brito, "Seguro-Caução: primeiras considerações sobre o seu regime e natureza jurídica", *cit.*, pp. 470 ss.

[414] Jean Bastin, *L'Assurance-Crédit Dans le Monde Contemporain, cit.*, p. 75, afirma precisamente que o que confere à caução «a qualidade de operação de seguro, quando é realizada por uma seguradora, é a técnica utilizada pelas companhias, que mais do que quaisquer outros organismos fazem intervir a compensação dos riscos e estabelecem tarifas geralmente mais diversificadas, baseadas em estatísticas minuciosamente elaboradas».

Quanto ao princípio da mutualidade, o mesmo decorre, quer das técnicas de gestão do segurador na exploração da sua atividade, quer da existência de uma comunidade de segurados sujeitos a riscos da mesma natureza. Em qualquer dos casos, esses pressupostos verificam-se na exploração dos seguros de crédito e caução.

III – Um terceiro argumento – visando predominantemente o seguro-caução – é o de que a função económico-social típica deste contrato seria a de garantia do incumprimento da obrigação subjacente e não a de indemnização de um dano: a prestação do segurador seria *solvendi causa* (como nas garantias) e não indemnizatória (como nos seguros de danos)[415].

É certo que, em torno de uma função comum, alguma doutrina tem evidenciado a afinidade – senão mesmo identidade – entre os seguros e as garantias das obrigações[416]. Perante esta proximidade, a doutrina oriunda do Direito bancário ou das garantias tende, assim, a reclamar para o seguro-caução uma natureza garantística.

Ora, a descrição legal do (sub)tipo seguro-caução evidencia, desde logo, o caráter indemnizatório da prestação do segurador (artigo 162.º da LCS), o que surge, aliás, reforçado por múltiplas disposições da LSCC: n.º 2 do artigo 7.º; alínea d) do n.º 1 do artigo 8.º; n.º 3 do artigo 9.º; artigo 12.º; n.º 6 do artigo 15.º; e n.ºs 1 e 2 do artigo 17.º. Neste quadro, ao segurador compete efetuar uma prestação própria, emergente da ocorrência de um sinistro, e não a prestação inerente ao cumprimento da obrigação subjacente, a qual cumpriria ao tomador-devedor[417].

O facto de a prestação do segurador ter por efeito a solvência de um crédito encontra, ademais, paralelo noutras modalidades de seguro cuja natureza não é questionada: designadamente, os seguros de vida

[415] José Alves de Brito, "Seguro-Caução: primeiras considerações sobre o seu regime e natureza jurídica", *cit.*, p. 477-478; Mónica Jardim, *A Garantia Autónoma*, *cit.*, p. 230.

[416] Carlos Ferreira de Almeida, *Contratos*, Vol. III, Coimbra, Almedina, 2012, pp. 155-156; Margarida Lima Rego, *Contrato de Seguro e Terceiros*, *cit.*, pp. 428 ss., sobretudo 448-449;. Naoki Kanayama, "De l'obligation de 'couverture' à la prestation de 'garantir' – Donner, faire, ne pas faire... et garantir?", *in* AAVV, *Mélanges Christian Mouly*, Vol. II, Paris, Litec, 1998, pp. 376 ss.

[417] Isto não obsta ao reconhecimento de que a função indemnizatória típica gera um *efeito garantístico*, o que, reflexamente, permite também identificar uma função deste teor.

associados a um mútuo (frequentemente, um crédito à habitação ou ao consumo), em que o beneficiário irrevogável é o mutuante; ou os seguros patrimoniais "Não-Vida" (frequentemente, multirriscos habitação ou seguro automóvel de danos próprios) com designação de credor interessado.

Finalmente, carece de rigor a perspetiva 'funcionalista' de *causa* (entendida, em sentido objetivo, enquanto função económica e social) como critério qualificativo, assente na ideia de que cada tipo contratual comporta uma causa própria e distinta da dos outros tipos[418]. Com efeito, em regra, os tipos legais não surgem caracterizados de um prisma funcional. Por outro lado, a função constitui um critério de matriz socioeconómica (e não jurídica), pelo que a identificação da mesma encontra-se no mundo dos factos, e não no próprio tipo. Mais relevante, porém, é a circunstância de não ser exato o pressuposto da perspetiva funcionalista de que a cada tipo corresponderia uma função própria, já que podemos encontrar a mesma função prosseguida por vários tipos, enquanto o mesmo tipo pode desempenhar funções distintas.

Em suma, a natureza jurídica securitária do seguro-caução e do seguro de crédito não é afetada pelo facto de a obrigação típica destas espécies contratuais (prestação indemnizatória do dano resultante do incumprimento de uma obrigação) satisfazer *também*, reflexamente, a função de outros tipos (contratos de garantia).

6.3. A coerência típica dos seguros de crédito e caução

I – Tendo em conta que o propósito da qualificação jurídica de um contrato concreto consiste na determinação do regime jurídico aplicável – supletiva ou injuntivamente – ao mesmo, a defesa de uma natureza de fiança para o seguro-caução (ou de crédito) visa suportar a aplicação direta, àqueles contratos, das regras da fiança, no pressuposto de que a disciplina legalmente definida para os mesmos é insuficiente.

II – Entre os aspetos em que se evidenciaria essa insuficiência estaria a questão de saber-se se o contrato assume caráter de acessoriedade (como

[418] Rui Pinto Duarte, *Tipicidade e Atipicidade dos Contratos*, Coimbra, Almedina, 2000, pp. 94 ss.

resulta para a fiança do n.º 2 do artigo 627.º do CC) ou de autonomia (como o aval e a garantia autónoma)[419].

A questão surge, porém, resolvida nos termos da própria coerência do regime do seguro-caução como subtipo do contrato de seguro. Assim, e desde logo, o seguro-caução é, em termos formais, um contrato consensual (formal *ad probationem*)[420], independentemente da forma da obrigação subjacente. Por outro lado, independentemente do valor da obrigação subjacente, a prestação do segurador tem por limite o dano do credor-segurado, no máximo do capital seguro (artigo 162.º da LCS e n.º 2 do artigo 7.º da LSCC). Finalmente, o segurador poderá opor ao segurado-credor, quer os meios de defesa que resultem do próprio seguro-caução (exceto se, nos termos do n.º 2 do artigo 164.º da LCS e do n.º 4 do artigo 11.º da LSCC, tiver sido convencionada uma cláusula de inoponibilidade)[421], quer os meios de defesa que resultem da obrigação subjacente.

A oponibilidade das exceções inerentes à obrigação subjacente, resulta, desde logo, de o segurador se obrigar a indemnizar um dano. Ora, é condição necessária da ocorrência desse dano que a relação subjacente seja válida e eficaz e, logo, que o tomador-devedor não tenha contra o segurado-credor meios de defesa que obstem ao exercício do seu direito de crédito. Assim, se a relação subjacente for inválida ou se já se tiver extinguido (designadamente, por efeito do cumprimento), então não haverá *sinistro* (incumprimento por parte do tomador-devedor) nem *dano* na esfera do segurado-credor, pelo que o segurador nada teria a indemnizar[422].

Desta forma, a dicotomia *acessoriedade* vs. *autonomia*, que é própria do universo das garantias, não se reflete na coerência da disciplina supletiva do seguro-caução como subtipo de contrato de seguro. Nada impede,

[419] Pedro Romano Martinez e Pedro Fuzeta da Ponte, *Garantias de Cumprimento, cit.*, p. 76.

[420] Cfr. artigo 32.º da LCS, aplicável *ex vi* do artigo 166.º da LCS.

[421] Mesmo que não tenha sido convencionada a inoponibilidade, o n.º 1 do artigo 164.º da LCS, em conjugação com o n.º 3 do artigo 11.º da LSCC, determinam a obrigatoriedade de, em caso de falta de pagamento do prémio, o segurador comunicar o facto ao segurado-credor para que este possa efetuar esse pagamento e evitar, dessa forma, a resolução do seguro-caução.

[422] Admitindo ser esta a solução coerente com o regime do contrato de seguro, Mónica Jardim, *A Garantia Autónoma, cit.*, p. 218.

porém, que, ao abrigo do princípio da autonomia da vontade, as partes convencionem um regime de autonomia ou de automaticidade ("à primeira solicitação"), derrogando o regime supletivo.

III – Outra matéria em que tradicionalmente se suscitava a insuficiência do regime do seguro-caução (e de crédito) era a do reconhecimento – nos termos do artigo 644.º do CC (aplicável à fiança) ou do n.º 1 do artigo 592.º do CC – da sub-rogação do segurador, questão que, como referimos já, está atualmente resolvida à luz do disposto no n.º 2 do artigo 165.º da LCS[423].

Como referimos já (*supra*, 5.4), o que esta disposição consagra, porém, *não é a sub-rogação do garante que haja cumprido a obrigação* (como sucede no artigo 644.º e no n.º 1 do artigo 592.º do CC), mas um outro caso de sub-rogação legal, que encontra o seu sentido na coerência do regime do contrato de seguro: a sub-rogação como corolário do princípio indemnizatório, aplicável aos seguros de danos. Assim, também o direito de o segurador reaver o que haja despendido é consagrado na coerência normativa própria do contrato de seguro, sem necessidade (ou utilidade) em recorrer-se às regras das garantias, designadamente ao regime da fiança.

IV – Sem prejuízo do acima exposto, o facto de o seguro-caução e de o seguro de crédito serem modalidades contratuais típicas, para as quais a lei estabelece um regime, em grande medida, exaustivo, não impediria – em caso de lacuna deste regime quanto a alguma matéria – a aplicação *analógica* (não direta) de uma solução definida para outro tipo contratual (a fiança, por exemplo), na medida em que a analogia se verificasse. O que não poderá ocorrer é o afastamento do regime legal típico com o propósito de aplicação da disciplina de outro tipo contratual legal.

7. Conclusões

Ao longo deste texto, tivemos oportunidade de colocar em evidência o surgimento tardio – no contexto geral da história do contrato de seguro – do seguro de crédito e do seguro-caução, sublinhando as afinidades

[423] Alguma doutrina configura a hipótese de uma dupla sub-rogação no caso do seguro-caução indireta – Luís Menezes Leitão, *Garantias das Obrigações*, *cit.*, p. 157; e Miguel Pestana Vasconcelos, *Direito das Garantias*, *cit.*, p. 174.

históricas e de regime (em grande medida, comum) que permitem a agregação das duas modalidades numa mesma categoria (sob a denominação inicial de *seguro de créditos*, em sentido amplo, e mediante a designação atual de *seguro financeiro*, no âmbito da LCS). Neste quadro, o critério de distinção entre as duas modalidades é essencialmente estrutural.

O seguro de crédito e o seguro-caução apresentam alguns traços especiais de disciplina legal face ao regime geral do contrato de seguro (a que também estão subordinados). As duas modalidades contratuais constituem, assim, subtipos contratuais do tipo amplo *contrato de seguro*, resultando, do nosso ponto de vista, inconsistentes os argumentos que visam contestar a natureza securitária das mesmas e o reconhecimento em ambas de uma natureza garantística.

VI
A problemática do homicídio nos seguros de vida[424]

Por vezes, o benefício resulta de uma perda
E, por vezes, a perda resulta de um benefício

LAO TZU, *Tao Te Ching*, Cap. 42

1. Especulação, homicídio e interesse nos seguros de vida
1.1. O período especulativo dos seguros de vida

I – O homicídio suscita problemáticas indissociáveis do surgimento e da prática inicial do seguro de vida, bem como da aplicabilidade, a este subtipo contratual, do requisito do interesse segurável.

Na sua origem – que podemos situar na transição do séc. XIII para o XIV[425] – o contrato de seguro surge como uma solução original, condi-

[424] O presente texto foi publicado na *Revista de Direito e de Estudos Sociais*, Ano LVI, n.º 4 (out.-dez. 2015), pp. 87-127.

[425] Eduardo Vera-Cruz Pinto, "Os seguros marítimos nas rotas portuguesas do ultramar: Uma perspetiva histórico-jurídica (séculos XV-XVI)", *Revista da Faculdade de Direito da Universidade de Lisboa*, Vol. XXXIX, n.º 1, 1998, p. 260; Antonio La Torre, *L'Assicurazione nella Storia delle Idee*, Firenze, Assicurazioni, 1995, p. 111; e Ennio de Simone, *Breve Storia delle Assicurazioni*, 2ª Ed., Milano, Franco Angeli, 2011, p. 16.

cionada, por um lado, pela circunstância de o Direito romano não conter soluções previdenciais estruturalmente semelhantes e, por outro lado, pelo facto de o Direito canónico, ainda que reprovando o juro (e, em geral, as práticas consideradas usurárias), tolerar os contratos aleatórios, como o de aposta, desde que celebrados sem causa desonesta.

De início, portanto, o contrato de seguro pouco se distinguia do de aposta, sendo frequentes os negócios sobre o sucesso ou insucesso de empreendimentos alheios (nos quais o apostador não tinha interesse próprio e cujo fracasso não lhe causava, de igual modo, qualquer dano)[426]. Além da ausência de uma função previdencial, esta configuração especulativa do seguro era frequente fonte de fraudes. Neste quadro, o processo de progressiva institucionalização do tipo contratual traduziu-se num esforço de o autonomizar e distinguir do jogo e aposta e de lhe limitar os contornos especulativos.

II – São conhecidos exemplos de seguros de vida ainda no séc. XIV, quer se tratasse, em alguns casos raros, de seguros sobre a própria vida; quer de situações mais frequentes de seguros sobre o risco de morte de uma mulher durante o parto (caso em que o seguro era subscrito pelo pai do nascituro, ou, sendo a parturiente uma escrava, pelo respetivo proprietário); e ainda os seguros sobre a vida de um terceiro. Nesta última situação, poder-se-ia tratar, em substância, de uma aposta feita sobre a vida de alguém em quem o tomador não tinha interesse, ou de um contrato celebrado por um credor para salvaguardar o seu crédito em caso de morte do devedor[427].

As primeiras configurações contratuais que estipulavam uma prestação em caso de morte ou sobrevivência de uma pessoa assumiam caráter especulativo numa dupla vertente. Por um lado, não assentavam em quaisquer bases probabilísticas sólidas, mas num pacto inteiramente aleatório. Por outro lado, quando inexistisse, fora do contrato, qualquer interesse do tomador do seguro na vida da pessoa segura, o contrato assumia, como foi já referido, uma função de jogo de azar sobre a vida humana (frequentemente sobre a sobrevivência de personalidades públicas, como

[426] Ennio de Simone, *Breve Storia delle Assicurazioni, cit.*, p. 13.
[427] Ennio de Simone, *Breve Storia delle Assicurazioni, cit.*, p. 22.

alguns nobres, os monarcas, o Papa, etc.)[428]. Daí que o móbil do capital pactuado servisse, por vezes, de estímulo à viciação da *alea* contratual, caso em que a pessoa segura – em regra, ignorando a própria existência do contrato sobre a sua vida – poderia sofrer um fim trágico de origem criminosa.

Pelo seu inicial caráter especulativo, o seguro sobre a vida humana viu-se, assim, objeto de reprovação moral, religiosa e até jurídica na generalidade dos ordenamentos continentais. Por um lado, no plano dos princípios, por se entender que a vida humana deveria estar fora do comércio. Por outro lado, por razões pragmáticas, por se entender que estimulava o homicídio. Com efeito, como refere José da Silva Lisboa, «a respeito das pessoas livres, muitas Nações têm proibido o Seguro de vida, por parecer contrário à dignidade do homem, e de mau agouro, porque pode dar ocasião a celerados a cometerem enormes delitos, para a destruição da existência dos Segurados»[429].

Desta forma, no início do séc. XIX a exploração dos seguros de vida estava ainda proibida em países como a França, Portugal – onde só viria a ser admitida a partir do Código Comercial (doravante CCom) de 1833 – ou o Brasil, onde só teve cabimento legal com o Código Civil (doravante, CC) de 1916.

III – Por contraste com os ordenamentos da Europa continental, o seguro de vida, na sua vertente especulativa, encontrou forte recetividade em Inglaterra. Aí, a primeira apólice conhecida de seguro de vida foi emitida pela *Bolsa Real de Londres* em 18 de junho de 1583. Em 1706, a Rainha Ana autorizou o segurador *Amicable Society* a explorar os seguros de vida numa base contínua e estável, seguindo-se-lhe, em 1721, a *Royal Exchange* e a *London Assurance*[430].

428 Luís Poças, *Estudos de Direito dos Seguros*, Porto, Almeida & Leitão, 2008, p. 62.

429 José da Silva Lisboa, *Princípios de Direito Mercantil e Leis de Marinha para Uso da Mocidade Portuguesa, Destinada ao Comércio, Divididos em Oito Tratados Elementares, Contendo a Respetiva Legislação Pátria, e Indicando as Fontes Originais dos Regulamentos Marítimos das Principais Praças da Europa*, I, Lisboa, Impressão Régia, 1815, p. 50.

430 Cfr. Luca Buttaro, "Assicurazione sulla vita", *in* AAVV, *Enciclopedia del Diritto*, Vol. III, Varese, Giuffrè Ed., 1958, p. 608; e Álvaro Villela, *Seguro de Vidas – Esboço Histórico, Económico e Jurídico*, Coimbra, Imprensa da Universidade, 1898, p. 40.

Ao longo de todo este período, a utilização dominante do seguro de vida oscilou entre uma função previdencial, motivada pela aversão ao risco, e uma função especulativa, que resultava da propensão para o risco (o seguro de vida como jogo ou aposta)[431].

A utilização especulativa do seguro de vida – na dupla vertente atrás assinalada – iria, porém, conhecer o seu fim na segunda metade do séc. XVIII. Quanto à falta de base probabilística do contrato, a mesma foi superada com o desenvolvimento das tábuas de mortalidade e o cálculo do prémio com base numa tábua, adotados, pela primeira vez, pela *English Equitable Life Assurance Society*, em 1766[432]. Relativamente à indiferença extracontratual do tomador do seguro sobre a vida da pessoa segura, a solução proveio de fonte legal. Assim, a *Gambling Act* (ou *Life Insurance Act*) de 1774, de Jorge III, veio exigir ao seguro de vida requisitos semelhantes aos dos seguros de danos, a saber: o interesse segurável do tomador do seguro na vida da pessoa segura; e um capital limitado ao valor do interesse.

Assim, com o termo da aposta especulativa sobre a vida alheia sob a forma de seguro de vida, veio a prevenir-se a motivação económica que este contrato representava como móbil para a prática de homicídio sobre pessoas seguras, às quais o contrato era alheio e desconhecido.

1.2. Interesse e princípio indemnizatório

I – Pela sua relevância na matéria que ora nos prende, importa consagrar uma breve análise ao conteúdo e alcance da *Gambling Act* de 1774. Cumpre referir, em primeira linha, que as medidas acolhidas neste diploma tinham já precedente em legislação anterior. Com efeito, o primeiro ato legislativo inglês de substância no domínio do seguro marítimo, a *Marine Insurance Act* de 1745, visando igualmente banir as apostas sobre empreendimentos marítimos alheios formalizadas como contratos de seguro marítimo, veio exigir o requisito do interesse segurável, impondo

[431] Cfr. um estudo abrangente do seguro de vida no contexto social inglês desta época, em Geoffrey Clark, *Betting on Lives: The Culture of Life Insurance in England, 1695-1775*, Manchester, Manchester University Press, 1999.

[432] Poucos anos depois, a mesma seguradora adotou um modelo preciso de avaliação do lucro em seguros de vida, com base na mortalidade atual e expectável – Niels Viggo Haueter, *A History of Insurance*, Zurich, Swiss Re, 2013, p. 9.

ao segurado a existência de um interesse económico próprio no objeto seguro[433]. Foi um requisito equivalente que a *Gambling Act* visou adaptar ao seguro de vida.

O diploma em análise resume-se a quatro breves disposições. Desde logo, o preâmbulo enuncia expressamente o problema que a lei pretendia solucionar: a celebração de seguros de vida sem interesse na pessoa segura tinha vindo a gerar um pernicioso tipo de jogo («*a mischievous kind of gaming*»). Neste quadro, a secção 1 proíbe, sob cominação de nulidade, a celebração de seguros de vida exceto se a pessoa ou pessoas para cujo uso, benefício, ou por conta de quem as apólices sejam constituídas («*person or persons for whose use, benefit, or on whose account such policy or policies shall be made*») tiver um *interesse* na vida ou morte da pessoa segura.

Por seu turno, a secção 2 estabelece o requisito legal de necessária *inscrição na apólice da identidade do interessado*, ou pessoa para cujo uso, benefício, ou por conta de quem a apólice tenha sido subscrita. Acrescenta a secção 3 que em todos os casos em que o segurado (*insured*) tenha interesse naquela vida (da pessoa segura), não poderá receber do segurador um capital superior ao valor do seu interesse nessa vida. Finalmente, a secção 4 esclarece que as disposições precedentes não tolhem a validade do seguro marítimo.

II – Como referimos, o requisito do interesse – estabelecido pela *Marine Insurance Act* de 1745, para o seguro marítimo, para eliminação do uso especulativo desse contrato – assume uma dupla vertente: por um lado, requer-se que haja por parte do segurado um interesse extracontratual no objeto seguro, de tal modo que o segurado tenha um benefício com a preservação desse objeto e sofra um prejuízo patrimonial com a destruição do mesmo[434]. Por outro lado, estabelece-se que a indemnização que o segurado haja de receber do segurador em virtude da ocorrência de um sinistro não pode ser superior ao valor desse interesse (ou seja, ao valor do dano sofrido).

433 As disposições da *Marine Insurance Act* de 1745 vigoraram até à sua incorporação na *Marine Insurance Act* de 1906. Cfr. Andrew W. Baker / Hatty Sumption (Eds.), *Marine Insurance Legislation*, 5ª Ed., Oxon / New York, Informa Law from Routledge, 2014, p. lxi.

434 Cfr. secção 5 da *Marine Insurance Act* de 1906.

Verifica-se, assim, uma sobreposição parcial com o princípio indemnizatório, segundo o qual, em termos simplistas, o segurado não pode ser indemnizado pelo segurador se não sofrer um dano patrimonial com o sinistro e a indemnização a liquidar pelo segurador não poderá exceder o valor daquele dano[435].

O princípio indemnizatório cumpre, desta forma, a mesma função do requisito do interesse: eliminar a utilização especulativa do contrato de seguro, assegurando o respetivo caráter previdencial e prevenindo a fraude. Portanto, do nosso ponto de vista, quer o princípio do interesse quer o princípio indemnizatório constituem corolários de um mais lato princípio da não especulação (ou da previdência) no contrato de seguro[436].

1.3. O problema e a solução nos seguros de vida

I – Vejamos agora como a questão se coloca nos seguros de vida. Começando pelo princípio indemnizatório, alguma doutrina veio a defender o caráter unitário do contrato de seguro à luz deste princípio, que abrangeria tanto os seguros de danos como os de pessoas[437]. Esta perspetiva revela-se, porém, incoerente com o regime dos seguros de vida, onde o segurador é obrigado ao pagamento do capital convencionado quer haja ou não um dano patrimonial do beneficiário designado[438] e

[435] Sobre o princípio indemnizatório, cfr. Francisco Rodrigues Rocha, *Do Princípio Indemnizatório no Seguro de Danos*, Coimbra, Almedina, 2015.

[436] Luís Poças, "A cominação civil da fraude na execução do contrato de seguro – Ocorrência e participação do sinistro", *supra*, pp. 118-119.

[437] Cfr., por exemplo, Luca Buttaro, "Moderni orientamenti sul concetto giuridico di assicurazione nella dottrina italiana", *in* AIDA (Org.), *Atti del Primo Congresso Internazionale di Diritto delle Assicurazioni*, Vol. I, Milano, Giuffrè Ed., 1963, pp. 291-293; Albert Chaufton, *Les Assurances:Leur Passé, Leur Présent, Leur Avenir*, Paris, Librairie A. Marescq Ainé, 1884, pp. 4 e 189; Antígono Donati, *Trattato del Diritto delle Assicurazioni Private*, Vol. II, Milano, Giuffrè Ed., 1954, pp. 20 ss.; Rodrigo Urìa, "Orientaciones modernas sobre el concepto jurídico del seguro en la doctrina española e hispanoamericana", *in* AIDA (Org.), *Atti del Primo Congresso Internazionale di Diritto delle Assicurazioni, cit.*, pp. 341-374.

[438] Com efeito, poderá verificar-se que o beneficiário não teve qualquer dano patrimonial (ou não patrimonial), quer porque a pessoa segura não gerasse rendimentos ou representasse até um encargo (por exemplo, por se encontrar em situação de desemprego, de reforma ou de invalidez); quer porque fosse outrem a beneficiar daqueles rendimentos ou a suportar despesas de funeral; quer porque a morte possa ter até representado uma vantagem

independentemente do respetivo valor[439]. De resto, é possível a celebração de vários contratos sobre o mesmo risco, não havendo limite para o capital nem existindo sub-rogação do segurador sobre terceiro responsável pela ocorrência da morte, designadamente por homicídio[440]. Atenta a circunscrição legal do princípio indemnizatório aos seguros de danos – cfr., entre nós, os artigos 128.º a 136.º do Regime Jurídico do Contrato de Seguro, aprovado pelo Decreto-Lei n.º 72/2008, 16 de abril (Lei do Contrato de Seguro, doravante LCS) – cremos pacífica a inaplicabilidade do princípio indemnizatório aos seguros de vida.

II – Quanto ao princípio do interesse, a aplicabilidade do mesmo aos seguros de vida – defendida por alguma doutrina[441] – nos moldes referidos, suscitaria igualmente dificuldades incontornáveis. Desde logo, a forma de aferir esse "interesse", já que, a entender-se que o n.º 3 do artigo 43.º da LCS exige tal requisito para os seguros de vida, nenhum critério é aí definido (diversamente do critério patrimonial acolhido no n.º 2 do mesmo preceito para os seguros de danos), mencionando-se apenas (n.º 1) um interesse digno de proteção legal. A *Gambling Act*, como vimos, apontava para um critério patrimonial, mas este é praticamente indemonstrável, para além de que requereria também a demonstração do valor do interesse, ainda mais problemática (de tal modo que levou à inaplicabilidade do princípio indemnizatório aos seguros de vida). Mas o alargamento do requisito a um interesse moral – caridade, filantropia,

patrimonial para o beneficiário (por exemplo, dando origem a uma herança a favor do mesmo). Também nos seguros em caso de vida não há qualquer dano associado ao evento seguro. Alguma doutrina, perante a dificuldade de aferição do dano em seguros de vida, alude a uma presunção de dano e da respetiva correspondência ao valor seguro – Pedro Romano Martinez, "Contrato de seguro: Âmbito do dever de indemnizar", *in* António Moreira / M. Costa Martins (Coords.), *I Congresso Nacional de Direito dos Seguros – Memórias*, Coimbra, Almedina, 2000, p. 157.

439 A considerar-se que o dano corresponderia ao rendimento presente e futuro da pessoa segura (que cessaria com a morte), a correspondência entre o capital seguro e esse dano obrigaria a um reajustamento permanente do capital seguro.

440 Cfr. Luís Poças, *Estudos de Direito dos Seguros*, *cit.*, pp. 64 ss. e 70 ss.

441 Cfr., por exemplo, José Vasques, *Contrato de Seguro – Notas Para Uma Teoria Geral*, Coimbra, Coimbra Editora, 1999, pp. 134-136.

amor, generosidade, compaixão, convicção religiosa, ideológica, política, etc.[442] – impossibilitaria mesmo qualquer aferição objetiva.

A outra dificuldade respeita à pessoa relativamente a quem haveria de aferir-se esse interesse: o tomador do seguro, que subscreve o contrato? Os beneficiários designados, que recebem a prestação do segurador? Considerem-se, adicionalmente, as seguintes dificuldades: os contratos de seguro de vida comportam benefícios em caso de vida, em caso de morte, ou ambos cumulativamente; pode haver pluralidade de beneficiários (simultâneos ou sucessivos); os mesmos podem ser indeterminados (definidos por uma categoria genérica) ou desconhecidos (designados em carta fechada); ou podem ser alterados a todo o tempo; e o tomador do seguro pode transmitir a sua posição (*inter vivos* ou *mortis causa*), ou ser uma pessoa coletiva. Perante todos estes fatores, e considerando a indeterminação da noção de interesse, a aplicabilidade do requisito do interesse aos seguros de vida é pura e simplesmente inexequível[443].

III – Neste quadro, face às dificuldades enunciadas, a configuração do princípio da previdência (ou da não especulação) nos seguros de vida assumirá o caráter de um *interesse presumido* do tomador do seguro, que assenta no expediente prático da verificação de determinados pressupostos legais.

No n.º 3 do artigo 43.º da LCS esse pressuposto é o consentimento da pessoa segura para a cobertura do risco. Já no caso do ordenamento brasileiro, por exemplo, o artigo 790.º do CC exige uma declaração do proponente, sob pena de falsidade, quanto ao seu interesse pela preservação da vida da pessoa segura, presumindo-se esse interesse (no caso, presunção ilidível), quando aquele seja cônjuge, ascendente ou descendente desta.

IV – Constatámos a relevância do homicídio como potencial consequência perversa da utilização especulativa do seguro de vida, mitigada pela introdução de medidas legais no sentido da eliminação dessa utilização especulativa.

[442] Cfr. Luís Poças, *Estudos de Direito dos Seguros, cit.*, p. 72, n. 210.

[443] Cfr., desenvolvidamente, Luís Poças, *O Dever de Declaração Inicial do Risco no Contrato de Seguro*, Coimbra, Almedina, 2013, pp. 543 ss.

Porém, a relevância da eventualidade de homicídio sobre a pessoa segura – quer o mesmo seja cometido por um terceiro alheio ao contrato, quer o seja pelo tomador do seguro ou beneficiário – não se esgota aí. Disso daremos nota nos capítulos seguintes.

2. A problemática no Código Comercial de 1888

2.1. O sentido e alcance do artigo 458.º

I – Na vigência do CCom de 1888, a eventualidade, num seguro de vida, de homicídio da pessoa segura, encontrava disciplina no artigo 458.º. Aí se dispõe que o segurador *não é obrigado a pagar a quantia segura*: (1.º) se a morte da pessoa, cuja vida se segurou, é resultado de duelo, condenação judicial, suicídio voluntário, crime ou delito cometido pelo segurado, *ou se este foi morto pelos seus herdeiros*; e (2.º) se aquele que reclama a indemnização *foi autor ou cúmplice do crime da morte da pessoa*, cuja vida se segurou. Esclarece o § único que a disposição do n.º 1 não é aplicável ao seguro de vida contratado por terceiro.

Literalmente, resulta do preceito que, verificando-se o homicídio da pessoa segura, o segurador fica exonerado da sua prestação de capital – podendo pagá-la ou não, de acordo com uma decisão discricionária – em duas situações. Por um lado, correspondendo o tomador do seguro à pessoa segura, se esta tiver sido morta pelos herdeiros. Por outro lado, independentemente de o tomador corresponder à pessoa segura, se esta for vítima de homicídio em que seja autor ou cúmplice o beneficiário.

II – A *ratio* do preceito, tal como foi identificada pela generalidade da doutrina, prendia-se com os requisitos do risco segurável, que estaria circunscrito à ocorrência de factos fortuitos, aleatórios, sem intervenção humana voluntária (mormente, intencional)[444]. Por outro lado, visar-se-

[444] Adriano Anthero, *Comentário ao Código Comercial Português*, Vol. II, Porto, Artes & Letras, 1915, p. 213; e Álvaro Villela, *Seguro de Vidas – Esboço Histórico, Económico e Jurídico, cit.*, p. 206. Como corrobora Luiz Cunha Gonçalves, «o segurador fica desobrigado de pagar o capital segurado sempre que a morte não é devida a caso fortuito, mas sim a uma causa deliberada ou provocada pelo próprio segurado, ou por quem aproveita com o seguro» – Luiz Cunha Gonçalves, *Comentário ao Código Comercial Português*, Vol. II, Lisboa, Ed. José Bastos, 1916, p. 635. Defendendo atualmente o caráter fortuito do risco segurável, cfr., p. ex., M. Costa Martins, "Considerações sobre a 'fraude' em seguros", *in* António Moreira / M. Costa Martins (Coords.), *I Congresso Nacional de Direito dos Seguros – Memórias, cit.*, p. 175,

-ia igualmente prevenir a instrumentalização especulativa do contrato, evitando que este servisse de móbil à prática de crimes[445].

O sentido do preceito é, em qualquer caso, vítreo. Sendo a morte culposamente provocada pelos herdeiros ou beneficiários (com o móbil, respetivamente, da herança ou do capital seguro), o risco associado a tal avidez está fora da esfera da *alea* contratada. Tratando-se de um risco não coberto contratualmente, não tem o segurador de cumprir a sua prestação. Como sinteticamente sublinha Cunha Gonçalves, «o artigo 458.º exonera o segurador da sua obrigação quando [...] o segurado foi morto pelos seus herdeiros, ou o beneficiário foi autor ou cúmplice da morte do segurado»[446]. A segunda *ratio* referida, isoladamente tomada, poderia sustentar o entendimento de que o segurador estaria exonerado apenas perante o(s) beneficiário(s) homicida(s), sem prejuízo da obrigação de liquidação do capital a outrem (outros beneficiários ou herdeiros). Porém, é inequívoca a letra do preceito quanto ao alcance da cominação e clara a sua *ratio* principal, tal como resulta da conjugação das várias circunstâncias previstas[447].

n. 14; e Carlos Harten, *El Deber de Declaración del Riesgo en el Contrato de Seguro – Exposición y Crítica del Modelo Brasileño y Estudio del Derecho Comparado*, Salamanca, Ratio Legis, 2007, p. 34. Sobre as características do risco segurável, cfr. ainda Pedro Romano Martinez, *Direito dos Seguros – Apontamentos*, Cascais, Principia, 2006, p. 58; Maria Inês Oliveira Martins, *O Seguro de Vida Enquanto Tipo Contratual Legal*, Coimbra, Coimbra Editora, 2010, pp. 274 ss.; Margarida Lima Rego, *Contrato de Seguro e Terceiros – Estudo de Direito Civil*, Coimbra, Coimbra Editora, 2010, pp. 67 ss.; José Vasques, "Contrato de seguro: Elementos essenciais e características", *Scientia Ivridica*, Tomo LV, n.º 307, 2006, p. 513.

445 Adriano Anthero, *Comentário ao Código Comercial Português*, Vol. II, *cit.*, p. 213. Como também refere Álvaro Villela, *Seguro de Vidas – Esboço Histórico, Económico e Jurídico*, *cit.*, p. 206, «o mesmo seguro, para não desandar numa instituição dissolvente, não deve oferecer um estímulo para delinquir». Para além da vertente moral desta *ratio*, a mesma reflete-se também numa característica apontada ao risco segurável. Com efeito, este é, por definição, um risco exógeno – exterior ao contrato de seguro – mas não induzido por efeito do mesmo (como é o caso quando o sinistro é provocado com o móbil de auferir da prestação do segurador). Cfr., p. ex., Mark R. Greene, *Risk and Insurance*, 3ª Ed., Cincinnati, South-Western Publishing, 1973 – trad. espanhola, *Riesgo y Seguro*, 2ª Ed., Madrid, MAPFRE, 1976, pp. 82-83.

446 Luiz Cunha Gonçalves, *Comentário ao Código Comercial Português*, Vol. II, *cit.*, p. 635.

447 Reconhecendo também que a solução do CCom consiste na exclusão do risco e na desvinculação do segurador – embora contestando-a de *iure condendo* – José Carlos Moitinho de Almeida, *O Contrato de Seguro no Direito Português e Comparado*, Lisboa, Livraria Sá da Costa, 1971, pp. 390-391; e Arnaldo Costa Oliveira, "Artigo 192.º – Anotação", *in* Pedro Romano

III – Embora a solução não resulte literalmente do preceito, pensamos que, atendendo à sua *ratio*, a mesma cominação seria aplicável, por interpretação extensiva, aos casos em que, não coincidindo o tomador do seguro com a pessoa segura nem com o beneficiário (mas sendo, como é regra, o beneficiário designado por aquele), fosse o tomador o autor do homicídio da pessoa segura.

IV – Questão relevante é a do sentido do § único do artigo 458.º nos casos de seguro de grupo contributivo. Com efeito, num caso objeto de litígio, verificou-se, no âmbito de um seguro contributivo, o homicídio do aderente (pessoa segura) por um dos seus herdeiros, tendo a questão sido apreciada no Acórdão do Supremo Tribunal de Justiça de 05/05/2011 – Processo n.º 283/10.8TVLSB.S1 (Martins de Sousa) – www.dgsi.pt. Entendeu o tribunal que, assumindo-se o contrato de seguro de grupo como seguro sobre a vida de terceiro, a seguradora nunca ficaria desobrigada da entrega do capital seguro ao respetivo beneficiário, por efeito do disposto no § único do artigo 458.º do CCom.

Ora, como veio a sublinhar-se na LCS (já em vigor, aliás, à data do acórdão), a estrutura complexa do seguro de grupo reveste-se, no caso do seguro contributivo, de uma configuração particular. Aqui, o aderente assume um papel de muito maior proeminência do que no seguro não contributivo, quer como titular de direitos (designadamente, de informação), quer como sujeito a obrigações, mormente a do pagamento do prémio. Desta forma, a posição de aderente num seguro de grupo contributivo é, em tudo, análoga à de um tomador do seguro numa apólice individual. Como se refere no Preâmbulo da LCS (e se reflete no regime

Martinez *et al.*, *Lei do Contrato de Seguro Anotada*, 2ª Ed., Coimbra, Almedina, 2011, p. 555. Diferente interpretação, que parece desatender da *ratio* e da letra do preceito, é a sustentada por José Vasques, *Contrato de Seguro – Notas Para Uma Teoria Geral*, *cit.*, pp. 358-359, para quem, por um lado, o segurador sempre ficaria obrigado ao pagamento das reservas matemáticas e, por outro lado, sendo a pessoa segura morta pelos seus herdeiros, o segurador só ficaria exonerado se estes fossem os beneficiários. Também neste sentido, transformando os argumentos de *iure condendo* de Moitinho de Almeida em critério de interpretação de *iure condito*, cfr. o Acórdão do Supremo Tribunal de Justiça de 05/05/2011 – Processo n.º 283/10.8TVLSB.S1 (Martins de Sousa) – www.dgsi.pt, onde se afirma que «o homicídio doloso do segurado às mãos do herdeiro não exclui o risco nem desvincula a seguradora face aos demais herdeiros que nele não tiveram qualquer participação».

dos artigos 86.º ss. deste diploma), «nos contratos de seguro de grupo em que os segurados contribuem para o pagamento, total ou parcial, do prémio, a posição do segurado é substancialmente assimilável à de um tomador do seguro individual».

Mal andou, assim, o Supremo Tribunal de Justiça, ao prender-se ao formalismo da existência, no seguro de grupo contributivo, de um tomador (muitas vezes com um papel meramente instrumental) diverso do aderente, para invocar o § único do artigo 458.º e, dessa forma, recusar a aplicação do n.º 1 desse artigo.

2.2. Os efeitos da declaração de indignidade

Quando a designação beneficiária indique, sem os nomear, os herdeiros da pessoa segura (como categoria genérica), e o homicídio da mesma se produza por ação de um deles, poder-se-á, no quadro do CCom, suscitar a questão de saber se, afastado o herdeiro homicida da sucessão por indignidade sucessória (nos termos da alínea a) do artigo 2034.º do CC), o segurador poderá, ainda assim, exonerar-se da sua prestação.

A questão decorre do facto de os efeitos da indignidade se reportarem, nos termos do artigo 2037.º do CC, à data da abertura da sucessão, sendo que então, afinal, já o homicida não seria um herdeiro nem, no quadro da designação beneficiária, um beneficiário[448].

Cremos que os termos desta equação – que não é meramente teórica, tendo já sido alvo de controvérsia jurisprudencial – assentam, na verdade, num formalismo conceitual, desvirtuador da materialidade dos factos. Na verdade, o que releva, face à *ratio* do artigo 458.º do CCom, é se a morte resulta da prática de um crime por quem tinha a expectativa de, na qualidade de herdeiro ou beneficiário, vir a retirar um proveito da morte da pessoa segura (apostando, naturalmente, que a autoria do crime não seria descoberta).

A desaplicação do artigo 458.º como consequência da declaração de indignidade sucessória do homicida levaria, aliás, ao completo esvaziamento do conteúdo útil daquele artigo, já que, por efeito da indignidade

[448] José de Oliveira Ascensão, *Direito Civil – Sucessões*, Coimbra, Coimbra Editora, 1987 (reimpr.), pp. 150 ss.; Carlos Pamplona Corte-Real, *Direito da Família e das Sucessões*, Vol. II – Sucessões, Lisboa, Lex, 1993, pp. 207 ss.

(ou da perda da qualidade de beneficiário), nunca seria aplicável aos casos em apreço a cominação do mencionado preceito.

Importa também referir que, quando a designação beneficiária remeta genericamente para os *herdeiros legais*, o que está em causa é o critério de determinação dos beneficiários por morte da pessoa segura, não tendo por efeito alterar a natureza da prestação do segurador. Ora, esta é, em qualquer caso, uma prestação que nasce, por via contratual, diretamente na esfera dos beneficiários designados, e não uma transmissão por morte, aos herdeiros, de parte do património da pessoa falecida.

3. A matéria à luz da Lei do Contrato de Seguro

3.1. A regra: alcance, fundamentos e pressupostos

I – Moitinho de Almeida assinala uma tendência dicotómica na regulação do homicídio no domínio do contrato de seguro: por um lado, a exclusão do risco e a desvinculação do segurador; por outro, a exclusão do beneficiário homicida, mantendo-se a vinculação do segurador para com outro beneficiário[449]. Na primeira solução, o fundamento do regime residirá na quebra do sinalagma contratual, caso em que o homicídio da pessoa segura estaria fora da esfera do risco segurável; na segunda, esse fundamento será a imoralidade – violadora da ordem pública – do pagamento do capital seguro ao homicida da pessoa segura[450]. Se, como vimos, a primeira orientação (mais tradicional) foi a seguida pelo CCom, já a LCS segue a segunda solução (atualmente dominante no Direito comparado).

Com efeito, nos termos do artigo 192.º da LCS, sob a epígrafe *Homicídio*, o autor, cúmplice, instigador ou encobridor do homicídio doloso da pessoa segura, ainda que não consumado, perde o direito à prestação, aplicando-se, salvo convenção em contrário, o regime da designação beneficiária.

II – Relativamente ao alcance do artigo 192.º da LCS, podem suscitar-se dúvidas quanto à sua articulação com o artigo 46.º do mesmo diploma.

[449] José Carlos Moitinho de Almeida, *O Contrato de Seguro no Direito Português e Comparado*, *cit.*, p. 390.

[450] Cfr. Carmen Boldó Roda, *El Beneficiario en el Seguro de Vida*, Barcelona, Bosch Ed., 1998, pp. 309 ss.

Com efeito, esta disposição acolhe a regra geral segundo a qual: (n.º 1) o segurador não é obrigado a efetuar a prestação convencionada em caso de sinistro causado dolosamente *pelo tomador do seguro ou pelo segurado*; e (n.º 2) o *beneficiário* que tenha causado dolosamente o dano não tem direito à prestação.

À luz desta regra, o artigo 192.º seria apenas uma manifestação do n.º 2 do artigo 46.º, não derrogando o n.º 1 deste artigo. Assim, o homicídio doloso em que participasse o *tomador do seguro* exoneraria o segurador da sua prestação, enquanto a participação de *terceiro beneficiário* manteria o segurador obrigado à mesma (excluindo embora o homicida do benefício).

Não cremos que esta interpretação mereça acolhimento. Desde logo, porque o n.º 1 do artigo 46.º admite exceção legal – seria o caso do artigo 192.º – e a letra deste não restringe o seu âmbito ao *terceiro* beneficiário (abrangendo, portanto, também o tomador que seja beneficiário). Depois, porque a regra do artigo 46.º visa os seguros de danos, caso em que, produzindo-se o dano na esfera do tomador do seguro ou segurado, fará sentido que o segurador fique exonerado perante estes. Já no caso do seguro de vida (em que a potencial vítima é a pessoa segura), ocorrendo o homicídio por ação do tomador não beneficiário, a exoneração do segurador faria com que este retirasse uma vantagem do homicídio em prejuízo de um terceiro – o beneficiário – não participante no crime (portanto, inocente). Assim, o artigo 192.º tem por alcance o titular do direito à prestação do segurador, quer se trate de um terceiro beneficiário ou do próprio tomador do seguro.

III – Como vimos, a regulação tradicional da matéria remetia-nos para o princípio da *exclusão da cobertura de atos dolosos* – consagrado no n.º 1 do artigo 46.º e que encontra igualmente expressão no n.º 2 do artigo 17.º, e nos artigos 191.º e 141.º, todos da LCS – o qual se prende com as características do risco segurável e, sobretudo, com o caráter previdencial do contrato de seguro, visando banir a fraude e a especulação[451].

[451] António Menezes Cordeiro, *Direito dos Seguros*, Coimbra, Almedina, 2013, p. 677; Luís Poças, "A cominação civil da fraude na execução do contrato de seguro – Ocorrência e participação do sinistro", *supra*, pp. 117 ss. Este princípio comporta, porém, múltiplas exceções na prática contratual e no quadro legal. A título de exemplo, cite-se: a possibilidade de

Porém, a cominação do preceito em análise não resulta numa exclusão de cobertura. Assim, a *ratio* do mesmo assenta, do nosso ponto de vista, no princípio da *perda da prestação por ato doloso do beneficiário*, que encontra consagração no n.º 2 do artigo 46.º da LCS e que se encontra refletido, quer no artigo 192.º, quer no artigo 193.º da LCS (o qual dispõe que, se o dano corporal na pessoa segura tiver sido provocado dolosamente pelo beneficiário, a prestação reverte para a pessoa segura). Nestas situações, o causador do dano não beneficia do seu próprio dolo, mas o segurador mantém-se obrigado a efetuar a sua prestação[452].

IV – Luís Filipe Caldas põe em causa a legitimidade legislativa – e a própria conformidade à Constituição – do estabelecimento de uma sanção civil, com natureza punitiva, sobre um facto enquadrado como ilícito criminal[453].

Discordamos desta perspetiva, já que o enquadramento de um facto como ilícito criminal não impede (até por maioria de razão) que o mesmo constitua igualmente um ilícito civil, a merecer a reprovação do Direito. É esse o sentido, precisamente no caso do homicídio, do regime da indignidade sucessória, quadro onde, na alínea a) do artigo 2034.º do CC, surge a referência à *condenação como autor ou cúmplice de homicídio doloso, ainda que não consumado*, análoga à do artigo 192.º da LCS.

convenção no sentido da cobertura de ato doloso (n.º 1 do artigo 46.º da LCS); os seguros de responsabilidade civil obrigatória (n.º 2 do artigo 148.º da LCS) ou facultativa; a cobertura de atos de medicina preventiva nos seguros de doença; a cobertura de suicídio, após o primeiro ano de vigência do contrato, em seguros de vida (n.º 1 do artigo 191.º da LCS); ou a própria cobertura do risco seguro nos seguros de natalidade, de nupcialidade e nos seguros de vida em caso de vida, em que a verificação daquele risco resulta de facto intencional da pessoa segura (cfr. artigo 9.º do Regime Jurídico de Acesso e Exercício da Atividade Seguradora e Resseguradora – doravante RJASR – aprovado pela Lei n.º 147/2015, de 9 de setembro).

452 Luís Poças, "A cominação civil da fraude na execução do contrato de seguro – Ocorrência e participação do sinistro", *supra*, p. 119.

453 Luís Filipe Caldas, "As formas e os limites jurídico-penais de ajuda à morte e a sua relevância face ao novo regime dos contratos de seguro", *in* José de Faria Costa e Inês Fernandes Godinho (Orgs.), *As Novas Questões em Torno da Vida e da Morte em Direito Penal: Uma Perspetiva Integrada*, Coimbra, Wolters Kluwer / Coimbra Editora, 2010, pp. 286-287; 293 e 299.

V – O artigo 192.º refere-se ao *homicídio doloso* da pessoa segura. Pela relevância técnico-jurídica da expressão, que se reporta ao contexto do Direito penal[454], remete-se expressamente para os vários tipos de crime de homicídio doloso, a saber: o homicídio (artigo 131.º do Código Penal, doravante CP), o homicídio qualificado (artigo 132.º do CP), o homicídio privilegiado (artigo 133.º do CP) e o homicídio a pedido da vítima (artigo 134.º do CP). Não se abrangem, em contrapartida, outros tipos de crime, como o homicídio negligente (artigo 137.º do CP), o incitamento ou ajuda ao suicídio (artigo 135.º do CP), a propaganda do suicídio (artigo 139.º do CP), o sequestro (artigo 158.º do CP), o tráfico de pessoas (artigo 160.º do CP), ou quaisquer outros de que resulte a morte da vítima, designadamente por suicídio[455].

Fora do âmbito do preceito residem, naturalmente, as situações em que a morte da pessoa segura resulte de uma causa de exclusão da ilicitude, como a legítima defesa.

VI – Por outro lado, o artigo 192.º abrange o beneficiário que seja participante no homicídio doloso como *autor, cúmplice, instigador* ou *encobridor.* À luz do Direito Penal, a terminologia carece de alguma coerência. Na verdade, como resulta do artigo 26.º do CP, a instigação (ou autoria

[454] O artigo 92.º da LCS espanhola fala em «morte causada dolosamente». Considerando que está em causa um dolo civil cuja aferição ficaria a cargo do segurador, Francisco Tirado Suárez, "Artículo 92. El siniestro en el seguro de vida [Coment.]", *in* Fernando Sánchez Calero (Dir.), *Ley de Contrato de Seguro – Comentarios a la Ley 50/1980, de 8 de Octubre, y a Sus Modificaciones*, 4ª Ed., Cizur Menor, Aranzadi, 2010, pp. 2454-2455. O artigo L 132-24 do *Code des Assurances* francês alude também à morte causada dolosamente, mas exige a prévia condenação do beneficiário, o que já remete para uma aferição judicial. Sobre este regime, Bernard Beignier, *Droit des Assurances*, Paris, Montchrestien, 2011, p. 245.

[455] Para Luís Filipe Caldas é duvidoso o âmbito do "homicídio doloso" a que se reporta o preceito, entendendo que este se aplicaria somente aos tipos de homicídio e homicídio qualificado, mas já não os «tipos incriminadores que, notoriamente, valoram ou consideram positivamente a vontade da vítima e a motivação e o comportamento do agente (homicídio privilegiado, homicídio a pedido da vítima, ajuda ao suicídio ou, mesmo, casos de homicídio em que prevaleça uma causa de exclusão da ilicitude ou da culpa, ou mesmo uma causa pessoal de exclusão da responsabilidade criminal)». Luís Filipe Caldas, "As formas e os limites jurídico-penais de ajuda à morte e a sua relevância face ao novo regime dos contratos de seguro", *cit.*, pp. 301-302.

moral) corresponde a uma modalidade da autoria. Já a cumplicidade (artigo 27.º do CP) consiste no auxílio à prática do crime, sem o domínio do facto. Quanto ao encobridor (situação que no CP de 1886 traduzia a participação por adesão), deixou se ser considerado um participante, sendo autonomamente incriminado pelo tipo de crime de favorecimento pessoal (artigo 367.º do CP)[456].

VII – Como resulta do n.º 2 do artigo 100.º da LCS, a participação do sinistro ao segurador deve explicitar todas as circunstâncias da verificação do mesmo, bem como as eventuais causas. Tratando-se de um seguro de vida em caso de morte – a problemática só a estes concerne – deverá ser apresentado, não só comprovativo do falecimento (certidão de assento de óbito), mas da própria causa da morte, informação da maior relevância, que pode ser atestada mediante certificado de óbito ou, existindo, certidão do relatório de autópsia.

Por seu turno, havendo elementos indiciadores da ocorrência de homicídio, poderá ser relevante (dependendo das circunstâncias do caso) aguardar pelo desfecho das investigações policiais para determinar, designadamente: qualquer eventual exclusão de cobertura; o capital devido (que poderá variar entre os chamados casos de morte natural e os de morte acidental)[457]; e a eventualidade da participação do beneficiário no homicídio. Verificando-se o arquivamento dos autos de inquérito, ou a dedução de acusação contra outrem que não o beneficiário, fica o segurador munido dos dados que confirmam a ocorrência do sinistro e das suas causas, circunstâncias e consequências (n.º 1 do artigo 102.º da LCS).

Naturalmente que a comprovação da participação no homicídio não poderá passar por uma simples suspeita do segurador, mas exigirá a condenação judicial com trânsito em julgado da sentença[458] [459]. Só com

[456] Manuel Cavaleiro Ferreira, *Lições de Direito Penal*, Vol. I, Lisboa, Editorial Verbo, 1987, p. 308.

[457] Sobre esta problemática, *infra*, n.º 4, pp. 225 ss.

[458] Arnaldo Costa Oliveira, "Artigo 192.º – Anotação", *cit.*, p. 556.

[459] A situação poderá ser complexa para o caso do encobridor, expressão que perdeu a relevância técnico-jurídica que tinha no CP de 1886. Cremos que, pela necessidade de delimitação objetiva da noção e de comprovação judicial da situação, por razões de certeza e segurança jurídicas, só será considerado *encobridor* quem for condenado pelo crime de

esta ficará determinado, em definitivo, o titular do direito à prestação do segurador (n.º 1 do artigo 102.º da LCS), começando então a contar o prazo para o vencimento da mesma, nos termos do artigo 104.º desta lei.

Para Luís Filipe Caldas, a suspensão do pagamento da prestação do segurador até ao trânsito em julgado da sentença condenatória pela participação no homicídio corresponderia a colocar «o segurador na posição ilegítima de poder decidir por si uma providência cautelar específica e privada, válida até que uma hipotética condenação definitiva, quando o direito à prestação suspensa pudesse ter já prescrito, viesse a estabilizar o direito do caso...»[460]. Pela nossa parte, não cremos que (nas situações limite em que tal seja necessário), a suspensão da liquidação do sinistro até à decisão judicial sobre a autoria do homicídio difira de tantas outras situações em que o apuramento das circunstâncias do sinistro depende de decisão judicial[461]. Não estará, portanto, em causa, qualquer providência cautelar na discricionariedade do segurador, mas o normal funcionamento das regras sobre a verificação do sinistro e o pagamento da inerente prestação.

Quanto à prescrição, a mesma só opera, nos termos do n.º 2 do artigo 121.º da LCS, no prazo de cinco anos a contar da data em que o titular teve conhecimento do direito (sem prejuízo do prazo de prescrição ordinária a contar do facto). Estando a constituição do direito do titular dependente de uma decisão judicial condenatória do homicida, só na data do respetivo trânsito em julgado começará a contar o prazo prescricional.

favorecimento pessoal, o que, nos termos do n.º 5 do artigo 367.º do CP, afasta a censura penal sobre o cônjuge do homicida, seus adotantes, adotados, parentes ou afins até ao 2.º grau ou pessoa que com ele viva em situação análoga à dos cônjuges.

460 Luís Filipe Caldas, "As formas e os limites jurídico-penais de ajuda à morte e a sua relevância face ao novo regime dos contratos de seguro", *cit.*, p. 300.

461 Imagine-se um incêndio dolosamente provocado num estabelecimento industrial coberto por contrato de seguro. Enquanto da condenação judicial do segurado pelo facto resultaria o reconhecimento de um ato fraudulento e a exclusão da cobertura do sinistro, a condenação de um terceiro poderia ditar a cobertura do sinistro através da garantia de ato de vandalismo, se contratada.

3.2. A cominação do preceito

I – Quanto à cominação do artigo 192.º, alguma doutrina fala, simultaneamente, em «caducidade de uma concreta designação beneficiária»[462], e em caducidade *ex lege*, de ordem pública, do direito à prestação pelo participante em homicídio doloso[463].

Quanto a esta última perspetiva, se é certo que a disposição refere literalmente a *perda do direito à prestação*, a verdade é que o beneficiário conserva apenas uma mera expectativa[464], que só dará lugar à constituição de um direito mediante a verificação de várias condições, designadamente: a não alteração da designação beneficiária; a ocorrência do sinistro; a inexistência de qualquer causa de exclusão da cobertura ou de oponibilidade por parte do segurador; e a circunstância de *a morte da pessoa segura não decorrer de homicídio doloso em que participe a pessoa designada como beneficiário*. Não se verificando esta última condição, o direito do beneficiário não chega sequer a constituir-se, pelo que não se extingue por caducidade.

Assim, a cominação do artigo 192.º traduz-se, sim, na caducidade da designação do beneficiário homicida[465], a qual se produz, por efeito desta disposição legal, independentemente de a designação ser ou não irrevogável.

II – Perdendo o beneficiário homicida o direito à prestação, remete o artigo 192.º para o *regime da designação beneficiária*, pelo que importa saber quais as consequências decorrentes.

462 Arnaldo Costa Oliveira, "Artigo 192.º - Anotação", *cit.*, p. 555.

463 Arnaldo Costa Oliveira, "Artigo 192.º - Anotação", *cit.*, p. 556. Utilizando também a expressão «caducidade *ex lege* do direito do beneficiário», Luís Filipe Caldas, "As formas e os limites jurídico-penais de ajuda à morte e a sua relevância face ao novo regime dos contratos de seguro", *cit.* p. 300.

464 Cfr. António Menezes Cordeiro, *Tratado de Direito Civil Português*, I-1, 3ª Ed., Coimbra, Almedina, 2005 (reimpr., 2007), p. 348; Luís Carvalho Fernandes, *Teoria Geral do Direito Civil*, Vol. II, 5ª Ed., Lisboa, Universidade Católica Editora, 2010, p. 595; Carlos Mota Pinto, *Teoria Geral do Direito Civil*, 3ª Ed., Coimbra, Coimbra Editora, 1985, p. 180.

465 Neste sentido, Carmen Boldó Roda, *El Beneficiario en el Seguro de Vida*, *cit.*, p. 316, n. 542; e Francisco Tirado Suárez, "Artículo 92. El siniestro en el seguro de vida [Coment.]", *cit.*, p. 2457.

Para Arnaldo Oliveira, a solução traduz-se na aplicação da alínea a) do n.º 2 do artigo 198.º da LCS – tendo por efeito o pagamento aos herdeiros da pessoa segura – exceto se a designação beneficiária previr vários beneficiários e o acréscimo da quota de uns pela ausência de outros[466].

Pela nossa parte, pensamos que não há fundamento para se restringir a remissão para o regime da designação beneficiária, que, desde logo, contempla o n.º 1 do artigo 198.º da LCS, remetendo, em primeira linha, para a vontade do estipulante. A própria solução da alínea a) do n.º 2 do artigo 198.º requer a *falta de designação do beneficiário*. Haverá, portanto, que aferir qual o conteúdo da designação beneficiária, apurando se a mesma designa vários beneficiários (simultânea ou sucessivamente) ou se estabelece algum critério de suprimento da falta do beneficiário designado.

Assim, havendo vários beneficiários designados em simultâneo, os não homicidas não perderão, nos termos do artigo 192.º da LCS, o direito às quotas que lhes estavam destinadas[467]. Quanto à quota do beneficiário homicida, pode a designação ter previsto que, na falta deste (ou de um deles), o pagamento seria feito aos demais, caso em que a mesma deverá ser respeitada. Mesmo na falta de previsão, correspondendo a designação beneficiária a uma declaração de vontade, parece-nos mais curial, em caso de pluralidade simultânea de beneficiários, que a exclusão do homicida faça acrescer a quota dos demais, do que pagar-se a quota àquele destinada a quem não tenha sido sequer designado beneficiário (já que, no limite, e na ausência de outros herdeiros, a solução da alínea a) do n.º 2 poderia determinar o pagamento ao próprio Estado)[468].

Na falta de solução prevista na designação beneficiária, haverá que atender, em segunda linha, ao próprio contrato de seguro, já que, como resulta do próprio corpo do n.º 2 do artigo 198.º, as soluções das várias alíneas deste número só são aplicáveis *na falta de estipulação em contrário*. Assim, só deverá haver lugar ao pagamento a favor dos herdeiros da pessoa

466 Arnaldo Costa Oliveira, "Artigo 192.º - Anotação", *cit.*, pp. 556-557, invocando, em abono desta perspetiva, a solução do artigo 193.º (pagamento à pessoa segura, e não acréscimo de atribuições beneficiárias conjuntas) – *ibidem*, n. 675.

467 Neste sentido, Francisco Tirado Suárez, "Artículo 92. El siniestro en el seguro de vida [Coment.]", *cit.*, p. 2458.

468 É esta a orientação, por exemplo, da jurisprudência brasileira. Cfr. Carlos Harten, *O Contrato de Seguro Visto pelo Superior Tribunal de Justiça*, São Paulo, Õte, 2009, pp. 179-180.

segura, nos termos da alínea a) do n.º 2 do artigo 198.º, se a designação beneficiária ou o próprio contrato não fornecerem solução para a caducidade da designação do homicida.

III - Será, em parte, de admitir, com Arnaldo Oliveira[469], em caso de homicídio não consumado, que, mesmo tendo havido prévia renúncia à alteração da cláusula beneficiária, o tomador do seguro possa, em derrogação parcial do n.º 1 do artigo 199.º da LCS, alterá-la, substituindo livremente o beneficiário (ou, tratando-se de vários beneficiários, substituir o beneficiário doloso por outro, ou aumentando a quota dos demais). Porém, não nos parece já admissível que o tomador do seguro aproveitasse para alterar a designação irrevogável em prejuízo de beneficiários não participantes no crime. Será, em qualquer caso, pertinente a observação de que, no caso de homicídio não consumado, a alteração da designação irrevogável poderá prescindir do trânsito em julgado da sentença, de modo a prevenir novas tentativas da prática do crime[470].

3.3. O caráter injuntivo ou supletivo da disposição

Suscita-se a questão de saber se o artigo 192.º tem caráter supletivo ou injuntivo. À partida, a resposta parece incontroversa, já que o preceito não figura entre as disposições absoluta ou relativamente imperativas (respetivamente, n.º 1 do artigo 12.º e n.º 1 do artigo 13.º da LCS) e, por outro lado, o próprio artigo 192.º ressalva a existência de convenção em contrário[471].

Porém, há que apurar qual o alcance admissível da convenção em contrário. Será, designadamente, admissível a exclusão contratual do risco de morte por homicídio praticado pelo beneficiário? Ou será configurável que o contrato admita o pagamento do capital ao beneficiário homicida?

Para aferir da questão haverá que atender, desde logo, à letra do preceito. Ora, aí se determina que «o autor, [...] do homicídio doloso [...]

[469] Arnaldo Costa Oliveira, "Artigo 192.º - Anotação", *cit.*, p. 558.

[470] Arnaldo Costa Oliveira, *ibidem*.

[471] Para Luís Filipe Caldas, por exemplo, o artigo 192.º não é uma disposição imperativa nem de ordem pública, mas inteiramente supletiva - Luís Filipe Caldas, "As formas e os limites jurídico-penais de ajuda à morte e a sua relevância face ao novo regime dos contratos de seguro", *cit.*, p. 300.

perde o direito à prestação, aplicando-se, salvo convenção em contrário, o regime da designação beneficiária». Da letra da disposição resulta, portanto, a existência de uma parte injuntiva e de uma parte supletiva. A primeira, com uma forte carga axiológica, determina a perda da prestação pelo beneficiário homicida. A segunda, situada num espaço de indiferença normativa, define um critério de atribuição dessa prestação a outrem, admitindo convenção em sentido diverso.

A própria *ratio* do preceito corrobora este entendimento. A clara opção legislativa pelo princípio da *perda da prestação por ato doloso do beneficiário* e não pelo princípio da *exclusão da cobertura de atos dolosos*, em contraste com a orientação do CCom, impede que o segurador exclua o risco de homicídio perpetrado pelo beneficiário. Aliás, o artigo 192.º é uma emanação do n.º 2 do artigo 46.º da LCS, preceito que assume caráter relativamente imperativo, nos termos do n.º 1 do artigo 13.º da LCS, só podendo, portanto, ser derrogado em sentido mais favorável à contraparte do segurador[472]. Por seu turno, um imperativo de ordem pública impedirá a estipulação de uma cláusula que admita o pagamento do capital ao beneficiário homicida[473].

Em suma, e como claramente resulta da letra do preceito, a parte supletiva do mesmo reporta-se apenas ao critério de atribuição do benefício em substituição do beneficiário homicida. Assim, o contrato de seguro pode determinar que, se o beneficiário participar no homicídio da pessoa segura, o capital será pago segundo um dado critério (pagamento ao cônjuge da pessoa segura, ou aos filhos, ou ao tomador do seguro, se não coincidir com a pessoa segura, etc.). Só na falta de tal

[472] Em sentido diverso, Arnaldo Oliveira sustenta que o caráter supletivo do artigo 192.º poderá ter o alcance da própria exoneração do segurador (ainda que com ressalva do necessário pagamento das reservas matemáticas, sob pena de enriquecimento sem causa) – Arnaldo Costa Oliveira, "Artigo 192.º – Anotação", *cit.*, p. 556. No mesmo sentido, e invocando razões de ordem pública, considera Ana Calmeiro que não seria abusiva a cláusula que excluísse o risco inerente à provocação deliberada do sinistro (não referindo, no entanto, o caso de homicídio) – Ana Serra Calmeiro, *Das Cláusulas Abusivas no Contrato de Seguro*, Coimbra, Almedina, 2014, pp. 21 ss.

[473] Cfr. Carmen Boldó Roda, *El Beneficiario en el Seguro de Vida*, *cit.*, pp. 309 ss. Quanto ao caráter de ordem pública da cominação do artigo 192.º da LCS, Arnaldo Oliveira utiliza ainda um argumento *a fortiori* da alínea b) do n.º 1 do artigo 14.º deste diploma – Arnaldo Costa Oliveira, "Artigo 192.º – Anotação", *cit.*, p. 556.

critério convencional se seguirá o regime da designação beneficiária, por remissão para o artigo 198.º da LCS.

3.4. Pagamento indevido e sub-rogação

I – Pode suscitar-se a questão de saber como regular o pagamento indevido do segurador ao beneficiário homicida (por exemplo, por, à data do pagamento, não haver suspeita de homicídio, ou por as suspeitas não recaírem sobre o beneficiário). Ora, esta questão decorre da anterior.

Com efeito, como referimos, é entendimento corrente na doutrina que a interdição do pagamento do capital ao beneficiário homicida é matéria de ordem pública. Neste quadro, e atendendo a que o pagamento da prestação constitui um ato jurídico[474], o n.º 2 do artigo 280.º do CC, ser-lhe-á aplicável, por remissão do artigo 295.º do CC, quando, como será o caso, a analogia das situações o justifique. Sendo o pagamento um ato nulo, seguir-se-á o regime dos artigos 286.º e 289.º do CC[475], e não o da repetição do indevido em sede de enriquecimento sem causa (que, aliás, apresenta natureza subsidiária, nos termos do artigo 474.º do CC).

II – Produzindo-se a morte da pessoa segura por homicídio – seja este da autoria do beneficiário ou de terceiro – poder-se-ia suscitar a questão da existência de direito de sub-rogação, contra o homicida, do segurador que houvesse pago o capital seguro ao beneficiário devido (não homicida).

No domínio do contrato de seguro, estabelece o artigo 136.º da LCS a sub-rogação do segurador, na medida do montante que haja pago, nos direitos do segurado contra o terceiro responsável pelo sinistro. Esta regra, porém, constitui um corolário do princípio indemnizatório, aplicando-se apenas, como referimos, aos seguros de danos (e não aos de vida)[476].

[474] Cfr., por exemplo, José Alberto Vieira, *Negócio Jurídico – Anotação ao Regime do Código Civil (Artigos 217º a 295º)*, Coimbra, Coimbra Editora, 2006 (reimpr., 2009), p. 124. Numa perspetiva mais tradicional sobre a noção de ato jurídico, Luís Carvalho Fernandes, *Teoria Geral do Direito Civil*, Vol. II, *cit.*, p. 27; Heinrich Lehmann, *Allgemeiner Teil des Bürgerliches Gesetzbuches*, 7ª Ed., 1952 (trad. espanhola, *Tratado de Derecho Civil: Parte General*, Madrid, Ed. RDP, 1956), p. 481; ou Eduardo Santos Júnior, *Direito das Obrigações I – Sinopse Explicativa e Ilustrativa*, Lisboa, AAFDL, 2010, p. 27.

[475] Também neste sentido, Arnaldo Costa Oliveira, "Artigo 192.º – Anotação", *cit.*, p. 557.

[476] Cfr. *supra*, n.º 1.2, pp. 204 ss.

Neste quadro, esclarece n.º 1 do artigo 181.º da LCS, aplicável aos seguros de pessoas, na redação introduzida pela Lei n.º 147/2015, de 9 de setembro, que a realização das prestações de seguro não sub-roga o segurador nos direitos da pessoa segura ou do beneficiário contra um terceiro que dê causa ao sinistro, *salvo convenção em contrário relativamente a prestações indemnizatórias do segurador.* A ressalva final compreende-se atento o âmbito do preceito, que abrange os seguros de doença e de acidentes pessoais (onde algumas prestações podem assumir caráter indemnizatório)[477]. Essa ressalva, porém, não alcança os seguros de vida, atenta a total ausência de caráter indemnizatório destes[478], pelo que não se verifica, relativamente a eles, a sub-rogação do segurador[479].

[477] Para o efeito, aliás, o n.º 2 do mesmo artigo visa clarificar os casos em que a prestação pode assumir essa natureza.

[478] Luís Poças, *Estudos de Direito dos Seguros, cit.*, pp. 61 ss.

[479] Na anterior redação, o artigo 181.º da LCS dispunha que, *com ressalva de convenção em contrário*, o segurador que realizasse prestações de valor predeterminado no contrato (como no caso nos seguros de vida), não ficaria, com o pagamento destas, sub-rogado nos direitos do tomador do seguro ou do beneficiário contra um terceiro que desse causa ao sinistro. Entendíamos, já então, relativamente à admissibilidade convencional de estipulação da sub-rogação nos seguros de pessoas (ressalvada pelo artigo referido), que a mesma deveria ater-se, por interpretação restritiva, aos seguros de acidentes pessoais e doença quando a prestação em causa (embora de valor predeterminado) assumisse caráter indemnizatório. Com efeito, para além de os seguros de vida não assumirem caráter indemnizatório, a possibilidade de livre cumulação de capitais numa pluralidade de seguros de vida, sem que tal tolhesse o direito dos lesados à ressarcibilidade do dano incorrido contra o responsável, sempre impediria, do nosso ponto de vista, a convenção, a favor do segurador, de sub-rogação em tal direito, a qual subverteria a natureza do seguro de vida e privaria os lesados do direito ao ressarcimento do dano sofrido. Em defesa – à luz da anterior redação – da aplicabilidade convencional da sub-rogação aos seguros de vida (clarificando que a pretensão do segurador ficaria limitada, quer ao valor do capital por si pago, quer do dano sofrido pelo beneficiário), Pedro Romano Martinez, "Artigo 181.º - Comentário complementar", *in* Pedro Romano Martinez *et al.*, *Lei do Contrato de Seguro Anotada, cit.*, p. 536. Contra a admissibilidade de sub-rogação nos seguros de vida, José Carlos Moitinho de Almeida, *Contrato de Seguro – Estudos*, Coimbra, Coimbra Editora, 2009, pp. 30-32 (considerando que a cláusula que convencione a sub-rogação é nula por contrária à boa fé, nos termos do artigo 15.º do Decreto-Lei n.º 446/85, de 25 de outubro); Inês Oliveira Martins, *O Seguro de Vida Enquanto Tipo Contratual Legal, cit.*, p. 328; Arnaldo Costa Oliveira, "Artigo 136.º - Anotação", *in* Pedro Romano Martinez *et al.*, *Lei do Contrato de Seguro Anotada, cit.*, pp. 472-473 (defendendo que «os argumentos subjetivo, racional de sistema e teleológico vão no sentido de retirar a supletividade ao previsto no artigo 181.º»); e Francisco Rodrigues

4. Homicídio em que participe um beneficiário indireto

4.1. Colocação do problema e enquadramento legal

I – O quadro legal vigente suscita uma outra problemática jurídica, a carecer de solução normativa, e que analisaremos autonomamente.

Assim, o homicídio poderá ser praticado por quem não seja o beneficiário formalmente designado na apólice, mas que venha a adquirir uma vantagem patrimonial indireta com a prestação do segurador, mercê da sua especial ligação ao beneficiário formal. Podemos falar então de um beneficiário material ou indireto, cabendo questionar se a cominação do artigo 192.º da LCS lhe será extensível e, em caso afirmativo, como conciliar essa solução com a tutela da posição do beneficiário formalmente designado.

II – O artigo 192.º estabelece que o participante em homicídio doloso «perde o direito à prestação». A interpretação literal restringiria o âmbito do preceito apenas a quem tivesse direito a exigir do segurador o capital seguro por morte da pessoa segura (o beneficiário formalmente designado).

Porém, a *ratio* do preceito tem uma amplitude um pouco maior. Como vimos, ele visa evitar que o participante em homicídio doloso obtenha do sinistro por si provocado (que, para mais, envolve a lesão criminosa de um bem jurídico inestimável, a vida humana) um proveito patrimonial[480]. E visa também prevenir a prática de homicídio com o móbil do benefício material resultante de um seguro de vida. Ora, em qualquer dos casos, como melhor veremos, esse proveito ou benefício material poderá advir ao homicida ainda que o mesmo não assuma a posição de beneficiário formal.

Logo, do nosso ponto de vista, a relação entre o homicida e o benefício há-de aferir-se no plano material, efetivo, e não no formal, sendo, portanto, independente da titularidade do direito à prestação.

Neste quadro, verificar-se-á uma tensão entre (1) privar-se o beneficiário designado da prestação do segurador e (2) atribuir-se um benefício indireto ao homicida. No contexto deste conflito – entre, por um lado, a

Rocha, *Da Sub-Rogação no Contrato de Seguro*, Relatório de Mestrado, Lisboa, Faculdade de Direito da Universidade de Lisboa, 2011, p. 127.

480 Cfr. Francisco Tirado Suárez, "Artículo 92. El siniestro en el seguro de vida [Coment.]", *cit.*, p. 2457.

defesa da posição do beneficiário inocente (o qual, para mais, foi designado numa manifestação de vontade do tomador do seguro, que deve também ser respeitada), e, por outro, a punição do homicida, privando-o de uma vantagem decorrente do homicídio – haverá que encontrar uma regra objetiva, justa e equilibrada.

Para tanto, importa atender a diferentes tipos de casos.

4.2. Seguro de vida com função de garantia

No primeiro tipo de casos temos as situações em que o seguro de vida é contratado para garantia de um mútuo bancário (ou de outro tipo de crédito). Independentemente de quem seja o tomador do seguro – quer se trate do próprio banco mutuante, do devedor ou de um terceiro (por exemplo, a entidade patronal do devedor) – o devedor assumirá a posição de pessoa segura e o banco credor a de beneficiário. Imagine-se, porém, que o mútuo em questão foi constituído como crédito à habitação, tendo por devedores solidários a pessoa segura e o cônjuge (ambos proprietários do imóvel adquirido com a quantia mutuada). Imagine-se também que a pessoa segura morre vítima de homicídio doloso praticado pelo cônjuge condevedor solidário.

Num caso deste tipo o beneficiário formal é o banco (titular do direito à prestação do segurador). Porém, o beneficiário material é o cônjuge homicida, que vê extinta a sua dívida ao banco e o imóvel exonerado de encargos[481]. Assim, o homicida, embora não seja beneficiário formal do contrato, é quem beneficia materialmente da prestação do segurador. Em contrapartida, a posição do banco não se altera substancialmente se não lhe for pago o capital seguro, já que, na ausência do sinistro, sempre teria uma garantia hipotecária, para além de poder continuar a exigir ao devedor sobrevivente as prestações de amortização e juros inerentes ao mútuo.

Face ao exposto, quando o seguro de vida é usado como garantia de um crédito, o verdadeiro beneficiário não é o credor (banco), que apenas vê reforçada a sua posição (antecipação do pagamento), mas o devedor solidário (no exemplo em análise, o comproprietário devedor), na medida

[481] Mesmo que seja declarada a indignidade sucessória, ainda assim o cônjuge homicida terá assegurada, exonerada de encargos, a sua meação nos bens comuns do casal.

em que a prestação do segurador o exonera definitivamente de cumprir a sua dívida. Nestes casos, portanto, deverá o beneficiário formal ficar privado da prestação do segurador na medida em que a mesma favorece mais, em substância, o homicida do que aquele beneficiário[482].

4.3. Homicida cônjuge ou herdeiro do beneficiário

Um segundo tipo de casos corresponderia àqueles em que o homicida, sendo cônjuge do beneficiário designado, ficasse favorecido com um acréscimo patrimonial direto decorrente do regime de bens do casamento.

Cremos, porém, que será de afastar a hipótese de o pagamento ao cônjuge beneficiário se integrar diretamente no património comum do casal. De facto, a alínea e) do n.º 1 do artigo 1733.º do CC declara como bens incomunicáveis os seguros vencidos a favor da pessoa de cada um dos cônjuges, o que, pese embora alguma falta de rigor terminológico, parece visar, designadamente, os capitais de seguro de vida. Esta solução imperativa – que, portanto, por força da alínea d) do n.º 1 do artigo 1699.º do CC, não pode ser contrariada por convenção antenupcial – resulta do caráter estritamente pessoal do direito em questão (direito de crédito constituído *intuitu personae* a favor de um dos cônjuges)[483].

Assim, qualquer que seja o regime de bens do casamento, o homicida só beneficiará em caso de vir a suceder por morte ao cônjuge beneficiário. O que nos traz a um terceiro tipo de casos: aqueles em que o homicida é "apenas" um herdeiro do beneficiário inocente.

Neste caso, o benefício do homicida é meramente eventual ou hipotético, podendo ser mesmo de verificação remota. Com efeito, nestas situações o homicida apenas terá a expectativa de vir a herdar o valor em

[482] No Acórdão do Supremo Tribunal de Justiça de 05/05/2011 – Processo n.º 283/10.8TVLSB.S1 (Martins de Sousa) – www.dgsi.pt, já citado, verificou-se um caso deste tipo. Porém, considerou o tribunal não ter ficado provado que o cônjuge homicida fosse devedor solidário ao banco (embora estivesse provado que era comproprietário do imóvel objeto do crédito à habitação).

[483] Jorge Pais de Amaral, *Direito da Família e das Sucessões*, Coimbra, Almedina, 2014, p. 152; e Fernando Pires de Lima e João Antunes Varela, *Código Civil Anotado*, Vol. IV, 2ª Ed., Coimbra, Coimbra Editora, 1992, p. 442. Cfr. também, convergentemente, Jorge Duarte Pinheiro, *O Direito da Família Contemporâneo – Lições*, 3ª Ed., Lisboa, AAFDL, 2010, p. 568.

causa, o que dependerá da verificação cumulativa de várias condições. Desde logo, a de vir a sobreviver ao beneficiário designado. Depois, a de vir a manter-se, à data do óbito do beneficiário, como seu herdeiro. Por fim, a de o valor da prestação do segurador ainda subsistir no património do *de cujus* à data da abertura da sucessão.

Assim, atento o distanciamento e o caráter condicional da perceção do benefício pelo homicida, como herdeiro do beneficiário designado, parece-nos ir-se já longe demais ao equacionar-se o sacrifício da vantagem destinada ao beneficiário inocente em prol da punição de um homicida que, na prática, poderá nunca vir a herdar, mesmo parcialmente, o capital seguro.

5. O homicídio é qualificável como morte por acidente?

5.1. O problema em torno da noção de acidente

I – O artigo 9.º do RJASR, discrimina os seguros e operações incluídos no ramo "Vida". Entre eles, a alínea a) refere-se aos *seguros de vida*, especificando a respetiva subalínea *i*), designadamente, os *seguros em caso de morte*, e a subalínea *iii*) os seguros *complementares* dos seguros de vida, isto é, os relativos a danos corporais, incluindo-se nestes a *morte por acidente*.

Assim, quando seja contratado o seguro complementar de morte por acidente, e esta ocorra, verificar-se-á, consoante o convencionado, uma duplicação ou triplicação do capital seguro[484]. Na conjugação entre a cobertura-base dos seguros em caso de morte e a cobertura complementar, estabelece-se, em regra, na prática seguradora, uma separação entre a *morte natural* ou morte por doença, dando lugar ao pagamento do capital seguro, e a morte por acidente, dando lugar ao pagamento do dobro (ou triplo) do capital seguro. Neste contexto, a questão que se suscita é se o homicídio da pessoa segura deverá ser qualificado como *morte por acidente* ou como *morte natural*.

II – Por norma, os ordenamentos não contêm uma regra legal que apresente uma noção de *acidente*, havendo, portanto, que recorrer ao clausulado contratual. Ora, a noção que prevalece, quer nos seguros de

[484] Laetitia Noël, "La notion d'accident", *Revue Générale du Droit des Assurances*, T. 75, n.º 2, 2004, p. 310; Luís Poças, *Estudos de Direito dos Seguros, cit.*, p. 38, n. 98.

vida, quer nos de acidentes pessoais, nos vários países, é, em regra (e com pequenas variações), comum[485]: acidente será a lesão determinada pela ação de uma força externa, súbita, fortuita, violenta e estranha à vontade da Pessoa Segura[486].

Neste quadro, a *exterioridade* da causa da lesão assume-se como critério fundamental para distinguir o acidente da doença (e a morte acidental da natural), já que esta resulta de um processo patológico *interno* ao organismo (incluindo as hérnias, hemorragias cerebrais, crise cardíaca) e aquela é induzida do exterior[487].

485 José Carlos Moitinho de Almeida, *O Contrato de Seguro no Direito Português e Comparado*, *cit.*, p. 398; Giuseppe Fanelli, "Assicurazione private contro gli infortuni", *in* AAVV, *Enciclopedia del Diritto*, Vol. III, Varese, Giuffrè Editore, 1958, p. 581; Yvonne Lambert-Faivre, *Droit des Assurances*, Paris, Dalloz, 2001, p. 819; John Lowry e Philip Rawlings, *Insurance Law – Doctrines & Principles*, Hart Publishing, Oxford and Portland Oregon, 1999, pp. 292 ss.; e José Vasques, *Contrato de Seguro – Notas Para Uma Teoria Geral*, *cit.*, p. 61.

486 Este último critério, da involuntariedade do facto ou, mais propriamente, da falta de intencionalidade do mesmo (na perspetiva da pessoa segura), afasta a qualificação de acidente nos casos em que a pessoa segura se exponha intencionalmente ao perigo (por exemplo, circulando a pé, à noite, por uma estrada mal iluminada, com intuito suicida), mas não permite, obviamente, a qualificação como acidente de todos os factos alheios à vontade da pessoa segura.

487 José Carlos Moitinho de Almeida, *O Contrato de Seguro no Direito Português e Comparado*, *cit.*, pp. 398-399; Yvonne Lambert-Faivre, *Droit des Assurances*, *cit.*, p. 820; John Lowry e Philip Rawlings, *Insurance Law – Doctrines & Principles*, *cit.*, pp. 292 ss.; Laetitia Noël, "La notion d'accident", *cit.*, pp. 312 ss. Relativamente à distinção entre doença e acidente, com base na exterioridade deste, é relevante a orientação jurisprudencial. Assim, a jurisprudência francesa exclui a morte consecutiva a esforços físicos: Civ. 1ère, 13/12/1989, R.C.A. 1990, n.º 92; Civ. 1ère, 08/07/1994, R.C.A. 1994, nº 392, R.G.A.T. 1994, p. 1194 – cfr. Yvonne Lambert-Faivre, *Droit des Assurances*, *cit.*, p. 819. Também no Reino Unido, no caso *De Souza* v *Home and Overseas Insurance Co Ltd* (1995) LRLR 453-462 Mustill LJ, decidiu-se que não constitui acidente a exposição solar, em férias, que provoca uma insolação e leva à morte da pessoa segura. No caso *In re Arbitration between Kate Scarr and the General Accident Assurance Corpn Ltd* (1905), 1 KB 387, o tribunal decidiu que não existe acidente quando a pessoa segura, durante o trabalho, retira um cliente de uma zona de acesso reservado e morre devido à tensão exercida sobre o coração, que desconhecia estar especialmente fraco. Também no caso *Jason* v *Batten* (1969) 1 Lloyd's Rep. 281 – em que um motorista, que tinha uma artéria coronária estreita, morre na sequência de um acidente de viação, em virtude de um trombo lhe ter obstruído a artéria – o tribunal considerou que a morte foi direta ou indiretamente causada por uma condição pré-existente, não sendo o acidente, independentemente de quaisquer outras causas, a exclusiva causa da morte – cfr. John Lowry e Philip Rawlings,

III – Com base nesta bipartição entre a morte por doença e a morte por acidente, na prática seguradora do ramo "Vida" tende a considerar-se intuitivamente que o complementar de morte por acidente cobre, por exclusão de partes, a morte não natural. Isto é, o "acidente" tende a ser entendido, não como uma causa específica de morte, mas como uma noção residual que abrange todos os casos de morte não natural. Assim, algo acriticamente, não é raro que a prática seguradora considere a morte por homicídio como acidental[488].

IV – A noção de acidente, acima traçada, merece, porém, uma análise mais fina. Assim, para além do critério da exterioridade, há que convocar um outro, já referido, da maior relevância: o caráter *fortuito* (por oposição a intencional) do acidente. Assim, como refere Laetitia Noël, o ato intencional «revela uma vontade lesiva do autor contrária à intervenção do acaso. Matar ou agredir um indivíduo não é um acidente mas um crime ou um delito»[489].

A noção de acidente será compatível com a prática de um ato voluntário e culposo (abrangendo, portanto, a negligência), mas não intencionalmente dirigido contra a pessoa segura (quer essa intencionalidade provenha da pessoa segura, no caso do suicídio, ou de terceiro, no caso de homicídio)[490]. Assim, só o caráter fortuito, ocasional – e,

Insurance Law – Doctrines & Principles, *cit.*, pp. 293-297. Já em orientação contrária, o Acórdão do Supremo Tribunal de Justiça de 07/10/1993 – Proc. 083883 (Zeferino Faria) – www.dgsi.pt, considerou que a morte de um jogador de futebol, ocorrida durante um treino, e devida a um aneurisma cerebral, seguida de hemorragia cerebral, é um acontecimento fortuito e súbito devido a causa exterior e estranha à vontade da vítima (esforço físico exigido e despendido) não tendo sido efeito de um processo patológico formado no interior do seu corpo.

488 Para corroborar esta afirmação, cfr., por exemplo, http://www.actuarialoutpost.com/actuarial_discussion_forum/showthread.php?p=5992956; https://answers.yahoo.com/question/index?qid=20061005144447AAKGduL; http://www.ampminsure.org/auto/accidental-death.html (consultados todos em 24/01/2015). Em França, por exemplo, o seguro denominado *Garantie des Accidents de la Vie* (GAV) cobre expressamente os atentados e agressões – Laetitia Noël, "La notion d'accident", *cit.*, pp. 326-327.

489 Laetitia Noël, "La notion d'accident", *cit.*, p. 312 (tradução nossa).

490 Mais desenvolvidamente, Laetitia Noël, "La notion d'accident", *cit.*, pp. 315 ss. e 320. Como remata a autora, «do estrito ponto de vista da noção, a simples intenção do dano exclui o acidente» (*idem*, p. 318 – tradução nossa).

portanto, não predeterminado por uma intenção – permite qualificar um facto como acidental. Como nota Júlio Gomes, na própria linguagem corrente é desadequado dizer-se que «alguém foi acidentalmente assassinado»[491].

5.2. A controvérsia jurisprudencial

A dicotomia entre morte natural e morte acidental perpassa, por vezes, pela própria jurisprudência. É, neste contexto, do maior interesse a leitura integral do Acórdão do Supremo Tribunal de Justiça de 06/02/1997 – Processo n.º 96B527 (Miranda Gusmão) – www.dgsi.pt, acompanhando as posições das partes e o enquadramento conceitual desenhado. Quanto aos factos *sub judice*, verificou-se a celebração de um seguro de vida em que se previa o pagamento de 100% do capital seguro em caso de morte natural e de 300% do capital seguro em caso de morte acidental, vindo a pessoa segura e o cônjuge a falecer vítimas de homicídio doloso. Neste quadro, o segurador considerou ter-se tratado de morte natural, posição com a qual os beneficiários não se conformaram. Em primeira instância, o tribunal considerou ter-se tratado de morte acidental, tendo o segurador apelado da sentença.

Em sede de recurso, a matéria foi primeiro apreciada no Acórdão do Tribunal da Relação de Lisboa de 23/11/1995 – Proc. 0005672 (António Abranches Martins) – www.dgsi.pt. Aí, conjugando os critérios da exterioridade com o da fortuitidade do acidente, decidiu-se que o homicídio nem constitui um caso de morte natural (por tratar-se de um facto exterior) nem de morte acidental (por não ser fortuito), razão porque, pura e simplesmente, não estaria coberto pelo seguro de vida. Com efeito, considerou o tribunal que: (1) a questão de saber se a morte do segurado por homicídio voluntário está ou não excluída do âmbito do seguro do ramo "Vida" é questão de interpretação das cláusulas contratuais; (2) morte natural é a que resulta de doença e morte acidental é a que advém do acaso, sem intervenção, pois, da vontade humana; (3) num contrato de seguro do ramo "Vida", em que se estipulou a obrigação de a companhia seguradora pagar aos respetivos beneficiários a indemnização decorrente da morte natural ou da morte acidental da pessoa segura,

[491] Júlio Gomes, *O Acidente de Trabalho – O Acidente In Itinere e a Sua Descaracterização*, Coimbra, Coimbra Editora, 2013, p. 20.

não se pode considerar abrangido o decesso causado por homicídio voluntário[492].

Inconformados, os beneficiários recorreram então para o Supremo Tribunal de Justiça que, no citado Acórdão de 06/02/1997, veio a adotar entendimento contrário, considerando que «para efeitos da apólice só há duas alternativas para a classificação da causa da morte: natural ou acidental, não havendo um "tertio genus": ou cabe no primeiro motivo da morte (natural) ou no segundo (acidental) desde que não esteja abrangido pelas exclusões».

No mesmo sentido, veja-se o Acórdão do Supremo Tribunal de Justiça de 24/04/2012 – Processo n.º 718/06.4TVPRT.P1.S1 (Paulo Sá) – www.dgsi.pt, onde se lê: «na economia e para os fins da apólice – onde apenas se preveem morte natural ou morte acidental – o homicídio voluntário praticado, na pessoa do segurado, por pessoa diferente deste, é morte acidental. [...] É para nós claro que, ao definir acidente como "acontecimento fortuito, súbito e anormal, devido a causa exterior e alheio à vontade da pessoa segurada, que lhe provoque uma lesão corporal...", se não exclui o homicídio perpetrado por terceiro sobre o segurado, porquanto este ato se apresenta como fortuito ("Que acontece por acaso ou de forma inesperada", segundo o *Dicionário de Língua Portuguesa Contemporânea da Academia de Ciências de Lisboa*), súbito e anormal, para a qual não contribuiu voluntariamente a vítima».

5.3. Conclusão à luz do rigor da arquitetura contratual

Face a todo o exposto, que dizer? No rigor de uma abordagem técnica, a dicotomia entre morte natural e morte acidental não se verifica.

Com efeito, a garantia correspondente aos seguros de vida em caso de morte (subalínea *i*) da alínea a) do artigo 9.º do RJASR) é de larga amplitude, cobrindo a morte por qualquer causa que não esteja expressamente excluída. Tal garantia, a que chamaremos *cobertura-base*, não corresponde ao risco de *morte natural*, mas de qualquer circunstância que provoque o óbito. Assim, se não for convencionada qualquer garantia complementar de morte por acidente, o segurador fica vinculado ao pagamento do

[492] Cfr. também *Boletim do Ministério da Justiça*, n.º 451 (dez. 1995), p. 492; e *Coletânea de Jurisprudência*, Ano XX (1995), T. 5, p. 123.

capital contratado em caso de homicídio da pessoa segura (desde que, como será regra, não haja uma exclusão específica de cobertura do risco).

Ora, o seguro *complementar* de morte por acidente (subalínea *iii*) da alínea a) do artigo 9.º do RJASR) carece de autonomia, só podendo ser contratado *adicionalmente* à cobertura-base. Logo, o efeito desta contratação *complementar* não é (nem poderia ser) o de restringir o âmbito da cobertura-base, mas o de adicionar ao capital contratado (correspondente ao risco de morte por qualquer causa) um outro, de montante igual ou duplicado, correspondente ao risco de morte por acidente. Exemplificando: se for contratado apenas o seguro de vida em caso de morte (cobertura-base) e a pessoa segura falecer por qualquer causa não excluída, seja por doença ou acidente, o segurador pagará o capital contratado (€ 1.000,00, por exemplo). Mas se for contratado o complementar de morte por acidente e a pessoa segura morrer acidentalmente, acrescerá, por exemplo, um capital idêntico (caso em que o segurador pagará € 2.000,00, dos quais € 1.000,00 relativos à cobertura-base e € 1.000,00 relativos à complementar).

Esta arquitetura das garantias, por camadas (e não por categorias estanques), leva a que, em suma, o facto de se considerar que o homicídio doloso não é qualificável como acidente – por, face à noção analisada, lhe faltar o requisito da *fortuitidade* – não impede o funcionamento da cobertura-base, mas apenas impede o acionamento da cobertura complementar de morte por acidente.

Bem andou, portanto, o Acórdão do Tribunal da Relação do Porto de 20/01/1992 – Proc. n.º 9130397 (Lúcio Teixeira) – www.dgsi.pt, quando decidiu que (1) só quando o acidente se traduz num "acontecimento fortuito, súbito e anormal devido a causa exterior e estranha à vontade da pessoa segura e que nesta origina lesões corporais", em conformidade com uma das cláusulas da apólice do seguro, é que a seguradora é responsável pelos danos pessoais sofridos pelo segurado; e que (2) não assim, quando é o próprio segurado que, em atitude provocatória e reiterada, agride corporalmente o agente, que acaba por desfechar naquele três tiros de pistola[493].

[493] Na falta de acesso à fundamentação, a decisão pode ter-se baseado no requisito da *fortuitidade* (que exclui o homicídio doloso da qualificação de acidente) ou no critério "causa estranha à vontade da pessoa segura" (que exclui a qualificação de acidente quando a pessoa segura se coloca intencionalmente em perigo).

6. Conclusões

Como vimos, a eventualidade de homicídio da pessoa segura num seguro de vida suscita uma multiplicidade de problemas jurídicos, a requererem solução normativa.

Neste contexto, evidencia-se, desde logo, a relevância do fenómeno *homicídio* como elemento dinamizador do processo histórico que conduziu à maturidade do seguro de vida, mediante o abandono da instrumentalização especulativa que o prendia a uma afinidade promíscua com os contratos de jogo e aposta (fomentadora, aliás, da fraude e do crime). Neste quadro, a garantia da natureza previdencial do seguro de vida repousa, não nos princípios indemnizatório e do interesse (como sucede nos seguros de danos), mas em expedientes legislativos práticos, como o do consentimento da pessoa segura para a cobertura do risco.

No CCom, o problema do homicídio da pessoa segura no seguro de vida obteve regulação no artigo 458.º, que disciplina a matéria no quadro dos requisitos do risco segurável, exonerando o segurador da sua prestação quando a morte provenha de facto intencional (portanto, não fortuito) do beneficiário ou do herdeiro.

Diversamente, a LCS prescreve a caducidade da designação do beneficiário que participe no homicídio doloso da pessoa segura (sem prejuízo de se manter a vinculação do segurador para com outros beneficiários), através de preceito que apenas assume caráter supletivo na parte respeitante ao critério de substituição do beneficiário homicida. O artigo 192.º apresenta-se como corolário do princípio da *perda da prestação por ato doloso do beneficiário* e abrange os factos enquadráveis em qualquer dos tipos criminais de homicídio doloso (requerendo, para efeito da sua aplicação, a condenação judicial do beneficiário participante). Verificada esta condenação, dá-se a caducidade da designação do beneficiário homicida, devendo observar-se o subsidiariamente estipulado na designação beneficiária ou, na falta de estipulação, o disposto no contrato ou, na falta de disposição, realizar-se o pagamento aos herdeiros da pessoa segura.

É matéria igualmente problemática a do alcance do artigo 192.º da LCS, quanto à abrangência apenas do beneficiário formalmente designado ou também do que, não tendo sido designado, aproveita materialmente da prestação do segurador mercê da sua ligação àquele. Face à *ratio* do preceito, o mesmo visa, nos casos em que o seguro de vida cumpra uma função de garantia, não só o homicídio em que participe o credor (beneficiário formal), mas também aquele em que participe o próprio condevedor solidário (beneficiário material ou indireto). Já noutras situações – como aquelas em que o homicida seja herdeiro do beneficiário designado – a tensão entre a defesa da posição do beneficiário inocente e a punição do homicida terá como solução a tutela do primeiro (caso em que, portanto, será inaplicável o artigo 192.º, não ficando o beneficiário formal privado da prestação do segurador).

Finalmente, a qualificação do homicídio da pessoa segura como morte por acidente ou como morte natural, numa dicotomia carecida de rigor técnico, constitui uma problemática de grande relevância prática (já que dela depende, designadamente, a determinação do capital devido) e que é fonte de controvérsia jurisprudencial. Se o requisito de *exterioridade*, na noção de acidente, permitiria a qualificação, como tal, do homicídio, já o requisito cumulativo da *fortuitidade* afasta essa qualificação. Certo é, todavia, que uma análise mais rigorosa revela o caráter meramente aparente da categoria *morte natural* – que inexiste enquanto tal – pondo a descoberto uma construção, por camadas, das garantias, em que à cobertura-base (morte por qualquer causa não especificamente excluída) acresce uma outra, complementar, e com um capital adicional, de morte por acidente. Afastada a qualificação de morte por acidente, por falta de verificação do requisito de fortuitidade, opera a cobertura-base (na ausência de qualquer causa específica de exclusão do risco), ficando garantido o capital-base contratado.

VII

Comprovativos do seguro automóvel e oponibilidade da resolução do contrato aos terceiros lesados[494]

I – Uma das matérias mais controvertidas em Direito dos Seguros é a das inoponibilidades aos terceiros lesados em seguro obrigatório de responsabilidade civil automóvel (SORCA). O presente texto tem por objeto uma vertente do problema: poderá o segurador opor aos terceiros lesados a resolução automática do contrato, anterior ao sinistro, por falta de pagamento do prémio, quando tenha emitido documentos comprovativos do SORCA reportados a um período posterior ao do último prémio pago?

Quer à luz do art. 22.º do DL 291/2007, de 21/08 (LSORCA), quer do art. 147.º do Regime Jurídico do Contrato de Seguro (LCS), a questão parece obter uma solução clara: a resolução do contrato (que poderá resultar automaticamente da falta de pagamento do prémio, nos termos do art. 61.º da LCS), sendo anterior à data do acidente, é oponível ao terceiro lesado.

[494] O presente texto foi publicado na *Vida Judiciária*, n.º 200 – edição especial lusófona sobre Direito dos Seguros (mar.-abr. 2017), pp. 36-37. Sobre a problemática geral da admissibilidade legal de oposição de meios de defesa aos lesados em seguro automóvel, cfr. Luís Poças, *Seguro Automóvel – Oponibilidade de Meios de Defesa aos Lesados*, Coimbra, Almedina, 2018.

II – Tem sido, porém, orientação da Autoridade de Supervisão de Seguros e Fundos de Pensões (ASF) – vertendo, designadamente, de *Entendimentos* de 2008, 2009, 2010 e 2014 – a de que, em suma, tendo o segurador emitido um documento comprovativo de SORCA (certificado provisório ou certificado de carta verde), deverá responder, perante terceiros lesados de boa fé, pelos danos decorrentes de sinistros automóvel, da responsabilidade do (ex-)segurado, ainda que o seguro tenha cessado por falta de pagamento do prémio, desde que o sinistro ocorra no período temporal estabelecido naquele documento comprovativo.

A orientação da ASF – que identifica um *princípio da obrigação de cobertura pelo SORCA do responsável pelo simples facto da sua emissão* (entendimento de 2014) – parece alicerçar-se em dois argumentos. O primeiro decorre do art. 29.º/10 da LSORCA – de onde resulta que *qualquer documento que comprove a eficácia do contrato de seguro só pode ser emitido após o pagamento do prémio pelo tomador do seguro* – interpretado como acolhendo um propósito de tutela do terceiro lesado.

O segundo argumento é o de que a recusa do sinistro pelo segurador seria um abuso do direito (art. 334.º do Código Civil), na modalidade *venire contra factum proprium*, considerando abusivo o comportamento contraditório do segurador que, por um lado, emite um comprovativo de SORCA com um prazo de validade posterior ao prémio pago e, por outro, se recusa a responder por um sinistro ocorrido nesse período.

III – Vejamos. Quanto à *ratio* do art. 29.º/10 da LSORCA, a mesma assentará em razões de ordem e interesse público. De facto, nos termos do art. 85.º/1/c) do Código da Estrada, o condutor deve ser portador de certificado de seguro quando o veículo circule na via pública. Ora, porque o certificado provisório e o certificado de carta verde são documentos comprovativos do seguro válido e eficaz (art. 28.º/1 da LSORCA), se o condutor exibir tal comprovativo sem que o prémio esteja pago (e o seguro em vigor), ficam feridas a credibilidade e a fiabilidade comprovativa de tais documentos. Estes são, aliás, considerados documentos autênticos, nos termos do art. 83.º/1 da LSORCA, sendo a sua falsificação ou utilização dolosa penalmente punidas.

Logo, sendo o segurador responsável pela emissão de tais documentos, deve zelar, no interesse público, por que os mesmos só sejam emitidos quando o prémio se encontre pago. Desta forma, nos termos do art. 84.º da LSORCA, o incumprimento da regra imperativa do art. 29.º/10 terá consequências no estrito domínio sancionatório da atividade seguradora, constituindo uma contraordenação simples, nos termos do art. 369.º/n) do Regime Jurídico de Acesso e Exercício da Atividade Seguradora e Resseguradora.

Não se prenderá, pois, a *ratio* do art. 29.º/10 com a específica tutela dos terceiros lesados, nem se afigura que desta disposição resulte, ainda que com alguma generosidade interpretativa, que a resolução do contrato por falta de pagamento do prémio seja inoponível aos mesmos.

IV – Quanto ao segundo argumento, de que haveria um comportamento contraditório do segurador (por um lado, a emissão de documento comprovativo de seguro válido e, por outro, a invocação, perante o terceiro lesado, da resolução automática do contrato por falta de pagamento do prémio), suscitam-se reservas na qualificação dessa invocação como um abuso do direito, designadamente, na modalidade *venire contra factum proprium*.

É que o *venire* – como outras modalidades de abuso do direito por violação dos limites da boa fé – requer, como consensualmente sublinha a doutrina, a verificação cumulativa dos pressupostos do princípio da tutela da confiança, que visa proteger as legítimas expectativas criadas no comércio jurídico. Tais pressupostos são: 1) uma *situação de confiança*, assente na boa fé subjetiva e ética de uma pessoa (o confiante); 2) a *justificação da confiança*, resultante da existência de elementos objetivos suscetíveis de, em abstrato e segundo critérios de razoabilidade, fundamentar essa confiança; 3) o *investimento de confiança*, traduzido no desenvolvimento efetivo, e em consequência da confiança criada, de uma atuação jurídica irreversível ou cuja reversibilidade implique prejuízos inadmissíveis; e 4) a *imputação da situação de confiança* a quem, por ação ou omissão, induziu ou criou a confiança tutelada.

Ora, no caso em análise, ainda que se reconheça a *situação* e a *justificação* da confiança do terceiro lesado na existência de seguro válido, bem como a *imputação* dessa situação de confiança ao segurador (que lhe terá dado causa pela emissão indevida de um documento comprovativo), a verdade é que falta o *investimento de confiança*. De facto, o dano sofrido pelo terceiro lesado resulta do acidente de viação e não da confiança gerada pelo comprovativo do seguro. O terceiro lesado apenas teria uma lesão de confiança se a sua ação (no caso, o envolvimento no sinistro) fosse determinada pela expectativa de que o outro interveniente teria seguro válido. Porém, a eventual expectativa de ressarcimento por via do seguro é necessariamente posterior à ocorrência do dano e não causal do mesmo, pelo que falta o pressuposto do *investimento de confiança*.

Noutras palavras, tendo o causador do acidente deixado resolver o contrato por falta de pagamento do prémio, é indiferente para o dano sofrido pelo terceiro lesado (decorrente de um evento fortuito) que aquele estivesse ou não munido de um comprovativo de seguro em vigor.

V – Não se verificando os pressupostos da tutela da confiança, e, logo, os do abuso do direito por *venire contra factum proprium* – a inoponibilidade da falta de pagamento do prémio ao terceiro lesado, sustentada nos mencionados *Entendimentos* da ASF, parece configurar-se antes como um caso de tutela da aparência.

A responsabilidade pela aparência efetiva-se, não numa obrigação indemnizatória, mas na colocação do confiante na posição correspondente à expectativa criada, consolidando a aparência como realidade jurídica. Nesta medida, a tutela da aparência traduz uma reação particularmente violenta na realização do princípio da segurança do tráfico jurídico, sobrepondo a objetividade da aparência à necessidade de verificação de um pressuposto de investimento de confiança. Por essa razão, e porque a sua relevância legal se restringe a casos pontuais e não generalizáveis – como o da vinculação do segurador pela atuação do mediador sem poderes de representação (art. 30.º/3 da LCS) – entende unanimemente a doutrina que o instituto tem caráter excecional no Direito português.

Ora, a lei não acolheu na LSORCA qualquer solução de tutela da aparência nem a excecionalidade desta solução legitima uma aplicação analógica da mesma (faltando, em qualquer caso, a existência de situação análoga). Aliás, a proteção da aparência sempre implicaria que fosse a aparência criada a dar causa à atuação do confiante (envolvimento do lesado no acidente), o que, como vimos, também pensamos não ser de aceitar.

VI – Finalmente, quanto ao aludido *princípio da obrigação de cobertura pelo SORCA do responsável pelo simples facto da sua emissão*, suscita-nos o mesmo reservas, já que, como cremos ter demonstrado, não só não encontra amparo nos preceitos da LSORCA ou de outra fonte legal aplicável, mas colide mesmo com regras como as dos citados arts. 22.º da LSORCA e 147.º da LCS.

Em suma, e sem prejuízo do enquadramento contraordenacional por violação do art. 29.º/10 da LSORCA, afigura-se-nos inexistir fundamento legal que permita sustentar a inoponibilidade, aos lesados, da resolução automática do contrato, anterior ao sinistro, por falta de pagamento do prémio, quando o segurador tenha emitido documentos comprovativos do seguro reportados a um período posterior ao último prémio pago.

VIII
Problemas e dilemas do setor segurador: o RGPD e o tratamento de dados de saúde[495]

Que particularmente ali lhe desse
Informação mui larga

LUÍS DE CAMÕES, *Os Lusíadas*, VII, 68, 1-2

The fewer data needed, the better the information.

PETER DRUCKER, *Management Tasks, Responsibilities and Practices*, New York, Truman Talley Books & E. P. Dutton, 1986, pp. 334-335

1. Introdução

I – O presente texto versa sobre um tema candente, que afeta e preocupa a atividade seguradora: o da licitude do tratamento, pela mesma, de dados de saúde à luz do Regulamento Geral sobre a Proteção de Dados – Regulamento (UE) 2016/679, do Parlamento Europeu e do Conselho, de 27 de abril de 2016. Este Regulamento (doravante RGPD), que visa

495 O presente texto foi publicado na *Banca Bolsa e Seguros*, n.º 3 / 2018, pp. 217-302.

disciplinar uniformemente, entre os Estados-Membros, o tratamento de dados pessoais e a circulação dos mesmos, veio revogar a Diretiva 95/46/CE a partir de 25 de maio de 2018, tornando-se aplicável desde esta data no espaço da UE.

Neste quadro, o problema central identificado no presente texto prende-se com a aparente falta de uma fonte de licitude para o tratamento, por parte dos seguradores, de dados pessoais de saúde no âmbito dos contratos de seguro, sobretudo dos seguros de pessoas.

II – Em rigor, não se trata de um tema e de uma preocupação inteiramente novos. Já no âmbito de vigência da Lei n.º 67/98, de 26 de outubro (Lei da Proteção de Dados Pessoais – LPD) a problemática se suscitava e reclamava (sem grande sucesso, é certo) a atenção dos juristas. Entretanto, com a aprovação do RGPD – e no contexto de uma maior sofisticação e complexidade normativa, por um lado, e do temor gerado pela ameaça letal das coimas potenciais, por outro –, a matéria ganhou nova atualidade e alento, assumindo grande visibilidade no mundo segurador.

Tendo sido aberto, no Verão de 2017, um processo de consulta pública para aprovação de legislação nacional relativa ao RGPD, a Associação Portuguesa de Seguradores (APS) logo manifestou, no decurso de tal processo, especial preocupação pela temática objeto deste texto, em virtude dos perigos que a mesma comportava para a atividade seguradora, propondo soluções tendentes a suprir as gravosas consequências que resultariam de uma leitura formalista (e alheia ao mundo social) do RGPD.

Mais tarde, tendo o referido processo de consulta pública dado origem a um relatório final, depois objeto de alterações e consubstanciando a Proposta de Lei n.º 120/XIII/3.ª (Gov), foram igualmente encetadas diligências pela APS no sentido de alertar para o problema social, económico e jurídico iminente e para as soluções normativas passíveis de resolvê-lo. Aguarda-se, nesta data, o desfecho do processo legislativo, pelo que a análise empreendida ao longo do texto assentará estritamente no quadro normativo resultante do RGPD e nas implicações do mesmo se não se verificar uma intervenção cirúrgica e pertinente do legislador nacional.

III – Não obstante a relevância da temática, quer no anterior quadro da LPD, quer atualmente, no do RGPD, o estado da arte é bastante pobre num domínio que, atento o âmbito europeu de aplicação do tecido normativo, deveria preocupar, não apenas os seguradores nacionais, mas, igualmente, todo o setor segurador europeu.

Não obstante, talvez por falta de amadurecimento das análises ao novo regime ou pela expectativa de que o poder legislativo de cada Estado emende ainda a mão do legislador europeu, a verdade é que os parcos textos estrangeiros disponíveis sobre o impacto do RGPD no setor segurador não dão qualquer destaque (ou não fazem sequer menção) ao problema identificado[496].

Em Portugal, o panorama não é muito diferente, não se encontrando, nos escassos textos que afloram o reflexo do RGPD na atividade seguradora, referências à mencionada questão[497]. Pela nossa parte, tivemos oportunidade, aquando da investigação que deu suporte à nossa tese de doutoramento, de identificar alguns dos problemas que vieram a agudizar-se com o RGPD, tendo-os então apresentado e debatido com a mesma inquietação que assumimos hoje[498].

IV – O presente texto[499] começa por traçar um curto resumo do quadro legal que disciplina atualmente a proteção de dados, focando-se nos fundamentos de licitude para o tratamento dos mesmos (e, em particular, os respeitantes às categorias especiais de dados, entre as quais se contam os dados de saúde). Sublinhando a necessidade, para a atividade seguradora (e, em especial, para a gestão dos seguros de pessoas), do tratamento de

[496] Cfr., por exemplo, Jean-François Henrotte e Fanny Coton, "L'impact du R.G.P.D. dans le secteur des assurances: Comment s'y conformer?", *Forum de l'Assurance*, n.º 185 (juin 2018), pp. 107-111.

[497] Cfr., por exemplo, Paula Ribeiro Alves, "Os desafios digitais no mercado segurador", *in* António Menezes Cordeiro, Ana Perestrelo de Oliveira e Diogo Pereira Duarte (Coords.), *Fintech – Desafios da Tecnologia Financeira*, Coimbra, Almedina, 2017, p. 44.

[498] Cfr. Luís Poças, *O Dever de Declaração Inicial do Risco no Contrato de Seguro*, Coimbra, Almedina, 2013, pp. 731-781 e, em especial, 843-877.

[499] Este texto tem por base a comunicação que tivemos o grato prazer de efetuar na Faculdade de Direito da Universidade de Coimbra, em 14 de abril de 2018. A mesma esteve inserida na Conferência – *Seguros, Seguradoras e o Novo Regulamento de Proteção de Dados*, organizada pelo Instituto de Direito Bancário, da Bolsa e dos Seguros, e pelo Instituto Jurídico da Faculdade de Direito da Universidade de Coimbra. Mais recentemente, tivemos também oportunidade de publicar um pequeno artigo sobre o tema – cfr. Luís Poças, "O RGPD e os Seguros", *Revista APS*, n.º 2 (nov. 2018), pp. 42-44.

dados de saúde, o texto equaciona o problema da aparente ausência de uma fonte de licitude que fundamente de forma clara esse tratamento. Seguidamente, é discutida a ineptidão do *consentimento* para legitimar o tratamento de dados de saúde no contexto da subscrição e execução de contratos de seguro, buscando, em alternativa, no quadro do RGPD, outras soluções normativas aptas a conferir licitude a esse tratamento, quer relativamente a seguros obrigatórios, quer aos facultativos. Sem prejuízo de se considerar que o RGPD contém já tais soluções de licitude, é discutida, como alternativa, a solução assente numa intervenção do legislador nacional.

2. O quadro normativo da proteção de dados

2.1. Enquadramento geral

I – Encontra-se largamente refletido em vários instrumentos de Direito internacional o direito à privacidade (*right to privacy* ou *right to be let alone*), consagrado nos EUA no início do séc. XX e posteriormente generalizado a outros ordenamentos[500]. A consagração deste direito é um produto dos tempos modernos, quer na medida em que a explosão demográfica veio colocando os indivíduos em contacto próximo – o que impôs uma tutela do seu espaço íntimo – quer porque o desenvolvimento tecnológico recente veio a revelar-se especialmente intrusivo daquele espaço, potenciando a exposição ao olhar público e à curiosidade alheia, mas também à própria mercantilização do dado pessoal como utensílio de *marketing*[501].

[500] Cfr. o artigo 12.º da Declaração Universal dos Direitos do Homem (DUDH); o artigo 17.º do Pacto das Nações Unidas relativo aos Direitos Cívicos e Políticos do Homem; e o artigo 8.º da Convenção Europeia dos Direitos do Homem e das Liberdades Fundamentais aprovada pelo Conselho da Europa. Por outro lado, nos termos do n.º 2 do artigo 16.º da Constituição da República Portuguesa (CRP), as disposições constitucionais e legais respeitantes a direitos fundamentais devem ser interpretados e integrados de harmonia com a DUDH. De resto, de acordo com o n.º 2 do artigo 8.º da CRP, quer o Pacto relativo aos Direitos Cívicos e Políticos, quer a Convenção Europeia dos Direitos do Homem, vigoram na ordem jurídica interna, em virtude da sua aprovação para ratificação (respetivamente, pelas Leis n.º 29/78, de 12 de junho, e n.º 65/78, de 13 de outubro).

[501] Cfr. Teodoro Bastos de Almeida, "O direito à privacidade e a proteção de dados genéticos: Uma perspetiva de direito comparado", *Boletim da Faculdade de Direito da Universidade de Coimbra*, Ano LXXIX (2003), pp. 376 ss.; Rita Amaral Cabral, "O direito à intimidade da vida privada (breve reflexão acerca do artigo 80.º do Código Civil)", *Estudos em Memória do Prof. Doutor Paulo Cunha*, Lisboa, Faculdade de Direito de Lisboa, 1989, pp. 385-386; Catarina

Sem prejuízo do recente reconhecimento e autonomização de um *direito à autodeterminação de informação*, a proteção de dados pessoais filia-se, em grande medida, no referido direito à privacidade. Importa, em qualquer caso, enquadrar sumariamente a proteção de dados no âmbito do Direito europeu – de onde dimana o RGPD – e no próprio contexto do Direito interno português.

II – Em matéria de proteção de dados pessoais, e no âmbito do Direito da UE, releva (na sua versão consolidada), desde logo, o artigo 16.º do Tratado sobre o Funcionamento da União Europeia – TFUE (ex-artigo 286.º Tratado das Comunidades Europeias – TCE). Aí se dispõe, no respetivo n.º 1, que «todas as pessoas têm direito à proteção dos dados de caráter pessoal que lhes digam respeito».

Por outro lado, estabelece o artigo 39.º do Tratado da União Europeia que «em conformidade com o artigo 16.º do TFUE e em derrogação do n.º 2 do mesmo artigo, o Conselho adota uma decisão que estabeleça as normas relativas à proteção das pessoas singulares no que diz respeito ao tratamento de dados pessoais pelos Estados-Membros no exercício de atividades relativas à aplicação do presente capítulo, e à livre circulação desses dados» acrescentando que «a observância dessas normas fica sujeita ao controlo de autoridades independentes». É neste quadro que, em revogação da Diretiva 95/46/CE, veio a ser aprovado o RGPD[502].

III – No âmbito do nosso Direito interno, o RGPD corporiza a remissão para a lei, feita pelo n.º 2 do artigo 26.º da CRP, do estabelecimento de garantias efetivas contra a obtenção e utilização abusivas ou contrárias à dignidade humana (ou seja, que violem, designadamente, o direito à reserva da intimidade da vida privada), de informações relativas à pessoa

Sarmento e Castro, *Direito da Informática, Privacidade e Dados Pessoais*, Coimbra, Almedina, 2005, pp. 17 ss.; Januário Costa Gomes, "O problema da salvaguarda da privacidade antes e depois do computador", *Boletim do Ministério da Justiça*, n.º 319 (out. 1982), pp. 23 ss.; Paulo Mota Pinto, "O direito à reserva sobre a intimidade da vida privada", *Boletim da Faculdade de Direito da Universidade de Coimbra*, Ano LXIX (1993), pp. 512 ss. Entre a doutrina estrangeira, cfr., p. ex., Pierre Kayser, *La Protection de la Vie Privée*, 2ª Ed., Paris, Economica, 1990, pp. 4 ss.

502 Sobre a história do processo político e legislativo que conduziu à aprovação do RGPD, cfr. Jorge Barros Mendes, "O novo regulamento de proteção de dados: as principais alterações", *Revista Portuguesa de Direito do Consumo (RPDC)*, n.º 89 (março 2017), pp. 12 ss.

e à família. O RGPD constitui, assim, um dos instrumentos legais de garantia do direito à reserva sobre a intimidade da vida privada (n.º 1 do artigo 26.º da CRP)[503].

Da maior relevância para o tema que nos ocupa são também os n.ºs 2 a 6 do artigo 35.º da CRP, onde se consagra a proteção contra o tratamento de dados pessoais, no que é configurável como um autónomo *direito à autodeterminação sobre a informação*[504]. Com efeito, a relevância da proteção de dados pessoais, consagrada no referido artigo 35.º, não coincide nem se confunde com o direito à reserva da intimidade da vida privada, na medida em que nem todos os *dados pessoais* respeitam à esfera da vida privada e que o domínio da privacidade não se esgota na proteção de dados[505].

IV – A tutela da vida privada tem por interesse subjacente o controlo sobre a informação pessoal, de caráter íntimo ou confidencial, bem como a subtração, quer à atenção alheia, quer ao acesso físico de outrem. Desta forma, quanto ao âmbito da tutela legal, a *reserva* veda, tanto a intromissão

503 A tutela constitucional da reserva de intimidade da vida privada assenta na dignidade humana como valor fundamental em que se funda a República Portuguesa (artigo 1.º da CRP), e é também prosseguida pelos citados n.º 1, *in fine*, e n.º 2 do artigo 26.º da CRP; pelo artigo 34.º; pelo n.º 8 do artigo 32.º; e pelo n.º 2 do artigo 268.º. Para além da aplicabilidade direta, por força do artigo 18.º da CRP, do direito fundamental à reserva da vida privada, o mesmo é também criminalmente tutelado (designadamente, pelo Capítulo VII do Título I do Livro II do Código Penal – *Dos crimes contra a reserva da vida privada* – artigos 190.º ss.) – cfr., desenvolvidamente, Helena Moniz, "Notas sobre a proteção de dados pessoais perante a informática (o caso especial dos dados pessoais relativos à saúde)", *Revista Portuguesa de Ciência Criminal*, Ano 7, n.º 2 (abr.-jun. 1997), pp. 239 ss. Finalmente, estamos também perante um direito especial de personalidade, protegido pelos artigos 70.º e 80.º do Código Civil (doravante, CC), na medida em que a dignidade da pessoa humana requer uma margem de autonomia física e moral, de liberdade e de autodeterminação que, por seu turno, implicam a inviolabilidade da esfera pessoal de cada indivíduo. Neste contexto, a tutela legal dispensada à *vida privada*, como bem de personalidade, permite configurar a própria *privacidade* – enquanto esfera independente de liberdade individual – como valor juridicamente protegido – António Menezes Cordeiro, *Tratado de Direito Civil Português*, I, Tomo III, 2ª Ed., Coimbra, Almedina, 2007, p. 252.

504 Catarina Sarmento e Castro, *Direito da Informática, Privacidade e Dados Pessoais*, *cit.*, pp. 28-29.

505 Teodoro Bastos de Almeida, "O direito à privacidade e a proteção de dados genéticos: Uma perspetiva de direito comparado", *cit.*, pp. 390 ss.

na vida privada íntima (*intrusion*), como a divulgação de factos da vida privada (*public disclosure of private facts*[506]), aspetos que traduzem dois direitos menores do titular da informação[507].

Já no quadro do direito à autodeterminação sobre a informação, que alguma doutrina autonomiza, como direito fundamental, com base no artigo 35.º da CRP, essa autodeterminação assumirá várias vertentes, como a do *habeas data* – ou seja, o direito de cada pessoa controlar e dispor dos dados que lhe digam respeito –, o direito à não difusão de dados pessoais, e o direito a uma tutela acrescida relativamente a categorias especiais de dados[508].

Traçada uma breve contextualização legal da proteção de dados – que apresenta ainda outras vertentes, como a da sua articulação com o Direito do consumo[509] –, importa que nos foquemos, em concreto, nos traços caracterizadores do RGPD. É esse o propósito da secção seguinte.

2.2. Elementos principais do RGPD

I – Vários são os aspetos inovadores do RGPD face à Diretiva que vem revogar. Entre eles conta-se, desde logo, o alargamento do leque dos

[506] Esta vertente é tutelada, designadamente, pelo sancionamento – disciplinar, civil e até penal – da quebra do sigilo: é o caso, p. ex., do segredo médico – Paulo Mota Pinto, "A proteção da vida privada e a Constituição", *Boletim da Faculdade de Direito da Universidade de Coimbra*, Ano LXXVI (2000), pp. 176-177.

[507] Teodoro Bastos de Almeida, "O direito à privacidade e a proteção de dados genéticos: Uma perspetiva de direito comparado", *cit.*, pp. 393 ss.; Rita Amaral Cabral, "O direito à intimidade da vida privada (breve reflexão acerca do artigo 80.º do Código Civil)", *cit.*, pp. 403 ss.; Gomes Canotilho e Vital Moreira, *Constituição da República Portuguesa Anotada*, Vol. I, 4ª Ed., Coimbra, Coimbra Ed., 2007, p. 467; Paulo Mota Pinto, "O direito à reserva sobre a intimidade da vida privada", *cit.*, pp. 508 e 533-534; Paulo Mota Pinto, "A proteção da vida privada e a Constituição", *cit.*, pp. 164 e 169 ss. É esta, igualmente, a orientação do Tribunal Constitucional no que diz respeito ao âmbito do n.º 1 do artigo 26.º da CRP – Paulo Mota Pinto, "A proteção da vida privada e a Constituição", *cit.*, pp. 159 ss.

[508] Helena Moniz, "Notas sobre a proteção de dados pessoais perante a informática (o caso especial dos dados pessoais relativos à saúde)", *cit.*, pp. 249 ss., e Januário Costa Gomes, "O problema da salvaguarda da privacidade antes e depois do computador", *cit.*, p. 49.

[509] Colocando em evidência a complementaridade entre o Direito do consumo e o Direito da proteção de dados pessoais, cfr. Natali Helberger, Frederik Zuiderveen Borgesius e Augustin Reyna, "The perfect match? A closer look at the relationship between EU consumer law and data protection law", *Common Market Law Review*, Vol. 54, n.º 5 (October 2017), pp. 1427-1466.

direitos dos titulares de dados. Com efeito, o titular dos dados assume um papel central na coerência interna do sistema RGPD, podendo falar-se de um autêntico apoderamento (*empowerment*) dos titulares sobre os seus dados – no sentido de que surgem amplamente reforçados os direitos dos mesmos e o inerente controlo sobre tais dados –, como um dos aspetos marcantes do RGPD[510].

Reflexamente ao amplo reforço dos direitos dos titulares, verifica-se, por um lado, um aumento dos deveres a cargo do responsável pelo tratamento (designadamente, quanto à segurança dos dados[511]) e, por outro lado, um alargamento dos poderes das autoridades de controlo. Associado a este, estabelece-se um aumento exponencial do limite máximo das coimas aplicáveis às contraordenações emergentes do Regulamento, a potenciar um ambiente de terror junto dos operadores económicos responsáveis pelo tratamento de dados[512]. Um outro aspeto relevante do RGPD traduz-se no alargamento do âmbito territorial da proteção de dados, abrangendo responsáveis pelo tratamento de países terceiros, não estabelecidos no espaço da UE[513].

[510] Elena Gil González, *Big Data, Privacidad y Protección de Datos*, Madrid, Agencia Española de Protección de Datos, 2016, pp. 140 ss.; Javier Puyol Montero, "Los principios del derecho a la protección de datos", *in* José Luis Piñar Mañas (Dir.); María Álvarez Caro, Miguel Recio Gayo (Coord.), *Reglamento General de Protección de Datos: Hacia un Nuevo Modelo Europeo de Privacidad*, Madrid, Editorial Reus, 2016, p. 138; María Álvarez Caro, "El derecho de rectificación, cancelación, limitación del tratamiento, oposición y decisiones individuales automatizadas", *in* José Luis Piñar Mañas (Dir.); María Álvarez Caro, Miguel Recio Gayo (Coord.), *Reglamento General de Protección de Datos: Hacia un Nuevo Modelo Europeo de Privacidad*, Madrid, Editorial Reus, 2016, pp. 227-228. Dando também nota do papel central consagrado aos titulares dos dados na arquitetura do sistema RGPD, cfr. Mário Frota, "Dados pessoais – 'Quem os tem, chama-lhes seus'... Ou a salvaguarda de um património sensível em ordem à reserva da tutela da vida privada?", *Revista Portuguesa de Direito do Consumo*, n.º 89 (março 2017), p. 8.

[511] Sobre a segurança dos dados, cfr. Afonso Araújo Neto, "RGPD: uma revolução invisível", *Revista Portuguesa de Direito do Consumo*, n.º 89 (março 2017), pp. 35-42.

[512] Charles-Albert van Oldeneel, "Protection des données: le GDPR applicable depuis de 25 mai 2018!", *Bulletin des Assurances*, n.º 403-2 (2018), p. 287.

[513] Cfr. nºs 2 e 3 do artigo 3.º do RGPD. Sobre a problemática, cfr., desenvolvidamente, Merlin Gömann, "The new territorial scope of EU data protection law: deconstructing a revolutionary achievement", *Common Market Law Review*, Vol. 54, n.º 2 (abr. 2017), pp. 567-590.

II – Noutra vertente, o RGPD desloca a perspetiva, de uma *abordagem baseada nos direitos dos titulares*, para uma autêntica *abordagem baseada no risco*, de acordo com um princípio de responsabilidade (do responsável pelo tratamento)[514].

No quadro deste princípio, passa-se de um contexto em que o tratamento de dados estava sujeito a notificação ou autorização prévia da autoridade de controlo, para outro com base no qual o responsável pelo tratamento deve autonomamente assegurar a sua conformidade ao RGPD, documentando toda a sua atividade de tratamento e respondendo pelas quebras de conformidade verificadas.

III – A compreensão da lógica interna e alcance normativo do RGPD impõe, em qualquer caso, algum domínio sobre as respetivas noções-chave. Entre elas, assume particular relevância a de *dados pessoais*. Nos termos da alínea 1) do artigo 4.º do RGPD, os mesmos correspondem a *qualquer* «informação relativa a uma pessoa singular identificada ou identificável ("titular dos dados")»[515]. Estamos, portanto, perante uma noção de um âmbito amplíssimo[516 517].

514 Charles-Albert van Oldeneel, "Protection des données: le GDPR applicable depuis de 25 mai 2018!", *cit.*, p. 288.

515 Acrescenta o preceito que «é considerada identificável uma pessoa singular que possa ser identificada, direta ou indiretamente, em especial por referência a um identificador, como por exemplo um nome, um número de identificação, dados de localização, identificadores por via eletrónica ou a um ou mais elementos específicos da identidade física, fisiológica, genética, mental, económica, cultural ou social dessa pessoa singular».

516 Esta definição provém das *Guidelines Governing the Protection of Privacy and Transborder Flows of Personal Data*, da OCDE, de 1980. Sobre o sentido e alcance da definição, cfr. A. Barreto Menezes Cordeiro, "Dados pessoais: conceito, extensão e limites", *Revista de Direito Civil*, Ano III (2018), n.º 2, pp. 297-321. Estão em causa todas as informações relativas a pessoas singulares, sejam factuais ou subjetivas, físicas ou psicológicas, públicas ou privadas, individuais, familiares ou sociais, exatas ou inexatas, quer se trate de elementos de identificação, quer de atributos físicos, profissionais, económicos, académicos, sociais, quer mesmo de convicções ideológicas do mais variado teor, elementos de geolocalização, etc. Por outro lado, são qualificados como dados pessoais os que respeitem a uma pessoa diretamente identificada ou identificável (pelo responsável pelo tratamento ou por terceiro), de acordo com um juízo de probabilidade razoável. *Idem*, pp. 312 ss.

517 Alguma doutrina chama a atenção para o alargamento da noção de dados pessoais operado, da anterior Diretiva para o RGPD. Esse alargamento dá-se no sentido de se ir para além dos identificadores que permitem a associação ao nome do titular, abrangendo-se também

Entre os dados pessoais destacam-se determinadas *categorias especiais*, que merecem um regime de tutela mais rigoroso. Aí se contam, como resulta do n.º 1 do artigo 9.º, os «dados pessoais que revelem a origem racial ou étnica, as opiniões políticas, as convicções religiosas ou filosóficas, ou a filiação sindical, bem como [...] dados genéticos, dados biométricos para identificar uma pessoa de forma inequívoca, *dados relativos à saúde*[518] ou dados relativos à vida sexual ou orientação sexual de uma pessoa».

Também de amplitude vastíssima é a noção-chave de *tratamento de dados*. Nos termos da alínea 2) do artigo 4.º do RGPD, trata-se da «operação ou um conjunto de operações efetuadas sobre dados pessoais ou sobre conjuntos de dados pessoais, por meios automatizados ou não automatizados, tais como a recolha, o registo, a organização, a estruturação, a conservação, a adaptação ou alteração, a recuperação, a consulta, a utilização, a divulgação por transmissão, difusão ou qualquer outra forma de disponibilização, a comparação ou interconexão, a limitação, o apagamento ou a destruição»[519]. Neste quadro, *qualquer* contacto com dados pessoais alheios, ainda que passivo, configura uma operação de tratamento: se uma entidade entrar na posse de um dado alheio (recolha), está já a tratá-lo, outro tanto sucedendo quer conserve esse dado, quer o destrua.

os identificadores não associados a um nome (por exemplo, os *cookies*) – Ana Alves Leal, "Aspetos jurídicos da análise de dados na Internet (*big data analytics*) nos setores bancário e financeiro: proteção de dados pessoais e deveres de informação", *in* António Menezes Cordeiro, Ana Perestrelo de Oliveira e Diogo Pereira Duarte (Coords.), *Fintech – Desafios da Tecnologia Financeira*, Coimbra, Almedina, 2017, pp. 108-109.

[518] São precisamente os dados de saúde que merecerão enfoque especial ao longo do presente texto.

[519] María Arias Pou sublinha que a proteção de dados (quer no plano dos direitos dos titulares, quer dos deveres do responsável pelo tratamento) não se basta com a presença de dados pessoais, requerendo que haja *tratamento* dos mesmos – María Arias Pou, "Definiciones a efectos del Reglamento General de Protección de Datos", *in* José Luis Piñar Mañas (Dir.); María Álvarez Caro, Miguel Recio Gayo (Coord.), *Reglamento General de Protección de Datos: Hacia un Nuevo Modelo Europeo de Privacidad*, Madrid, Editorial Reus, 2016, pp. 119-120. Note-se, porém, que a noção – também ela amplíssima de tratamento (englobando operações como a simples recolha ou conservação) tornam, de algum modo, despicienda a observação da autora.

O RGPD consagra um leque alargado de medidas visando a proteção da privacidade. Não obstante, a lógica normativa em que assenta a regulação do tratamento de dados apresenta-se, na sua essência, relativamente simples. Desde logo, os *titulares dos dados* pessoais são as pessoas singulares a quem os mesmos respeitam, sendo-lhes garantido um vasto conjunto de direitos sobre esses dados.

Por outro lado, os dados pessoais são confiados pelos titulares a entidades (designadas *responsáveis pelo tratamento*[520]) exclusivamente para *finalidades* de tratamento determinadas, explícitas e legítimas, por elas determinadas e que as mesmas devem informar aos titulares[521]. Em qualquer caso, os dados pessoais apenas podem ser tratados se existir um fundamento que torne lícito esse tratamento em função das finalidades em causa, sendo o elenco de *fontes de licitude* definido pelo Regulamento. Neste contexto, cada finalidade de tratamento requer a sua própria fonte de licitude. Quando esta consista, por exemplo, no consentimento do titular dos dados, o mesmo tem de ser dado separadamente para cada finalidade que o requeira[522].

Por fim, as responsáveis pelo tratamento podem subcontratar outras entidades (entidades "subcontratantes"[523]) para tratarem dados por sua conta, assumindo, porém, a responsabilidade por tal tratamento.

2.3. Os dados de saúde: delimitação de uma noção

I – Como vimos, os dados de saúde que se reportem a um titular identificado ou identificável são, não *apenas* dados pessoais, mas pertencem a uma categoria especial de dados, a merecer tutela reforçada do RGPD. Vejamos, porém, em maior detalhe, qual a noção de dados de saúde a considerar no âmbito do Regulamento.

[520] Nos termos da alínea 7) do artigo 4.º do RGPD, é responsável pelo tratamento «a pessoa singular ou coletiva, a autoridade pública, a agência ou outro organismo que, individualmente ou em conjunto com outras, determina as finalidades e os meios de tratamento de dados pessoais».

[521] Cfr. alínea b) do n.º 1 do artigo 5.º do RGPD.

[522] Frédéric Lecomte, *Nouvelle Donne pour les Données: Le RGPD en Quelques Principes pour Être Prêt le 25 Mai 2018*, Paris, Fauves éditions, 2018, p. 34.

[523] Dispõe-se na alínea 8) do artigo 4.º do RGPD que é entidade subcontratante «uma pessoa singular ou coletiva, a autoridade pública, agência ou outro organismo que trate os dados pessoais por conta do responsável pelo tratamento destes».

Nos termos da alínea 15) do artigo 4.º do RGPD, são *dados relativos à saúde* os «dados pessoais relacionados com a saúde física ou mental de uma pessoa singular, incluindo a prestação de serviços de saúde, que revelem informações sobre o seu estado de saúde».

Esta definição é melhor clarificada pelo Considerando 35 do RGPD, onde e lê que «deverão ser considerados dados pessoais relativos à saúde todos os dados relativos ao estado de saúde de um titular de dados que revelem informações sobre a sua saúde física ou mental no passado, no presente ou no futuro», acrescentando-se que «o que precede inclui informações sobre a pessoa singular recolhidas durante a inscrição para a prestação de serviços de saúde, ou durante essa prestação, conforme referido na Diretiva 2011/24/UE do Parlamento Europeu e do Conselho, a essa pessoa singular; qualquer número, símbolo ou sinal particular atribuído a uma pessoa singular para a identificar de forma inequívoca para fins de cuidados de saúde; as informações obtidas a partir de análises ou exames de uma parte do corpo ou de uma substância corporal, incluindo a partir de dados genéticos e amostras biológicas; e quaisquer informações sobre, por exemplo, uma doença, deficiência, um risco de doença, historial clínico, tratamento clínico ou estado fisiológico ou biomédico do titular de dados, independentemente da sua fonte, por exemplo, um médico ou outro profissional de saúde, um hospital, um dispositivo médico ou um teste de diagnóstico *in vitro*».

Também o Grupo do Artigo 29.º, refletiu sobre a matéria, considerando os dados de saúde um domínio complexo que propicia alguma incerteza jurídica entre os vários Estados-Membros. Neste quadro, considera o Grupo que os dados relativos à saúde se estendem, para além da informação produzida em contexto médico (doenças, incapacidades, diagnósticos, historial clínico, alergias, tratamentos), a informações como o QI, hábitos de consumo de tabaco ou álcool, de exercício físico ou dieta alimentar, bem como os dados gerados por equipamentos ou *apps* que, ainda que aparentemente inócuos no domínio da privacidade, possam, em conjugação com outros dados, fornecer informação sobre o estado de saúde, real ou potencial, do titular[524].

[524] Cfr. Article 29 Working Party, *Health Data in Apps and Devices*, 2015, disponível em http://ec.europa.eu/justice/article-29/documentation/other-document/files/2015/20150205_letter_art29wp_ec_health_data_after_plenary_annex_en.pdf (consult. 27/08/2018).

O sentido amplo da definição que vem sendo delimitada está, por outro lado, em sintonia com a jurisprudência do TJUE. No *caso Linqvist*, por exemplo, pode ler-se que «atendendo ao objeto desta diretiva [Diretiva 95/46], há que dar à expressão "dados relativos à saúde" utilizada no artigo 8.º, n.º 1, uma interpretação lata, de modo que inclua informações relativas a todos os aspetos, quer físicos quer psíquicos, da saúde de uma pessoa. Por conseguinte, [...] a indicação do facto de uma pessoa se ter lesionado num pé e estar com baixa por doença a meio tempo constitui um dado de carácter pessoal relativo à saúde»[525].

No mesmo sentido, e em harmonia com o referido acórdão, está a orientação da CNPD, que considera dados de saúde «não apenas aqueles que resultem do diagnóstico médico feito, mas todos aqueles que permitam apurá-lo, incluindo resultados de análises clínicas, imagens de exames radiológicos, imagens vídeo ou fotográficas que sirvam o mesmo fim»[526].

O mesmo sentido amplo encontra reflexo no Direito interno. Com efeito, o artigo 2.º da Lei n.º 12/2005, de 26/01, considera, para efeitos desse diploma, que a informação de saúde abrange todo o tipo de informação direta ou indiretamente ligada à saúde, presente ou futura, de uma pessoa, quer se encontre com vida ou tenha falecido, e a sua história clínica e familiar[527].

Como conclui o texto, «in summary, personal data are health data when: (1) the data are inherently/clearly medical data; (2) the data are raw sensor data that can be used in itself or in combination with other data to draw a conclusion about the actual health status or health risk of a person; (3) conclusions are drawn about a person's health status or health risk (irrespective of whether these conclusions are accurate or inaccurate, legitimate or illegitimate, or otherwise adequate or inadequate)» – *idem*, p. 5.

525 Ac. TJUE de 06/11/2003 – (Proc. n.º C-101/01), disponível em https://eur-lex.europa.eu/legal-content/PT/TXT/PDF/?uri=CELEX:62001CJ0101&from=EN (consult. 27/08/2018).

526 Catarina Sarmento e Castro, *Direito da Informática, Privacidade e Dados Pessoais, cit.*, p. 91.

527 Quanto ao âmbito do segredo médico, será de entender que este abrange o resultado de exames e análises clínicas, diagnósticos efetuados e tratamentos prescritos a uma pessoa, bem como o dia, hora e local em que o paciente foi observado pelo médico, mas já não a própria identidade do paciente – Helena Moniz, "Segredo Médico", *Revista Portuguesa de Ciência Criminal*, Ano X, n.º 4 (out.-dez. 2000), p. 640.

II – Embora se trate de uma subcategoria de dados de saúde[528], os dados genéticos surgem autonomizados entre as categorias especiais de dados elencadas no artigo 9.º do RGPD. Nos termos da alínea 13) do artigo 4.º, são *dados genéticos* os «os dados pessoais relativos às características genéticas, hereditárias ou adquiridas, de uma pessoa singular que deem informações únicas sobre a fisiologia ou a saúde dessa pessoa singular e que resulta designadamente de uma análise de uma amostra biológica proveniente da pessoa singular em causa».

III – Tem sido apontada a existência de vários círculos concêntricos de *reserva da intimidade da vida privada*, domínio onde a doutrina alemã identifica três esferas: a da vida íntima (abrangendo os factos mais estritamente pessoais e relacionais de uma pessoa, que devem ficar subtraídos do conhecimento alheio – círculo de sigilo); a da vida privada (compreendendo factos só partilhados com um restrito número de pessoas – círculo de resguardo) e a vida pública ou social (incluindo factos que podem ser divulgados sem restrições, com respeito pelo direito à imagem e à palavra)[529].

Neste contexto – e embora esta distinção seja criticável pelo seu formalismo, criando fronteiras artificiais onde se verifica uma gradação contínua[530] – as informações respeitantes à saúde física e psíquica (abrangendo a informação genética e o historial clínico e características biológicas do indivíduo, ainda que não correspondentes a situações patológicas) corresponderão ao círculo de intimidade da vida pessoal, o mesmo sucedendo com a intimidade da vida conjugal, amorosa, afetiva e sexual, os acontecimentos ocorridos no lar, o conteúdo da correspon-

[528] Cecilia Álvarez Rigaudias, "Tratamiento de datos de salud", *in* José Luis Piñar Mañas (Dir.); María Álvarez Caro, Miguel Recio Gayo (Coord.), *Reglamento General de Protección de Datos: Hacia un Nuevo Modelo Europeo de Privacidad*, Madrid, Editorial Reus, 2016, p. 174.

[529] Rita Amaral Cabral, "O direito à intimidade da vida privada (breve reflexão acerca do artigo 80.º do Código Civil)", *cit.*, p. 398; Jorge Miranda e Rui Medeiros, *Constituição Portuguesa Anotada*, Tomo I, 2ª Ed., Coimbra, Coimbra Ed., 2010, pp. 620-621; Paulo Mota Pinto, "A proteção da vida privada e a Constituição", *cit.*, p. 162; Rabindranath Capelo de Sousa, *O Direito Geral de Personalidade*, Coimbra, Coimbra Ed., 1995, pp. 326 ss.

[530] Pedro Pais Vasconcelos, *Teoria Geral do Direito Civil*, 6ª Ed., Coimbra, Almedina, 2010, p. 66. No mesmo sentido, criticando a rigidez conceptual da teoria, Jorge Miranda e Rui Medeiros, *Constituição Portuguesa Anotada*, Tomo I, *cit.*, p. 621.

dência e comunicações pessoais, os valores ideológicos, etc., conforme resultar das valorações sociais correntes[531].

3. As condições de licitude para o tratamento de dados

3.1. Fontes de licitude em geral

I - Como referimos acima, o tratamento de dados pessoais só é lícito se, em função de cada finalidade identificada pelo responsável, se verificar, pelo menos, um dos fundamentos expressamente previstos pelo Regulamento que legitime esse tratamento.

Neste contexto, e para a generalidade dos dados, as fontes de licitude são as estabelecidas no artigo 6.º do RGPD. Desde logo, na alínea a) do n.º 1 do referido artigo, surge identificado o consentimento do titular dos dados para uma ou mais finalidades específicas. Assim, estando o direito à reserva da intimidade da vida privada (ou, noutra formulação, o direito à autodeterminação informativa) na disponibilidade do respetivo titular, pode o mesmo, num ato de vontade livre, consciente e esclarecida, renunciar parcialmente ou limitar o respetivo exercício, permitindo, portanto, o tratamento de tais dados.

Por seu turno, a alínea b) do n.º 1 do artigo 6.º identifica como fonte de licitude a necessidade do tratamento para a execução de um contrato no qual o titular dos dados é parte, ou para diligências pré-contratuais a pedido do titular dos dados. Trata-se aqui, do nosso ponto de vista, de um consentimento implícito, na medida em que: (i) se a vontade do titular dos dados se dirige à celebração de um contrato; e (ii) se a execução do mesmo ou a realização de diligências pré-contratuais requerem necessariamente o tratamento de dados pessoais (de tal modo que, sem esse tratamento, fica comprometida a referida vontade contratual do titular dos dados); então (iii) presume-se que, não podendo querer o fim sem

[531] Teodoro Bastos de Almeida, "O direito à privacidade e a proteção de dados genéticos: Uma perspetiva de direito comparado", *cit.*, pp. 403-405; Rita Amaral Cabral, "O direito à intimidade da vida privada (breve reflexão acerca do artigo 80.º do Código Civil)", *cit.*, p. 399; Helena Moniz, "Notas sobre a proteção de dados pessoais perante a informática (o caso especial dos dados pessoais relativos à saúde)", *cit.*, p. 237; Paulo Mota Pinto, "O direito à reserva sobre a intimidade da vida privada", *cit.*, pp. 527 ss.; Paulo Mota Pinto, "A proteção da vida privada e a Constituição", *cit.*, pp. 166 ss.; Rabindranath Capelo de Sousa, *O Direito Geral de Personalidade*, *cit.*, pp. 317 ss. Como refere Pierre Kayser, há um *sentimento de pudor* que envolve estes dados – Pierre Kayser, *La Protection de la Vie Privée*, *cit.*, p. 6.

querer os meios necessários à prossecução do mesmo, o titular dos dados forçosamente consente – sem necessidade de uma declaração expressa – nesse tratamento[532].

Assim, se o titular dos dados pretender celebrar um contrato de seguro de responsabilidade civil geral, por exemplo, terá de, sem necessidade de recolha de consentimento expresso por parte do segurador, facultar a este, designadamente, os seus dados de identificação e morada para figurarem na apólice (alínea b) do n.º 2 do artigo 37.º do Regime Jurídico do Contrato de Seguro – doravante RJCS), bem como os seus dados bancários para cobrança do prémio, para além daqueles que o segurador considere indispensáveis à apreciação do risco proposto.

II – Para além das duas fontes de licitude referidas, que merecerão a nossa especial atenção ao longo deste texto, o n.º 1 do artigo 6.º identifica outras situações legitimadoras do tratamento de dados. Pela sua menor relevância para o presente objeto de análise, apenas as mencionaremos sem maior desenvolvimento.

Assentam elas na necessidade do tratamento para: o cumprimento de uma obrigação jurídica a que o responsável pelo tratamento esteja sujeito (alínea c) do n.º 1); a defesa de interesses vitais do titular dos dados ou de outra pessoa singular (alínea d) do n.º 1); o exercício de funções de interesse público ou o exercício da autoridade pública de que está investido o responsável pelo tratamento (alínea e) do n.º 1); interesses legítimos prosseguidos pelo responsável pelo tratamento ou por terceiros, exceto se prevalecerem os interesses ou direitos e liberdades fundamentais do titular que exijam a proteção dos dados pessoais, em especial se o titular for uma criança (alínea f) do n.º 1).

3.2. Categorias especiais de dados e fontes de licitude

I – Como referimos, o tratamento de *categorias especiais de dados*, merecendo uma acrescida proteção legal, requer fontes de licitude específicas, de contornos mais restritivos e exigentes do que as estabelecidas para a generalidade dos dados. Entre elas figura, desde logo, o consentimento explícito do titular dos dados, exceto na medida em que, no caso concreto, o direito da União ou de um Estado-Membro considerar que a proibição

[532] Cfr., mais desenvolvidamente, *infra*, 6.3.II, pp. 277 ss.

de tratamento está fora da disponibilidade do titular (alínea a) do n.º 2 do artigo 9.º do RGPD).

As outras fontes de legitimação previstas assentam na necessidade do tratamento: (i) para efeitos do cumprimento de obrigações e do exercício de direitos específicos do responsável pelo tratamento ou do titular dos dados em matéria de legislação laboral, de segurança social e de proteção social, na medida em que esse tratamento seja permitido pelo direito da União ou dos Estados-Membros ou ainda por uma convenção coletiva nos termos do direito dos Estados-Membros que preveja garantias adequadas dos direitos fundamentais e dos interesses do titular dos dados (alínea b) do n.º 2 do mesmo artigo); (ii) para proteger os interesses vitais do titular dos dados ou de outra pessoa singular, no caso de o titular dos dados estar física ou legalmente incapacitado de dar o seu consentimento (alínea c) do n.º 2); (iii) para a declaração, o exercício ou a defesa de um direito num processo judicial ou sempre que os tribunais atuem no exercício da sua função jurisdicional (alínea f) do mesmo n.º); (iv) por motivos de interesse público importante, com base no direito da União ou de um Estado-Membro, que deve ser proporcional ao objetivo visado, respeitar a essência do direito à proteção dos dados pessoais e prever medidas adequadas e específicas que salvaguardem os direitos fundamentais e os interesses do titular dos dados (alínea g)); (v) para efeitos de medicina preventiva ou do trabalho, para a avaliação da capacidade de trabalho do empregado, o diagnóstico médico, a prestação de cuidados ou tratamentos de saúde ou de ação social ou a gestão de sistemas e serviços de saúde ou de ação social com base no direito da União ou dos Estados-Membros ou por força de um contrato com um profissional de saúde, sob reserva das condições e garantias previstas no n.º 3 (alínea h))[533]; (vi) por motivos de interesse público no domínio da saúde pública, tais como a proteção contra ameaças transfronteiriças graves para a saúde ou para assegurar um elevado nível de qualidade e de segurança dos

[533] Por seu turno, dispõe o n.º 3 que o tratamento é lícito, no caso referido, se os dados forem tratados por ou sob a responsabilidade de um profissional sujeito à obrigação de sigilo profissional, nos termos do direito da União ou dos Estados-Membros ou de regulamentação estabelecida pelas autoridades nacionais competentes, ou por outra pessoa igualmente sujeita a uma obrigação de confidencialidade ao abrigo do direito da União ou dos Estados-Membros ou de regulamentação estabelecida pelas autoridades nacionais competentes.

cuidados de saúde e dos medicamentos ou dispositivos médicos, com base no direito da União ou dos Estados-Membros que preveja medidas adequadas e específicas que salvaguardem os direitos e liberdades do titular dos dados, em particular o sigilo profissional (alínea i)); (vii) para fins de arquivo de interesse público, para fins de investigação científica ou histórica ou para fins estatísticos, em conformidade com o artigo 89.º, n.º 1, com base no direito da União ou de um Estado-Membro, que deve ser proporcional ao objetivo visado, respeitar a essência do direito à proteção dos dados pessoais e prever medidas adequadas e específicas para a defesa dos direitos fundamentais e dos interesses do titular dos dados (alínea j)).

Por fim, outras fontes de licitude são ainda consideradas: (viii) o tratamento ser efetuado, no âmbito das suas atividades legítimas e mediante garantias adequadas, por uma fundação, associação ou qualquer outro organismo sem fins lucrativos e que prossiga fins políticos, filosóficos, religiosos ou sindicais, e desde que esse tratamento se refira exclusivamente aos membros ou antigos membros desse organismo ou a pessoas que com ele tenham mantido contactos regulares relacionados com os seus objetivos, e que os dados pessoais não sejam divulgados a terceiros sem o consentimento dos seus titulares (alínea d) do n.º 2); (ix) o tratamento referir-se a dados pessoais que tenham sido manifestamente tornados públicos pelo seu titular (alínea e)).

II – Como acabamos de constatar, e para além do consentimento do titular, não encontramos no elenco do artigo 9.º do RGPD uma fonte de licitude que claramente albergue o tratamento de dados de saúde no âmbito da execução de contratos de seguro, designadamente – e à semelhança do previsto na alínea b) do n.º 1 do artigo 6.º – a *necessidade* de tratamento de tais dados para a referida execução contratual. E sem tal fundamento, parece faltar a base legal que permita o tratamento de dados de saúde na execução de contratos de seguro. É esta, para já, a equação do problema que nos ocupa.

Importa, porém, verificar porquê, se, para quê, e em que medida, necessita o segurador de tratar dados de saúde. É o que veremos de seguida.

4. Atividade seguradora e *necessidade* de tratamento de dados de saúde

I – Antes de mais, para efeitos da presente análise, importa reter algumas características relevantes da relação contratual de seguro. Desde logo, o seguro é tendencialmente um contrato de longa duração, tanto nos casos em que é celebrado por períodos renováveis de um ano que se vão sucessivamente prorrogando de forma automática, como naqueles em que é estipulado um prazo longo, que poderá, nos seguros de vida, prolongar-se por algumas dezenas de anos.

Por outro lado, o contrato de seguro, assente na cobertura dos efeitos económicos de um risco – de ocorrência, causas, circunstâncias e consequências incertas – assume caráter aleatório. Com efeito, no momento da conclusão do contrato são imprevisíveis as consequências económicas que dele resultarão para qualquer das partes, designadamente, quanto cada uma irá desembolsar e receber ao longo da vigência do mesmo.

De resto, em algumas modalidades de seguros – mormente, nos chamados seguros de pessoas – o objeto do contrato assenta na cobertura riscos ligados ao ser humano, concretamente, relacionados com a vida, a saúde e a integridade física de uma pessoa ou conjunto de pessoas (n.º 1 do artigo 175.º do RJCS). Ora, os dados de saúde são precisamente elementos indispensáveis à caracterização e avaliação, quer do risco que o segurador deverá cobrir (a montante, em sede de subscrição), quer do dano resultante do sinistro (a jusante, em sede de execução do contrato).

Finalmente, conjugando a importância da variável *saúde* na caracterização do risco com a duração tendencialmente *longa* do contrato, temos que, agravando-se o estado de saúde ao longo da vida dos indivíduos, então, se cessar o contrato de seguro (ou se, por alguma razão, o segurador ficar impedido de o executar ao longo da sua vigência), a pessoa segura poderá já não se encontrar num estado de saúde que lhe permita voltar a fazer-se segurar através de um outro contrato.

II – Vejamos melhor, porém, em que medida necessita o segurador de tratar dados de saúde. Referimos acima que essa necessidade se verifica, desde logo, na fase de subscrição, isto é, no processo que conduz à conclusão do contrato. Com efeito, para poder avaliar o risco que lhe é proposto (quanto à probabilidade de ocorrência do sinistro e potencial gravidade das suas consequências) e decidir se o mesmo é aceitável o segurador necessita de conhecer esse risco antes de se vincular.

Ora, o conhecimento desse risco não se encontra na esfera do segurador, mas na do tomador do seguro ou do segurado (pessoa segura, nos seguros de pessoas). Com efeito, verifica-se uma assimetria informativa no sentido em que a generalidade das informações e dados caracterizadores do risco apenas são conhecidos pela contraparte do segurador, quer porque sejam materialmente inacessíveis a este, quer porque a lei lhe vede o acesso direto aos mesmos, quer porque, quando possível, o custo da investigação pré-contratual das características do risco não seria exequível para o segurador.

A necessidade de cooperação no sentido de estabelecer a paridade informativa entre as partes e de, assim, evitar a viciação especulativa da *alea* contratual e da justiça comutativa inerente à proporcionalidade entre o prémio e o risco impõe, assim, ao tomador do seguro ou segurado o dever de informar o segurador sobre as características do risco proposto[534]. Neste quadro, estabelece o n.º 1 do artigo 24.º do RJCS que o tomador do seguro ou o segurado está obrigado, antes da celebração do contrato, a declarar com exatidão todas as circunstâncias que conheça e razoavelmente deva ter por significativas para a apreciação do risco pelo segurador, acrescentando o n.º 2 que o referido dever não se atém à resposta a eventual questionário fornecido pelo segurador[535]. Por outro lado, prevê-se no n.º 1 do artigo 177.º do RJCS, aplicável aos seguros de pessoas, que, *independentemente dos deveres de informação a cumprir pelo segurado*, a celebração do contrato pode depender de declaração sobre o estado de saúde e de exames médicos a realizar à pessoa segura que tenham em vista a avaliação do risco.

Como referimos, nos seguros de pessoas as características do risco segurável prendem-se, em grande medida, com o estado de saúde da pessoa a segurar. Quer nos seguros de vida, quer nos de saúde, os

[534] Ao nível dos seus fundamentos, o instituto da declaração do risco situa-se na interseção, por um lado, das regras pré-contratuais de conduta decorrentes do princípio da boa fé; por outro, das regras de validade inerentes à teoria dos vícios do consentimento e assentes no princípio da autonomia da vontade; e, por fim, das regras inerentes à natureza dos contratos aleatórios. Constitui, assim, um fenómeno de superação da autonomia verificada em Direito civil entre as regras de validade e de comportamento.

[535] O regime da LCS acolhe, assim, um sistema de declaração espontânea (por oposição aos sistemas de questionário fechado). Sobre a declaração do risco, cfr., desenvolvidamente, Luís Poças, *O Dever de Declaração Inicial do Risco no Contrato de Seguro, cit.*

antecedentes clínicos e o estado de saúde atual (assim como algumas circunstâncias que diretamente o influenciam) são elementos essenciais de avaliação do risco, sem o conhecimento dos quais o segurador não poderia formar a sua vontade negocial nem definir as condições contratuais (designadamente, o prémio) aplicáveis.

Ora, a receção, análise, conservação (ou destruição), pelo segurador, das informações clínicas fornecidas pela pessoa segura em sede de declaração inicial do risco constituem, como oportunamente sublinhámos, formas de tratamento de dados pessoais de saúde. Por outro lado, como acabamos igualmente de evidenciar, esse tratamento é, mais do que necessário, indispensável à celebração do contrato de seguro.

Com efeito, na ausência de declaração do risco, o segurador não poderia diferenciar os riscos em função da respetiva probabilidade de ocorrência, tendo de aplicar-lhes o mesmo prémio tarifário normal. Ora, se o prémio for idêntico para os "maus riscos" e para os "bons riscos", isto significa que estes (pagando prémios superiores às respetivas probabilidades de ocorrência do sinistro), subsidiariam os "maus riscos"[536]. Dar-se-ia então o progressivo afastamento dos "bons riscos", que optariam por outros seguradores ou pelo autosseguro. Assim, a concentração de "maus riscos" e a sua subtarifação tornariam a massa de prémios insuficiente para cobrir os sinistros, obrigando a um consequente ajustamento tarifário. Este tenderia a afastar progressivamente os "melhores riscos" e a concentrar os "piores riscos", e assim sucessivamente até ao colapso da atividade do segurador. Este fenómeno, designado por seleção adversa, ilustra a necessidade da declaração inicial do risco e, consequentemente, do tratamento de dados de saúde em algumas modalidades de seguro[537].

III – Os efeitos da declaração do risco (e a necessidade de tratamento dos inerentes dados de saúde informados) não se esgotam, porém, na

[536] Thomas R. Foley, "Insurers' misrepresentation defence: The need for a knowledge element", *Southern California Law Review*, Vol. 67 (mar. 1994), pp. 665 ss.; Julie-Anne Tarr, "Disclosure in insurance law: Contemporary and historical economic considerations", *International Trade and Business Law Annual*, 6, 2000, p. 211.

[537] Sobre a seleção adversa, cfr. Luís Poças, "Aproximação económica à declaração do risco no contrato de seguro", *supra*, pp. 52 ss.

fase pré-contratual. Com efeito, o incumprimento, doloso ou negligente, do dever de declaração inicial do risco confere ao segurador o direito de impugnar (anular ou resolver, respetivamente) o contrato.

Ora, sucede que a inacessibilidade, já referida, do segurador às características do risco proposto o impede de controlar a veracidade das declarações da pessoa segura quando as mesmas são prestadas. Assim, se a pessoa segura declarar que está em perfeito estado de saúde, que não padece de qualquer doença crónica, que nunca foi objeto de intervenções cirúrgicas, que não toma qualquer medicação, etc., não tem o segurador a possibilidade de aferir da exatidão dessas declarações, sendo forçado a confiar nas mesmas.

Com efeito, o incumprimento do dever de declaração do risco apenas é, em regra, constatado *a posteriori*, na sequência da participação do sinistro (quando então se verifica que as causas do mesmo se prendiam com factos já conhecidos da pessoa segura aquando da conclusão do contrato e omitidos ao segurador). Desta forma, o segurador necessita de revisitar posteriormente os dados de saúde que lhe tenham sido comunicados na fase pré-contratual.

IV – Para além das situações referidas, nos seguros de pessoas a execução do contrato de seguro – sobretudo, na sequência da participação do sinistro – dificilmente poderá prescindir do tratamento de dados de saúde.

Assim, no exemplo típico do seguro de saúde, o tratamento dos dados clínicos tenderá a ser imprescindível para a sua execução continuada e durante todo o período de vigência do contrato. Na verdade, consistindo a prestação do segurador no reembolso de despesas clínicas (honorários médicos, elementos auxiliares de diagnóstico, intervenções cirúrgicas, medicamentos, etc.), o mesmo não poderá deixar de inteirar-se da informação clínica de suporte, de modo a controlar se os atos médicos praticados e despesas incorridas têm cabimento contratual.

Também nos outros casos de seguros de pessoas – e até em seguros de responsabilidade civil em que se produzam danos corporais nos terceiros lesados – o tratamento de dados de saúde é indispensável à aferição da dimensão do dano, bem como, eventualmente, das causas e circunstâncias do sinistro. Assim, quando o seguro tenha caráter indemnizatório, só a determinação da extensão do dano corporal permite determinar o próprio montante da prestação a cargo do segurador, possibilitando a realização do objeto do contrato.

Também no caso de um seguro de vida com uma cobertura complementar de morte ou incapacidade por acidente (em que o capital seguro é, portanto, mais elevado nessas circunstâncias), o tratamento de dados clínicos poderá ser – em situações como as de afogamento, envenenamento, etc. – indispensável à determinação da causa da morte ou incapacidade e, portanto, também, do montante do capital que o segurador deve prestar.

Em qualquer caso, como nem todo o universo de eventos possíveis se encontra contratualmente coberto, necessita o segurador de verificar se as circunstâncias em que se produziu o sinistro correspondem a uma exclusão de cobertura[538]. Para o efeito, estando essas circunstâncias ligadas à saúde da pessoa segura, a necessidade de tratamento de dados clínicos é também, para o efeito, incontornável.

Em suma, o objeto e a natureza do risco de certas modalidades de seguro – como é o caso, nomeadamente, dos seguros de vida, dos de saúde, de acidentes pessoais ou de trabalho – implica necessariamente o tratamento de dados de saúde, que é, assim, condição indispensável à realização desse fim.

V – Uma palavra é devida relativamente à orientação que a CNPD vinha seguindo no âmbito da vigência da LPD quanto à necessidade de tratamento de dados de saúde por parte do segurador, designadamente no que respeita a seguros de vida. Neste contexto, vinha defendendo a CNPD que «é no momento da celebração do contrato que a seguradora tem que calcular o risco e, por isso, fazer as diligências sobre o estado de saúde do segurado»[539], parecendo, portanto, desconsiderar a necessidade de tratamento aquando da regularização do sinistro.

Na mesma linha, defendia a CNPD que «o consentimento para o acesso aos dados pessoais de saúde dos titulares segurados já falecidos, para efeitos de pagamento/recebimento de indemnização em virtude de contrato de seguro do ramo Vida, *deve ser limitado* à origem, causas e evolução da doença ou acidente de que resultou a morte do titular segurado.

[538] Philippe Biclet, "Respet du contrat ou respet du secret, un dilemme", *Médecine et Droit*, n.º 10 (jan-fev 1995), p. 6.

[539] Cfr. http://www.cnpd.pt/bin/decisoes/2001/htm/del/del051-01.htm (consult. 25/06/2010).

A restante informação de saúde do titular dos dados pessoais, entretanto falecido, *é excessiva face à finalidade* de aferir do dever de indemnizar em virtude da morte dos segurados, não devendo ser abrangida pelo tratamento – acesso – consentido pelos mesmos segurados»[540].

Esta orientação, extremamente restritiva – e que culminava com o entendimento de que «não será de autorizar o acesso das seguradoras à informação clínica de um segurado para efeito de instrução de processo relativo a seguro de vida»[541] – traduzia, na verdade, pouco conhecimento e sensibilidade face às características da relação de seguro e às necessidades e constrangimentos inerentes à execução deste contrato. Embora visando a defesa dos direitos dos titulares dos dados, essa orientação da CNPD, não isenta de pré-entendimentos contra a atividade seguradora[542], era de molde, precisamente, a impedir a normal execução do contrato (e regularização do sinistro), suscitando, por vezes, a evitável necessidade de recurso ao litígio judicial.

5. O problema

I – Constatámos atrás (*supra*, 3.1) que a alínea b) do n.º 1 do artigo 6.º reconhece a licitude do tratamento de dados em geral quando o mesmo seja necessário para a execução de um contrato no qual o titular dos dados é parte, ou para diligências pré-contratuais a pedido do titular dos dados.

Verificámos igualmente (*supra*, 3.2) que essa fonte de licitude não se encontra prevista para o tratamento de categorias especiais de dados – designadamente (no que releva para o nosso objeto de análise) – os dados de saúde. Cremos ter demonstrado, no entanto (*supra*, 4), que o referido tratamento é indispensável, tanto na fase pré-contratual como na de execução do contrato, relativamente a diversas modalidades de seguros.

540 Sublinhado nosso. Cfr. http://www.cnpd.pt/bin/decisoes/2006/htm/del/del072-06.htm (consult. 25/06/2010).

541 Cfr. http://www.cnpd.pt/bin/decisoes/2006/htm/del/del072-06.htm (consult. 25/06/2010).

542 Citem-se, a título ilustrativo, as declarações públicas de um alto responsável da CNPD, no sentido de que «às vezes as pessoas que nos procuram pensam que ao não autorizarmos o acesso aos dados lhes estamos a dificultar a vida, mas não percebem que o que as seguradoras querem é eventualmente arranjar nos dados clínicos um motivo para não pagar» – citado em "Seguradoras acedem a dados clínicos, mesmo após a morte", *Público*, Ano XXII, n.º 7659 (27 mar. 2011), p. 4.

II – Com efeito, relativamente ao tratamento de dados de saúde, só parcelarmente encontramos o referido fundamento de licitude previsto na alínea b) do n.º 1 do artigo 6.º (necessidade do tratamento dos dados para a execução de um contrato no qual o titular dos dados é parte) na alínea h) do n.º 2 do artigo 9.º, na menção «por força de um contrato com um profissional de saúde».

Assume, portanto, o legislador que, quem se vincule mediante um contrato com um profissional de saúde, necessariamente haverá de querer (e, portanto, de consentir) no tratamento de dados clínicos no âmbito desse contrato. Com efeito, e como referimos já[543], o mencionado fundamento de licitude previsto na alínea b) do n.º 1 do artigo 6.º do RGPD assenta num critério de coerência da vontade do titular: se este voluntariamente se vinculou mediante um contrato; se, consequentemente, a sua vontade se dirige à execução desse contrato; se essa execução *depende* do tratamento de dados pessoais do titular (de tal forma que a mesma não é possível sem esse tratamento); se o titular tem conhecimento dessa necessidade de tratamento e da respetiva finalidade e âmbito; então o titular não pode simultaneamente querer a execução do contrato e não querer o tratamento de dados que sabe serem imprescindíveis para essa execução[544].

Porém, o RGPD não retira a mesma conclusão lógica para outros contratos que, pela sua natureza, requeiram necessariamente o tratamento de dados de saúde, como é o caso de algumas modalidades de seguro, parecendo admitir que o titular dos dados possa querer contratar um seguro e simultaneamente impedir o segurador de cumprir as obrigações que emergem desse contrato. Como refere Ana Alves Leal, «afigura-se contraditório que o cliente esteja interessado na satisfação de um crédito do qual é titular, e que fora constituído negocialmente, mas que, naquilo que dependa de si, não possibilite à instituição financeira essa satisfação»[545].

[543] *Supra*, 3.1.I, pp. 257-258.

[544] Cfr., mais desenvolvidamente, *infra*, 6.3.II, pp. 277 ss.

[545] Ana Alves Leal, "Aspetos jurídicos da análise de dados na Internet (*big data analytics*) nos setores bancário e financeiro: proteção de dados pessoais e deveres de informação", *cit.*, p. 161.

III – Em suma, e como sublinha a CNPD, verifica-se «a ausência no RGPD de fundamento direto de licitude dos tratamentos de dados de saúde no âmbito dos contratos de seguros [...]»[546]. Assim, e como decorre do RGPD, sem fonte de licitude não pode o segurador tratar dados pessoais após 25 de maio de 2018.

Esta mesma consequência (bem como os esforços feitos pelo setor segurador no sentido do reconhecimento público do problema e da procura de uma solução) é referenciada pela autoridade de controlo: «não pode a CNPD deixar de assinalar o facto de o RGPD, no seu artigo 9.º, não legitimar diretamente o tratamento de dados de saúde no âmbito dos contratos de seguro, aspeto que a Proposta de Lei não acautelou apesar dos alertas emitidos pelo setor da atividade seguradora. Sendo certo que a consequência desta ausência de disciplina legal é o dever de eliminação dos dados de saúde tratados pelas seguradoras»[547].

Desta forma, sem solução à data de aplicação do RGPD, haveria o setor segurador de ter eliminado todos os dados de saúde na sua posse, deixando, portanto (por impossibilidade material e normativa) de executar os contratos vigentes. Essa impossibilidade, objetiva, superveniente e alheia ao segurador, haveria de ditar a extinção de todos os contratos de seguro que implicassem o tratamento de dados de saúde.

As consequências, nos planos social e económico, seriam, naturalmente, catastróficas: o colapso do setor segurador em seguros de pessoas; e todo o universo dos respetivos segurados que ficaria privado de cobertura para os sinistros já ocorridos ou futuros. Acresce que, no caso dos seguros de vida – e mesmo que o problema viesse a ser superado em momento futuro –, as pessoas seguras, tendo perdido uma cobertura contratual de longo prazo (que as protegeria mesmo que as respetivas condições de vida e de saúde se viessem a agravar acentuadamente), não conseguiriam voltar a obter no mercado segurador cobertura para o mesmo risco.

IV – Eis, assim, formulado o problema que nos ocupa e para o qual procuraremos debater, no quadro vigente, as soluções que se nos afiguram possíveis. Começaremos, para o efeito, por consagrar alguma atenção

[546] Parecer n.º 20/2018, da CNPD, de 02/05/2018 - https://www.cnpd.pt/bin/decisoes/Par/40_20_2018.pdf, p. 41v. (consult. 03/08/2018).

[547] Parecer n.º 20/2018, da CNPD, de 02/05/2018, *cit.*, p. 37 v.

ao consentimento como fonte de licitude, explicando porque não pode ser esta – diversamente do que era comummente aceite no quadro legal anterior – a solução para o problema equacionado.

6. O consentimento como fonte de licitude

6.1. Aspetos gerais: a definição legal de consentimento

I – Como referimos, entre as fontes de licitude para o tratamento – quer dos dados pessoais, em geral, quer das categorias especiais de dados, como é o caso dos de saúde – encontra-se, em papel de destaque, o consentimento do titular para uma ou mais finalidades específicas (respetivamente, alínea a) do n.º 1 do artigo 6.º, e alínea a) do n.º 2 do artigo 9.º, ambos do RGPD).

No quadro da LPD era entendimento pacífico que, apesar das dificuldades que os requisitos do consentimento já apresentavam, o tratamento de dados de saúde na execução de contratos e seguro apenas poderia ser efetuado com base no prévio consentimento do titular. No caso, por exemplo, dos seguros de vida, a posição da CNPD era a de que esse prévio consentimento constituía a única forma de o segurador (ou os familiares da pessoa segura) acederem a informação clínica após a morte desta[548].

Ora, enquanto na LPD o consentimento assumia a posição de fonte-*regra* de licitude do tratamento dos dados, figurando as outras fontes de licitude como *exceções* (cfr. artigos 6.º e 7.º da LPD), no RGPD o consentimento surge mais claramente como uma fonte de licitude ao lado das demais previstas[549].

[548] Referia a CNPD que «não existe na Lei 67/98 ou noutra disposição legal qualquer norma que autorize a Companhia de Seguros, nestas circunstâncias (sem consentimento *e* depois da morte), a aceder à informação clínica em poder dos hospitais ou centros de saúde» – http://www.cnpd.pt/bin/decisoes/2001/htm/del/del051-01.htm (consult. 25/06/2010). Como também se afirmava na Deliberação n.º 72/2006, «não havendo, como não há, lei formal que preveja e legitime o acesso aos dados pessoais de saúde de titulares falecidos, pelas Companhias de Seguros e pelos familiares desses titulares, para efeitos de pagamento/recebimento de indemnizações em virtude da morte dos titulares segurados, esse acesso apenas pode decorrer do consentimento dos titulares: artigo 35º da Constituição da República Portuguesa (CRP) e nº 2 do artigo 7º da Lei de Proteção de Dados (LPD)» – http://www.cnpd.pt/bin/decisoes/2006/htm/del/del072-06.htm (consult. 25/06/2010).

[549] Neste sentido (embora discordando, de *iure condendo*, desta equiparação), Borja Adsuara Varela, "El consentimiento", *in* José Luis Piñar Mañas (Dir.); María Álvarez Caro, Miguel

É certo que, para alguns autores, o tratamento de dados clínicos por seguradores não poderá deixar de ter o consentimento por fonte de licitude[550]. Porém, a perspetiva atualmente dominante é bem outra. Por um lado, porque o consentimento, em virtude dos seus requisitos legais, assume caráter efémero e precário[551], não constituindo, portanto, um fundamento de licitude apto a albergar o tratamento de dados de saúde no âmbito da execução de contratos de seguro. Por outro lado, porque, precisamente pelas suas características, o consentimento passou, na prática, a assumir, de algum modo, um papel de subsidiariedade relativamente às outras fontes de licitude[552].

Vejamos, porém, mais detidamente porque, na falta de outro fundamento para o tratamento de dados de saúde em seguros, não poderá o

Recio Gayo (Coord.), *Reglamento General de Protección de Datos: Hacia un Nuevo Modelo Europeo de Privacidad*, Madrid, Editorial Reus, 2016, p. 158.

550 Cfr., por exemplo, Jean-François Henrotte e Fanny Coton, "L'impact du R.G.P.D. dans le secteur des assurances: Comment s'y conformer?", *cit.*, pp. 109-110.

551 Este caráter está associado ao papel central do titular dos dados, conferido pelo RGPD, sugerindo que o sentido passivo do consentimento (face a uma ação do responsável pelo tratamento) seja substituído pela noção de liberdade ou autodeterminação dos dados, que emana, de resto, dos direitos reforçados do titular, consagrados no Regulamento – neste sentido, Borja Adsuara Varela, "El consentimiento", *cit.*, pp. 168-169; María Álvarez Caro, "El derecho de rectificación, cancelación, limitación del tratamiento, oposición y decisiones individuales automatizadas", *cit.*, p. 228.

552 Com efeito, obedecendo o consentimento a requisitos apertados, quando o responsável pelo tratamento disponha cumulativamente de vários fundamentos de licitude de que possa lançar mão e opte por fazer o tratamento com base no consentimento, não poderá posteriormente (e de forma retroativa) invocar outro fundamento, ficando então sujeito – como veremos melhor – às vicissitudes do consentimento – Grupo de Trabalho do Artigo 29.º, *Orientações Relativas ao Consentimento na Aceção do Regulamento (UE) 2016/679* – https://www.cnpd.pt/bin/rgpd/docs/wp259rev0.1_PT.pdf, p. 26 (consult. 07/09/2018). Isto significa, na prática, que o responsável pelo tratamento deverá, podendo, optar por qualquer outro fundamento de licitude, só recorrendo ao consentimento na falta do mesmo: «o artigo 9.º, n.º 2, não reconhece "necessário para a execução de um contrato" como uma exceção à proibição geral de tratamento de categorias especiais de dados. Por conseguinte, os responsáveis pelo tratamento e os Estados-Membros que se defrontam com esta situação devem recorrer às exceções previstas no artigo 9.º, n.º 2, alíneas b) a j). Caso nenhuma das exceções que constam das alíneas b) a j) se aplique, a obtenção de consentimento explícito em conformidade com as condições aplicáveis ao consentimento válido no RGPD será a única exceção lícita possível para tratar os referidos dados» – *idem*, p. 22.

segurador efetuar esse tratamento repousando no consentimento do titular.

II – No contexto do RGPD, o consentimento do titular dos dados é definido, na alínea 11) do artigo 4.º, como «uma manifestação de vontade, livre, específica, informada e explícita, pela qual o titular dos dados aceita, mediante declaração ou ato positivo inequívoco, que os dados pessoais que lhe dizem respeito sejam objeto de tratamento». Vejamos paulatinamente os vários requisitos do consentimento e os problemas que os mesmos suscitam.

III – Desde logo constatamos, na comparação entre a redação do artigo 9.º e a do artigo 6.º do RGPD, que aquela se refere ao consentimento *explícito* do titular, enquanto esta apenas se refere o *consentimento* do titular. Com base nesta diferente formulação, vários autores reclamam para o consentimento do artigo 9.º um requisito adicional de *explicitação*[553]. Ora, como decorre da citada definição da alínea 11) do artigo 4.º, *todo* o consentimento deve ser *explícito*[554], entre outros requisitos, pelo que não deverá ser atribuído sentido especial ao adjetivo *explícito* do artigo 9.º por oposição ao do artigo 6.º.

Com certa generosidade interpretativa, alguma doutrina qualifica como consentimento *explícito* o livre fornecimento de dados, pelo titular, depois de ser informado dos fins a que o tratamento se destina. Neste sentido, se um passageiro de uma companhia de aviação solicita uma cadeira de rodas, a companhia ficará autorizada a tratar este dado de saúde, ainda que o titular não tenha assinado uma declaração de consentimento nesse sentido[555]. Do mesmo modo – dir-se-ia, por analogia – se uma pessoa segura fornecesse informação clínica ao segurador para a subscrição de

[553] Cfr., por exemplo, Jean-François Henrotte e Fanny Coton, "L'impact du R.G.P.D. dans le secteur des assurances: Comment s'y conformer?", *cit.*, p. 109; Ian Long, *Data Protection – The New Rules*, Bristol, Jordan Publishing, 2016, p. 128.

[554] *Explícito* será, assim, sinónimo de *expresso*, preferencialmente (mas não necessariamente) prestado por declaração assinada – Grupo de Trabalho do Artigo 29.º, *Orientações Relativas ao Consentimento na Aceção do Regulamento (UE) 2016/679, cit.*, p. 21.

[555] Ian Long, *Data Protection – The New Rules*, Bristol, *cit.*, pp. 128-129. Em sentido contrário – recorrendo precisamente ao mesmo exemplo – Grupo de Trabalho do Artigo 29.º, *Orientações Relativas ao Consentimento na Aceção do Regulamento (UE) 2016/679, cit.*, p. 22.

um contrato de seguro ou para a regularização de um sinistro, considerar-se-ia ter dado o seu consentimento explícito ao tratamento para o fim em causa. Cremos que, apesar da assertividade lógica desta posição, a exigência do caráter *explícito* da vontade manifestada vai precisamente no sentido contrário desta interpretação, que se bastaria com a natureza *implícita* (ou tácita) da manifestação de vontade.

A definição legal acolhe duas formas de *manifestação* do consentimento: (i) a declaração; e (ii) o ato positivo inequívoco. Se os adjetivos *positivo* e *inequívoco* se reportam ao ato, a verdade é que também a declaração não poderá deixar de os verificar[556]. Em qualquer caso, se o ato positivo inequívoco poderá traduzir-se no assinalar de uma opção num formulário (o "picar" de um campo onde se pergunte – «consente no tratamento... para a seguinte finalidade...? Sim / Não»), pensamos que não poderá bastar-se com uma simples manifestação tácita, presumida ou implícita, ainda que a mesma decorra de um ato positivo que pressuponha necessariamente o dito consentimento (exemplos dados no parágrafo anterior).

6.2. Cont.: a especificidade do consentimento

I – Um dos requisitos do consentimento é, como referimos, o da *especificidade* («manifestação de vontade [...] específica»). Este requisito encerra, na perspetiva do Grupo do Artigo 29.º, várias vertentes. Assim, haverá de atender à própria especificidade das finalidades para as quais o consentimento é dado (cfr. alínea a) do n.º 1 do artigo 6.º e alínea a) do n.º 2 do artigo 9.º do RGPD), no sentido de que deverá haver um consentimento para cada finalidade singular e delimitada, sendo recolhido separadamente para cada uma delas (granularidade) e com base em informação discriminada, tudo de modo a assegurar a transparência e a permitir ao titular um maior controlo sobre o tratamento dos seus dados[557].

Sobre o requisito da especificidade – que se suscitava já no âmbito da LPD –, vem defendendo a CNPD que o mesmo «deve significar que o consentimento se refere a uma contextualização factual concreta, a uma atualidade cronológica precisa e balizada e a uma operação determinada, sendo o mais individualizado possível. O consentimento

556 Borja Adsuara Varela, "El consentimiento", *cit.*, p. 152.

557 Grupo de Trabalho do Artigo 29.º, *Orientações Relativas ao Consentimento na Aceção do Regulamento (UE) 2016/679, cit.*, pp. 12 ss.

específico afasta os casos de consentimento preventivo e generalizado, prestado de modo a cobrir uma pluralidade de operações»[558]. De forma clarificadora, sublinhava a CNPD, na nota 38 da Deliberação n.º 51/2001, que «não será suficiente um "consentimento genérico", como já se tem visto em contratos de seguro enviados à CNPD, no qual se admite o "acesso à informação clínica existente em hospitais, centros de saúde ou médicos particulares". Este consentimento, pelo seu carácter demasiado genérico, não configura o "consentimento expresso" legalmente exigível»[559].

II – Constatámos, porém, que o contrato de seguro assenta na imprevisibilidade e incerteza relativamente ao risco coberto e (sobretudo no ramo Vida) é tendencialmente de longo prazo. Neste contexto, é impossível ao segurador saber, no momento de recolha do consentimento (início do contrato), quais as circunstâncias concretas de tempo, lugar e modo em que irá proceder ao tratamento de dados, nos termos que vinham sendo requeridos pela CNPD.

Assim, por exemplo, num seguro de acidentes pessoais ou de vida, deverá ser de todo imprevisível a eventual ocorrência, na vigência do contrato, de um sinistro (morte, acidente, incapacidade), bem como, mais ainda, as circunstâncias, momento, causas e consequências do mesmo. Não podem, assim, as partes antever que, vários anos após a celebração do contrato e a inerente obtenção do consentimento, o segurador irá necessitar, para poder cumprir a sua obrigação contratual (regularização do sinistro) de analisar um relatório de autópsia, ou de alta hospitalar, ou determinados exames ou análises clínicas concretas.

Também num seguro de saúde é uma impossibilidade prática e lógica, tanto para a pessoa segura (titular dos dados) como para o segurador (responsável pelo tratamento), poder antecipar quais os atos médicos, elementos auxiliares de diagnóstico, etc., que a pessoa segura irá realizar na vigência do contrato, bem como, portanto, quais os dados clínicos

[558] http://www.cnpd.pt/bin/decisoes/2006/htm/del/del072-06.htm (consult. 25/06/2010).

[559] http://www.cnpd.pt/bin/decisoes/2001/htm/del/del051-01.htm (consult. 25/06/2010). Cfr. também Catarina Sarmento e Castro, *Direito da Informática, Privacidade e Dados Pessoais*, *cit.*, p. 207; e Helena Moniz, "Notas sobre a proteção de dados pessoais perante a informática (o caso especial dos dados pessoais relativos à saúde)", *cit.*, p. 238.

que o segurador necessitará de tratar (e em que momento) para poder cumprir a sua obrigação contratual.

Como decorre dos exemplos dados, o consentimento que o segurador solicitava que lhe fosse concedido para efeito de execução do contrato sempre teria de ser formulado em moldes suficientemente latos e abrangentes, de modo a cobrir todas as eventualidades possíveis. Porém, num momento posterior, quando o segurador verificava a necessidade de efetuar o tratamento dos dados para dar cumprimento à sua obrigação pecuniária, já a CNPD se manifestava pela ineficácia do consentimento e, consequentemente, pela ilicitude do tratamento em causa[560].

III – A solução para o problema descrito – o requisito da *especificidade* do consentimento, sobretudo no entendimento que do mesmo vinha fazendo a CNPD na vigência da LPD – não poderá ter por solução a recolha de um consentimento por cada situação (sinistro) que requeira o tratamento de dados de saúde. Com efeito, em casos como os do seguro de saúde, em que a recorrência da apresentação de despesas clínicas (consultas médicas, elementos auxiliares de diagnóstico, medicamentos, etc.) implica o regular tratamento de dados clínicos, seria impraticável, pela ineficiência, complexidade e demora que passaria a afetar a regularização dos processos de sinistro.

Por outro lado, esta via de solução sempre se depararia com situações em que se verificasse a impossibilidade de o titular dos dados dar, durante a vigência do contrato, o seu consentimento, designadamente porque pudesse ter falecido, ou estar temporária ou definitivamente incapaz e sem aptidão física ou mental para prestar esse consentimento (sinistros de morte em seguros de vida ou de acidentes). Mas poderia igualmente dar-se o caso de o titular dos dados, sem prejuízo da sua pretensão à prestação do segurador, poder pretender obstar ao tratamento dos dados porque o mesmo lhe fosse adverso (pela suscetibilidade de revelar uma

[560] Numa orientação antagónica, a jurisprudência francesa admite a validade de uma cláusula contratual segundo a qual a cobertura fica expressamente subordinada à condição do consentimento da pessoa segura quanto ao levantamento do segredo médico, em caso de morte da mesma – Sabine Abravanel-Jolly, "Le secret médical en assurance de personnes", *Revue Générale du Droit des Assurances*, 2005, n.º 4, p. 899; Maxime Cauchy e Amélie Dionisi-Peyrusse, "Le droit au secret médical et son application en matière d'assurances", *Recueil Dalloz*, 2005, n.º 20, Chroniques, p. 1315.

qualquer situação que determinasse a perda do direito à prestação do segurador).

Em suma, o requisito da especificidade do consentimento – sobretudo na orientação que do mesmo vinha seguindo a CNPD relativamente à necessidade de tratamento de dados de saúde na execução de contratos de seguro – é de molde a inviabilizar a obtenção do consentimento do titular como fonte de licitude daquele tratamento. Não obstante, outros requisitos do consentimento comprometem a sua aptidão como fundamento da licitude do tratamento de dados de saúde. Vejamos de seguida quais e em que moldes.

6.3. Cont.: a liberdade do consentimento

I – Como referimos, um dos requisitos do consentimento traduz-se no caráter voluntário – livre, portanto – do mesmo. Este requisito verte, designadamente, dos considerandos 32 e 43; da alínea 11) do artigo 4.º; do artigo 7.º; da alínea c) do n.º 2 do artigo 13.º; e da alínea d) do n.º 2 do artigo 14.º, todos do RGPD.

Vimos que o tratamento de dados de saúde é *necessário* para a execução de alguns contratos de seguro. Por outro lado, sendo o mesmo igualmente necessário para a própria formação do contrato (aferição e controlo, pelo segurador, da declaração inicial do risco), o segurador, na falta de outra fonte de licitude, haveria de obter o consentimento do titular logo na fase pré-contratual. *Quid iuris*, porém, se, sendo o consentimento *livre*, o titular dos dados se recusar a dá-lo logo na fase pré-contratual? Poderá o segurador condicionar a celebração do contrato à prévia obtenção do consentimento? Será um consentimento obtido nestes termos efetivamente *livre*?

Sobre o caráter livre do consentimento, clarifica o considerando 43, parte final, do RGPD que se presume «que o consentimento não é dado de livre vontade se [...] a execução de um contrato, incluindo a prestação de um serviço, depender do consentimento *apesar de o consentimento não ser necessário para a mesma execução*». Esta regra encontra-se igualmente consagrada no n.º 4 do artigo 7.º: «ao avaliar se o consentimento é dado livremente, há que verificar com a máxima atenção se, designadamente, a execução de um contrato, inclusive a prestação de um serviço, está subordinada ao consentimento para o tratamento de dados pessoais *que não é necessário para a execução desse contrato*».

Assim, como resulta das citadas disposições, o consentimento não é livre se for imposto (ou extorquido) ao titular como contrapartida de um serviço ao qual o tratamento visado *não seja necessário* (tal seria o caso, por exemplo, se o segurador exigisse, como contrapartida da celebração do seguro, o consentimento ao tratamento de dados para efeitos de *marketing*).

Pensamos que o preceito, porém, não admite uma leitura *a contrario*, no sentido de que o consentimento seja livre (e, portanto, válido) se o tratamento visado for efetivamente necessário à execução de um contrato ou à prestação de um serviço cuja execução ou prestação fiquem dependentes da obtenção de tal consentimento (como seria o caso do tratamento de dados de saúde na execução de contratos de seguro)[561]. Simplesmente, na coerência lógica interna do RGPD, a solução de licitude, neste caso, não assentaria já no consentimento, mas na necessidade do tratamento para a execução do contrato ou prestação do serviço (alínea b) do n.º 1 do artigo 6.º, sem correspondente, como vimos, quanto à licitude do tratamento de dados de saúde)[562].

Em suma, e como resulta da orientação do Grupo do Artigo 29.º[563], na falta de outra fonte de licitude para o tratamento dos dados o segurador não poderia condicionar a celebração do contrato à obtenção do

[561] Claramente neste sentido, Grupo de Trabalho do Artigo 29.º, *Orientações Relativas ao Consentimento na Aceção do Regulamento (UE) 2016/679, cit.*, p. 9. Como se refere neste documento, «regra geral, o RGPD prevê que se o titular dos dados não puder exercer uma verdadeira escolha, se sentir coagido a dar o consentimento ou sofrer consequências negativas caso não consinta, então o consentimento não é válido» – *idem*, p. 6.

[562] Como refere o Grupo do Artigo 29.º, «o RGPD assegura que o tratamento dos dados pessoais relativamente ao qual se solicita o consentimento não pode ser direta ou indiretamente uma contrapartida da execução de um contrato. Os dois fundamentos para o tratamento lícito dos dados pessoais, ou seja, o consentimento e o contrato, não podem fundir-se nem misturar-se. [...] Se o responsável pelo tratamento pretender tratar dados pessoais que são efetivamente necessários para a execução do contrato, o consentimento não é o fundamento legal» – Grupo de Trabalho do Artigo 29.º, *Orientações Relativas ao Consentimento na Aceção do Regulamento (UE) 2016/679, cit.*, pp. 8-9.

[563] «Em termos gerais, qualquer elemento que constitua pressão ou influência desadequada sobre o titular dos dados (que se pode manifestar de formas muito diversas) e que o impeça de exercer livremente a sua vontade tornará o consentimento inválido» – cfr. Grupo de Trabalho do Artigo 29.º, *Orientações Relativas ao Consentimento na Aceção do Regulamento (UE) 2016/679, cit.*, p. 6.

consentimento, na medida em que um consentimento assim obtido seria inválido, tornando ilícito o tratamento de dados de saúde.

II – O princípio da liberdade contratual, que encontra reflexo no artigo 405.º do CC, é expressão do mais amplo princípio da autonomia privada, o qual traduz a margem de liberdade deixada aos privados para autorregularem os seus interesses. A liberdade contratual manifesta-se no exercício da *vontade* autónoma dos sujeitos, através da livre negociação, estipulação, celebração e execução dos contratos[564]. Porém, obrigando-se as partes, ficam as mesmas sujeitas ao princípio *pacta sunt servanda*, que se manifesta no n.º 1 do artigo 406.º do CC, também designado por princípio da estabilidade contratual ou da vinculatividade.

Também o direito de autodeterminação informativa do titular dos dados pessoais sobre os mesmos radica, afinal, na *vontade* autónoma e soberana desse titular no sentido de determinar e controlar a utilização (ou tratamento) de que os seus dados pessoais são objeto.

Não obstante, ao vincular-se contratualmente, cada parte aceita as consequências das obrigações que assume e que geram expectativas de cumprimento na contraparte. Assim, em algumas modalidades de seguro, uma dessas consequências é a necessidade de tratamento de dados de saúde. Porém, a depender esse tratamento de um consentimento livre (tão livre como a liberdade contratual, mas independente ou autónomo em relação a esta), o titular dos dados teria cobertura legal para incumprir licitamente o contrato, o que não será admissível. É esta necessidade de sintonia, de coerência, que faz com que no artigo 6.º do RGPD se legitime o tratamento de dados necessário à execução de um contrato (e é ela que torna incompreensível que a mesma solução não seja acolhida no artigo 9.º).

Do nosso ponto de vista, a fonte de licitude consagrada na alínea b) do n.º 1 do artigo 6.º do RGPD – necessidade do tratamento para a execução de um contrato no qual o titular dos dados seja parte, ou para diligências pré-contratuais a pedido do titular dos dados – não se funda na consideração de que o contrato, e as inerentes vinculações assumidas pelo titular dos dados perante a contraparte, seriam objetivamente mais

564 Cfr. Jorge Morais Carvalho, *Os Limites à Liberdade Contratual*, Coimbra, Almedina, 2016, pp. 24 ss.

valiosos do que o direito de autodeterminação do titular dos dados sobre os mesmos, devendo, portanto, aquelas prevalecer sobre este direito.

Fundar-se-á antes, de acordo com um princípio de coerência lógica, na própria vontade livre e esclarecida do titular. Com efeito, ao *querer* vincular-se contratualmente – e ao *saber* que, fazendo-o, isso comportará *necessariamente* o tratamento de dados pessoais – o titular dos dados não poderá deixar de *querer*, como consequência forçosa, o tratamento desses dados. Por outras palavras, a *vontade contratual*, quando implique inevitavelmente o tratamento de dados pessoais (e o titular disso tenha consciência), é incindível da *vontade* (consentimento) dirigida a tal tratamento.

Dito ainda de outra forma, quando o tratamento dos dados seja (consabidamente) necessário para a execução de um contrato no qual o titular dos dados seja parte, ou para diligências pré-contratuais a pedido do mesmo, há uma *presunção inilidível de consentimento* do titular nesse tratamento. Será sempre a vontade, livre e esclarecida, do titular a prevalecer. Porém, diversamente do que sucede com a fonte de licitude prevista na alínea a) do n.º 1 do artigo 6.º, e na alínea a) do n.º 2 do artigo 9.º – um autónomo consentimento, que não poderia presumir-se e que, por isso, terá de ser explícito e inequívoco – o consentimento subjacente à alínea b) do n.º 1 do artigo 6.º vem, por uma questão de coerência, incindivelmente fundido com a vontade dirigida ao contrato.

Se o contrato não prescinde do tratamento de dados e se não pode subsistir sem este, então o titular dos dados poderá não querer o contrato, mas não poderá querer o contrato e não querer o tratamento. É esta a lógica inerente à alínea b) do n.º 1 do artigo 6.º do RGPD. Significará isto que, ao vincular-se contratualmente, o titular renuncia ao seu direito à autodeterminação informativa sobre os seus dados? Não será, de todo, o caso. Simplesmente, o destino do tratamento dos dados será incindível do destino do contrato: o titular sempre poderá desvincular-se, nos termos permitidos pelo Direito[565], fazendo cessar então, inerentemente, o tratamento de dados requerido por tal contrato. O que o titular não poderá é ter a pretensão de manter o contrato em plena execução e vigência, mas obstar ao tratamento de dados de que aquela execução depende.

[565] Em última instância, tratando-se de uma desvinculação ilícita, emergirá um dever de indemnização da contraparte.

Ora, esta lógica, bem vincada no artigo 6.º do RGPD, desaparece depois no tratamento de categorias especiais de dados (artigo 9.º). Relativamente a estes – no caso, aos dados de saúde – o legislador do RGPD, ao permitir uma cisão entre a vontade dirigida ao contrato e a vontade dirigida ao tratamento dos dados requerido pelo contrato, parece ignorar a incongruência paradoxal que do regime resulta. Admite que ao titular dos dados, parte num contrato, não possa ser exigido o consentimento para o tratamento dos dados indispensáveis à execução de tal contrato. E também que, sendo esse consentimento dado inicialmente, não possa o titular que pretenda retirá-lo ser prejudicado (designadamente, com a suspensão da execução do contrato), ainda que essa execução dependa do tratamento de dados, agora privado da sua fonte de licitude originária.

Para além do insuperável absurdo lógico gerado, o legislador do RGPD abre igualmente caminho a que o titular dos dados faça uma utilização abusiva, ou mesmo fraudulenta, à medida das conveniências de cada momento, do direito à autodeterminação informativa sobre os seus dados. Pode, assim, o titular dos dados, por exemplo, tendo efetuado uma declaração inicial do risco com omissões ou inexatidões dolosas sobre o seu estado de saúde, vir mais tarde, após qualquer ocorrência suspeita, impedir o segurador de investigar aquelas declarações mediante a retirada do consentimento.

III – O requisito em análise (*liberdade*) tem, efetivamente, como corolário o direito de retirada – ou revogação unilateral – do consentimento a todo o tempo. Na verdade, estabelece o n.º 3 do artigo 7.º do RGPD que «o titular dos dados tem o direito de retirar o seu consentimento a qualquer momento. A retirada do consentimento não compromete a licitude do tratamento efetuado com base no consentimento previamente dado. Antes de dar o seu consentimento, o titular dos dados é informado desse facto. O consentimento deve ser tão fácil de retirar quanto de dar».

Significa esta regra que, se o segurador tiver – confiando num consentimento, para o tratamento de dados de saúde, obtido aquando da conclusão do contrato – celebrado um seguro para cuja execução seja necessário esse tratamento, poderá ser surpreendido, a qualquer momento, com a retirada do consentimento e com a consequente inviabilidade dessa execução.

Com efeito, para os autores que sustentam ser o consentimento a base legal de tratamento de dados de saúde em contratos de seguro, a retirada do consentimento terá por efeito a imediata cessação do tratamento dos dados[566] e, inerentemente, a impossibilidade legal da sua execução por parte do segurador, mormente quando se trate de regularizar o sinistro.

Desta forma, a retirada do consentimento, nos seguros em que seja indispensável o tratamento de dados de saúde, está na origem de uma impossibilidade objetiva superveniente do cumprimento por causa imputável ao credor. Neste quadro, e nos termos do n.º 1 do artigo 790.º do CC (disposição sem correspondente no RJCS), essa impossibilidade determina a extinção da obrigação[567].

Ora, nos termos resultantes do RGPD, o consentimento só será inteiramente livre se da sua retirada não resultarem consequências adversas para o titular dos dados[568]. Com efeito, e conforme resulta do considerando 42, «não se deverá considerar que o consentimento foi dado de livre vontade se o titular dos dados [...] não puder recusar nem retirar o consentimento sem ser prejudicado»[569].

566 Cfr., por exemplo, Jean-François Henrotte e Fanny Coton, "L'impact du R.G.P.D. dans le secteur des assurances: Comment s'y conformer?", *cit.*, p. 110.

567 Noutros casos, a retirada do consentimento não tornará *impossível* a prestação do segurador, mas reduzirá de forma substancial os meios de defesa e controlos indispensáveis à determinação da prestação devida, deixando o segurador vulnerável, designadamente, a práticas de fraude (omissões ou inexatidões pré-contratuais dolosas, simulação ou provocação intencional do sinistro ou do dano corporal, agravamento de danos, etc.). Neste contexto, pensamos que a revogação do consentimento, quando não determine exatamente a impossibilidade do cumprimento, se traduzirá numa justa causa de resolução do contrato de seguro, nos termos e para os efeitos previstos no artigo 116.º do RJCS.

568 Esta era já, aliás, a orientação que resultava da LPD. Com efeito, quanto ao caráter livre do consentimento, afirmava Catarina Sarmento e Castro que o mesmo «será livre quando seja dado sem qualquer pressão e quando possa ser retirado sem restrições ou oposição, e sem que o titular dos dados sofra qualquer consequência» – Catarina Sarmento e Castro, *Direito da Informática, Privacidade e Dados Pessoais, cit.*, p. 207.

569 Conforme o entendimento do Grupo do Artigo 29.º, «o responsável pelo tratamento tem de demonstrar que é possível recusar ou retirar o consentimento sem que o titular dos dados seja prejudicado (considerando 42)» – Grupo de Trabalho do Artigo 29.º, *Orientações Relativas ao Consentimento na Aceção do Regulamento (UE) 2016/679, cit.*, p. 11. Assim, «se o responsável pelo tratamento for capaz de demonstrar que o serviço inclui a possibilidade de retirar o consentimento sem que daí advenham quaisquer consequências negativas,

Na lógica do RGPD, os prejuízos decorrentes da retirada do consentimento são a demonstração de que o mesmo não foi dado livremente e de que era, portanto, inválido. Sendo esse o caso, será ilícito o próprio tratamento de dados efetuado no passado (e, por maioria de razão, no futuro). Por outro lado, e sem embargo de outras consequências no plano civil, as condições de consentimento estão entre aquelas cujo incumprimento dá lugar a procedimento contraordenacional e determina, conforme previsto na alínea a) do n.º 5 do artigo 83.º do RGPD, a aplicação de coimas até € 20 000 000,00 ou, no caso de uma empresa, até 4 % do seu volume de negócios anual a nível mundial correspondente ao exercício financeiro anterior, consoante o montante que for mais elevado.

Quid iuris, porém, quanto ao contrato? É certo que, sendo o tratamento de dados de saúde indispensável à execução do contrato, e não sendo esse tratamento possível, o contrato não poderá subsistir, cessando nos termos acima referidos. Independentemente de outras considerações, as consequências de toda esta cadeia de eventos, revelam-se catastróficas nos planos social e económico. No domínio social, antecipa-se que muitas pessoas seguras deixariam, inadvertidamente, de beneficiar de cobertura de um seguro, sem possibilidade, em muitos casos (pelo agravamento do risco decorrente da degradação das suas próprias condições de saúde) de virem posteriormente a obtê-la junto de outro segurador. No plano económico, antecipa-se o colapso dos ramos de seguros afetados pela problemática em análise.

IV – Adicionalmente, a retirada do consentimento poderá ser agravada por uma etapa subsequente. Com efeito, o considerando 65, bem como a alínea b) do n.º 1 do artigo 17.º do RGPD, estabelecem que o titular dos dados pessoais tem direito a obter do responsável do tratamento o apagamento dos seus dados ("direito a ser esquecido") sempre que, designadamente, aquele retire o consentimento.

É certo, porém, que a alínea b) do n.º 3 do artigo 17.º salvaguarda os casos em que o tratamento se revele necessário ao cumprimento de uma obrigação legal que exija o tratamento prevista pelo direito da União ou de um Estado-Membro a que o responsável esteja sujeito. Tal é o caso das

nomeadamente que a prestação do serviço perca qualidade prejudicando o utilizador, tal pode servir para comprovar que o consentimento foi dado livremente» – *idem*, p. 12.

obrigações de conservação de dados que decorrem, designadamente, do artigo 40.º do Código Comercial; do n.º 4 do artigo 123.º do Código do IRC; do n.º 1 do artigo 52.º do Código do IVA; bem como do n.º 1 do artigo 51.º da Lei n.º 83/2017, de 18 de agosto (Combate ao Branqueamento de Capitais e ao Financiamento do Terrorismo).

Em qualquer caso, e fora das circunstâncias previstas no n.º 3 do artigo 17.º, a configuração de um direito ao apagamento de dados de saúde, quando os mesmos sejam imprescindíveis à execução de um contrato de que o titular seja parte, traduz, do nosso ponto de vista, um suplementar e incompreensível paradoxo, a acrescer à já mencionada possibilidade de retirada do consentimento.

V – Dispõe o considerando 171 do RGPD que «os tratamentos de dados que se encontrem já em curso à data de aplicação do presente regulamento deverão passar a cumprir as suas disposições no prazo de dois anos após a data de entrada em vigor». Acrescenta-se, por outro lado, que, «se o tratamento dos dados se basear no consentimento dado nos termos do disposto na Diretiva 95/46/CE, não será necessário obter uma vez mais o consentimento do titular dos dados, se a forma pela qual o consentimento foi dado cumprir as condições previstas no presente regulamento, para que o responsável pelo tratamento prossiga essa atividade após a data de aplicação do presente regulamento».

Ora, não obstante, como vimos, o tratamento de dados de saúde em seguros assentar, à luz da LPD, no consentimento do titular, algumas das principais incongruências e contradições de que temos dado conta verificavam-se já então. Por esta razão, e sem embargo de os seguradores, em regra, assumirem o encargo de recolha sistemática dos consentimentos dos titulares para o efeito, a conformidade de tais consentimentos com os respetivos requisitos legais era já, no mínimo, muito duvidosa. E se o era então, é-o agora por maioria de razão.

Neste quadro, e na falta de outra fonte de licitude para o tratamento de dados de saúde, verificar-se-á, nos termos do dito considerando 171 a obrigatoriedade de renovação dos consentimentos[570]. Porém, ainda que o

[570] Esta obrigatoriedade decorrerá da falta de preenchimento dos requisitos legais do consentimento no RGPD, e não de se pretender tratar agora os dados para fim diverso do inicialmente visado. Borja Adsuara Varela, "El consentimiento", *cit.*, p. 154.

consentimento fosse uma fonte de licitude apta a suportar o tratamento de dados de saúde *necessários* à execução de um contrato de seguro, a obtenção de novos consentimentos seria tarefa impraticável.

Desde logo, pela dificuldade do segurador em contactar e obter retorno de *todos* os clientes titulares de dados, quer porque nem sempre os contactos estejam atualizados, quer porque, em regra, a inércia prevalece e a simples ausência de resposta corresponde à recusa do consentimento. Ademais, muitos titulares, beneficiando já de seguros em vigor, não veriam proveito na renovação do consentimento.

Na impossibilidade legal, de outra forma, de tratar dados de saúde para a execução de contratos de seguro, o insucesso do segurador na obtenção de novos consentimentos inviabilizaria a execução de uma proporção muito significativa de tais contratos e, com ela, a própria subsistência dos mesmos. As consequências sociais e económicas de tal cenário seriam, uma vez mais, dramáticas.

VI – Impõe-se uma palavra conclusiva sobre o consentimento como fonte de licitude para o tratamento de dados de saúde que sejam necessários à execução de um contrato, designadamente de seguro.

Como vimos, há uma notória dificuldade de preenchimento dos requisitos do consentimento, tal como resultam atualmente do RGPD[571]. Ora, quando não se verifiquem esses requisitos, a respetiva consequência será a invalidade do consentimento dado[572]. Porém, quando se conclua que, relativamente à tipologia de situações e de tratamentos de dados, os requisitos do consentimento são, pura e simplesmente, insuscetíveis (impossíveis) de verificar-se, a consequência deveria ser, não a invalidade do consentimento, mas a desqualificação (por impossível) do requisito em causa como condição de validade do consentimento[573].

Para além de um claro desfasamento entre o RGPD e algumas vertentes da realidade social, económica e tecnológica que visa regular, fica a

[571] Cfr. Elena Gil González, *Big Data, Privacidad y Protección de Datos, cit.*, p. 122.

[572] Ana Alves Leal, "Aspetos jurídicos da análise de dados na Internet (*big data analytics*) nos setores bancário e financeiro: proteção de dados pessoais e deveres de informação", *cit.*, p. 147.

[573] Ana Alves Leal, *idem*, p. 152.

conclusão de que o consentimento, nos moldes e com os requisitos traçados, assume um caráter efémero e precário que é incompatível com a função de suporte legitimador do tratamento de dados de saúde quando este se revela necessário à execução de um contrato de que o titular seja parte. Em síntese, o tratamento de dados de saúde não pode basear-se no consentimento.

7. Perspetivas de solução: a fonte de licitude nos seguros obrigatórios

I – Cumpre agora passar da esfera do problema jurídico enunciado para a das soluções normativas proporcionadas no quadro do RGPD.

Para tanto, como melhor veremos, importa distinguir – e focarmo-nos, por ora – no tratamento de dados de saúde no contexto dos seguros legalmente obrigatórios, cujo leque é diversificado. Entre eles figuram vários seguros de responsabilidade civil passíveis de cobrir danos corporais nos terceiros lesados, destacando-se, pela sua relevância social e económica, o seguro obrigatório de responsabilidade civil automóvel (doravante, SORCA). Não menos relevantes são o seguro obrigatório de acidentes de trabalho (quer seja celebrado por conta própria ou por conta de outrem), ou várias situações de seguros obrigatórios de acidentes pessoais.

É sabido, dispensando especial desenvolvimento, que, para poder regularizar um sinistro automóvel em que o terceiro lesado tenha sofrido um dano corporal, o segurador terá de avaliar as causas, dimensão e sequelas desse dano, o que não permite prescindir do tratamento de dados de saúde. Outro tanto ocorrerá com um sinistro de acidente de trabalho ou de acidentes pessoais. Qual, então, a particularidade destes seguros, a justificar a autonomização da sua análise?

II – Desde logo, o facto de se tratar de seguros *obrigatórios*, o que os reveste de especiais características. Assim, embora o seguro obrigatório consista num contrato celebrado entre o segurador e o tomador do seguro, a disciplina que regula as relações contratuais das partes resulta de um regime injuntivo estabelecido por lei. Este regime, de fonte legal, traduz-se, frequentemente, num clausulado uniforme. Verifica-se, assim, uma limitada liberdade contratual das partes[574], no âmbito da qual as

[574] Aurelio Donato Candian, *Responsabilità Civile e Assicurazione*, Milano, Egea, 1993, p. 358; Filipe Albuquerque Matos, "O contrato de seguro obrigatório de responsabilidade

obrigações emergentes do contrato resultam, não da faculdade de estipulação, mas de normas legais injuntivas. Frequentemente, como sucede com o SORCA ou com o seguro de acidentes de trabalho, os deveres de conduta do segurador transcendem o próprio contrato, resultando diretamente de comandos legais.

A *necessidade*, para o segurador, de tratamento de dados de saúde resulta, no caso do SORCA, designadamente, das disposições injuntivas dos artigos 35.º, 37.º e 39.º do Decreto-Lei n.º 291/2007, de 21 de agosto – Lei do SORCA, doravante LSORCA, sendo inerente (ou um pressuposto lógico) do cumprimento de uma obrigação legal. Por seu turno, quanto ao seguro de acidentes de trabalho, aquela necessidade verte, designadamente, dos artigos 19.º ss.; 23.º ss.; 25.º ss.; 48.º ss.; etc., da Lei dos Acidentes de Trabalho (Lei n.º 98/2009, de 4 de setembro).

Mas porque se preocupa o legislador em disciplinar injuntivamente estes contratos de seguro, em vez de deixar ao normal funcionamento do mercado (e da liberdade contratual das partes) a estipulação da disciplina aplicável? Precisamente porque se trata de seguros obrigatórios, cujo intuito de ***proteção social*** se evidencia por si próprio. Assim, logo o preâmbulo da LSORCA alude ao propósito de atualização do sistema de proteção dos lesados por acidentes de viação baseado no SORCA e de aumento da proteção desses lesados. A própria Diretiva Codificadora Automóvel (Diretiva 2009/103/CE, de 16 de setembro), que procedeu à codificação, num único diploma, das disposições contidas nas cinco diretivas automóveis que a precederam, alude recorrentemente (considerandos 12, 21, 29, 30 e 31) ao propósito, subjacente à legislação europeia na matéria, de proteção das vítimas de acidentes de viação. Essa função de proteção social, relativamente às vítimas de acidente rodoviário, é

civil automóvel: Breves considerações", *in* Júlio Gomes (Coord.), *Estudos Dedicados ao Prof. Doutor Mário Júlio Almeida Costa*, Lisboa, Universidade Católica Portuguesa, 2002, pp. 608 ss.; Afonso Moreira Correia, "Seguro obrigatório de responsabilidade civil automóvel – Direito de regresso da seguradora", *in* António Moreira e M. Costa Martins (Coords.), *II Congresso Nacional de Direito dos Seguros – Memórias*, Coimbra, Almedina, 2001, p. 198. Com efeito, o tomador do seguro não tem liberdade de não contratar, mas apenas de escolha da contraparte. Relativamente ao segurador, o mesmo pode não explorar o ramo em causa, ou recusar o risco que lhe é proposto ou definir a tarifa aplicável e ajustar o prémio concreto às características do risco – Luís Poças, *Seguro Automóvel – Oponibilidade de Meios de Defesa aos Lesados*, Coimbra, Almedina, 2018, pp. 14-15.

também evidenciada, quer pela jurisprudência – nacional e da UE[575] – quer pela doutrina[576]. Também no caso do seguro de acidentes de trabalho o propósito de proteção social do trabalhador exposto a riscos de acidente é patente[577].

A função de proteção social dos seguros obrigatórios – no sentido da tutela dos sujeitos lesados em consequência de uma atividade cujo grau de risco suscita a proteção do Direito – é, portanto, notória e manifesta[578].

575 Cfr., por exemplo, Ac. STJ de 18/12/2002 – Proc. 2B3891 (Moitinho de Almeida), http://www.dgsi.pt/jstj.nsf/954f0ce6ad9dd8b980256b5f003fa814/ac0ad956c57d941c80256ce10035e2a6?OpenDocument&Highlight=0,moitinho,autom%C3%B3vel (consult. 13/10/2018); Ac. TJ de 28/03/1996 – Proc. n.º C-129/94 (caso *Ruiz Bernáldez*), http://curia.europa.eu/juris/showPdf.jsf;jsessionid=9ea7d0f130d508646c29cf6542debf7cfc74e5fc6d46.e34KaxiLc3eQc40LaxqMbN4PaNiPe0?text=&docid=99719&pageIndex=0&doclang=PT&mode=lst&dir=&occ=first&part=1&cid=1799316 (consult. 13/10/2018); Ac. TJ de 30/06/2005 – Proc. n.º C-537/03 (caso *Katja Candolin*) – Cfr. https://eur-lex.europa.eu/legal-content/PT/TXT/PDF/?uri=CELEX:62003CJ0537&from=GA (consult. 12/10/2018); Cfr. Ac. TJ de 19/04/2007 – Proc. n.º C-356/05 (caso *Elaine Farrell*), https://eur-lex.europa.eu/legal-content/PT/TXT/PDF/?uri=CELEX:62005CJ0356&from=EN (consult. 12/10/2018); Ac. TJ de 17/03/2011 – Proc. n.º C-484/09 (caso *Carvalho Ferreira Santos*), https://eur-lex.europa.eu/legal-content/PT/TXT/PDF/?uri=CELEX:62009CJ0484&from=PT (consult. 13/10/2018); Ac. TJ de 11/07/2013 – Proc. n.º C-409/11 (caso *Csonka e o.*), https://eur-lex.europa.eu/legal-content/PT/TXT/PDF/?uri=CELEX:62011CJ0409&from=EN (consult. 13/10/2018); Ac. TJ de 20/07/2017 – Proc. n.º C-287/16 (caso *Fidelidade – Companhia de Seguros*), http://curia.europa.eu/juris/document/document.jsf?text=&docid=193034&pageIndex=0&doclang=pt&mode=lst&dir=&occ=first&part=1&cid=240772 (consult. 13/10/2018).

576 Cfr., por exemplo, Jorge Sinde Monteiro, *Estudos Sobre a Responsabilidade Civil*, Coimbra, s.n., 1983. Como refere o autor, chamando a atenção, na reparação do dano por acidente de circulação, para uma passagem de um paradigma de justiça comutativa para outro de justiça distributiva, «o problema da reparação dos danos pessoais não é hoje em dia algo que diga respeito ao lesante e ao lesado, mas a toda a coletividade; porque isto é assim, as técnicas tradicionais, individualistas por natureza, tendem a ser substituídas por outras que procuram resolver os problemas numa perspetiva social global» – p. 116.

577 Esse propósito resulta, designadamente, da configuração que o próprio acidente de trabalho veio a assumir ao longo do tempo, com os contornos progressivamente mais abrangentes que a lei e a jurisprudência têm vindo a esculpir. Cfr. Júlio Vieira Gomes, *O Acidente de trabalho – O Acidente In Itinere e a sua Descaracterização*, Coimbra, Coimbra Ed., 2013.

578 Antigono Donati e Giovanna Volpe Putzolu, *Manuale di Diritto delle Assicurazioni*, 8ª Ed., Milano, Giuffrè Editore, 2006, p. 237; Luís Poças, *Seguro Automóvel – Oponibilidade de Meios de Defesa aos Lesados*, *cit.*, pp. 11-12 e 14.

É, de resto, o que justifica o seu caráter obrigatório e, consequentemente, universal.

III – Mas os seguros obrigatórios encerram ainda uma outra particularidade. Com efeito, e à exceção de casos pontuais – como os seguros de acidente de trabalho por conta própria – em regra, os titulares dos dados de saúde cujo tratamento é requerido em sede de execução do contrato não são parte do mesmo, mas sim *terceiros*.

Desta forma, mesmo que a alínea b) do n.º 1 do artigo 6.º do RGPD encontrasse equivalente no artigo 9.º, relativamente às categorias especiais de dados, ainda assim a referida fonte de licitude não seria aplicável a estes casos, em virtude de os titulares não serem parte do contrato.

IV – Tudo visto, pensamos que o tratamento de dados de saúde necessário para a execução de seguros obrigatórios encontra a sua fonte de licitude na alínea b) do n.º 2 do artigo 9.º do RGPD[579]. Com efeito, refere esta disposição que o tratamento de categorias especiais de dados é lícito se «for necessário para efeitos do *cumprimento de obrigações e do exercício de direitos específicos do responsável pelo tratamento ou do titular dos dados em matéria de legislação laboral, de segurança social e de proteção social*, na medida em que esse tratamento seja permitido pelo direito da União ou dos Estados-Membros ou ainda por uma convenção coletiva nos termos do direito dos Estados-Membros que preveja garantias adequadas dos direitos fundamentais e dos interesses do titular dos dados».

[579] Quando não estejam em causa categorias especiais de dados, a fonte de legitimação decorrerá, já não, como vimos, da alínea b) do n.º 1 do artigo 6.º do RGPD (necessidade para a execução de um contrato *de que o titular seja parte*) mas da alínea c) do mesmo n.º (necessidade para o cumprimento de uma obrigação jurídica a que o responsável pelo tratamento esteja sujeito). Como resulta do considerando 45 do RGPD (e decorre também das traduções oficiais do regulamento na generalidade das outras línguas), a obrigação *jurídica* consiste numa obrigação *legal*, e não de fonte contratual – também neste sentido, Ana Alves Leal, "Aspetos jurídicos da análise de dados na Internet (*big data analytics*) nos setores bancário e financeiro: proteção de dados pessoais e deveres de informação", *cit.*, p. 164. Em qualquer caso, é essa a natureza das obrigações injuntivamente estabelecidas por lei para os seguros obrigatórios.

Como julgamos ter demonstrado, esse tratamento é, de facto: (i) *necessário*; (ii) para o cumprimento de *obrigações* do responsável pelo tratamento (e do exercício de direitos específicos do titular dos dados), as quais decorrem de normas injuntivas da legislação que rege os seguros obrigatórios em causa; (iii) essa legislação é de natureza laboral (no que toca, designadamente, aos seguros de acidentes de trabalho[580]) e, em qualquer caso, de *proteção social*, função indelevelmente associada ao caráter obrigatório (e, portanto, universal) do seguro.

V – A conjugação de referências, na alínea b) do n.º 2 do artigo 9.º do RGPD, a *legislação laboral* e a *convenção coletiva* permite ainda, para além do perímetro acima traçado, alargar o âmbito do tratamento de dados de saúde legitimado à luz desta disposição. Com efeito, um domínio extremamente relevante da atividade seguradora consiste nos designados seguros de *employee benefits*, compreendendo seguros de vida, de saúde e de acidentes pessoais contratados pela entidade patronal a favor dos respetivos trabalhadores e enquadrado, em regra, por instrumentos de regulamentação coletiva de trabalho (IRCT) que preveem a sua contratação como parte do pacote remuneratório.

Neste contexto, estamos também perante seguros obrigatórios, na medida em que a entidade patronal fica vinculada pelo IRCT aplicável, decorrendo da Lei a obrigatoriedade da observância deste e as consequências, civis e contraordenacionais, do seu incumprimento (respetivamente, n.º 3 do artigo 520.º e artigo 521.º do Código do Trabalho). É certo que – diversamente do que sucede com os seguros cuja obrigatoriedade resulta diretamente da lei (como o SORCA ou o seguro de acidentes de trabalho) – em regra, em matéria de *employee benefits*, não decorrem da lei laboral ou do IRCT deveres para o responsável pelo tratamento (o segurador), deveres esses que vertem, sim, do próprio contrato de seguro. Cremos, porém, que o enquadramento no domínio da legislação laboral (a que acresce a referência do RGPD ao tratamento permitido por convenção

[580] No caso do seguro de acidentes de trabalho, a respetiva obrigatoriedade é estabelecida no n.º 5 do artigo 283.º do Código do Trabalho e no n.º 1 do artigo 79.º da Lei dos Acidentes de Trabalho, assumindo ambos os diplomas natureza laboral.

coletiva[581]), o propósito de proteção social e o caráter obrigatório do seguro, permitem estender a estes casos, no seu conjunto, a *ratio* das outras situações de seguro obrigatório, a justificar o mesmo fundamento legitimador do tratamento.

Em suma, no caso dos seguros obrigatórios o problema da licitude do tratamento de dados de saúde encontra solução na alínea b) do n.º 2 do artigo 9.º do RGPD.

8. As soluções de licitude nos seguros facultativos

8.1. Obrigações emergentes de legislação de proteção social

I – Se o tratamento de dados de saúde em seguros obrigatórios encontra, como vimos, respaldo na b) do n.º 2 do artigo 9.º do RGPD, a solução será menos evidente no que respeita aos seguros facultativos. Quanto aos requisitos desta disposição, não se suscitarão dúvidas quanto ao caráter necessário do tratamento. As dúvidas colocar-se-ão, sim, quanto à existência de uma obrigação jurídica (de fonte legal) do responsável (o segurador) e, por outro lado, quanto à natureza da legislação de onde a mesma provenha.

II – Vejamos, em primeiro lugar, se, e em que medida, poderemos considerar o enquadramento dos seguros de pessoas facultativos (seguros de vida, de saúde e de acidentes pessoais) em matéria de legislação de *proteção social*.

Neste domínio, embora a regulação dos seguros facultativos de pessoas não surja propriamente em legislação de segurança social, cremos ser pacífico (e dispensando, portanto, uma demonstração aturada) que tais seguros se destinam precisamente a complementar o regime de proteção social consagrado pelo Sistema Previdencial de Segurança Social. Com efeito, os riscos cobertos por estas modalidades de seguro coincidem com eventualidades garantidas por aquele sistema (bem como pelo sistema nacional de saúde), acrescendo à proteção social conferida pelos

[581] Esta permissão não carecerá de ser expressa e dirigida ao segurador, que não é parte na convenção coletiva. Com efeito, sendo estabelecida por IRCT a obrigatoriedade da contratação do seguro pelo empregador, o tratamento (pelo segurador) dos dados necessários será forçosamente permitido, ou ficaria inviabilizado, na prática, o cumprimento da obrigação de contratação do seguro pelo empregador.

mesmos. Constituem, desta forma, soluções voluntárias (facultativas) de complemento aos referidos sistemas, assumindo, portanto, fins de proteção social.

E vários são os exemplos demonstrativos desta asserção. Desde logo, o artigo 84.º da própria Lei de Bases da Segurança Social (Lei n.º 4/2007, de 16 de janeiro), esclarece que «os regimes complementares [de segurança social] de iniciativa individual são de instituição facultativa, assumindo, entre outras, a forma de planos de poupança-reforma, de *seguros de vida*, de seguros de capitalização e de modalidades mutualistas».

Mais clarificadora e abrangente é a conclusão que podemos extrair do n.º 3 do artigo 76.º do Código dos Regimes Contributivos do Sistema Previdencial de Segurança Social. Aí se estabelece que «não integra o conceito de remuneração mensal efetiva as importâncias despendidas pela entidade empregadora, a favor do trabalhador, na constituição de *seguros de doença, de acidentes pessoais e de seguros de vida que garantam exclusivamente o risco de morte, invalidez* ou reforma por velhice, no último caso desde que o benefício seja garantido após os 55 anos de idade, desde que não garantam o pagamento e este se não verifique nomeadamente por resgate ou adiantamento de qualquer capital em vida durante os primeiros cinco anos». A *ratio* do preceito é cristalina: constituindo os seguros de vida, de saúde e de acidentes pessoais uma extensão complementar da proteção social conferida pelo Sistema Previdencial de Segurança Social e pelo Sistema Nacional de Saúde, não faria sentido que as importâncias despendidas pela entidade empregadora, a favor do trabalhador, para a aquisição de tais seguros, fossem consideradas como remuneração efetiva do trabalhador, ficando sujeitas a contribuições para a segurança social. A não sujeição a tais contribuições é demonstrativa, portanto, da referida complementaridade e do propósito comum de proteção social.

Num outro exemplo, estabelece o n.º 2 do artigo 43.º do Código do IRC que são considerados gastos, enquanto *realizações de utilidade social*, do período de tributação, até ao limite de 15 % das despesas com o pessoal contabilizadas a título de remunerações, ordenados ou salários respeitantes ao período de tributação, os suportados com contratos de *seguros de acidentes pessoais, bem como com contratos de seguros de vida, de doença ou saúde* (neste caso, em benefício dos trabalhadores, reformados ou respetivos familiares) contribuições para fundos de pensões e equiparáveis ou para quaisquer regimes complementares de segurança social, que garantam, exclusivamente, o benefício de reforma, pré-reforma, complemento de reforma, benefícios de saúde pós-emprego, invalidez ou sobrevivência a favor dos trabalhadores da empresa. De novo, a dedutibilidade fiscal consagrada no preceito atende precisamente aos fins de proteção social inerentes aos gastos em causa.

Reflexamente, verifica-se, quanto a tais gastos, para os trabalhadores com eles beneficiados, uma exclusão de tributação em sede de IRS, nos termos das alíneas a) e b) do n.º 1 do artigo 2.º-A do Código do IRS. Aí se estabelece que não se consideram rendimentos do trabalho dependente as prestações efetuadas pelas entidades patronais para regimes obrigatórios de segurança social, *ainda que de natureza privada*, que visem assegurar exclusivamente benefícios em caso de reforma, invalidez ou sobrevivência, bem como os benefícios imputáveis à utilização e fruição de *realizações de utilidade social* mantidas pela entidade patronal, desde que observados os critérios estabelecidos no referido artigo 43.º do Código do IRC. De novo, para promover as mencionadas medidas complementares de *proteção social*, o legislador fiscal exonera de tributação os beneficiários das mesmas.

Crendo que sem necessidade de outros exemplos demonstrativos do enquadramento legal de proteção social dispensado aos seguros de saúde[582], de vida e de acidentes pessoais[583], importa verificar se do regime legal aplicável decorrem obrigações para o responsável pelo tratamento

[582] A própria CNPD reconhece o caráter de proteção social dos seguros de saúde, embora, inexplicavelmente, não o reconheça também quanto aos seguros de vida nem de acidentes pessoais: «o contrato por si só não é condição de licitude para tratar dados sensíveis, e a alínea b) do n.º 2 daquele artigo [9.º] limita a intervenção do legislador nacional às matérias de legislação laboral, de segurança social e de proteção social. Deste modo, *apenas se poderia enquadrar aqui os seguros de saúde*, na medida em que se possa considerá-los ainda como uma forma de proteção social» – Parecer n.º 20/2018, da CNPD, de 02/05/2018, *cit.*, p. 37 v.

[583] A demonstração efetuada, com remissão para vários exemplos de disposições legais, assume relevância quanto aos seguros de *employee benefits* não previstos em IRCT. Essa previsão, a existir, conferiria já, como defendemos na secção anterior, caráter obrigatório aos seguros em causa, justificando então um mais claro enquadramento na fonte de licitude a que se reporta a alínea b) do n.º 2 do artigo 9.º do RGPD.

(o segurador) relativamente às quais o tratamento de dados de saúde seja necessário.

III – Vimos que a necessidade tratamento de dados de saúde em seguros se coloca tanto na fase pré-contratual (análise do risco) como na de execução do contrato, designadamente para a regularização do sinistro.

O dever, a cargo do segurador, de análise e seleção criteriosas do risco, e de adequação ao mesmo das condições tarifárias aplicáveis, poderá configurar-se como um *ónus* no plano meramente contratual (da relação entre o segurador e o tomador do seguro), mas consiste num verdadeiro *dever* legal no plano do exercício da atividade seguradora (de relação entre o segurador e a mutualidade de segurados, ou entre aquele e a ASF).

Com efeito, o Regime Jurídico de Acesso e Exercício da Atividade Seguradora e Resseguradora (doravante, RJASR), aprovado pela Lei n.º 147/2015, de 9 de setembro, estabelece um sistema de regras que, visando a proteção dos tomadores de seguros, segurados e beneficiários, requerem uma gestão sã e prudente dos seguradores e o controlo de riscos associados à atividade seguradora, entre eles, o de subscrição (análise do risco proposto em sede de subscrição e adequação ao mesmo das condições contratuais aplicáveis). Para tanto, e sem prejuízo de outras disposições, o n.º 1 do artigo 72.º (sob a epígrafe *sistema de gestão de riscos*), estabelece que as empresas de seguros e de resseguros devem dispor de um sistema de gestão de riscos eficaz que compreenda a estratégias, processos e procedimentos de prestação de informação que permitam, a todo o tempo, identificar, mensurar, monitorizar, gerir e comunicar os riscos, de forma individual e agregada, a que estão ou podem vir a estar expostas e as respetivas interdependências. Ora, nos termos da alínea a) do n.º 4 do mesmo artigo, o sistema de gestão de riscos abrange, precisamente, a *subscrição*. Desta forma, está o segurador obrigado a uma seleção criteriosa do risco subscrito, para o que não pode, no caso dos seguros de pessoas, deixar de tratar os dados de saúde indispensáveis a tal análise e seleção.

Mas também do RJCS vertem deveres legais para o segurador que implicam o tratamento de dados de saúde em sede de subscrição do contrato. Assim, e sem preocupações de exaustividade, do n.º 3 do artigo 24.º do RJCS resulta, como desenvolvidamente sustentamos noutro escrito[584], um verdadeiro *dever legal* de cooperação e controlo, pelo segurador, da declaração do risco, cominando o seu incumprimento com a sanção de inimpugnabilidade do contrato (inoponibilidade da anulabilidade)[585] [586]. Por outro lado, resultam literalmente de outras disposições, como o artigo 178.º do RJCS, deveres a cargo do segurador que necessariamente implicam, nos seguros de pessoas, o tratamento de dados de saúde.

Igualmente em sede de execução do contrato – em especial, aquando da participação do sinistro – o segurador está obrigado ao cumprimento de vários deveres legais, decorrentes do RJCS, que implicam, em regra, o tratamento de dados de saúde em seguros de pessoas. Com efeito, estabelece-se no n.º 1 do artigo 102.º deste diploma que o segurador se *obriga* a satisfazer a prestação contratual a quem for devida, *após a confirmação da ocorrência do sinistro e das suas causas, circunstâncias e consequências*[587], acrescentando o n.º 2 que, para esse efeito, dependendo das circunstâncias, pode ser necessária a prévia quantificação das consequências do sinistro.

[584] Cfr. Luís Poças, *O Dever de Declaração Inicial do Risco no Contrato de Seguro, cit.*, pp. 383-450, sobretudo pp. 391 ss.

[585] Embora a heterogeneidade de situações abrangidas pela enumeração enunciativa do n.º 3 do artigo 24.º do RJCS obscureça a sua *ratio*, este preceito terá por fundamento unitário o abuso do direito e, em particular, o *venire contra factum proprium*. Neste quadro, as alíneas a) a c) do n.º 3 do artigo 24.º referem-se a *falhas manifestas* na declaração do risco, incluindo incoerências; contradições; referências ilegíveis ou incompreensíveis; informações imprecisas; omissões de resposta; etc. Por seu turno, e em parcial sobreposição, as alíneas d) e e) do n.º 3 do artigo 24.º abrangem factos culposamente desconhecidos (ou não atualmente representados) pelo segurador ou pelo seu representante.

[586] Identificando também no preceito um dever legal a vincular o segurador, Arnaldo Oliveira, "Artigo 24.º - Anotação", *in* Pedro Romano Martinez *et al.*, *Lei do Contrato de Seguro Anotada*, 3ª Ed., Coimbra, Almedina, 2016, p. 134. Como refere o autor, do n.º 3 do artigo 24.º resulta um dever «*de verificação do declarado cujo teor e circunstâncias sejam de molde a razoavelmente levantar suspeitas de inexatidão ou falsidade a um profissional medianamente diligente*, sem prejuízo, naturalmente, do dever do tomador do seguro e do segurado de cumprimento diligente da declaração inicial do risco» (*ibidem*).

[587] Nos termos do artigo 104.º do RJCS, a obrigação do segurador vence-se decorridos 30 dias sobre o apuramento destes factos.

IV – Em suma, cremos ter demonstrado que também relativamente aos seguros facultativos de pessoas se verificam os requisitos da alínea b) do n.º 2 do artigo 9.º do RGPD. De facto, assumindo os seguros facultativos de pessoas, nos termos do respetivo enquadramento legal, caráter de proteção social, de tal enquadramento decorre também a existência de deveres legais, incidindo sobre o responsável pelo tratamento (o segurador), para cujo cumprimento é necessário o tratamento de dados de saúde. O tratamento será, portanto, lícito à luz da alínea b) do n.º 2 do artigo 9.º do RGPD.

8.2. Serviços de saúde ou de ação social

I – Ainda que se considere que a alínea b) do n.º 2 do artigo 9.º do RGPD não alberga um fundamento de licitude para o tratamento de dados de saúde em seguros facultativos de pessoas, o regulamento proporciona, do nosso ponto de vista, outras soluções normativas onde ancorar esse fundamento de licitude.

Assim, nos termos da alínea h) do n.º 2 do artigo 9.ºdo RGPD, o tratamento de dados de saúde é lícito se «for necessário para efeitos de medicina preventiva ou do trabalho, para a avaliação da capacidade de trabalho do empregado, o diagnóstico médico, a prestação de cuidados ou tratamentos de saúde ou de ação social ou a gestão de sistemas e serviços de saúde ou de ação social com base no direito da União ou dos Estados-Membros ou por força de um contrato com um profissional de saúde, sob reserva das condições e garantias previstas no n.º 3». Por seu turno, acrescenta o referido n.º 3 que «os dados pessoais referidos no n.º 1 podem ser tratados para os fins referidos no n.º 2, alínea h), se os dados forem tratados por ou sob a responsabilidade de um profissional sujeito à obrigação de sigilo profissional, nos termos do direito da União ou dos Estados-Membros ou de regulamentação estabelecida pelas autoridades nacionais competentes, ou por outra pessoa igualmente sujeita a uma obrigação de confidencialidade ao abrigo do direito da União ou dos Estados-Membros ou de regulamentação estabelecida pelas autoridades nacionais competentes»[588].

[588] Sem prejuízo da limitação às finalidades estabelecidas na referida alínea h), em virtude do caráter evolutivo das problemáticas associadas às categorias especiais de dados, é dada margem aos Estados-Membros para manter as condições estabelecidas no RGPD;

II – Abstraindo das referências à medicina do trabalho, encontramos na citada alínea h) vários requisitos: (i) *as finalidades* do tratamento, que hão de assentar na medicina preventiva, no diagnóstico médico, na prestação de cuidados ou tratamentos de saúde ou de ação social, ou na gestão de sistemas e serviços de saúde ou de ação social; (ii) *o enquadramento* em que repousa o tratamento, que há de ser o Direito da União ou dos Estados-Membros ou um contrato com um profissional de saúde; e (iii) o tratamento por ou sob a responsabilidade de um profissional sujeito à obrigação de sigilo profissional, ou por outra pessoa igualmente sujeita a uma obrigação de confidencialidade.

Começando pelo terceiro requisito, logo o damos por verificado face ao dever de sigilo profissional que incide sobre o segurador e que é extensivo aos administradores, trabalhadores, agentes e demais auxiliares do segurador (não cessando com o termo das respetivas funções), nos termos do artigo 119.º do RJCS.

Quanto às finalidades, haverá que reconhecer que a expressão *ação social* é algo imprecisa e ambígua. Apoiando-nos em várias versões oficiais do Regulamento, encontramos expressões como *social care* (inglês), *asistencia social* (espanhol), *protection sociale* (francês), *servizi sociali* (italiano), ou *Sozialbereich* (alemão). Na verdade, não nos encontramos numa dimensão diversa da *proteção social* referida na alínea b) do n.º 2 do artigo 9.º (a tradução oficial francesa, por exemplo, utiliza a mesma expressão em ambas as alíneas). Ora, como vimos, a gestão de contratos de seguros de pessoas não se encontra fora deste domínio. Em particular, os seguros de saúde têm precisamente por finalidade – e são, portanto, instrumentais – da prestação de cuidados de medicina preventiva, de diagnóstico médico e da prestação de cuidados ou tratamentos de saúde. A gestão de seguros de saúde assume, portanto, uma identidade incontornável com a própria gestão de serviços de saúde, assim como a gestão de seguros de pessoas, em geral, encontra o mesmo paralelismo na gestão de serviços de ação ou proteção social.

Por fim, quanto ao enquadramento do tratamento de dados no Direito da União ou dos Estados-Membros, o mesmo foi já referenciado

para definir condições adicionais; ou para estabelecer limitações ao RGPD (n.º 4 do artigo 9.º). Cfr. Javier Puyol Montero, "Los principios del derecho a la protección de datos", *cit.*, p. 148.

na análise à alínea b) do n.º 2 do artigo 9.º. Mas ainda que tal enquadramento faltasse, sempre relevaria uma palavra quanto à referência feita a um contrato com um profissional de saúde. Como já referimos, a única menção que encontramos a um fundamento de caráter contratual, entre as fontes de licitude do tratamento previstas para categorias especiais de dados (artigo 9.º do RGPD), é precisamente a que verte da citada alínea h). Ora, essa referência encontra o mesmo fundamento e justificação do que a fonte de licitude prevista na alínea b) do n.º 1 do artigo 6.º do RGPD. Na verdade, não faria sentido que o titular dos dados celebrasse um contrato com um profissional de saúde (implicando, por natureza, o tratamento de dados clínicos), mas pretendesse vedar esse tratamento. É o caráter de inerência do tratamento (e, portanto, um consentimento presumido) que justifica a fonte de legitimação prevista. Ora, também aqui há total paralelismo com os seguros de vida, saúde e acidentes pessoais, aos quais é inerente o tratamento necessário de dados de saúde, de tal modo que o titular não poderá querer a contratação daqueles sem anuir no indispensável tratamento.

III – Face ao exposto, pensamos que a letra da alínea h) do n.º 2 do artigo 9.º comporta já o sentido de que é lícito, designadamente, o tratamento de dados de saúde quando necessário para a subscrição e execução de contratos de seguro de vida, de saúde e de acidentes pessoais, na medida em que os mesmos consubstanciam a *gestão de serviços de saúde ou de ação social* e que, em qualquer caso, os seguros de saúde visam a prestação de cuidados de medicina preventiva, o diagnóstico médico e a prestação de cuidados ou tratamentos de saúde. Não obstante, mesmo considerando que a interpretação literal do preceito não alberga o referido sentido, sempre o mesmo resultará de uma interpretação extensiva de tal disposição.

Assim, e em suma, mesmo que se rejeitasse a alínea b) do n.º 2 do artigo 9.º como fonte de licitude para o tratamento de dados de saúde relativamente a seguros facultativos de pessoas, seria a alínea h) do mesmo número apta a fundamentar a licitude desse tratamento.

8.3. Intervenção legislativa

I – Defendemos acima que o RGPD acolhe soluções normativas para o problema equacionado. Se se considerar que tal não é, porém, o caso, a solução teria de passar por uma hipotética intervenção legislativa. Neste contexto, algumas vias de abordagem se perspetivam.

Assim, noutros ordenamentos, registam-se intenções ou atuações do poder legislativo no sentido de assegurar uma solução legal para o problema que nos ocupa. Por exemplo, na Bélgica, perspetiva-se a aprovação de legislação que reconheça o tratamento de dados de saúde quando «necessário no quadro de uma finalidade legal (p. ex., a declaração do risco em seguros)»[589].

Outra abordagem resulta da alínea g) do n.º 2 do artigo 9.º. Aí se consagra a licitude do tratamento de dados de saúde se o mesmo «for necessário por motivos de interesse público importante, com base no direito da União ou de um Estado-Membro, que deve ser proporcional ao objetivo visado, respeitar a essência do direito à proteção dos dados pessoais e prever medidas adequadas e específicas que salvaguardem os direitos fundamentais e os interesses do titular dos dados»[590].

Desta forma, o reconhecimento expresso, pelo Direito português ou pelo Direito da União Europeia, de que os seguros facultativos de pessoas (seguros de vida, de saúde e de acidentes pessoais) – e, inerentemente, o tratamento de dados de saúde requerido pelos mesmos – se revestem de *interesse público importante*, constituiria, em conjugação com a citada alínea g) do n.º 2 do artigo 9.º (e verificados os demais requisitos desta alínea) fonte de licitude bastante para o dito tratamento.

[589] Charles-Albert van Oldeneel, "Protection des données: le GDPR applicable depuis de 25 mai 2018!", *cit.*, p. 288 (tradução nossa).

[590] Como se esclarece no considerando 45, «o presente regulamento não exige uma lei específica para cada tratamento de dados. Poderá ser suficiente uma lei para diversas operações de tratamento [...]. Deverá também caber ao direito da União ou dos Estados-Membros determinar qual a finalidade do tratamento dos dados. Além disso, a referida lei poderá especificar as condições gerais do presente regulamento que regem a legalidade do tratamento dos dados pessoais, estabelecer regras específicas para determinar os responsáveis pelo tratamento, o tipo de dados pessoais a tratar, os titulares dos dados em questão, as entidades a que os dados pessoais podem ser comunicados, os limites a que as finalidades do tratamento devem obedecer, os prazos de conservação e outras medidas destinadas a garantir a licitude e equidade do tratamento».

II – Esta mesma via de solução é enunciada no Parecer n.º 20/2018, da CNPD, de 02/05/2018. Aí se refere que «no mais, sobraria ainda a hipótese de o legislador, nos termos da alínea g) do mesmo número, considerar de interesse público importante o tratamento de dados de saúde na atividade seguradora»[591].

Segundo a CNPD, essa intervenção legislativa seria indispensável em virtude de não poder extrair-se do Direito vigente em Portugal que a atividade seguradora assumisse já caráter de interesse público importante. Como se refere no citado Parecer, «se se consegue acompanhar que no âmbito dos seguros obrigatórios é já reconhecido o interesse público importante, já o mesmo não acontece relativamente aos restantes seguros, designadamente os seguros de vida. Note-se que ainda que se possa reconhecer à atividade seguradora algum interesse público (enquanto atividade sujeita a regulação pública), muito dificilmente é suscetível de ser um interesse público qualificado, como exige aquela alínea g)»[592].

III – Alguma doutrina parece encontrar reservas ao tratamento de dados de saúde por seguradores por motivos de interesse público. Com efeito, entende Jorge Barros Mendes que as «atividades de tratamento de dados sobre a saúde autorizadas por motivos de interesse público não deverão ter por resultado que os dados sejam tratados para outros fins por terceiros, como [...] as companhias de seguros [...]»[593].

A observação do autor haverá, porém, de contextualizar-se numa outra fonte de licitude para o tratamento de dados de saúde. Com efeito, refere a alínea i) do n.º 2 do artigo 9.º que é lícito o tratamento «necessário por motivos de interesse público no domínio da saúde pública, tais como a proteção contra ameaças transfronteiriças graves para a saúde ou para assegurar um elevado nível de qualidade e de segurança dos cuidados de saúde e dos medicamentos ou dispositivos médicos, com base no direito da União ou dos Estados-Membros que preveja medidas adequadas e específicas que salvaguardem os direitos e liberdades do titular dos

[591] Parecer n.º 20/2018, da CNPD, de 02/05/2018, *cit.*, p. 37 v.

[592] *Ibidem*.

[593] Jorge Barros Mendes, "O novo regulamento de proteção de dados: as principais alterações", *cit.*, p. 22.

dados, em particular o sigilo profissional». É quanto a esta alínea – e não a citada alínea g) – que o considerando 54 esclarece que «tais atividades de tratamento de dados sobre a saúde autorizadas por motivos de interesse público não deverão ter por resultado que os dados sejam tratados para outros fins por terceiros, como os empregadores ou as companhias de seguros e entidades bancárias».

IV – Em aparente contradição com as considerações tecidas sobre a virtualidade de uma intervenção legislativa futura, no quadro da alínea g) do n.º 2 do artigo 9.º do RGPD, no sentido do reconhecimento legal do interesse público da atividade seguradora, aponta ainda a CNPD um outro caminho. Com efeito, estabelece o n.º 4 do artigo 9.º do RGPD que «os Estados-Membros podem manter ou impor novas condições, incluindo limitações, no que respeita ao tratamento de [...] dados relativos à saúde».

Embora se afigure que a previsão do citado n.º 4 do artigo 9.º, quanto à possibilidade de *imposição de novas condições, incluindo limitações*, vai no sentido da restrição dos requisitos a que há de obedecer o tratamento de dados, e não da sua ampliação, ainda assim considera a CNPD que «para os seguros que não sejam obrigatórios ou de saúde, apenas o n.º 4 do artigo 9.º poderá servir para legitimar os Estados-Membros a prever em lei novas condições do tratamento»[594].

V – Em suma, e como tivemos oportunidade de sublinhar, do nosso ponto de vista o RGPD contém já solução, no seu normativo, que permite albergar o tratamento, pelo segurador, de dados de saúde em seguros facultativos de pessoas. Porém, ainda que assim se não entenda, haverá margem para uma intervenção legislativa no sentido, designadamente, do reconhecimento do importante interesse público dos seguros de pessoas, ficando então o tratamento legitimado nos termos da alínea g) do n.º 2 do artigo 9.º do RGPD.

Qualquer que seja o caminho de uma intervenção legislativa, considera a CNPD ser «imperioso que a lei nacional preveja não apenas a possibilidade de efetuar o tratamento de dados de saúde, mas também o

[594] Parecer n.º 20/2018, da CNPD, de 02/05/2018, *cit.*, p. 37 v.

respetivo regime do mesmo, designadamente, os limites a que necessariamente tem de estar sujeito e as medidas de segurança e de mitigação do impacto sobre os direitos dos titulares dos dados – o que, na perspetiva da CNPD, terá mais sentido ser concretizado na legislação que regula este setor de atividade»[595].

9. O litígio como solução de recurso

I – Como sublinhámos já reiteradamente, o problema equacionado não se encontra, do nosso ponto de vista, sem solução normativa no quadro do RGPD. Porém, num cenário em que a autoridade de controlo nacional em matéria de proteção de dados – a CNPD – não reconheça, para o tratamento de dados de saúde, por seguradores, em contratos de seguro facultativos de pessoas, as fontes de licitude que acima identificámos, fica a solução à mercê de uma intervenção legislativa. Esta, para além de incerta (quer quanto à sua verificação, quer quanto à sua eficácia), peca já, atualmente, por tardia.

Assim, no referido cenário, e na pendência de uma eventual intervenção legislativa, ficaria o segurador impedido de tratar dados de saúde da sua carteira de clientes. Por outras palavras, nos contratos em vigor (e não havendo fundamento, por qualquer das partes, para fazê-los cessar), não seria lícito ao segurador regularizar sinistros na medida em que os mesmos exigissem o tratamento de dados de saúde. Perante este impasse, o RGPD proporciona uma solução de recurso: o litígio.

Com efeito, recusando-se o segurador a efetuar a sua prestação contratual por sinistro (porquanto ilícita)[596], não restará à pessoa segura (ou aos beneficiários de um seguro de vida ou de acidentes pessoais) outra alternativa senão conformarem-se ou apelarem para um veredito do poder judicial.

Sucede que, como resulta da alínea f) do n.º 2 do artigo 9.º do RGPD, o tratamento de dados de saúde será já lícito quando «for necessário à declaração, ao exercício ou à defesa de um direito num processo

[595] Parecer n.º 20/2018, da CNPD, de 02/05/2018, *cit.*, p. 38.

[596] Alberto Polotti di Zumaglia, "Profili civilistici e assicurativi della cartella clinica", *Diritto ed Economia dell'Assicurazione*, Ano 34, n.º 4 (out.-dez. 1992), p. 749; Sabine Abravanel-Jolly, "Le secret médical en assurance de personnes", *cit.*, p. 888.

judicial ou sempre que os tribunais atuem no exercício da sua função jurisdicional».

Em suma, portanto, ao não reconhecer a licitude do tratamento de dados de saúde necessários à execução de um contrato de que o titular seja parte, o RGPD, na falta de outra solução, seria um promotor de litígios, única porta de licitude à regular execução de tais contratos. Esta lógica normativa revela-se, porém, tão surreal e desconcertante que não poderá ser aceite sem as maiores reservas[597].

II – A solução, sendo paradoxal no quadro do RGPD e do tratamento de dados, arriscar-se-ia também a ser injusta quanto à questão material de fundo. Com efeito, não será inédito que o tribunal entenda que a *necessidade* de tratamento de dados de saúde é, essencialmente, um problema do segurador, e não do titular dos dados (pessoa segura) ou dos beneficiários de um seguro de vida. Assim, ao segurador cumpriria efetuar a sua prestação por sinistro, cabendo-lhe o ónus de alegar e demonstrar os meios de defesa de que dispusesse, independentemente da necessidade que tivesse, para o efeito, de tratar dados de saúde (tratamento não autorizado ou que considerado ilícito pelo tribunal).

Tal foi, por exemplo, o teor do Ac. TRL de 21/06/2012 – Proc..º 208/10.0YXLSB.L1-2 (Sérgio Almeida)[598], em cujo sumário pode ler-se:

> I. Os dados relativos à saúde são pessoais, contêm-se na esfera privada do sujeito e estão protegidos pela lei fundamental e pela lei ordinária. II. Perecendo o segurado num contrato de seguro de vida a obtenção de dados sobre o seu estado de saúde e causas de morte importa invasão da esfera da vida privada do segurado, que continua a ser protegida, não tendo o beneficiário livre acesso aos dados do falecido, salvo se este o tiver autorizado de forma livre, específica e informada. III. Cabe à seguradora pagar a importância segura ao beneficiário verificada a morte do segurado, a menos

[597] Sobre a solução, no quadro da LPD, cfr. Luís Poças, *O Dever de Declaração Inicial do Risco no Contrato de Seguro, cit.*, pp. 850-851.

[598] http://www.dgsi.pt/jtrl.nsf/33182fc732316039802565fa00497eec/bcda3a2d05d99f9b80257a470050b355?OpenDocument (consult. 12/10/2018).

que ocorra qualquer facto que exclua a sua responsabilidade. IV. O ónus da prova de tal exclusão recai sobre a seguradora[599] [600].

É também, por vezes, sublinhada a instrumentalização, pelo titular dos dados e ao sabor das conveniências[601], dos seus direitos, privando

[599] Veja-se também, a propósito, o Ac. TRP de 07/11/2005 – Proc. 554793 (Martins Lopes). Numa ação interposta contra um segurador para cumprimento de um contrato de seguro de vida, alegou a Ré «que quando lhe foi participada a morte do tomador do seguro D, solicitou certidão de óbito com a causa da morte. E, no caso de ter sido provocada por doença, também o relatório do médico assistente. Acontece que à Ré, apenas foi enviado o assento de óbito, onde refere apenas o falecimento, sem referência à causa da morte. Entende a Ré que, para que possa dar cumprimento às suas obrigações que emergem do contrato que celebrou com o tomador do seguro, necessita de saber quais as causas que provocaram a ocorrência da morte. Tão só porque a mesma pode estar diretamente incluída nas exclusões abrangidas no art.º 10º das condições contratuais da apólice (riscos excluídos). Como também pode ter sido provocada por doença que o tomador do seguro tenha omitido no questionário médico que acompanhou proposta de seguro». [...] Assim, decidiu o acórdão no sentido de «sobre ela, Seguradora, recair o ónus de alegação e prova no sentido de demonstrar toda uma factualidade suscetível de conduzir com segurança à convicção de que uma Pessoa Segura se encontra numa situação de exclusão [...]». Cfr. http://www.dgsi.pt/jtrp.nsf/56a6e7121657f91e80257cda00381fdf/31899f43162d8f5e802570c00044fecd?OpenDocument (consult. 16/10/2018).

[600] Considere-se também como exemplo o Ac. TRL de 17/03/2011 – Proc. n.º 2360/08.6YXLSB.L1-2 (Maria José Mouro), onde se considerou que «no âmbito de um contrato de seguro – ramo vida – nos termos do nº 2 do art. 342 do CC compete à seguradora, R. no processo, a prova de que o segurado produziu declarações inexatas ou reticentes quando da celebração do contrato» e que «da circunstância de se ter apurado que o tomador do seguro faleceu em 22 de abril de 2007 constando do certificado de óbito que a causa direta da morte foi meningite criptocócica devida ou consecutiva a infeção por vírus da imunodeficiência humana *não resulta necessariamente que à data de celebração do contrato de seguro (em 11 de outubro de 2006), quando respondeu ao inquérito clínico, tivesse conhecimento da sua infeção por aquele vírus (nem mesmo que a devesse conhecer)*». Em consequência, e porque «a documentação [clínica sobre a data do diagnóstico da doença] não foi obtida dada a posição assumida pelo Centro Hospitalar de Setúbal, no sentido de não ser autorizado o acesso das seguradoras à informação clínica de um segurado para efeito de instrução de processo relativo a seguro de vida», foi a seguradora condenada ao pagamento da sua prestação. Cfr. http://www.dgsi.pt/jtrl.nsf/33182fc732316039802565fa00497eec/9c0e1cafd56e83c68025788e0035577a?OpenDocument (consult. 16/10/2018).

[601] Nota Durry que «se o segurado ou os seus herdeiros não têm nada a esconder, apressam-se a solicitar os certificados médicos que apresentarão ao segurador, já que, para eles, não há lugar a segredo médico. Em contrapartida, se receiam revelações inconvenientes, não

o segurador de meios de defesa probatórios. Assim, o segredo sobre dados clínicos, cujo levantamento depende do consentimento do titular, confere-lhe uma autêntica imunidade, podendo ser perspetivado como um verdadeiro instrumento de fraude nos seguros de pessoas[602].

10. Conclusões

Considerando a aparente falta de uma fonte de licitude para o tratamento, por parte dos seguradores, de dados pessoais de saúde na celebração e execução de contratos de seguro, foram apresentadas e discutidas várias hipóteses de solução, partindo do enquadramento normativo do tema e da identificação dos principais traços caracterizadores do RGPD.

Neste contexto, foi, desde logo, demonstrada a *necessidade* do tratamento de tais dados, pelo segurador – mormente, no caso dos seguros de pessoas – de tal modo que esse tratamento é imprescindível à gestão dos referidos contratos. Porém, constatou-se que, diversamente do que ocorre quanto à generalidade dos dados pessoais, a disposição que regula a licitude do tratamento das categorias especiais de dados não reconhece a licitude do tratamento quando o mesmo seja necessário para a execução de um contrato no qual o titular dos dados seja parte, ou para diligências pré-contratuais a pedido do titular. Ora, na ausência de fonte de licitude expressa, ficaria o segurador impedido de tratar dados de saúde após 25/05/2018, devendo mesmo destruir os que estivessem na sua posse, com a consequente extinção dos contratos de seguro afetados.

Verificámos igualmente a ineptidão do consentimento como fonte de licitude para o tratamento de dados de saúde no contexto em análise. Com efeito, a inviabilidade de observância dos requisitos da *especificidade* do consentimento (como vem sendo entendida pela CNPD) e, sobretudo, da *liberdade* do mesmo, tornam-no inválido, com as inerentes

somente não apresentam qualquer certificado, mas ainda proibirão, em nome do segredo médico, aqueles que sabem, de produzir qualquer informação a terceiros» – Georges Durry, "Le secret médical opposé à l'assureur: la fin des incertitudes?", *Risques*, n.º 61 (jan.-mar. 2005), p. 132 (trad. nossa).

602 Sabine Abravanel-Jolly, "Le secret médical en assurance de personnes", *cit.*, p. 889. Sobre o tema e, em particular, a (i)licitude da prova produzida, cfr., desenvolvidamente, Luís Poças, *O Dever de Declaração Inicial do Risco no Contrato de Seguro*, *cit.*, pp. 859 ss.

consequências contraordenacionais. Por outro lado, os direitos à retirada do consentimento e ao apagamento dos dados fazem desta fonte de licitude um fundamento precário e efémero de tratamento, incompatível com a estabilidade e duração tendencialmente longa do seguro.

Analisando mais detidamente as fontes de licitude previstas para o tratamento de dados de saúde, constatámos que a alínea b) do n.º 2 do artigo 9.º do RGPD legitima o tratamento de dados quando necessário para o cumprimento de obrigações legais do responsável pelo tratamento em matéria de legislação laboral e de proteção social, dando cobertura a tal tratamento no caso dos seguros obrigatórios de acidentes de trabalho (enquadrados por legislação laboral) e dos seguros obrigatórios de responsabilidade civil e de acidentes pessoais (disciplinados por legislação de proteção social). Igualmente legitimado fica o tratamento de dados de saúde no âmbito dos seguros de *employee benefits* (vida, saúde e acidentes pessoais), quando obrigatórios no âmbito da legislação laboral e do IRCT aplicável.

Por seu turno, também os seguros de vida, saúde e acidentes pessoais de iniciativa individual, ou constituindo *employee benefits* não previstos em IRCT (portanto, de constituição facultativa) assumem natureza de complementaridade face ao Sistema Previdencial de Segurança Social e ao Sistema Nacional de Saúde e, logo, caráter de proteção social. Por seu turno, do enquadramento legal dos mesmos decorrem deveres a cargo do responsável pelo tratamento (o segurador), pelo que a licitude do tratamento encontra igualmente base na alínea b) do n.º 2 do artigo 9.º do RGPD.

Ainda que assim não fosse, também a alínea h) do n.º 2 do artigo 9.º seria apta a fundar a licitude do tratamento de dados de saúde relativamente a seguros facultativos de vida, de saúde ou de acidentes pessoais, porquanto os mesmos consubstanciam a *gestão de serviços de ação social* (e os seguros de saúde visam a prestação de cuidados de medicina preventiva, o diagnóstico médico e a prestação de cuidados ou tratamentos e serviços de saúde), sendo o tratamento enquadrado no Direito nacional e efetuado sob a responsabilidade de entidades e pessoas sujeitas a obrigação de sigilo profissional.

Desta forma, o RGPD contém soluções normativas para o problema objeto do presente texto. Se esta perspetiva não for, porém, acolhida, designadamente, pela CNPD, a solução não dispensará uma intervenção do poder legislativo[603]. Esta poderia consistir no reconhecimento legal expresso de que os seguros facultativos de pessoas assumem *interesse público importante*, por conjugação com a alínea g) do n.º 2 do artigo 9.º do RGPD. Em alternativa, a intervenção poderia traduzir-se, ao abrigo do n.º 4 do artigo 9.º do RGPD, no estabelecimento de novas condições legais de tratamento de dados relativos à saúde.

A alternativa às vias de solução acima desenhadas revela-se peculiar. Com efeito, caso não fosse reconhecida a licitude no quadro do RGPD nem proporcionada solução legislativa, o segurador ficaria impedido de tratar dados de saúde na execução de seguros de pessoas facultativos, o que inviabilizaria o cumprimento da sua prestação em caso de sinistro. Esta circunstância levaria o credor dessa prestação a demandar judicialmente o segurador, ficando então o tratamento de dados legitimado ao abrigo da alínea f) do n.º 2 do artigo 9.º. Este caminho depara-se, porém, frequentemente, com a oposição dos tribunais, que, abstraindo dos constrangimentos da proteção de dados para o segurador, lhe exigem, não obstante, um impossível cumprimento do ónus da prova.

Em maré de incerteza quanto à solução que o destino reserva ao problema objeto do presente texto, aguarda-se – da autoridade nacional de controlo (enquanto intérprete qualificada e fiscalizadora do cumprimento do RGPD), do legislador (que tem na Proposta de Lei n.º 120/XIII uma oportunidade de ouro para regular de forma clara e definitiva a questão) e, em última instância, dos tribunais (quanto ao sentido de equilíbrio e justiça que deve norteá-los) – uma solução coerente e responsável para um problema cujas consequências potenciais são de uma invulgar gravidade e que, no essencial, não é dos seguradores, mas de toda a sociedade civil.

603 É esta a posição veiculada pela CNPD, que aponta «a necessidade de definição de um regime legal específico sobre esse tratamento [de dados de saúde no âmbito dos contratos de seguros], advertindo desde já que não é suficiente a mera previsão legal do tratamento» – Parecer n.º 20/2018, da CNPD, de 02/05/2018, *cit.*, p. 41 v.

ÍNDICE IDEOGRÁFICO*

Abuso do direito – 25, 26, 36, 42, **111-113**, 127, **156-159**, 161, **238-240**, 293

Ação direta – 95

Acidente – 31, 121, 122, **228-235**, 237-240, 265, 273, 284-287

Agravamento do risco – 11, 70, 115-117, 122, 127, 128, 182, **187-189**, 281

Alea – 14, 15-16, 36, **56-58**, 77, 78, 171, 203, 210, 262

Ameaça de sinistro – 182, 188

Apólice – 20, 24, 83, 149, 178, 180, 187, **189**, 203, 205, 211, 225, 232, 233, 258, 302

Assimetria informativa – **13**, 14, 17, **49-52**, 56-58, 61, 64, 66, 77, 78, 91, 262

Beneficiário:

- Designado – 20, 83, 85, 89-91, 95, 96, 98, 106, 107, 109, 117-121, 197, 206, 207, 209-217, 219-224, 226-228, 234, 235, 301
- Indireto – **225-226**

Caducidade do contrato – 101, 138, **139-140**, 143, 148-151

Consentimento (noção, no RGPD) – **269-284**

Contrato-promessa de seguro – **187-188**

Dados de saúde (noção) – **253-257**

Declaração do risco:

- Dever especial de esclarecimento pelo segurador – 26, 42
- Dever de declaração inicial do risco – **19-27**, 39-44
- Fundamentos do dever – **13-18**
- Incumprimento doloso – **27-29**, 32, 40, **42**, 70, 72, 78, 84, 264
- Incumprimento negligente – 19, 24, **29-32**, 40, 41, 43, 44, **70-73**, 78

* As remissões são efetuadas para as páginas onde o assunto é tratado, seja no corpo do texto ou em nota de rodapé, correspondendo as remissões em negrito às páginas com maior desenvolvimento.

- Declaração espontânea – 23, 65, 94, 182, 262
- Questionário – **22-26**, **33-37**, 41, 66, 262, 302
- Regra proporcional do prémio – 31, 44

Denúncia do contrato – 130-137, **141-146**, 147-149, **150-162**

Descoberto obrigatório – 59, 174, **178**, 185, 189

Direito de regresso – 90, 104, 118, 184, **186**

Especulação – 119, 195, **201-204**

Fraude – 61, 64, 65, 73, 74, 76, 77, **81-128**, 195, 206, 209, 214, 234, 280, 303

História do seguro – 18-19, **166-176**, **201-204**

Homicídio – 117, 119, 195, **201-235**

Imperatividade relativa – 96, 100, 106, 153, 155, 221, 222

(In)oponibilidade de meios de defesa – 90, 104, 198, 219, **237-241**, 293

Interesse segurável (seguros de danos e de vida) – 20, 119, **168-169**, 178, **201-208**, 234

Mediador de seguros – 11, **21**, 95, 153, **189-190**, 240

Oposição à prorrogação – 131, 132, **147-149**, 152, 155, 160-162

Participação do sinistro – 58, **81-128**, 189, 217, 264, 293

Perda da garantia – 84, 85, 90, 100, 101, 111, 113, 115-117, 119-121, 123, 124, 126-128, 215, 219, 222, 234, 275

Pluralidade de seguros – 95, 116, 117, 120, 127, 170, 224

Prémio:
- Perda a favor do segurador – 28, 42, 81, 120, 122, 123, 124, 126, 128
- Estorno – 109, 122, 123, 131, 133, 159

Prescrição – 218

Princípio:
- Da colaboração – **181-183**
- Da exclusão da cobertura de atos dolosos – 117, 118, 119, 121, 127, 214, 222
- Indemnizatório – 116, 119, 184-186, 199, **204-206**, 207, 223
- Da máxima boa fé (*uberrima fides*) – **16-18**, 66, 88, 108, 125, 182
- Da mutualidade – **48**, 62, 73, 75, 77-79, 91, 119, 173, 195, 196, 292
- Da não especulação (ou da previdência) – 119, 206, 208
- Da perda da prestação por ato doloso do beneficiário – 119, 121, 215, 222, 234
- Da inadmissibilidade das vinculações perpétuas – 144, 146, 160, 162

Representação – 11, 20, 21, 24, 25, 28, 41, 42, 83, 95, 118, 153, 171, 240, 293

Resolução do contrato – 29, 30, 61, 81, 85, 91, 101, 107-110, 115, 122, 126-128, **138-139**, 143, 150, 179, 198, 237, 239, 241, 280

Revogação do contrato – 107, 133, 138, 140, 143, 146, 150, 154

Risco – **44-49,** 61-66

Risco moral (*moral hazard*) – 22, **58-61**, 178

Risco psicológico (*morale hazard*) – 58, 178
Riscos extraordinários – 176, 183, 184
Salvamento – 183
Seleção adversa – 15, **52-58**, 61, 64, 69, 76-78, 180, 263
Seguro:
- De acidentes pessoais – 20, 95, 117, 195, 224, 229, 265, 273, 284, 288-291, 296, 297, 300, **304**
- De acidentes de trabalho – 117, 265, 284-288, 304
- Automóvel – 31, 88, 93, 96, 197, **237-241**, 284, 285
- De crédito e caução – **163-200**
- De furto ou roubo – 59, 88
- De incêndio – 20, 55, 82, 93, 95, 102, 125, **168-169**, 170, 218
- Marítimo – 166, 167-169, 172, 204, 205
- Multirriscos – 43, 197
- De responsabilidade civil – 90, 91, 95, 118, 160, 177, 186, 195, 215, 258, 264, 284, 304
- De saúde / doença – 55, 56, 76, 129, 132, 195, 215, 224, 264, 273, 274, 290
- De vida – 20, 25, 29, 30, 31, 50, 55, 57, 58, 62, 66, 85, 94, 95, 117-119, 129-133, 135, 159, **169**, 188, 189, 194-196, **201-235**, 261, 262, 265, 266, 268, 269, 273, 274, 289-291, 296-298, 300-302, 304

Seguro de grupo – 109, 211-212
Seguro por conta própria – 177, 284, 286
Seguro por conta de outrem – 177, 284
Sobresseguro – 116
Sub-rogação – 93, **184-186**, 194, 199, 207, **223-224**
Suicídio – 118, 195, 209, 215, 216, 230

ÍNDICE DE REFERÊNCIAS AO REGIME JURÍDICO DO CONTRATO DE SEGURO*

Art. 1.º - 44, 118
Art. 2.º - 193
Art. 4.º - 92, 108, 193
Art. 12.º - 221
Art. 13.º - 96, 100, 106, 153, 221, 222
Art. 14.º - 222
Art. 17.º - 20, 118, 121, 195, 214
Art. 24.º - 19, 20, 22-26, 28, 40-42, 105, 114, 115, 124, 125, 128, 182, 262, 293
Art. 25.º - 19, 26-28, 31, 40, 42, 44, 89, 105, 114-116, 124-126, 128
Art. 26.º - 19, 25-27, 29-31, 40, 43, 78
Art. 30.º - 240
Art. 31.º - 95
Art. 32.º - 198
Art. 37.º - 189, 258
Art. 40.º - 151
Art. 41.º - 149, 151
Art. 43.º - 207, 208
Art. 46.º - 117, 119, 121, 195, 213-215, 222
Art. 60.º - 160
Art. 61.º - 237
Art. 65.º - 95
Art. 83.º - 105, 109
Art. 93.º - 116, 188
Art. 94.º - 89, 105, 116, 122, 124, 128, 188
Art. 98.º - 188
Art. 100.º - 86, 89-96, 99, 103, 105, 110, 126, 127, 217
Art. 101.º - 86, 89-92, 96, 99-106, 119, 120, 127
Art. 102.º - 91, 93, 98, 217, 218, 293
Art. 104.º - 91, 93, 98, 218, 293
Art. 105.º - 108, 150
Art. 106.º - 159
Art. 107.º - 109, 122, 159
Art. 110.º - 101
Art. 112.º - 151-153
Art. 113.º - 154, 155
Art. 114.º - 153-156, 158

* As remissões são efetuadas para as páginas onde cada artigo é referenciado, seja no corpo do texto ou em nota de rodapé.

Art. 115.º - 152, 153, 160
Art. 116.º - 108, 109, 122, 280
Art. 117.º - 91
Art. 119.º - 295
Art. 120.º - 96, 153
Art. 121.º - 218
Art. 126.º - 93, 183
Art. 132.º - 116
Art. 133.º - 89, 95, 104, 105, 116, 124
Art. 136.º - 93, 170, 184, 185, 223
Art. 141.º - 118, 121, 214
Art. 144.º - 118.º, 122, 186, 195
Art. 147.º - 104, 237, 241
Art. 148.º - 118, 195, 215
Art. 161.º - 179, 181, 193
Art. 162.º - 180, 181, 196, 198
Art. 164.º - 198
Art. 165.º - 184, 185, 186, 199
Art. 166.º - 176, 193, 198
Art. 175.º - 261
Art. 177.º - 262
Art. 178.º - 293
Art. 181.º - 224
Art. 187.º - 189
Art. 190.º - 188
Art. 191.º - 118, 121, 195, 214, 215
Art. 192.º - 119, 122, 195, 213-216, 219-222, 225, 234, 235
Art. 193.º - 119, 122, 195, 215, 220
Art. 198.º - 220, 221, 223
Art. 199.º - 221
Art. 211.º - 195

ÍNDICE

NOTA PRÉVIA 5

I O DEVER DE DESCRIÇÃO EXATA E COMPLETA DO RISCO A SEGURAR 9
1. Introdução 9
2. Aspetos gerais 10
   2.1. Delimitação do tema 10
   2.2. Os fundamentos materiais 13
      2.2.1. A assimetria informativa 13
      2.2.2. A relação de confiança 13
   2.3. Os fundamentos normativos 14
      2.3.1. A *alea* contratual 15
      2.3.2. Autonomia da vontade e erro 16
      2.3.3. A máxima boa fé 16
3. A regulação legal na experiência portuguesa 18
   3.1. Perspetiva histórica 18
   3.2. O regime da Lei do Contrato de Seguro 19
      3.2.1. A delimitação do dever de declaração do risco 19
      3.2.2. O incumprimento doloso 27
      3.2.3. O incumprimento negligente 29
      3.2.4. Balanço 32
4. Direito comparado: modelos de regulação 32
   4.1. Eixos estruturantes 32
   4.2. Tipologia 34
5. Conclusões 37

II APROXIMAÇÃO ECONÓMICA À DECLARAÇÃO DO RISCO NO CONTRATO DE SEGURO 39
1. O dever pré-contratual de declaração do risco 39
1.1. Situando o objeto 39
1.2. Breve nota do regime legal 40
2. O risco, objeto do dever de declaração 44
3. A problemática da assimetria informativa 49
4. A seleção adversa 52
5. O risco moral 58
6. Outras vertentes com relevância económica 61
6.1. Prémio, risco e dever de informação 61
6.2. Consequências económicas das opções legislativas 67
6.3. A eficácia do regime legal na prevenção das omissões e inexatidões 69
6.4. Efeitos da orientação da jurisprudência 73
7. Conclusões 77

III A COMINAÇÃO CIVIL DA FRAUDE NA EXECUÇÃO DO CONTRATO DE SEGURO: OCORRÊNCIA E PARTICIPAÇÃO DO SINISTRO 81
1. Situando o problema 81
2. O enquadramento nos artigos 100.º e 101.º da LCS 89
3. As soluções decorrentes das regras gerais 106
4. Outras soluções da LCS como sistema normativo 113
5. *Quid iuris?*, face à casuística mais recorrente 120
6. Conclusões 126

IV O PODER DE DESVINCULAÇÃO DISCRICIONÁRIA DO SEGURADOR 129
1. Introdução 129
2. A problemática em vários sistemas jurídicos 130
2.1. Alguns ordenamentos de referência 130
2.2. O Direito brasileiro em especial 133
3. Os modos de cessação dos contratos no ordenamento português 136
3.1. Cessação e invalidade 136
3.2. Os principais modos de cessação dos contratos 137

3.3. Cont.: a denúncia, em especial 141
3.4. Os fundamentos da denúncia 143
3.5. Oposição à prorrogação 147
4. Cont.: a matéria no contrato de seguro 149
4.1. Do Código Comercial de 1888 à Lei do Contrato de Seguro 149
4.2. A denúncia na Lei do Contrato de Seguro 151
4.3. Limitações à denúncia 154
4.4. Efeitos da denúncia 159
5. Conclusões 160

V SEGURO FINANCEIRO: OS RAMOS «CRÉDITO» E «CAUÇÃO» 163
1. Introdução 163
2. As coordenadas de uma noção 164
3. Nota histórica 166
4. Critérios de distinção 176
4.1. Critério estrutural 176
4.2. Outros critérios 177
4.2.1. Descoberto obrigatório 178
4.2.2. Natureza dos riscos seguros 178
4.2.3. Âmbito do contrato 180
4.2.4. Especialização do segurador 181
5. Caracterização das modalidades em análise 181
5.1. Danos não indemnizáveis 181
5.2. Princípio da colaboração 181
5.3. Garantia do Estado 183
5.4. Sub-rogação e direito de regresso 184
5.5. Contrato-promessa e agravamento do risco 187
5.6. Elementos da apólice 189
5.7. Mediação de seguros 189
5.8. Direitos dos seguradores 190
6. Natureza do seguro de crédito e do seguro-caução 190
6.1. Tipo, qualificação e natureza jurídica 190
6.2. A contestação da natureza securitária 194
6.3. A coerência típica dos seguros de crédito e caução 197
7. Conclusões 199

VI A PROBLEMÁTICA DO HOMICÍDIO NOS SEGUROS DE VIDA 201
1. Especulação, homicídio e interesse nos seguros de vida 201
1.1. O período especulativo dos seguros de vida 201
1.2. Interesse e princípio indemnizatório 204
1.3. O problema e a solução nos seguros de vida 206
2. A problemática no Código Comercial de 1888 209
2.1. O sentido e alcance do artigo 458.º 209
2.2. Os efeitos da declaração de indignidade 212
3. A matéria à luz da Lei do Contrato de Seguro 213
3.1. A regra: alcance, fundamentos e pressupostos 213
3.2. A cominação do preceito 219
3.3. O caráter injuntivo ou supletivo da disposição 221
3.4. Pagamento indevido e sub-rogação 223
4. Homicídio em que participe um beneficiário indireto 225
4.1. Colocação do problema e enquadramento legal 225
4.2. Seguro de vida com função de garantia 226
4.3. Homicida cônjuge ou herdeiro do beneficiário 227
5. O homicídio é qualificável como morte por acidente? 228
5.1. O problema em torno da noção de acidente 228
5.2. A controvérsia jurisprudencial 231
5.3. Conclusão à luz do rigor da arquitetura contratual 232
6. Conclusões 234

VII COMPROVATIVOS DO SEGURO AUTOMÓVEL E OPONIBILIDADE DA RESOLUÇÃO DO CONTRATO AOS TERCEIROS LESADOS 237

VIII PROBLEMAS E DILEMAS DO SETOR SEGURADOR: O RGPD E O TRATAMENTO DE DADOS DE SAÚDE 243
1. Introdução 243
2. O quadro normativo da proteção de dados 246
2.1. Enquadramento geral 246
2.2. Elementos principais do RGPD 249
2.3. Os dados de saúde: delimitação de uma noção 253
3. As condições de licitude para o tratamento de dados 257
3.1. Fontes de licitude em geral 257
3.2. Categorias especiais de dados e fontes de licitude 258

4. Atividade seguradora e *necessidade* de tratamento de dados de saúde 261
5. O problema 266
6. O consentimento como fonte de licitude 269
6.1. Aspetos gerais: a definição legal de consentimento 269
6.2. Cont.: a especificidade do consentimento 272
6.3. Cont.: a liberdade do consentimento 275
7. Perspetivas de solução: a fonte de licitude nos seguros obrigatórios 284
8. As soluções de licitude nos seguros facultativos 289
8.1. Obrigações emergentes de legislação de proteção social 289
8.2. Serviços de saúde ou de ação social 294
8.3. Intervenção legislativa 296
9. O litígio como solução de recurso 300
10. Conclusões 303

ÍNDICE IDEOGRÁFICO 307

ÍNDICE DE REFERÊNCIAS AO REGIME JURÍDICO DO CONTRATO DE SEGURO 311